浦東新區檔案館　浦東新區黨史地方志辦公室　編

浦東碑刻資料選輯

修訂本

上海古籍出版社

圖書在版編目(CIP)數據

浦東碑刻資料選輯(修訂本)/浦東新區檔案館,浦東新區黨史地方志辦公室編.—1版(修訂本).—上海:上海古籍出版社,2015.6
ISBN 978-7-5325-7545-9

Ⅰ.①浦… Ⅱ.①浦… ②浦… Ⅲ.①碑刻—彙編—浦東新區 Ⅳ.①K877.42

中國版本圖書館 CIP 數據核字(2015)第 037227 號

ISBN 978-7-5325-7545-9

浦東碑刻資料選輯(修訂本)

浦東新區檔案館
浦東新區黨史地方志辦公室 編

上海世紀出版股份有限公司
上海古籍出版社 出版

(上海瑞金二路 272 號 郵政編碼 200020)

(1) 網址:www.guji.com.cn
(2) E-mail:guji1@guji.com.cn
(3) 易文網網址:www.ewen.co

上海世紀出版股份有限公司發行中心發行經銷
金壇古籍印刷有限公司印刷
開本 787×1092 1/16 印張 38.25 插頁 6 字數 596,000
2015 年 6 月第 1 版 2015 年 6 月第 1 次印刷
印數:1—2,300

ISBN 978-7-5325-7545-9

K·1995 定價:198.00 元

《浦東碑刻資料選輯（修訂本）》編輯部

主　編：許建軍　柴志光

編　委：費美榮　張向東　許　芳　溫愛珍　張劍容　喬　漪

編　輯：許　芳　張劍容　喬　漪

凡例

一、本書收錄之「浦東碑刻」，係指歷史上曾立於或出土於今浦東新區地域、以浦東及浦東人為內容的各類碑刻，包括今碑仍存、今碑無存而拓片有存、今碑無存而文獻有記載者。少量以浦東及浦東人為內容而立於或出土於浦東區域外的碑刻，亦予以收入，以佐研究之用。

二、本書根據碑刻產生時代及其數量，設宋元、明、清、民國、現代等五個部分。各部分編排以碑文形成時間先後為序。碑文形成時間無考者，則以立碑時間（墓志銘以志主落葬時間）先後為序。年月無考者置於該部分末尾。

三、本書對收錄碑文已作版本對校和標點，以便閱讀。一般情況下，凡碑刻存世且字跡可識者，以存世碑刻為底本；碑不得而有拓本者，以拓本為底本；碑和拓本皆不得而僅有文獻記載，或碑和拓本字跡難識而另有文獻記載者，以所錄文字最早者或最詳者為底本。若底本文字與他本相校有異者，一一校注，羅列異同，以反映各本面貌。

四、碑文中，凡底本漫漶難辨或缺損者，均以「□」標識，一字一「□」；若底本漫漶或缺損嚴重，上下文字難以計數者，則以「□……□」代之；若能查到漫漶、缺損字出處者，則在校注中注明該字及其出處；若依上下文推定和原文明顯訛誤者，也在校注中注明該字及推定依據。

五、本書據底本照錄碑文，原為簡體者錄作簡體，原為繁體者錄作繁體。碑文中的古今字、通假字、異體字、俗體字、避諱字以及錯字、誤刻字等一律不校改，以保留底本原貌。凡碑文中空格，除應有文字而漏刻者外，均不再保留。

六、本書一般保留碑記原標題。原文標題要素不全，則根據内容擬寫標題，如墓志銘則只書姓名不冠仕歷；婦人姓名無載者，則稱某某妻或某氏。

七、每篇碑文後，均加「按語」，説明碑記出處、歷代文獻記載情況，存世碑刻的保存情況包括其高、寬、厚及石質，碑文佈局，立碑、移碑、現存地點等。

八、凡碑刻或拓本現存者，均隨碑文附上圖片。

九、碑刻之來源文獻版本情況，統一在書末「參考文獻」中加以説明，碑記「按語」中從略。

序　言

刻石以述德、銘功、紀事、纂言，是中國悠久的傳統。碑刻自產生起，在中華文化兩千多年演進過程中，經歷了從廟堂到民間的發展，衍生了碑碣、石闕、摩崖、墓志、造像題記等多種類別，逐漸成為一種文化載體和符號、一種綜合雕刻和書法的藝術形式，也因其記載内容富有文獻價值，而被視為凝固的思想、書刻在石頭上的歷史。碑刻的價值和意義已經毋庸贅言。

古往今來，碑刻在歷史學、文字學和書法藝術等方面的價值最早被發現，但囿於思維觀念，記載人、事之大者和要者，或名人題撰、名家所書的碑刻往往廣受關注，也多為史籍和文集採錄，而大量記載人、事之小者和微者，或書法藝術價值不高的民間碑刻往往被忽略，不見諸紙葉。後者恰恰更多地反映了地域社會和民間生活，更多地展現了歷史細節。近些年來，隨著研究觀念和方法的更新，哲學、法學、社會學、民俗學乃至地理、宗教等多個學科領域也開始轉向從碑刻中發掘新史料，尋找新視角。然而，碑刻資料的收集和整理還遠不能滿足學術發展需要，碑刻仍未能得到社會足夠的關注和保護。在很多人的眼裏，碑刻僅僅是古文化蛻留於今的死軀殼，是歷史的遺存，也僅僅在某些「舊」文化領域，人們才藉其「傳之久遠」的功用，勒石紀事，也藉以懷古表意。不可否認，隨著社會的發展和文化的嬗變，碑刻作為一種文化符號和形態的地位及作用日漸式微，但隨著碑刻的被關注、被研究以及日漸「小衆」的沿襲，碑刻所承載的各時代、各地域的重要價值和精神財富得以流傳和傳承。

相較於其他歷史悠久、文化繁盛之區，浦東千餘年歷史衍生的碑刻，數量和種類或許有所不及，但内容宏富，形制多樣，文體廣泛，於浦東的歷史、政治、經濟、文化、地理乃至更為廣闊的社會生活，於碑刻自身形態特征，都有豐富的揭示和展現，是浦東彌足珍貴的文化財富。本書所錄浦東碑刻，均來自我們所見聞的遺存和文獻，從最早的黃俣墓志銘（宋開禧元年・1205年）算起，時跨八百年，在產量上，與浦東歷史發展和碑刻文化演變相一致，呈遞增到遞減之勢；在地域分佈上，與浦東集鎮和人口變遷相呼應，多見於川沙、高橋、三林、惠南、周浦等經濟文化相對發達、人口匯集之地；在類型和內容上，墓志、讚頌、文告、契券、造像記等體式趨於齊備，記功、讚頌、紀事、紀念、訓喻、懲戒、昭示、標識等功能趨於齊全，涉及浦東一地的政教布施、風土民情、文化教育、宗教信仰、人物世係等諸多方面，其反映的信息不同於大多數歷史文獻的抽象、宏觀，而更為具體細微和鮮活，可視作浦東各歷史時期社會生活的縮影，展現了浦東歷史文化積澱和社會發展軌跡。

在浦東開發開放早期，我們即關注浦東城鄉一體化進程中碑刻遺存的命運走向，嘗試做些力所能及的工作。一方面大力開展碑刻徵集，每發現原物，視情形抄錄碑文，製作拓片，拍攝影像，條件具備則納之入藏；一方面著手翻檢書籍，力圖構成浦東碑刻文獻的大致輪廓。彼時，編者的視界達於黃浦江以東，難捨碑刻得之不易，期待碑文信息得其所用，又憂心碑文信息得而復失，於是在一九九八年有了《浦東碑刻資料選輯》一書。此後十多年，浦東建設方興未艾，舊屋新建，荒野變賈區，一些曾經長久掩蔽在殘垣斷壁和廢物什件之後、埋沒在雜草淤泥之下的古碑陸續被發現。隨著浦東地方文獻不斷集成，又有一些碑記被翻撿出來。同時，曾經被發現和著錄的一些古碑，或在輾轉中又蹤影無尋，或因保管利用不當而毀損更甚。我們慢慢萌生了修訂該書的想法。藉此契機，我們開展實地勘察，查閱傳世文獻，盡力對浦東碑刻作集成式搜集和科學整理。我們在轉錄碑文時力求保持原貌，盡可能多地保留碑文信息包括价值待考但有趣的細節；遵循古籍整理規範，作版本對校和文字標點；注重碑文來源和碑刻實物過往現狀的考察、圖文記錄。在我們看來，碑刻從形制到內容，都深刻著時代和環境的烙印，都自有指代和含義。碑刻的價值不應由我們判斷，碑刻的信息不應由我們取捨，我們需要做的就是盡力搜集，嚴謹考證，原貌轉錄，忠實傳達，避免以一己一時之斷減損碑刻現實的和潛在的價值。

碑石之立，在於將最值得記載的事功、最值得頌揚的價值觀念公之於衆，傳之後世。我們希望藉由此書，展現浦東碑刻的整體風貌和魅力，推動浦東碑刻的保護、碑文信息的保存和傳播，助推浦東歷史文化研究打開新的入口，爲浦東歷史記憶構建補缺，爲大衆精神文化生活佐餐。

二〇一五年二月

目録

目録

清

民國

現代

黄俣墓志銘

（宋開禧元年·1205年　黄淇）

宋故吴郡黄府君墓誌銘

孝姪鄉貢進士黄淇撰

余幼侍曾祖母吴氏之側，下視諸姪，詵詵成行。會食堂上者常百口，内外無間言，迄五世不分，鄉閭以孝義稱。吾伯父與先君致政，欽奉家訓，尤篤孝友。伯父有四弟，先君其仲也。吾祖服除後數年，兄弟怡怡，初無意於異居。鄉人當執役者，偶以人共户開訐之。因與先君謀，對泣而均其貲産，外不假人與議，視祖考無忝焉。伯父諱俣，字惟大，少穎悟，從故參政鄭公聞及鄉先生潘承議孜受《尚書》，後喜習詞賦。甫冠有聲於郡庠，屢以進士試於有司，數奇不偶，未老即謝場屋。雖杜門却掃，然亦未嘗廢卷。性恬澹節儉，不爲居養所移，而又處事謹愿，遇下慈祥。惜夫自庠序聘舉之法壞，而國論罕及乎，閭閻之隱士之行義無愧，如吾伯父者，世莫得而聞之，是亦可爲於邑也已。嘉泰四年八月初五日，目疾卒于家，享年七十有六。娶董氏。二子，深、滜。二女，長適將仕郎顧燧，次適進士朱允成。孫男四人，敏求早卒，次敏學、敏功、敏修。孫女三人，長適進士陳居仁，餘尚幼。越開禧改元九月丁□〔一〕，葬于所居崑山縣臨江鄉清洲之原。於其葬也，深弟來請銘，淇勉紀其行實，泣而銘曰：

孝友足以睦於族，節儉足以律其身，謹愿足以處其事，慈祥足以思於人，而銘之以此，足以遺其子孫。

孝男深泣血謹書

〔一〕據碑拓片殘存字跡及干支算法推測為「丁酉」，即14日。

按：碑文錄自拓片。該墓志銘1963年發現於浦東高橋鐘家弄原海濱農校，現藏上海博物館。高橋歷史文化陳列館（仰賢堂）藏有拓片。從拓片看，碑石完好，字跡清楚。

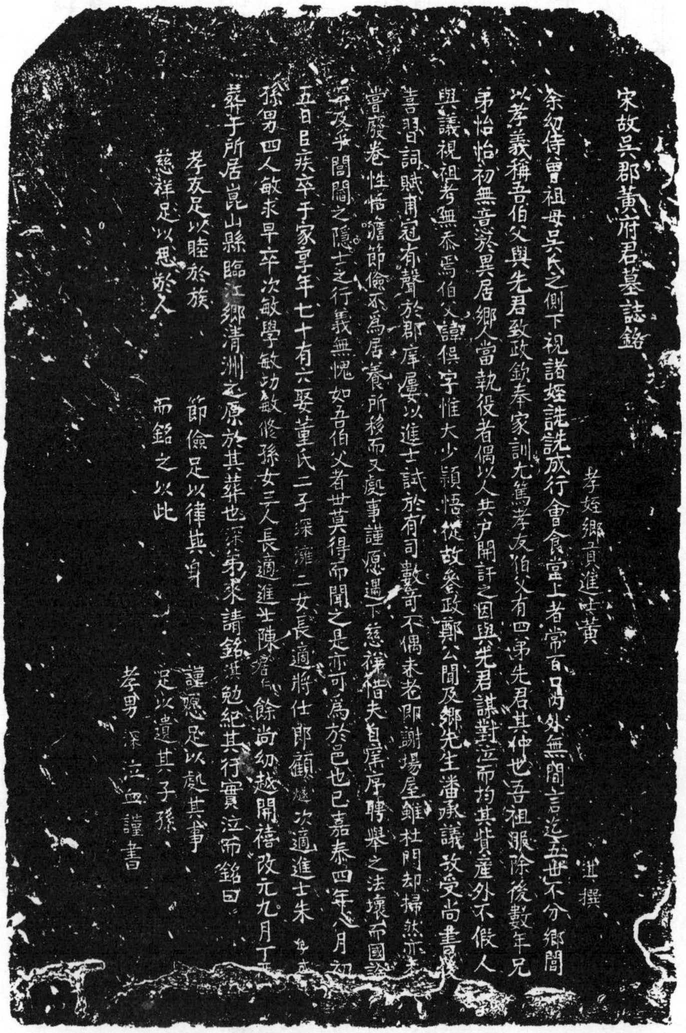
宋故吳郡黃府君墓誌銘

黃俁墓志銘拓片

積善教寺碑記

（宋淳祐十年・1250年　高子鳳）

雲間爲浙右壯邑，乃野畛所逮，雖下鄉僻里，海壖江浦之聚，亦土壤衍沃，民俗蕃庶。積帑之家，所向而有，皆樂善好施，以浮屠氏爲依倚，故幢剎之嚴，參錯相望。西林去邑不十里，東越黄浦，又東而匯北，其南抵周浦，皆不及半舍。寺之在周浦者曰永定，在黄浦者曰寧國，而西林居其中，蓋所謂江浦之聚也。里故無寺，紹興戊寅〔一〕，有比邱師淨，行化爰止，亟思啓導里人，培植勝業，請於迪功劉均及長者孫氏，得地百畝，創菴以憩游（缺）〔二〕。未幾，正信響應，乃益自奮勵〔三〕，廣求潛度，日以增斥爲務。逮淳熙間，而法堂、方丈、齋廬、庫藏輪奐一新。嘉定初，又得永定七古佛，就供堂上，即之以求福者尤衆。先是，淨夢白蓮七枝，擢秀於堂之所，諗爲瑞相，擬作大殿於其處，未遂而寂。其徒夢暉嗣之，因徐昌纯勸發運，屬葉君純佑爲大檀越，鳩材庀工，畢力興建，卒成其師之志，以奉所得七佛者，前夢至是符焉。暉之法兄道全，又至葉君亨珉，營締〔四〕輪藏，飾以衆寶，載三乘法，巨鏞範金，華鯨肖桐，諸莊嚴具〔五〕，靡不稱是。而寺之全體既先定，淳祐壬寅，始白之禮部，甲辰乃得錢唐積善寺廢額，甲乙焚修，式延雲水，而淨之派孫文暕復募〔六〕作重門繚

〔一〕戊寅：《西林鄉志殘稿》作「戊广启寅」。
〔二〕（缺）：《三林鄉志殘稿》作「焉」。
〔三〕奮勵：《三林鄉志殘稿》作「奮厲」。
〔四〕締：《三林鄉志殘稿》作「錦」。
〔五〕具：《三林鄉志殘稿》無。
〔六〕募：《三林鄉志殘稿》無。

垣，以謹中外之限。緒役悉周，遂與永定、寧国鼎峙而立，大不競雄，小不慊卑，翼翼靚〔一〕深，丹碧相輝，林烟野靄之中，化城倏現眉目之境，噫〔二〕！亦盛矣。相厥由興，固以土俗沃庶、大家好施之力，有以致之，然非師淨啓導有初，志願堅果，安能成就殊勝如此？予嘗識暉之子文偉於竺峯，一日挐扁舟，問予澤居，請〔三〕記述之文，以圖不朽。夫三世協勤，四檀委輸，載祀九十，厥有成績。乃似乃續，龕燈爐毯，誓以豐年美俗回〔四〕嚮盛明，其事有可尚者，故受簡而不辭。蓋嘗論之，甲乙序承〔五〕，所以杜外攘毀圮之患也。彼其傳持之外，濫竊成風，掩襲而來，捲蓄而去，視所在之廢興，若越人視秦人肥瘠，此誠末世叢席之弊。至於爲甲乙者，獨無弊哉？繼已完之業，享不爲之功。有房榻以自安，無規級以相持。貪營利養，則貲益厚而業益增；擇取便私，則身愈佚而名愈玷。舉前人勞苦之所辦，適足以爲容非藴慝之地；曾市區賈肆之不若者，則其弊又在此不在彼，而致覆者轍相蹈也，可不切鑒〔六〕而痛革之乎？予雅有嘆于是，故因偉之請，得誦言以遺之，於以貽戒來者。其必思經創之艱難，念信施之勤厚，日夜求其師之所以爲〔七〕教者，勉策勝進，茂養斯人之善心，俾能順保其沃庶富樂之盛，以相與綿及於無窮之衆，各獲其所願云。淳祐庚戌十月既望，蒙城高子鳳撰。

按：碑文錄自清張端木《西林雜記》。民國《三林鄉志殘稿》卷六《寺觀》亦錄此文。崇禎《松江府志》卷五二《寺觀》、同治《上海縣志》卷三一、嘉慶《松江府志》卷七六《名蹟志》錄有記略。

〔一〕靚：《三林鄉志殘稿》作「親」。
〔二〕噫：《三林鄉志殘稿》作「嘻」。
〔三〕請：《三林鄉志殘稿》作「謁」。
〔四〕回：《三林鄉志殘稿》作「四」。
〔五〕序承：《三林鄉志殘稿》作「序成」。
〔六〕鑒：《三林鄉志殘稿》作「監」。
〔七〕爲：《三林鄉志殘稿》無。

西林法華三昧道場碑記

（南宋咸淳八年·1272年　終潛山人文□）

華亭縣東南都邑，佛刹之盛地，□稱□積善□□□□□□三昧道場□記無所□□□□□□陵朝龍華大法師（缺二十餘字）大以容，學子如水□□□□□年法師之孫文逸（缺二十字）結蓮社，誘掖庶彥，又本年□□□□□福蓮□法師之（缺十九字）大而新之，金碧相鮮□為寶所□蓮華教（缺二十二字）所以樹叔世難行之行也。□□□□五百有六十（缺二十字）道俗數十百人厲精念佛，所以□□出□之勝地也。（缺十八字）孝子順孫之職也，向使有國有家者□□□致其賢也，凡（缺三十三字）以祀之□為心（缺二十字）之重為天下惜之，苟諧其願，其□大有□也，尤以□中，然以表於（缺十六字）矣，吾始為之惜而未有處之也。曰奈何，曰庸知夫後之繼我者，能不忘人之（缺十三字）不有其居，以安于私暱者與，盍為我書其寶以詔之□□其所以得（缺九字）惟其有之，是以似之，無忝爾祖君其以之。

咸淳八年庚午八月八日，終潛山人文□記。

承議郎、前特差兩浙西路、提舉常平□□□□事金應桂書。

□中奉大夫、顯文閣直學士、提舉玉華宮□□□湯漢篆蓋。

沙門修己立石。

按：碑文錄自清張端木《西林雜記》。

報恩懺院碑記略

（元泰定二年·1325年　方回）

方回院記畧

鶴沙距松江僅三舍，地接海濵，古昔居民亦鮮，伽藍未之有也。瞿氏，宋建炎間徙居於此，有積善慕義之風。逮今財賦提舉公震發，與兄少中大夫、兩浙運使公霆發，才德起家，仁讓及物，慨然以爲非伽藍無以營善而聞道，乃卜地得吉，於其考妣佳城之側，傾貲割畝，命僧允恭攝董之，發地鐵佛一軀，見者驚異，疑瑞應也。尋而材與匠稱，心與力侔，不幾年，紺殿重門，廣廡講堂，凡伽藍所宜有者悉備焉。運使公又撥田若干助伏臘，以報恩懺院爲額。復聞於朝，成宗皇帝賜旨護持，實大德戊戌也。閱十有四年，至大辛亥，住持沙門崇義建大閣，以設西方三聖至法華二十八品境像，環擁壁間，惟普賢願王儼居于右，上安奉毗盧藏五千餘軸。提舉公屬予爲記，余謂以報恩爲名，其義何也？曰：恩莫大於君親，報莫越於聖道。聞西方聖人之禪觀，圓悟一心，該攝萬行，推而廣之，導物指迷，莫不從化，以斯道報斯恩，不亦善乎！余曰：秉一心爲禪，照萬法爲觀，非禪那不足以契諸佛心，非妙觀不足以破衆生惑。圓覺以三觀互推爲二十五輪，無量壽以分觀於一十六處，始則端坐淨室，注相一方，存注不休，與想消落，見法界中朗然明了。所以一輪見諦，而妙觀澄明；一處功成，則真佛圓具。如當臺鏡，萬像顯而鏡無所照之功；如帝綱珠，千光聚而珠絕能收之迹，如是觀者即見清靜。願玉玉毫亘天，紺目澄海，殊特相好，偏界光明，然後即斯妙觀於一切時，散作無邊莊嚴佛事。以之報親恩，則劬勞超有漏之纏，至若天龍鬼神、過現未來、寃親賢聖、艸木昆蟲，凡有纖恩無往不報，然此妙觀入未來際，相續不斷，則報恩功德亦相須而無盡者焉。

遂援筆直書，以爲記。

泰定二年二月初四日，趙孟頫書並篆額。

按：碑文錄自崇禎《松江府志》卷五二《寺觀》。

瞿霆發墓志銘略

（元至正七年・1347 年〔一〕　張翥）

兩浙都轉運鹽使〔二〕瞿霆發墓誌銘畧

皇慶元年二月二十六日，兩浙都轉運鹽使瞿公卒於松江上海下沙之里第，得年六十二歲，明年四月葬於祖塋之東。至正七年，去公之卒三十五年矣，而墓碑無文，子時舉大懼先德之遂泯，始以故浙東廉訪副使臧夢解所爲狀，屬同僉太史院事楊瑀來請銘，乃爲銘曰〔三〕：

海隅遻兵，孰扞以寧？鹽民破業，孰奠以生？公既靖之，復還定之。我食我衣，歲或薦饑。出粟賑之，哺餓以糜。遂肉我瘠，孰不惠懷？廷臣林公，導之以見。再叩天陛，握恩錫羡。皇帝有旨，俾護而家。汝知鹽筴，往乘副車。海多大風，潮水瀑溢。鴻離魚潰，莫保家室。公力拯之，皇褒以秩。正持使節，有赫其光。浙河以東，夭菑札荒。公時推澤，出資散給。拊尫萃逋，歲賦兼集。民有頌言，微公曷粒。德孔厚矣，神之勞之。宜爾耋〔四〕期，以衎以頤。公不少留，廷命來下。夙悟禪理，無怛于化〔五〕。若堂之墟，鼅〔六〕峙螭蟠。追刻穹石，百世永傳。

〔一〕據文，至正七年（1347 年），瞿霆發子時舉請銘於張翥，銘文當撰於此時。

〔二〕兩浙都轉運鹽使：光緒《南匯縣志》作「兩浙都轉鹽運使」。

〔三〕此段文字，光緒《南匯縣志》作：「皇慶元年，瞿公卒於鶴沙之里第，明年葬於祖塋之東。浙東廉訪副使臧夢解所爲之狀。至正七年，去公之卒三十五年矣，而墓碑無文，子時舉屬同僉太史院事楊瑀來請銘。銘曰。」

〔四〕耋：光緒《南匯縣志》作「耄」。

〔五〕夙悟禪理，無怛于化：雍正《分建南匯縣志》作「夙疾無干，溘焉疑化」。

〔六〕鼅：雍正《分建南匯縣志》作「黽」。

應奉翰林文字、登仕郎、同知制誥兼國史院編修官張翥譔，楊瑀書〔一〕。

按：碑文錄自乾隆《南匯縣新志》卷一五《雜志·墟墓》。光緒《南匯縣志》卷一九《冢墓》、雍正《分建南匯縣志》卷六《建設志下·旌坊》亦錄此文，後者文首段略有差異。

〔一〕楊瑀書：雍正《分建南匯縣志》無。

永定講寺藏經碑記略

（元至正十五年・1355年　僧行中）

僧行中藏經記畧

有爲天台之教者妙智師，主松江永定之八年，爲至正甲午〔一〕，新作藏殿成，而庋經之藏未具。聞嘉禾之〔二〕廢寺曰妙智，其輪藏獨存，購致之，視其識，乃宋端平甲午建也。先是里人濮仁甫閔〔三〕其寺廢，購其藏之經，奉于家，且與妻沈誓曰：「苟得其藏者，以是經歸之。」既聞師得藏，而或沮師，乃禱觀音氏求之，沈忽夢一僧指其胸曰：「何忘施經之誓耶？」乃悔悟，以經歸永定。嗚呼異哉，向之寺名與師名適同，向之藏建〔四〕之歲與師得之歲又同，何其冥符之〔五〕若是耶〔六〕。濮與沈能護是經，卒復於〔七〕原藏，其亦宿爲法中之〔八〕人乎。宋少保張安道嘗遊琅琊山藏院，發木匣得經，乃悟其前身爲知藏僧，書楞伽未終而化，因續書之，筆蹟與前無少異。今夫是藏也，是經也，一旦完復，若合符契，夫豈無

〔一〕甲午：嘉慶《松江府志》作「甲子」。
〔二〕之：嘉慶《松江府志》無。
〔三〕閔：嘉慶《松江府志》作「憫」。
〔四〕藏建：嘉慶《松江府志》作「建藏」。
〔五〕之：嘉慶《松江府志》無。
〔六〕嘉慶《松江府志》中，此處有「得非師宏經之志未泯，乘願輪以復來耶。而」句。
〔七〕於：嘉慶《松江府志》無。
〔八〕之：嘉慶《松江府志》無。

其故哉，乃書以識[二]。至正乙未夏六月。

按：碑文錄自崇禎《松江府志》卷五二《寺觀三》。嘉慶《松江府志》卷七六《名蹟志·寺觀下》亦錄此文，略有差異。

[二] 宋少保張安道嘗遊琅琊山藏院，發木匣得經，乃悟其前身爲知藏僧，書楞伽未終而化，因續書之，筆蹟與前無少異，今夫是藏也，是經也，一旦完復，若合符契，夫豈無其故哉，乃書以識：嘉慶《松江府志》作「是藏也，是經也，其始離析，一旦完復，夫豈無其故哉。雖然有作幻也，有相亦幻也，其如成壞之數，何惟能即幻法而證，實相則天地一藏萬物一經也。若是，則離歷塵劫，妙運無閒，尚何古今成壞之足議哉。既而師之友日本闇上人徵文記之，乃書此以識。」

鶴沙義塾碑記

（元至正十八年·1358年　戴良）

金華戴良碑記

上海〔一〕鶴沙義塾者，皇慶二年縣人〔二〕雅州守瞿時學〔三〕之所建。前爲廟後爲塾，而廟有殿、有廡、有門〔四〕。塾有講堂，東西有齋舍、有庖、有庫。而先聖先師之祭祀，師弟子之廩膳，則有田一十四頃以給之，視州縣學蓋無差等焉〔五〕。其後，瞿氏子孫日以淩遲〔六〕，田既易主，而塾亦隨廢〔七〕。至正十八年，縣大夫何侯始即故基而重構之，宏壯麗密〔八〕，比舊有加。仍勸知經之士割田七頃有奇，以供祭祀廩膳之費。及蘇君宗瑞之來爲縣也，乃以學政弗舉〔九〕，生徒散去，遂

〔一〕上海：嘉慶《松江府志》無。
〔二〕縣人：嘉慶《松江府志》作「邑人」。
〔三〕瞿時學：崇禎《松江府志》和嘉慶《松江府志》作「瞿君時學」。
〔四〕廟有殿、有廡、有門：崇禎《松江府志》和嘉慶《松江府志》作「廟有殿，殿有廡，廡有門」。
〔五〕焉：崇禎《松江府志》和嘉慶《松江府志》作「矣」。
〔六〕日以淩遲：崇禎《松江府志》和嘉慶《松江府志》作「日已陵遲」。
〔七〕塾亦隨廢：嘉慶《松江府志》作「塾遂廢」。
〔八〕宏壯麗密：崇禎《松江府志》和嘉慶《松江府志》作「宏麗壯密」。
〔九〕乃以學政弗舉：崇禎《松江府志》作「以學政弗舉」，嘉慶《松江府志》作「以學政勿舉」。

延禮某郡〔一〕易蒙俾主塾事〔二〕。蒙於教養之暇，益〔三〕以興修廢墜爲己責。祠宇之未具者增之，禮器之弗〔四〕完者足之，租稅之不實者正之。其屋廬之多寡、田畝之廣袤，亦既立簿正以稽其數，嚴契券以表其畔。又〔五〕懼後人〔六〕或失之也，又謹伐石，請一言而表之〔七〕。嗚呼！上海爲吳之近邑，泰伯仲雍之遺化在焉。其人固易使也，蒙能興善教以正人心，美風俗，使知禮義廉恥，而不欺其上，則所以質信於簿正、契券者且不必，何有於咫尺之石哉！雖然，繼蒙之後者來讀予文，其亦有所感矣。

按：碑文錄自雍正《分建南匯縣志》卷一六《雜志下·古蹟》。崇禎《松江府志》卷二四《學政》、嘉慶《松江府志》卷三二《學校志》亦錄此文。

〔一〕某郡：嘉慶《松江府志》作「儒士」。
〔二〕俾主塾事：崇禎《松江府志》作「俾主其塾事」。
〔三〕益：嘉慶《松江府志》無。
〔四〕弗：嘉慶《松江府志》作「勿」。
〔五〕又：雍正《分建南匯縣志》作「猶」，嘉慶《松江府志》作「尤」。
〔六〕後人：崇禎《松江府志》和嘉慶《松江府志》作「後之人」。
〔七〕伐石請一言而表之：崇禎《松江府志》作「伐石載始末」，嘉慶《松江府志》作「伐石以載始末」。此後段文字，崇禎《松江府志》和嘉慶《松江府志》皆無。

明

明成祖御制寶山碑記

（明永樂十年・1412年　朱棣）

寶山之〔一〕（下缺若干字）

嘉定瀕海之墟，當江流之會，外即滄溟，浩渺無際。凡海舶往來，最為衝要。然無大山高嶼，以為之表識，遇晝晴風靜，舟徐而入，則安坐無虞。□或暮夜〔二〕，烟雲晦冥〔三〕，長風巨浪，帆檣迅疾，倏忽千里，舟師弗戒，瞬息差失，觸堅膠淺，遄取顛躓，朕恒慮之。今年春，乃命海運〔四〕將士，相地之宜，築土山焉，以為往來之望。其址〔五〕東西各廣百丈，南北如之，高三十餘丈。上建烽堠，晝則舉烟，夜則明火，海洋空濶，遙見千里。扵是咸樂其便，不旬日而成。周圍樹以嘉木，間以花竹，蔚然奇觀。先是未築山〔六〕之前，居民恒見其地有山影，及是築成，適在其處，如民之所見者。衆曰是蓋有神明以相之，故其兆先見，皆稱之曰寶山。因民之言，仍其名而不易，遂刻石以志之，并係以詩曰〔七〕：

〔一〕寶山之：萬曆《嘉定縣志》、康熙《嘉定縣志》、《江東志》皆無。
〔二〕□或暮夜：萬曆《嘉定縣志》、康熙《嘉定縣志》作「其或晝夜」。《江東志》、《上海碑刻資料選輯》作「其或暮夜」。
〔三〕晦冥：《江東志》作「晦暝」。
〔四〕海運：萬曆《嘉定縣志》、康熙《嘉定縣志》無。
〔五〕址：萬曆《嘉定縣志》作「趾」。
〔六〕山：萬曆《嘉定縣志》、《上海碑刻資料選輯》無。
〔七〕并係以詩曰：萬曆《嘉定縣志》作「詩曰」。

滄溟巨浸渺無垠，混含天地相吐吞。洪濤駕〔一〕山嶕嶫〔二〕奔，巨靈贔屭聲〔三〕噓歕。揮霍變化朝為昏，駭神褫魄目黯瞀。蒼黄拊髀孰〔四〕為援，乃起兹山當海門。孤高靚秀猶昆侖，千里示表欝焞燉。永令□濟〔五〕無憂煩，寶山之名萬古存，勒銘〔六〕悠久同乾坤。

永樂十年五月〔七〕。

按：碑文錄自原碑。該碑現立於浦東新區高橋鎮高橋中學碑亭中。碑高 160 釐米，寬 97 釐米，厚 30 釐米；碑座高 50 釐米，寬 116 釐米，厚 50 釐米。碑文 17 行，滿行 23 字。萬曆《嘉定縣志》卷一《疆域考上·山岡》、康熙《嘉定縣志》卷二二《碑記》、清《江東志》卷二《營建志》、《上海碑刻資料選輯》亦錄此文。

〔一〕駕：《江東志》作「架」。
〔二〕嶕嶫：康熙《嘉定縣志》作「巇嵲」。《江東志》作「巀嶪」。
〔三〕聲：萬曆《嘉定縣志》、康熙《嘉定縣志》作「相」。
〔四〕孰：萬曆《嘉定縣志》作「就」。
〔五〕□濟：《上海碑刻資料選輯》作「汎濟」。萬曆《嘉定縣志》、康熙《嘉定縣志》作「汎濟」。《江東志》作「迅濟」。
〔六〕勒銘：萬曆《嘉定縣志》、康熙《嘉定縣志》作「勒石」。
〔七〕永樂十年五月：《江東志》作「永樂十年五月初九日」。萬曆《嘉定縣志》、康熙《嘉定縣志》無。

明成祖御製寶山碑亭

明成祖御製寶山碑

傅春皋墓志銘

（明永樂十一年・1413年[一]　俞貞水[二]）

處士諱天錫，字洪範，號春皋。父蓴江，母沈氏。以至元戊寅正月六日生，以永樂壬辰二月十九日卒，壽七十五。娶黄氏。沈黄兩族皆江東世家，文獻聞望與傅相埒，曰得世為婚姻。生子男，長曰霖。處士沉静純謹，以禮律身，不事機膺。遭家初造，菑構事蝟集，剸煩治劇以應之，貲業日隆，隆起為鄉巨家。性英敏，涉獵經史，日杜門玩繹至味，嘗撫卷嘆曰：士能淑聖賢遺教，力於修齊，是亦為政，奚其為為政耶？故能薰炙令子，得紹弓冶。暇則躬率疆理，以從事農者，豐其收入，以充公私家國之需。處士盖士而隱于農者也。卒之後，越明年十一月八日，霖率子翼等卜葬于西歸圍字祖塋之側，洒泣持其鄉先生翰英張君狀，詣予请铭。予嘗纳交處士之門，且念霖之孝且誠也，遂序其行而銘之。銘曰：

修身齊家，維處士之德。承前裕後，維處士之績。士隱于農，滄瀛臥龍。繒繳不逢，霄漢冥鴻。完璧狐邱，雲封馬鬣。終焉允臧，山斗來葉。

按：碑文錄自清《江東志》卷一〇《誌銘》。

[一] 據文，傅春皋卒于永樂壬辰，即永樂十年（1412年）二月，第二年十一月下葬，并請銘於俞貞水。銘文當撰於此時。
[二] 見《江東志》卷一〇《誌銘》。

富彥政墓志銘

（明宣德二年・1427年〔一〕 曾棨）

故尚樸處士富彥政墓誌銘

奉議大夫、左春坊大学士、翰林侍讀學士兼脩國史、廬陵曾棨譔。

徵事郎、中書舍人夏衡書丹。

徵事郎、行人司司副、四明鄭雍言篆蓋。

洪熙元年冬十一月之廿三日，松江富處士以疾卒于家，享年六十有二，期以宣德二年四月初二日，卜葬所居之西高阜之原。前期其孤奉其先友金文鼎所為行狀，請余為銘，□〔二〕弗獲辭。按狀，處士諱忠，彥政其字也。世居上洋之海鶬砂，蔚為望族。曾祖貴，祖友諒，父文達，三世隱德弗仕。母殷氏，有賢行。處士生甲辰之六月十日，自幼端謹，髫齔時其言動已屹然如成人。祖母王氏鍾愛之，日加訓誨，甫十齡，遣從鄉先生張明復遊，克自勤勵，以知所□〔三〕嚮。稍長，問學益進，蹈履篤實，鄉鄰皆嗟異之。其治田園，營居第，皆若不經意而井然有序，視先世有加焉。閒居獨處，志意泊然，若不關世故者，至其倉卒之間，應事接物，裁決如流，略無凝滯，皆若素定，人服其通敏。性不好華靡，家雖豐裕，而布衣韋帶不異庸人，嘗自號曰「尚樸」，人亦以是稱之。其教子必延致名師，處姻族尤盡恩意。僮奴卑賤未尚加以

〔一〕據文，富彥政葬期為明宣德二年（1427年）四月，此前其後人請銘於曾棨，銘文當撰於此時。

〔二〕□：從原碑殘存字跡看，似為「余」字。《宣橋鎮志》此處有缺漏。

〔三〕□：《宣橋鎮志》作「趨」。

呵叱，鄉隣貧者賙之以財，饑者賑之以粟，死者與之以棺。四方□〔二〕士大夫、緇流羽士款其門者，莫不館穀而贐遺之。寺觀橋梁有廢毀者，輒捐己貲為之修葺，淡然無德色。既得疾，臨終呼二子告之曰：「吾平生勤儉暨好施，予皆出天性，非勉強干譽也。今鄉隣有假貸不能償者，悉取其券焚之，使我瞑目地下無遺憾矣。」二子如所言，翊日遂卒。初娶謝氏，繼秦氏，皆先卒。子男二人，曰丙，曰奐，俱謝出也。孫男二人，諶，謐。女二人，蘩，蘊。惟處士好善樂義，涪沉州閭，安於恬淡，而無所外慕，至其寬厚□□而仁惠之施周於鄉黨者如此，豈非所謂一鄉之善士者歟。是宜有銘。銘曰：

儉以約，而所施則博；裕以豐，而其志則沖。惟善之積，惟義之為。令德遺芳，以永于垂。

按：碑文錄自原碑。據《宣橋鎮志》，1958年，宣橋鎮李橋村村民順根等人在平整墳墓地時，掘出富彥政及妻謝氏的墓志銘和墓蓋各二塊。四塊碑石現俱藏南匯博物館。碑為青石質，48釐米見方，厚7.5釐米，謝氏的墓志銘字跡已模糊不清。《宣橋鎮志》據富彥政墓志銘碑錄有銘文，為簡體字，部份文字有明顯訛誤。原碑字跡不清之處則加校注，說明該志所錄文字，以備參考。

〔一〕□：《宣橋鎮志》作「賢」。

富彦政墓志銘

富彦政墓蓋

富彥政妻謝氏墓志銘

（明宣德二年・1427年[一]　曾棨）

故□□人謝氏墓誌銘

奉議大夫、左春坊大学士、翰林侍讀學士、兼脩國史、廬陵曾棨譔。

登事郎、工部營繕所所丞金鈍書丹。

徵事郎、行人司司副、四明鄭雍言篆額。

東海富彥政之室謝氏，□□□□□[二]其子丙奉行實来免□□丙，不幸蚤□□□□年方四歲，奐□□七月之□□識知，賴吾父撫育教誨，以□于廬前載□□□□□嘗囑□□□□□，更卜宅兆于居第西北原，凨氣所宜地□□宣德二年四月初二日□……□吾母玄室在□砂丘黿河水之□□□□□□与先考同穴安居□□□□□□□以承□□□歿，不能虛茔□以合宜循□……□訴□也。□既□……□文以銘□□□□□□余弗克辭，迺視□□□按□人諱□□□謝氏世為□□□□□塲人，□父諱道安，父諱□……□氏□□而□……□精好□□□□□鍾愛□……□禀□重□□□宻□……□無怒色□……□丙配□……□奐□……□蘩□蘊□□生□……□八□□于洪武二十一年戊□……□茔田□……□全夫□□倫之□……□少□□厥□□所□……□徵□□□□□克遵□……□之志□世□□□□者也

[一] 據《宣橋鎮志》，謝氏墓為夫妻合葬墓，墓志形制如一，墓志內容也佐證夫妻合葬。另據《富彥政墓志銘》，謝氏卒早於富彥政，而富彥政葬於明宣德二年(1427年)，故此推測謝氏墓志銘撰於同時。

[二] 此處碑面斑駁，加之該碑每行字數不等，每行排列不齊，僅能從殘存痕跡推斷有四字或五字無法識別。銘文中多字無法識別者均為此種情況，所標「□」個數均為據字跡推斷而得，非確數，不再一一說明。

□……□对美□胡蚤□之不禄子□肖基業雖紹，卜佳城于□□□同蔵夫婦□常，俾□續其榮昌。

按：碑文錄自原碑。該碑具體情況詳見《富彦政墓志銘》。

富彦政妻謝氏墓志銘

顧逸耕墓志銘

（明天順四年·1460年〔一〕）

故逸耕顧處士墓誌銘

會乩□軒□雷撰。

同邑默軒姚民纂盖。

同邑悟靜金銃書丹。

處士諱倫，字汝明，號逸耕，姓顧氏，松之上洋人。父□有仁，生於苐六備灶蝤蛑港北，没於永樂十五年丁酉五月二十五日。母蘇氏，没於景泰元年庚午十月二十日。處士娶潘氏，生男曰瞻，配王氏；側室黄氏，生男曰□，配蔣氏。及瞻長成，析旋俯仰得翁之懽心。而翁姿爽朗，器□恢廓，几遇友朋，就閑曠開□細酌，或玩花竹，或對棋局，浣滌塵坌以取其樂。□□醝司用其能，吉擢膺苐五團醝役，由是夙夜放以弗替，克勤公務，上司嘉其有為，下民服其勞苦。暇則涉覽啚典，以樂其情，□然一□□起。卒於天順四年三月十八日□年六十又六，卜於天順四年閏十一月三十日壬申，瘞於祖塋之次。其子瞻□經踏門，再拜請志其銘，且□生辱□先人□□昔之好，願先生勿辭。予聞亦□不自勝，謹按世係行□□其□□□之銘。銘曰：

其行恂恂，一何哲也。其德□□，又何傑也。藴諸中□，秋天明月。子孫振振，克紹光烈。□瓏□灵，凝凝省發。立石勒銘，百世不竭。

〔一〕據文，顧逸耕卒於明天順四年三月十八日，瘞於明天順四年閏十一月三十日，其子拜請銘，故推斷碑文作於此時。

按：碑文錄自原碑。編者於 2014 年 2 月在南匯博物館庫房發現此碑，磚質，無墓蓋。碑高 32.5 釐米，寬 32.5 釐米，厚 5 釐米。碑文共 19 行，滿行 24 字。部分字跡有磨損，撰者姓名難識。

顧逸耕墓志銘

陸秋嚴墓志銘

（明成化六年・1470年〔一〕 李清）

故秋嚴陸君墓誌銘

賜進士出身、奉政大夫、南京兵部郎中、同邑李清譔。

征仕郎、中書舍人、直文華殿、同邑沈瑜書丹。

賜進士出身、大中大夫、江西布政司參議、華亭盛綸篆蓋。

鶴沙以東岸大海，地高而瘠，歲所入僅足輸公稅，而民又罷於煮海。諸董區賦者，緩則愆期，亟則速怨，率二三歲□〔二〕更其人，甚者不滿歲而更也。秋嚴陸君自宣德間嗣董區賦，積四十餘年，公賦所入未嘗一後他區，區中人無少長皆悅服無怨言。聞君没，嗟嘆不已，至有泣下者。嗚呼！君獨何脩而得此哉。或者乃曰，□科無善政，豈其然乎！君姓陸氏，諱瑛，字廷彩，别號秋嚴，世為松江上海縣豐莊人。曾祖文瑞，江西饒州府通判。祖大名，父□〔三〕恭，皆不仕。母沈氏。君為人和易，臨事畏謹，好施與，不忍瘠人肥己，樂延明師教子姓，蓋一鄉之善士也。其没於成化戊子十一月六日，享年六十有一。配倪氏，有婦道，先卒。子男二，銓、鎬。孫男二，軒、載。君没之又明年，銓、鎬卜以正月十二日葬君先塋之次，請銘，余辱君鄉人，且有姻好，相知為深，銘不得辭。銘曰：

〔一〕據文「其没於成化戊子十一月六日」，「君没之又明年，銓、鎬卜以正月十二日葬君先塋之次，請銘」。成化戊子為成化四年，即1468年，因此「没之又明年」為成化六年，即1470年，推測碑文應作於此時。

〔二〕□：《上海明墓》作「輕」。該書亦録自原碑，部分文字與編者所識有異，但此文僅標註編者未能識得和確認者，餘皆從略。

〔三〕□：《上海明墓》作「益」。原碑此處有剥落，依稀可見「皿」。

噫！陸君，性坦夷，董區賦，公無私。官不後期，民無怨咨，歷歲愈多惠孔滋。今其逝矣，鄉人之思，爰告來者，勒此銘詩。

按：碑文錄自原碑。《上海明墓》亦錄此文。據該書記載，陸秋嚴墓位於原南匯區坦直鄉坦東六村陳家宅，俗稱「陸家墳」，當地鄉民稱毀於1966年文化大革命初期。1988年平整土地時發掘此墓志，碑文得以抄錄。碑石後入藏南匯博物館。2014年2月，編者前往，親見此碑，青石質，高48釐米，寬48釐米，厚9釐米。碑文22行，每行20字。碑石完好，字跡清楚，僅個別地方有剝落。

陸秋巖墓志銘

傅履常墓志銘

（明成化七年·1471年[一]） 祝顥[二]

處士諱翼，字公羽，履常其號。父怡安，母劉氏。處士質直坦夷，藴才弗試，不屑譸張以衒于俗。奉親祀祖，一將之以孝誠，燕賓洽族，悉遵禮儀，為一時冠裳矩範。處士素有雅量。瀕江農家失牛，徑窺處士櫪牛以去，處士笑而與之。農抵家，失牛已還，復牽拜堂下，謝曰：某無狀，重忤者，敢請箠謫。處士復笑曰：偶悮也，奚以謝為？處士嘗服新衣履入市，市有一頑甿急蹴，處士顛蹶，污入淤渠，從者爭前趨擊，處士叱之，戒弗較。越信宿，甿適以癲疾死，竟無所累，若有先見然者。處士生于永樂甲申五月初四日，卒于成化辛卯十月初八日，春秋六十有八。配吳氏。生二子，經、綸。女一，適徐浩。經卜葬于西歸祖塋之次，持其鄉彥高君復菴狀請銘。銘曰：

脩身體道，樂志熙皞。犯而不較，如天斯幬。燭理之突，如日斯照。煢恤無告，施不責報。德孚大造，尚豊厥紹。銘奠志兆，千古騰耀。

按：碑文錄自清《江東志》卷一〇《誌銘》。

[一] 據文，傅履常卒於明成化辛卯十月，即成化七年（1471年）十月。文中未言具體落葬時間，僅言經卜葬於西歸祖塋之次，并請銘。銘文當撰於此時。

[二] 據《江東志》卷一〇《誌銘》，撰者祝顥，「正統己未進士，允明孫，字希哲，長洲人」。

重修南積善寺碑記

（明成化十八年・1482年　郁文博）

賜進士、中憲大夫、陝西布政使參議、邑人郁文博撰。

誥封奉議大夫、吏部郎中、同邑談景瞻書。

賜進士、奉政大夫、廣東按察使僉事、同郡王祐篆。

上海南積善寺，距邑治南半舍許，溪水縈洄，竹木叢茂，實奇勝之區也。宋紹興間，有僧曰師淨，飛錫止於斯，長者孫氏捐地百畝而始創之。國朝洪武中，誕正佛教，遂併西林、海會二院爲叢林。歷歲滋久，沐雨櫛風，廉隅摧毁，象教陵夷，因之隆者頹，壯者弊，僅存僧居法堂一二而已。景泰丙子，僧名善暲者，尋領劄住持間，徘徊瞻顧，慨然太息曰：「誠吾所當究心也。」欲拓其故址，而又[一]難其材。時誥封奉議大夫、吏部郎中談公景瞻洎[二]鄉之善信，捐給財力，於是量時命日，鳩工市材。天順戊寅，首建大殿，粧[三]塑佛像。癸未，爲兩廊山門，次及雨花、心印二堂。董其事者，則其徒法能、法廣、道悅、道銓也。暨諸鐘樓、僧房、香積、廚舍，是則悅、銓之徒德奩、德雲、德奎、德本、德雯輩，亦能行化以贊之也。且其制度亦各有差，蓋由續舊基，興新工，未嘗少輟。轉廢弛爲完堅，新舊規爲偉觀，嚴嚴翼翼，穹壯宏麗，黝堊髹漆，焕然一新，鄉邑稱爲雄刹，而淄流益增矣。成化壬辰，談公景瞻常攜諸子常、倫、敍、秩、雍以遊，遹[四]觀厥成，

〔一〕又：《三林鄉志殘稿》無。

〔二〕談公景瞻洎鄉之善信：《三林鄉志殘稿》作「談公景瞻同邑暨鄉之善信」。

〔三〕粧塑：《三林鄉志殘稿》作「雕塑」。

〔四〕遹：《三林鄉志殘稿》作「適」。

乃伐爾功，慨然又以寺東五升科田二十有一畝，捐給常住，永永供佛飯僧。其田土沃膏腴，非汙邪墝埆之比〔一〕。且戒諸子勿〔二〕攘奪，寺窮亦勿鬻，此非善暲功成行修，疇克爾耶？善暲〔三〕具其本末，請余記其事，以鐫於貞石，將告方來。嗟夫！佛氏之教，無非使人要福以避禍，而思所以爲善也，今世之崇奉尊信之者，故雖傾資倒橐，亦無所愛吝焉。然南積善寺爲上海之盛刹，由談公樂施之德，以倡之於前，又得四方好善之士，亦皆翕然相繼，以相之於後，此佛氏雖能使人之嚮慕如此，而善暲之徒衆，非亦〔四〕卓然自立，能興起其教者哉？不然，何其若是之盛也。因其請，故樂爲記之，蓋不惟有以知佛氏之爲盛，善暲之能立，抑且嘉談公樂善好施之美德焉。

大明成化十八年，歲在壬寅，春三月吉日，山門比邱善暲、法能、法廣、道悅、道銓立〔五〕。

按：碑文錄自清張端木《西林雜記》。民國《三林鄉志殘稿》卷六《寺觀》亦錄此文。

〔一〕之比：《三林鄉志殘稿》作「之可比」。
〔二〕勿：《三林鄉志殘稿》作「毋」。
〔三〕善暲：《三林鄉志殘稿》作「善長」。
〔四〕非亦：《三林鄉志殘稿》作「亦非」。
〔五〕歲在壬寅，春三月吉日，山門比邱善暲、法能、法廣、道悅、道銓立：《三林鄉志殘稿》無。

儲勳母居氏墓志銘

（明成化十八年·1482年[一]　黄宏）

明故儲母居氏孺人墓誌銘

同邑儒士黄宏撰文。

恩授迪功郎、同邑姚民書丹并篆。

成化壬寅歲，孺人卒。越二稔，甲辰之冬，始事于安葬。其子勳狀孺人之行，衰絰拜吾廬乞余銘，以納諸壙。按狀，孺人姓居，父以寧處士，世為海鄉著姓，敦朴好古，而不尚靡麗，人以忠厚長者稱之。生孺人為長女，雖□□□□閨門□□教之必盡其方，由是孺人女紅織紝之習□□□□□□。既長，擇德為廷玉公之配，克閑婦道，孝于舅姑，睦于宗族，勤勞以生業，和樂以宜家，處妯娌無可擇之言，撫卑幼有惻隱之德，且性好質素，不事容飾，樂于濟匱。猶善教子，䏺愛而知勞，□其親□戒其遊惰，而諸子悉有造就，姆儀閨範為里閈所師，以故□□宗族□以賢婦賢母稱焉。廷玉公亦倜儻有為，凡董鹾于官数十年，同事者多破其產，而公以孺人之賢勠力輔佐于內，家視昔反日益饒裕，所知靡不為之敬羨。其生之年永樂壬寅四月七日，沒則成化壬寅之五月廿有六日也，春秋六十有一，而考終焉。嗚呼，賢若孺人，宜享永年，為鄉邦式胡，亦以数而終耶。男三：曰勳，曰烈，曰熙，皆讀書好禮，善生業，而立門戶。勳娶李氏，烈娶蔡氏，熙娶張氏，咸能克纘孺人亍女事。女二：長適楊祚，次適吳絰，悉望族之胄。孫男曰絰，曰綸，曰紘、繡、綱，曰維，曰綵，曰悦，曰純，曰組，曰綬，凡十有一，而加冠有室者三四矣。孫女五：各有家而未歸。曰雲則孫而又孫也。勳等

[一] 據文，居氏卒、葬於明成化十八年（1482年），儲勳孝服以求銘。碑文當作於此時。

卜以本年十二月二十九日,奉柩安厝於所居之□六竈港之陽,附祖塋而昭穆葬焉。余忝孺人子勳連姻之末,而知孺人之平生頗悉,矧感賢郎禮意之誠,銘其辭乎?《傳》曰:「有善而不知不明也,知而不傳不仁也。」況孺人之賢□□所述如此,是宜為之銘焉。銘曰:

金質以精,玉德以良。猗彼芝蘭,以奇以香。卓哉孺人,賢胡可量。刻辭銘窆,厥幽允彰。于萬斯年,似續永昌。

按:碑文錄自《上海明墓》。該書以簡體字錄其文,并附拓片照片,編者據拓片錄得繁體字。該書謂墓志正方形,邊長43釐米,蓋篆書「明故儲母居氏孺人墓誌銘」,字磨損較甚。

儲勳母居氏墓志銘拓片（《上海明墓》刊載）

孫紹墓志銘

（明成化二十三年・1487年[一]　林節[二]）

孫處士墓誌銘（牛橋孫氏）

處士諱紹，字宗緒，姓孫氏，蘇之嘉定人也。其先自四休居士景初之後，世為清溪東南望族。曾大父諱某，大父諱文信，俱隱德弗耀。考諱容，字德威，勁節厲行，亦不以仕顯。娶同邑萬氏，實生處士兄弟。處士于兄弟為最長，少負功名之志，資禀聰慧，器宇軒豁，以詩書文藝為玩物適情之具，故終其身出入禮門，往來義路，傲言不出于口，偽行不施諸身，習勤戒侈，以致家道日裕，顧於姻族黨友吉凶往來之数，又無不稱情而合禮。有司嘗使董鹺司，處士唯恐負上知，益勵厥心，徵輸有藝，務使富國利民，資上益下，以是上嘉其能而下懷其德。晚歲謝塵事，養志林邱，或謳歌以自娱，或壺觴以自酌，講日講月，和雪吟風，其樂優游，天真爛熳，有不能罄所形容焉。卒之年為成化己亥九月十四日，享年五十有八。子六人，長曰準，贅朱氏，卒；次曰阜，知識超邁而卓然傑立者，娶黃氏；次曰元貞，娶秦氏，皆正室馮氏所出。次曰常，娶蔡氏；次曰元禮，娶王氏；曰元智，聘唐氏，皆側室張、鄒、楊三氏之所出也。女三人，曰妙真，適黃鎬；曰滿堂，適蔡儀；曰潮妃，適印復，亦皆為重族婦焉。孫男九人，曰澐，曰珮，曰軒，曰昂，曰劉慶，曰劉山，曰劉得，曰劉壽。孫女曰透蓮，曰福蓮，餘幼未名不齒。玆卜成化丁未十一月二十五日庚申，扶柩葬于戴家浜之原先壠之次。先期阜請于樸菴楊棨之狀其行，而復徵志于予，予敢按其狀文，掇其大者摭而銘之。銘曰：

[一] 據文，孫紹葬於明成化丁未，即成化二十三年（1487年），另有言：「先期阜請于樸菴楊棨之狀其行，而復徵志于予，予敢按其狀文，掇其大者摭而銘之。」由此推測銘文當作於此時。

[二] 見《江東志》卷一〇《誌銘》。

天生蒸民，厥賦惟均。曰蠢曰蚩，物污天真。慨彼吉士，非禮弗履。翼子肥家，既多受祉。耆艾甫逾，優游以娱。州適東極，西候日晡。壽堂歸瘞，宰木隱翳。伐石篆辭，永昭百世。

按：碑文錄自清《江東志》卷一〇《誌銘》。

傅藏春墓志銘

（明弘治十二年・1499年〔一〕）

公氏傅，諱經，字宗常，號藏春。始遷清溪祖蓴江，善琴能詩，鳴于時。曾祖天錫，祖怡安，父履常，俱隱德弗耀。母吳氏。公貌不逾中人，而春蘊方寸，生意潑潑，直欲包八荒于無外，嘗自謂曰：天地以生物為心，心在吾人，是亦一小天地也。吾可不以生人為生意哉！況士之處世達當為良相，不達當為良醫。吾舍吾醫又將奚為哉？於是業軒黃術以濟人。人有德之以金帛酬者，則謝之曰：吾惟溥吾心之春，以體天地生物之意云爾。此物將奚用哉？竟拒弗受。人德之者益衆，而藏春名益彰。公性忠厚純樸，誠意浹于遐邇，夐無疵議，衆皆推其齒德，為鄉評之冠云。公生于永樂辛丑，卒于弘治己未，壽七十有九。娶瞿氏，繼曹氏。生子男曰萱、芸。萱娶黃氏，芸娶張氏。女一，適沈松。孫男五，珍、珠、璪、玫、璧；女一，適瞿暹。墓在常明浜北，公葬之日，芸等念墓石無文則無以為山川變遷之防也，而乞銘于予。予與公交稔，且重其德可為常醫者法也，故為之銘，曰：

日翼綱常，規圓矩方。樹來葉之羹墻，業究岐黃。仁昭義彰，耀斯文之麟凰。春藏一腔，葵藿當陽。江湖廟堂，壽考而康。萊綵聯行，桑社敷芳。信平地之有蒙莊，全歸斯岡。碑崇夕陽，勒之銘章。山靈撝護兮，垂裕無疆。

按：碑文錄自清《江東志》卷一〇《誌銘》，撰者不詳。

〔一〕據文，傅藏春卒於明弘治己未，即弘治十二年(1499)，未言葬期，當距卒時不久。下葬時其子乞銘。銘文當撰於葬時。

談本彛繼室張氏墓志銘

（明弘治十六年・1503年[一]　錢福）

弘治庚申十二月二十二日，工部右侍郎、上海談公本彛之繼室誥封淑人張氏卒。其子田哭之絕而復甦者不知其幾，侍郎公不哭而神傷，作百哀詩。公洩其悲，若不欲獨生者，予讀之爲之泣下，不能和。時其從女方女於吾兒元擯，介傍午則見其群從子婦下，逮臧獲舉，戚戚有哀色，弗能出矣。言吾兒婦亦悒悒飲淚，予爲之罷饋食礼。越二年，癸亥三月十八日乙酉，公葬之于古隺坡祖隴之次虚，半以俟公之復，自狀其行，命予銘。噫，予初志也，其敢辞。按狀，淑人姓張，諱□，道號善相，盖摘進封淑人之誥中善相其夫之女以自佩服不忘云。世爲吾華亭修竹鄉人，曾祖雲居先生以詩鳴，贈中書舍人。祖瓛，字孟著，號月涇，得書法于陳文東氏。太宗召入修内典，累官至祠部員外郎，與學士沈民則兄弟齊名，至今朝野呼松人善書者有自也。父繹，字以成，號友楳散人，風流倜儻，至于今，鄉邦有述焉。散人初侍月谿宦京師，與青州徐參政弼交最善，因娶其女宴，淑人母也。散人爲淑人慎擇壻，會侍郎公初第進士，在告歸侍其祖贈侍郎，晚香公先其配王氏，遂奉晚香公之命，介媒于喬侶筠聘焉，遂歸公。公拜司封主事，奏績敕封安人。進秩郎中，奏績□誥封宜人。進秩應天府丞，召入拜順天府尹，遷工部右侍郎，奏績□封淑人，此其所得之恩典也。歸公時年在二十，若老成人。公以通達重于朝，得上下心，且好客，重交與，戶外履恒滿，治具供餼如驛傳取給焉，不戒而備，且極精腆腒績紡，以充醯醢脯蔬之儲，每斥羨以資一時同宦游者，故所知入都者得依公視至如歸，皆其助也。從歸省丁内艱，釋服還朝，從之應天。應天號多織造，宦游以俸託公易羅綺者歲以千數，一不入自。淡然無所嗜，家人勸之，叱

[一] 據文，張氏葬於癸亥（弘治十六年，1503年）三月，後請銘於錢福。銘文當撰於該年葬期之後。

曰：「官家豈爲吾女婦人衣服地耶？」及歸，囊無長物，捐所蓄煮粥活餓囚以百計。又從歸省丁外艱，公入謝，家政悉入綜理食指踰千，各授以業。其田宜某穀，某人宜其事，纖悉中度，老農宿吏弗逮焉。服闋，從入順天，如應天時。公在工部，涖易州厰薪炭，益嚴闒閾禁，嘗告公曰：「錢穀之司，簿書足籍，須明須慎。」纔有誣者果賴簿書以白，數以知止，勸公解組。公抗疏乞歸，未得詔，憂形于色。既以他累去官，乃喜曰：「而今得夙所矣。」歸則益督畊織。時樹藝所指，指授科條皆松人所未同者，諸大家争傳效法之，而其産遂冠一郡，其善相其夫子者如此。初公迎養，母贈淑人王氏于官，事之甚善。時吏部尚書□山王公、侍郎廣宗崔公、濟南尹公，號嚴毅不妄許，與者皆知其孝，錫杖于王曰：「代如息婦扶掖之力也。」蓋賢之云。王嘗告諸過客曰：「我家新婦古孝行中人也。」王素好善，謹于事佛，凡佛書與夫爲善，陰隲《列女傳》等書無不通曉，淑人遵其教。老且亦衰，及王卒，凡其生平所服用，悉以殉葬，餘請焚之，以資冥用，宗族稱孝焉。公之父贈侍郎怡靜公家居，聞王之安於迎養也，嘗有書賢之。歸則事怡靜公如其姑。怡靜公喜曰：「素知新婦之賢，宦游不獲，躬享其囊，今果然。」大書于壁，令子孫女婦效法之。先後居舅姑喪，皆盡禮。其父散人卒，老婦一祭而私哭之，不以形于顔面，或扣其故，曰：「吾有舅姑在，恐傷其心。」其孝友如此。公前妻王淑人遺一女，撫之如己出，長嫁喬谷凡，王所遺奩具悉以歸之。初歸公，踰二年，生一子，干官魁，吾總即見者奇之，命之曰「應祥」，五歲所夭。益修内政，累亦見于色。既而生多不育，私謂公曰：「是不傷君之後耶？吾但願得似君者，不必計所出也。」遂爲多置妾，妾亦多不育，然撫之甚，至衆妾欒之。一日忽暴疾，妾有欲代其殆者。馭下人雖髫童亂婢未嘗楚撻，而人莫不敬且畏焉。繼而得子繼祿，怡靜公所命名也。擕入官，愛之過情，怡靜公手書戒曰：「能勿勞乎？」乃歎曰：「舅言良是也。」稍長，擇名師善友以託之。尤好談故事，夜燈前必詔其子，曰某爲忠臣孝子，某爲慈父母好朋友，子深有悟焉。長名曰田，充府學生，才學聞于邦，孝義著于家，天之報公及淑人者，意其在此。爲田娶婦，教以始終，順事之道甚悉，處宗族以厚，少有不給，相公助之無不周至，于張氏亦然。有庶弟愚而破産，爲之娶妻，而復撫其子，嫁其女，于鄉里之匱乏者周之，恐後葬貧不能椁者若干人，其仁慈之心又如此。卒之前半歲，忽呼田告之曰：「數其窮矣。我處失時，有奇術者過門，父母命稽之，所言歷歷皆驗，今當期矣。」殆不起也。未幾染心疾，田禱卜醫藥無所不至，命之曰：「汝母豈不欲生，成奉事汝父老景邪？天命有數，佛家以七計夗，我五七當七也。汝善記之。」復曰：「汝聰明能孝，無煩我語，娛老父之頹齡，保弱孫以承祀，吾暝目矣。」乃闔棺衾無戚容。卒之日，田假寐窗下，聞談話如故，雞初鳴，呀然而往。纍不瞀，及殮神色不變，宛如三十時人，可謂異矣。距其生正統己未七月六日，享年六十有二。子一，即田。女一，玉，出歸喬。孫女二，皆幼。男一，李得，後淑人半載殤，田哭之慟，曰：「吾壯當有嗣，痛傷吾母教耳。」嗚呼，公以直亮才智名一時，雖有嫉而毁之者，公論定在天下，何損于公乎？進退之際，足裕其身，亦難乎其配矣。而淑人所爲有若是，不亦奇哉！此其所以感群哀而召孝思也。若公之恩愛始終篤盡矣，淑人不可謂不遇哉。爲之銘曰：

孰不有夫？夫大丈夫争馳竝驅，亦孰不欲配才智？弗類而覆爲累，我克肖之，誰其克效之？四十年來，朝野稱才。孰不有子？子奇男子，果得其似，亦孰不欲似之？弗克敂之，又安得而繼之。子無哀我夗，惟汝宗是嗣，我夗猶生。惟汝名之有成，亦孰不有封，罔内相功，榮覆爲痌。我從六遷，日進善言，儉勤率先，以終天年，匪逝伊仙。亦孰不有家，糾絲紛麻，如擿龍蛇，男攫女拏，散如摶沙，愿此帔霞，我提千指如撮髻丫，又孰敢或譁。吁嗟乎淑人，吁嗟乎淑人，其駕女流而永譽絕塵者耶。

按：碑文錄自明錢福《鶴灘稿》（見《四庫存目叢書》集46）。

筠溪義塾碑記

（明弘治十七年・1504年　錢福）

賜進士及第、翰林院國史修撰、儒林郎、郡人錢福撰文。
賜進士出身、觀禮部政、郡人王杲書丹。
賜進士出身、觀禮部政、邑人郁侃篆額。

我皇明以禮樂文物化天下者，百三十年於兹。郡邑有學，鄉社有師，提綱督規，宜力揚風之任，往往皆得其人。是以人人有士君子之行，三代以還，未有能過之者也。惟偏方僻壤，去鄉社爲遠，而智不足以擇所宗，力不足以致所師，則於文命不能無憾焉。於是乎有倡爲義舉，以淑其鄉隣，俾無不學焉者，不亦聖代之良民乎？我郡守宜春劉公之爲政，尤注意風教，鑒別人品，得端謹明敏博學之士儲生昱於上海之庠，延以教其子，曰：「化邦當自家始也。」昱間歸省其父南溪翁，語郡守之意。翁曰：「吾教女，豈欲獨善其家哉？吾鄉之人，拙者守農，巧者逐末，年未十五即棄學，甚者并句讀不習，無惑乎禮義之不明也。吾甚憫之，欲建鄉塾以勸之，往來於懷，蓋十年矣，而力不逮也。女其相吾，以裨吾守之風教，可乎？」適守之子學既有成，昱辭焉。贈之幣，昱辭焉，守曰：「吾給君子之不足也，有餘，自可以賙貧乏。」昱曰：「吾有所用之矣。」奉歸，告其父曰：「是足成吾翁之志，可乎？」遂規地所居三林之南、水月菴之右，伐材鳩工，爲堂五楹，廡左右二楹，前闢之以門，而繚之以垣，美竹匝蒔。凡爲基衡如干步，縱再倍之。鄉有順昌丞致仕潘良器者，素以善教稱，翁禮聘之。聚一鄉之子弟，與之規式而教之，束修不能給者爲代之，鄉之人樂焉。榜之曰「筠溪義塾」，是爲弘治癸亥歲也。既一年，一鄉之子弟彬彬嚮學，有文士之風。翁曰：「是不可以無傳，以示後之人，俾永守焉。」乃遣昱造予，屬記其事。予聞之，門側之室曰「塾」，「塾」者，熟也。《禮》：「家有塾。」仕而老，歸教於閭里，坐於門側之室曰「塾」，教以熟應對、習禮儀也。三代以前，閭師黨正皆設於官，爲王者之政，人不得而擅義稱。秦漢則教弛矣，文翁興學，稱爲循吏，而況於他乎？至唐宋來，老儒隱逸各建書院之號，宋元則因而廷賜之額，而且廪之。予不敢自擬於先儒，而據《禮》有歸教於閭里之任，然德不足以刑于鄉，智不足以解夫惑，力不足以有其地，日夕方抱茲愧，而儲氏父子乃能先我爲之，不亦可敬也乎？仰而嘆曰：是舉也，有衆美焉。吾守教其子，而因以成教於邦，慈以行其仁也。儲生教乎人，而因以成其父之志，孝而中乎禮也。南溪成其子，而因以教乎鄉之人，智以就其義也。昔范文正公爲義田以贍族，捐其園爲郡學，至今蘇之人德之，史稱其做秀才時，便以天下爲己任，儲生之進，不自此可占乎？予尚能拭目爲皇明賀。昔之爲書院有功於後學者，若程朱輩，逮今即其地祠焉，南溪其有在矣，是又不直爲聖代之良民而已也。若夫教之之法、學之之具，六經之旨昭如日月，而尤切近者，顔氏、呂氏、司馬氏之家訓，朱考亭之小學、真西山之分年，日程具在，固不待予言，而亦不待於他求也。南溪名璇，子廷美，好讀書史，喜文士，閭里雖總丱者有勤學名，輒降與之語，且加禮焉。當施棺於貧不能斂者頗衆，又欲爲義阡，度地未就。其樂善仗義，類如此云。

大明弘治十七年，歲在甲子，正月吉日立石。

按：碑文錄自清張端木《西林雜記》。

志應堂碑記

（明弘治十七年・1504年〔一〕　湛若水〔二〕）

上海儲南溪既成義塾之堂，允子太學生昱道其堂之始曰：「翁恥里子之勿訓而倡之義，昱也以教資而成厥志。」甘泉子曰：「義而公，宏而麗，其堂之名曰『志應』。志應者，志交應也。一志也，聖功也，蓋取諸《易》。《易》曰：『同聲相應，同氣相求。』其志一也；又曰：『水流濕，火就燥。雲從龍，風從虎。』而况於人乎？」儲子曰：「可以訓矣，請記之。」

按：碑文錄自清張端木《西林雜記》。

〔一〕據《筠溪義塾碑記》，儲南溪建筠溪義塾，是為明弘治十六年（1503年）。另據光緒《南匯縣志》卷一三《人物志一》「儲昱」條，記其父「創筠溪義塾，曰志應堂，延順昌丞潘良佐為師，錢福、湛若水各為之記」。楊雄撰碑記於義塾建成之明年，即明弘治十七年（1504年），故此推斷湛若水撰碑記當也在此時。

〔二〕《西林雜記》和光緒《南匯縣志》卷一三《人物志一》均有記。

談倫墓志銘

（明弘治十八年・1505年[一]　王鏊）

故通議大夫、工部右侍郎談公墓誌銘

公談姓，諱倫，字本彝。其先開封之祥符人，有□宋□……□吳興，後遷上海之鶴坡，族日蕃大。公之曾祖諱季□，□……□國初，諸鉅族皆謫戍，人服其識。祖諱節□□法而□……□郎。公長身豐頤，儀觀瑩然，見者異之。景泰癸酉，□應□……□忠肅公為冢宰，風岸孤峭，意輕南士，見公瞿然曰：江南有此□……□外又一年，遂擢郎中。公性開朗，又□□勤，凡司封條例，因革興□……□司事不治者，多委治之。英廟嘗召忠肅，忠肅以公自隨。上問：「誰也？」忠肅以公名對，且曰：「臣老矣，扵聖諭恐有遺忘，此郎代臣志之，且其為人可信也。」上因欲大用公。忠肅以公年少，乃扣頭言：「誒少練習，用之未晚。」久之，歸省，值母王淑人憂，廬扵墓側。服闋，至京，則濟南尹公為冢宰，仍欲寘之吏部。公辭要乞閑，乃補虞衡司。三載，擢應天府丞，數辨疑獄。部院寓囚多瘐死者，公命煮粥飼之，多所全活。織院上供之數，滋多扵昔，民不能堪。公□減歲數若干，且厚其直以與民，仍著為令。溧陽大水，尹京者畏縮不敢以□□□自署其奏，是歲詔免秋糧數萬，懽聲載道。擢尹順天，以父憂去，後復順天。會軍興，橫索民車以千數，公不得已，許以百兩，不可，倍之，不可，再倍之，又不可，公乃會計以聞，詔以十兩與之，自是軍士無敢橫者。進工部右侍郎，筦易州薪政。八府五州，弊孔百出。公至，□□□隱，剗削奸蠹，歲得羨餘若干萬。作上下通知冊，吏不得侵牟，羣小怨之，相與謀搆扵上，不聽。兩疏辭，皆不允。有南昌人李孜省，以左道亂政，數有乾沒，公拒之，不知其能為害也。

[一] 銘文記談倫落葬於明弘治十八年（1505年），此亦文中提及最近時間，故此推測銘文約作於此時。

居無何，尹公子被逮，尹公去，公亦隨之矣。初公受知扵王忠肅，忠肅之病也，日侍湯藥扵左右，忠肅臨終，以公託崔、尹兩亞卿，兩亞卿亦自才之，故公往來三家，如家人父子。成化末，眉山萬公在內閣，積憾扵尹，謂其莫己從也，乃與孜省百方媒孽，醞釀以成其獄，朝士出入尹公門者盡逐之，凡占山東籍者盡逐之，與山東有連者亦逐之。朝班為之一空，人皆懍懍，莫敢自必。尹公之門，無敢闖焉，而公獨往來如故，□□也獨往餞之。尹公去三月，□有飛語聞，遂罷歸。今上登極，公道昭宣，孜省伏誅，謫逐者多召還，而公竟不起。日與知舊飲酒賦詩，篤喜種植，手樹所在成林。年七十五，一旦無疾卒，弘治甲子正月十八日也。明年乙丑十二月初四日，葬邑之鶴坡先塋之東。淑人王氏、張氏祔公。生子輒夭。年四十以弟之子田後。女一，適喬□。田能輯父事無貰，言及輒流涕，人謂公有子矣。公家居，歲遣人起居尹公扵山東。忠肅之薨也，公祀之別室。崔公沒，亦如之。尹公沒，亦如之。蓋其篤扵恩義如此。扵乎！公固一時通才也，不幸而為當道諸公所知，或推或輓，乃以顛殞。不然，公之器識所至，何可涯乎？而止冬官一□□而已哉！雖然，其亦命而已矣。銘曰：

九輓而前，一擠□□。其曷為然，退處而年。睹天之還，□□□□。

嘉議大夫、吏部右侍郎、前詹事府少詹事兼翰林院侍讀學士吳郡王鏊撰。

按：碑文錄自《上海明墓》。該書以簡體字錄其文，并附拓片照片。拓片右下側即右起共十一行下部（每行12—17字不等）缺損，其餘較為清楚。編者據照片錄得繁體字。該書謂墓志1998年出土於閔行區杜行，蓋邊長75.2—77釐米，篆書「明故通議大夫工部右侍郎談公墓志銘」；底高73—76.5釐米。

沈輔墓志銘

（明正德一年至二年間·1506—1507年[一]　王瓚）

旌表孝子沈公墓誌銘

賜進士及第、翰林院侍講、同修國史經筵官、永嘉王瓚撰文。

賜進士出身、翰林院庶吉士、餘姚倪宗正書丹。

賜進士及第、翰林院修撰、昆山顧鼎臣篆蓋。

嘉定有孝子曰沈公，諱輔，字良弼。弘治乙丑十二月□日卒扵家，距其生宣德甲寅六月二十二日，壽七十二。諸孤將以正德丁夘十二月十五日，奉窆□崇孝之阡□孫□行人炤奉陸編修子淵所為狀請銘。頃予預修《孝廟實錄》，寔嘗見有司奏孝行之懿，既據以書于□□，然有司奏詞不及□備，盖奏舉□□□□諸行也。公幼有至性，竭力奉親□□□□忽心竊汗，□驚曰：「得無二親疾乎？」即馳歸，則母黄安人癰潰不救矣。哭踊絕水粒者□日。乃葬，天□雨□□□□□吁天□□□□雨□□故父患氣疾，夜多不寐。公衣不解帶，達旦侍側。之諸孫歌詩□□□□□□寢□□□父患□屢藥弗效，公復齋戒致禱，愿以身代，拜□□□瘖，忽聞異香，□□遂愈。潘郎中時□傳其□，錢文通公溥、吴文定公寬諸名流，並有紀述，人誦傳之。有司□□□□朝，詔旌其門，吴越間稱曰孝子而□名。公年六十而父沒，哭踊如喪母□□□□侍廬□□側三年。公好觀經史，涉獵大義，多收法書名畫古物器，且善鑒定。每與

[一] 據文，沈輔卒於明弘治十八年（乙丑，1505年），定葬期為明正德二年（丁卯，1507年）十二月。作者撰碑記時，尚未落葬。故此推測碑記當作於正德前兩年。

賢士大夫淓會，則雅歌□並彈絲吹竹以為樂。樹祠堂以謹先祀，建家塾以迪子姓，□□□以濟往來。一言一行，恪率古道。□□黨以□□鄉閭，周其匱貧，而拯其患難，惟恐不及。天順辛巳，郡境海溢，漂溺三千餘家，公輸粟四百斛於官賑之。成化壬寅，吳饑，輸粟五百斛，朝廷錫章服以□其躬。繼輸粟若干於邊□□以得一官，乃以讓其兄□。弘治辛亥夏，吳□饑，乃輸粟一千二百斛，詔復以尚義旌其門。壬子夏旱，公請於官□種□□□□□□□□□鄉抑强扶弱，衆取其公。民有逋負者，矜其□貧，則取其券焚之。有訟辯者，□□□□□獲□□言即釋。嘗有盜□□□其鄉，公以計擒送於官，鄉人□□□於有司請□鄉飲賓□敬重焉。□□莳菊□十本，暇輒盤桓其間，意趣怡適，因□號菊軒。□□□□□□□稱也。歲□□以上兩宮尊號恩□孝子，例有綿□、肉、米、章服□□□公□□為沈□□為鳳陽人，有諱都遠者，登宋進士第，南渡仕於蘇，遂家□□□□七□□曾祖垚、祖璞、父箎，並茂隱德。公衍其餘□，族愈昌大。配瞿氏，同德媲美，號□雙孝。子男四：梁、□、棣、□。孫男十四：炤、耀、灼、熤、□、熙、□、烋、烈、□、燾、燭、□、□。炤，壬戌進士，拜今官；灼，辛酉進士；耀、熙、□，皆廩生。女亦十四：□□□族□□□未行。曾孫男一、女七。公屬纊之際，炤、灼同以朝命便程還家，獲領公將終□□孝□儉勤等□□□□□□裝聞仕途，荐臻柄用，式克嗣鄉公之善遺者。炤京邸與予鄰比，相知也，是以屬銘。□聞孝者，□□之本，誠篤於孝，則仁心恒存，而諸行自淑，人稱之，天祐之，國恩之，滂洋世澤之，□楙子姓之□具賢若公者，固無忝所謂沈氏有功有德之祖也。國史尚登載之，況墓隧哉！是宜篆銘貞石，使行道聞之，曰此皇明孝子沈公之墓，其有以勸孝而興教矣。

銘曰：

敦孝于家，受旌於國，名實式符，是曰完德。
天享公祉，初終具美，家則有傳，國則有史。
天享公祉，流慶無疆，胤嗣彌昌，家聲用張。
勒文貞石，于阡有耀，匪我私公，允以勸孝。

按：碑文錄自《上海明墓》。該書以簡體字錄其文，并附拓片照片。編者據照片錄得繁體字，但部分文字剝蝕不清，未能盡識。該書記載沈輔墓與沈友梅墓、沈梁墓等爲家族墓，位於浦東高橋鎮新建三隊和四隊，今環東大道東面、歐高路西面。墓志爲正方形，邊長66釐米。

沈友梅墓志銘

（明正德三年・1508年〔一〕　毛澄）

明故沈君友梅墓誌銘

賜進士及第、奉政大夫、左春坊左庶子、兼翰林院侍讀、同修國史、經筵講官、郡人毛澄譔。

賜進士第、監察御史、昆山馬慶書。

鄉貢進士、太倉金緯篆。

嘉定之清溪有鉅族沈君，家世八傳，而聞望益振。至名炤者，以經學發身，登進士第，任行人司行人。其諸父諱棣，字時韡，別號友梅，卒扵弘治甲子又四月十一日，越正德戊辰年正月十一日，卜葬扵戴溪南祖塋之側。先期以番禺令、慈谿趙君叔敬所述事狀，扣余為志銘。按狀，沈之先，鳳陽人，宋季有為揚州守者曰都遠，復官蘇郡，值元兵繹騷，不克歸，遂寓郡之烏鵲橋，再遷嘉定之清溪，子孫相繼居之。都遠府君之後曰元震，元震生觀光，觀光生垚，垚生璞，璞生箎，號思善，以壽遏例冠帶。思善生輔，號菊軒，娶瞿氏，夫婦行孝感天，有司聞扵朝，旌其門曰雙孝。菊軒生四子，而時韡居三，為人貌偉度宏，穎出群表，遇事善扵應酬，瞬息間即分歧徑。家居篤扵事親，昕夕承顏，惟順適是務，親有命則鋭力幹蛊，□敢或違。處昆弟能盡友扵，無粟帛豆〔二〕尺之譏。撫諸姪尤切教誡，同〔三〕異己出。性復英毅，御下孔嚴，家庭內外恒肅如也。時韡少時已蘊成立志，長而勤事生產，經理得宜，由是起富，埒扵素封。宗戚鄉黨有窘無告、

〔一〕據碑文，沈友梅葬期為明正德三年（戊辰，1508年），先期請銘於毛澄。故此推測銘文約作於葬期前。
〔二〕豆：據《上海明墓》所附碑刻拓片，似爲「斗」。
〔三〕同：據《上海明墓》所附碑刻拓片，似爲「罔」。

葬無歸者，必先事賑貸之。凡四方文士，至則禮之，往則饋之。鄉鄙小民，亦以惠利相卹，不加較轢。此其德義之昭著者，舉其大則細者可略焉。遡其生寔天順戊寅九月二十二日，享年四十有七。娶黃氏，有賢行。子男四人：長勳，取□氏；次烈、燾、默，俱習舉業。女六：長德清，適陳金；次德貞，適太倉衛指揮僉事郭干；次德溫，適潘干；次德柔，受上洋山拱朝聘；次德英，受上洋郁士傑聘，俱庠生。次德□，尚幼。為之銘曰：

惟積之豐，其發故隆。惟修之充，其□迺崇。德業益茂，本諸厥躬。余銘孔壽，庸賁厚封。

太倉李冠刊

按：碑文錄自《上海明墓》。該書錄銘文作簡體字，編者據所附拓片照片錄作繁體字。拓片不甚清楚，未能盡識。該書記載沈友梅墓與沈輔墓、沈梁墓等為家族墓，墓地位於浦東高橋鎮新建三隊和四隊，今環東大道東面、歐高路西面。墓志高74.5釐米，寬66.5釐米。

傅素軒墓志銘

（明正德四年・1509年[一]　俞泰[二]）

正德己巳八月二十五日，素軒處士以疾卒于正寢，其子蘭卜葬界溪之新塋，先期持鄉彦浦東白狀踵予門請銘。予辱為素軒契舊，義不可辭，謹按狀而銘之。處士諱綸，字宗綸，號素軒，練川韜德士也。父履常，母吴氏。處士天性孝友，奉二親惟以承顔養志為事。其居平則日嫪戀左右，授之筯而後食，授之杖而後行，授之領而不顛倒其衣，親樂其孝，竟忘其老之將至，事兄藏春翁尤謹。後以祖第湫隘，毅然往僦高橋鎮屋，携妻孥以居，力懋遷以樹業。于是築室購田，致農末相資，豐冠閭右。又慈愛溥下，迄老愈篤，於内外孫曾悉頒以服食，惟恐其罹于凍餒至失所者。配印氏。其卒之日距生永樂甲辰三月二十日，享壽八十有六。墓之左竁，以其配印合葬焉。銘曰：

天經地義，曰惟孝弟。道通神明，尤篤倫懿。矧有兹愛，洽于家庭。徹上徹下，善慶斯徵。生順沒寧，歸根大化。勒銘琬琰，永慰泉下。

按：碑文録自清《江東志》卷一〇《誌銘》。

[一] 據文，傅素軒卒於正德己巳，即正德四年（1509年），在下葬前請銘於俞泰，未言葬期。此以卒年为記。

[二] 見《江東志》卷一〇《誌銘》。

沈梁墓志銘

（明正德五年·1510年正月前後〔一〕）

江東沈处士墓志铭

礼部仪制主事、前进士□农□□□撰文。

□□大夫、刑部员外郎、□□□□□□□赐进士出身、翰林院编修、上海陆□篆盖。

青浦在嘉定县治東七十里，别名径東。其地世家□□□□□□知扬州都远，都远六传为完璧翁，布衣而材□□□□□是生□□□仲生孝子辅。处士讳梁，字时□，号友松，孝子□良弼之冢子、□科给事中照之父，而行人□之父也。□□□□取功名自□拔应会□□弃去，意殊不□，乃聘名士子□姪督使疾学□□□君□相继登科为显官，沈之□□累□□□经□以起，则其力尽出处士。处士仪观脩伟，居家□□□□放，行义而好宾客。因处士约□□色之奉其在官□□□民称爱。正德戊辰冬十一月十九日，卒于正寝，□言无他，惟念其母□□□口□□焉。距其生□景泰壬申八月二十四日，年五十有七。配□氏，贤淑有□行。子男六人：长即给事中炤，次□学生□，次□，次国子生□，次□□□。女三人：适徐倬及国子生诸华、秦文□。孙男三人，女十二人。给事始□□使不□□巧诬□謳而名益甚，于是不负所教，处士与有光也。□卜□卒之又明年正月二十□日，袝葬祖茔之原，乃以□□□□□。予既歆给事之节气，尝识处士于□城，谊弗得辞。铭曰：

〔一〕 據碑文，沈梁卒於明正德三年（戊辰，1508年）冬，又明年正月落葬。故此推測銘文撰於落葬之期即明正德五年（1510年）正月前後。《上海明墓》認為銘文撰於明正德四年（1509年），也不為誤。

清浦弥□，□赫旌门。笃生众贤，绍述是敦。既□亦□，以获□昆。惟此東邑，□□□□□□□□□□奋□□□之□，实係其识。□□□□□□其□铭□。

按：碑文錄自《上海明墓》。該書錄作簡體字，未附拓片，此處照錄。該書記載沈梁墓與沈友梅墓、沈輔墓等為家族墓，位於浦東高橋鎮新建三隊和四隊，今環東大道東面、歐高路西面；墓志正方形，邊長67.5釐米，蓋篆書「江東沈處士墓志銘」；底正書，文字多漫漶不清。

瞿霆墓志銘

（明嘉靖二年・1523年〔一〕　陸深）

中憲大夫、雲南臨安府知府致仕瞿公墓誌銘

嘉靖二年癸未冬十二月十八日甲寅，葬我南山先生於洋涇之原，禮也。孤山以墓石爲託，且致遺命，深拜而受之，泣不能勝。嗚呼，先太史公竹坡府君初娶於瞿先生女弟也，先生先公契分甚深。先妣吳孺人就養京師，與今陸宜人連邸，猶嫂姑也。歲時往來無間，故深出而從先生于朝，若見吾先公焉。先生既去雲南，先妣見背，歸而奉宜人于家，若見吾先妣焉。因念往歲乙亥冬，深將起，告奉吾三族之尊老于江東之新堂，先生時年八十有二矣，世父梅月先生則少一歲，先公又少二歲，外父悅清先生梅公又少三歲，從夫東隱先生則六十有七，云作五老之會。適曹憲副定菴先生與陳州守約菴先生自松偕至，遂題之曰：七老之堂。命畫史圖之。于時，惟定菴年最高，八十有四，約菴最少，猶六十四。云齒德輝映，衣冠肅穆，咸賦詩紀之。傳至都下，以爲盛事。深官國子，庚辰，悅清先生之訃至。辛巳夏，南奔，聞定菴先生之訃。既葬先公，明年壬午元日哭吾梅月先生，再旬併與先生哭之矣。尊老彫謝，若相鱗次，孤苦之蹤，無復恃賴，其何以情爲。嗚呼，先生之盛德，深又安敢以弗著。謹按：先生姓瞿氏，諱霆，字啓東，別號南山先生。瞿之先自通許遷居華亭。高祖諱富之，字守仁，號士清，以德行稱。曾祖諱阿滿，字子謙，別號菊軒，再遷上海，今爲上海人。菊軒府君生慈孫，字以孝，別號思聰，世隱于農。思聰府君生晟，字彦明，別號松巖，先生之父也。松巖府君復以農業繼，間往來湖襄爲貿遷，家以益大。配凌氏，持家有程度。生三子，先生其季也。後以先生貴，加贈松巖府君奉政大

〔一〕據文，瞿霆葬於明嘉靖二年，陸深受託為文，故推測銘文撰於此時。

夫、修正庶尹、左軍都督府經歷，淩太安人加贈太宜人。先生幼有奇表，端愼敦厚，年十九贅于陸，已而歸焉，補邑弟子員，有聲場屋，爲諸名公器待。五舉鄉試，登成化庚子科。以春秋上南宮，從三山林公亨大問大義，林公亟稱之。四舉禮闈不偶。以弘治庚戌秋，謁選天官，名在優等。授順天府通判，勾管上供薪炭，積獘剔疏，事倚以辦，撫按交薦。壬子，居太宜人憂，喪葬如禮。乙卯，服闋，仍補順天，督治糧草。丙辰，奉命同工科給事中李漢等清理武清等七廠葦地，訖事繪圖進呈，命勒石爲定頫。戊午，屬縣重囚犯至死而罪不至者李福名等三人，立出之，稱平允焉。是夏，親王之國供億甚擾，備價則器急，備器則價急。先生具奏宜輸直長史，司從宜顧，倩兩便之。會朝饗諸陵，值沙河暴漲，先生溺焉，賴以救免方出，談笑賦詩，不失容色。既濟，即造二方舟，以備後患。庚申，滿六載，考最。己未會試，爲簾外官。辛酉鄉試，復爲簾外官，調度有法。癸亥秋，滿九載，州縣共保奏，遂陞左軍都督府經歷，每朔望詣闕下，敷奏朗暢。武廟登極，受白金文綺之賜者三。是秋，調後軍都督府，仍經歷，太師英國張公甚倚重之。戊辰，陞廣南府知府。廣南，雲南邊徼郡也，先生不以險遠，即行。廣南舊寓臨安治，先生居禪寺中，有扶桑黄花之瑞。俄轉臨安。先是，嘗奉三堂檄署臨安矣，故臨安人甚宜之。元江知府那氏與族人讎殺不已，先生徃撫之，諭以田眞兄弟事立解。庚午，再撫蒙自所李師革普濟等，又撫曲江驛石祥奉等，皆解以功，受銀牌之賞，獨那氏一族黠夷也，陰行千金爲賂，先生發其姦，獻議誅之。是秋，入覲以老乞休，許之東還，日坐南山以爲樂，時時招致親朋賦詩爲會，如香山洛社故事如是者。又十餘年，以嘉靖改元正月念一日，考終於正寢，遡其所生寔宣德九年九月初十日，享年八十有九云。配即陸宜人，出名族，恭愼貞淑有賢行，少先生一歲，白頭相敬如一日，内政秩然。子男一，即山義，授郎官，以孝謹亢宗，娶王氏，繼張氏。孫男三，長曰應元；次曰應祥，國子生；次曰應隆。曾孫男四，繼武、繼文、繼魁、繼恩。□孫女二，官貞、官福。先生生當我朝熙洽之運，是故德器豐碩，若喬山茂林、滃鬱葱蒨之色，閱歲寒而後彫力學懋成持滿，而始發有淹貫練達之妙。故天下事無不可爲，而意近於厚所至化之，宦業不務奇苛而愛戴之者。父母奚狓平居未嘗有喜怒之色，尤不屑屑於厚產植生計。門堂潔清，禮秩整敘，年過八十猶親近簡册，精彩如少壯，好吟詠，有《南山集》若干卷藏於家。處宗黨恩禮尤極周密。云初先生母兄怡清先生與蒲泉先生共相友愛惟篤，怡清卒時，有子才四齡，先生宜人襁負之歸，愛過所生，長而命之曰嶤，宜人以女姪妻之，每侍宦遊，孝如所生。故先生行誼，嶤得之多，茲特爲狀以速銘。銘曰：

於皇明運，宣正爲盛，篤生偉人，直方以正，魯史春秋，斷自宣聖，衮越之嚴，孰執其柄，公闡厥微，傅之從政，躭躭京兆，載其清靜，參畫大府，翕張惟令，遙遙臨陽，萬里爲境，公手摩之，克惠克定，既曰倦遊，攀挽莫競，至神無方，去思有詠，大耋斯屆，以保正命，鬱鬱高原，草樹輝映，磨崖勒詞，述德纍行，嗟予小子，孰敢爲佞。

按：碑文錄自明陸深《儼山文集》卷六二《墓志銘一》。

趙綸墓志銘

（明嘉靖十四年·1535年[一]　潘恩[二]）

南京刑部主事趙公墓誌銘

嘉靖九年九月二十三日，南京刑部主事梅谷趙公以官卒，子一誠扶柩東還，卜弗克葬。越六載，歲乙未冬十有一月二十七日，始獲營窆林塘之原。一誠持縣學生康應祊狀來請銘。按狀，公諱綸，字廷言，號梅谷，別號卓峯，世爲上海令族。父霽，娶潘氏，生公。公生穎異出羣，風采煥發，少即勵志力學。正德己卯舉鄉，庚辰舉禮部，尋以母憂歸。服闋策大廷，授內江尹，時嘉靖改元二年也。內江歷瞿唐諸峽之險，家人有難色，公毅然以行曰：「古王尊叱馭，何如人也？」入蜀境，稅駕道左，見民老幼食糲稗，嘆曰：「民其殆乎！」首禁漁獵，節浮費，擺工役，賑貧窮，問疾苦，修明政教，凡二十餘條，民賴以安。尤加意學校，講明聖賢經濟之術，名士如趙貞吉、甘俊民輩數十人，宗以爲師。蜀俗多火葬，公設厲禁，置義塚，全死者屍。又信鬼佞佛，公論以正，卒止惂俗。民有利姪財產夜手刃七命者，紿爲盜，公片言折伏，僚吏驚以爲神。蜀素罕雪，是歲雪盈寸；又蝗不入境，粟一莖五穗，士民刻石頌德，稱三異焉。三載考績，擢官留都。時戚里怙勢虐人，考驗得情，有曲爲之庇者，公持論堅不移，竟置於理。太司寇周公重之，每引計事，稱益友云。居無何，疾作，竟不起，距所生弘治戊申，年四十有三。配陸孺人。子男二，長即一誠，庠生；次一明。公始爲弟子員，與恩同邑學，癸未春又同舉進士，故獲久侍公。公議論常依名節，諸所踐履，期頡頏古人，使究所用，則公勛名安

[一] 據文，趙倫葬期為明嘉靖十四年（1535年）十一月，其子先期求銘於潘恩。故此推測銘文約作於此時。

[二] 《西林雜記》有記。

如也。而位终郎署，壽不克永，嗟嗟蒼天，今其已夫！猗蘭在野，嚴霜悴之；良玉簡珠，沉淪山谷。恆勒其光，世所恆傷也，嗟嗟蒼天，谓之何哉！一诚泣谓余曰：「先君不能大壽，而子孫孱弱，非先生志銘，蔑不朽矣。」余忍不爲銘！詞曰：

倬哉梅谷，韡矣其光。珪璋挺耀，純懿以臧。百夫之特，萬民所望。位不德稱，今也其亡。懷珍孕璞，永閟玄堂。泉明谷秀，草潤木芳。千秋萬祀，君子之藏。

按：銘文錄自清張端木《西林雜記》。

儲家廟碑記略

(明嘉靖二十年·1541年　儲昱)

儲昱記略

歲壬午,釐正侵冒大禮,議簡命,詣總兵李隆、護督蔡克濂大閱拓林營,道經訪悉,海塘右有吾祖華谷公入海鴻泥印,就印建椽,爲存心養性所,名曰存養齋。越數寒暑,解組乞歸。時宫中祈嗣修醮,詔天下方外之有靈應者,錫予優典,中堂因供塑像,公爲里鄰保佑,一名萬壽廟。嗣是吉神,默佑塘内,人民多數感戴。爰勒石以志斯廟之本源云。嘉靖二十年辛丑。

按:碑文錄自民國《南匯縣續志》卷八《祠祀志》。

方氏講學碑記

（明嘉靖二十年至二十五年·1541—1546年[一]　何繼之）

知府順德何繼之碑記

予前聞松江於畿内爲甲郡，東負海，西控九峯、三泖，鍾靈毓秀，人文禮義之邦，莫此爲最。嘉靖辛丑，承乏來涖兹郡，私心自喜，謂其民可不勞而治，其化可不肅而成也。夫何瀕海之鄉，悍侈相高，風俗靡敝，怙富者擅強，奸義者背法，嚚訟之習成，而馴雅之風喪矣。間有舍其羨餘，淫神佞佛爲福田求利者，稱爲良民。其於聖人之教，所性之學，不知其爲何物也。爲之上者，則又不訊其端，不求其本，務爲擊斷，鷙猛以彰勸懲，束縛焉，馳驟焉，繩之愈急，而民俗益偷。予退而思曰：古今無無禮義之人心，天下無不可化之風俗。民性之弗復，將無盡求之民也，盍亦反其本乎？古成周之世，王畿千里，黨有序，遂有庠，其法自家有塾始。二十五家間必有塾，塾必有師，師必有德行道藝者而左右。其教由家而黨而術，雖窮鄉僻壤，無一處之無師，無一人之不學也。教始於鄉間，而化於天下，故風俗厚而王道純。是立教者，所以正人心，厚風俗之大端大本也。今浦東去郡治爲遠，朝夕無塾師之教，所服習者，魚鹽稻蟹之利。目不睹聖人之宫牆，耳不聞聖賢之訓典，身不嫻趨走升降、周旋揖遜之儀度，無以開其智識而觸其良心，和其血氣而增其美質，無惑乎民之失其性也。因而布宣條教，以立學校、明禮義、正人心為首務。乃遂有郡民方鏞者，興起而樂爲之倡，願捐私田若干畝，建義塾，延明師，以受一鄉子弟之來學者。予乃歎曰：世謂古今人不相及，豈有是哉？顧上風之者何如

[一] 據雍正《分建南匯縣志》卷一〇《人物志中·義行》「方鏞」條：「方鏞，字南坡，早喪父兄，事母及嫂盡愛敬，建義塾，捐田以給師膳，訓一鄉子弟皆循規矩。嘉靖中，郡守何、運史洪各撰碑文記其事。」另據嘉慶《松江府志》卷三六《職官表》，何繼之任松江府知府時間爲嘉靖二十年至二十五年，即1541年至1546年，碑記當撰於此間。嘉慶《松江府志》卷七三《藝文志》：「方氏義塾碑記，明嘉靖二十二年知府何繼之撰。」似爲同一碑。

也。予既旌鏞之義，而復爲之訓，以詔師弟子之爲教爲學，使無蹈於異端焉。劉子曰：人受天地之中以生，莫不有秉彝之性，有仁義禮智之性，即莫不有惻隱羞惡、辭讓是非之情。世有古今，其人同也；人有聖愚，其性同也。古之爲教，豈强其所異哉？亦因其性之固有者尊之耳。故自灑掃應對進退之節，以至父子君臣夫婦長幼朋友之倫，莫非性之所具，其事易知而易行也。舜之慎徽，契之敷教，《周官》之六德六行，均是性也，豈别有他道哉！誠使勞來以鼓其趨，匡直以矯其偏，輔翼以作其怠，優游厭飫而需其成，不爲邪説游言以疑其聽，習而服，服而安，不見異物而遷焉。乖戾者和平，反側者協極，貪暴者廉讓，澆漓者渾厚，何有自賊其性，而底於弗類者乎？至是則至治成，刑罰措異端息，渢渢乎頌聲作矣，師弟子其敬聽之。

按：碑文録自雍正《分建南匯縣志》卷一六《雜志下・古蹟》。

重建南匯東嶽祠碑記

（明嘉靖二十一年・1542年　徐階）

金山之匯南，故有東嶽祠，以祀泰山之神。按志，東嶽在魯地，去金山三千里而遙。又《禮》：「諸侯祭封内山川，夫非其人而祭爲僭，非其封而祭爲黷。」金山之祀東嶽也，何居？或曰：秦始皇東封岱宗，至海上駐蹕秦望山，後人慕其侈，故祀之。或曰：今異端氏以嶽之神爲天妃，實司人生死壽夭之筭，其祀東嶽爲天妃也。是二説者，皆恠誕不可信，以予言之，嶽于山最尊。金山雖遠，固古揚州之域。東嶽在東方，揚之諸名山宗之，其爲嶽祠，殆取諸此。自漢以來，古禮日廢，山川之祀達於齊民，而《禮》有「能禦大菑、捍大患，則祀之」之文。金山爲地濱於大海，盲風恠雨，發作無時，問之耆老，歲祀東嶽，境則大寧。有其舉之，在知禮者固所不廢，然則謂金山之祠東嶽僭且黷焉者，過也。嘉靖壬辰春，匯人鞠君芳有事祠下，病其頹圮，亟以義倡于衆，撤而新之。又闢地得若干丈，爲屋及門廡若干間，礱斵刻鏤丹雘堊，蓋小大必飭，越明年告成。士女咸會，瞻拜肅雝，神亦顧歆陟降，若見影響。盡是歲，風雨式時，民無癘疫，下田之人倍昔沃壤。于是，芳介予友未軒朱子請記其事。始予與君弟平凉郡倅遊，則知有東嶽，後考論其所自立，乃于今嘉君之好義，重神之能庇其民人，因念以爲明神者之於民，能捍禦其菑患，必能禍福其善惡，而鄉之耆老能以義新其神之祠，必能以義修其身、教其子弟。今而後，匯之士女惕于神之靈威，而惠徼其大福，爲善爲惡，凛然不敢一日懈，而仁讓之俗成焉，固予所樂覩也，遂爲之記，使刻諸麗牲之石，庶幾觀者有警乎其心。

嘉靖壬寅季秋望日，賜進士及第、中憲大夫、司經局太子洗馬、兼翰林院侍讀、經筵講官、同修《會典》、《成典》、邑人徐階撰文,明威將軍、金山衛備禦青南二所、武舉鄉貢進士、指揮僉事常勳書丹并篆額。

按: 碑文錄自乾隆《南匯縣新志》卷一五《雜志·寺院》。嘉慶《松江府志》卷一八《建置志·壇廟》、雍正《分建南匯縣志》卷四《建設志·壇廟》、光緒《南匯縣志》卷八《祠祀志·雜祀廟宇》錄有記略。

傅璪墓志銘

（明嘉靖二十四年·1545年[一]　歸有極）

醫學訓科頤善傅公墓誌銘

公姓傅氏，諱璪，字汝文，別號頤善。其先諱玉者，勝國時從華亭避兵嘉定之清浦，因家焉。代力田自給，至公之大父始習岐扁術，再傳于父，及公之身，遂以醫名海上。公生而穎異，乃祖父奇之，曰：「是兒必世我業。」然授以方書，多不省視，為人治病則又決死生多驗，以是，病家数造請公。鄉人黄姓者，家患疫，聞空中語曰：「傅公至，將柰何？」曰：「覆其藥。」公來與藥，取覆。其家具語公，公自持與飲，得不覆，乃起。太學沈君妻死未妆，公來診之，曰：「可生也，是所謂尸厥者。」急為之湯液灌口中，果甦。縣令陳，溫人也，家居日患消渴，晨夕索飯，食無厭，更數十醫弗效，越千餘里迎公，公往，浹旬而食飲如平常。上海陸文裕公夫人患蠱脹危甚，公與七劑，即得前後溲立愈。公死數年，文裕公歸拜其喪，數嘆曰：「醫如傅先生，不可復作矣。」公類此者甚多，弗能盡記。其處方製劑因應變化，人莫知其自，或曰公得之異人，或曰公實得之《内經》。余聞之古云，人之所病，病疾多；而醫之所病，病道少。言方不能盡病也。自裴宗元、陳師文《劑局方》行，而世之為醫者率用之，古方今病或不相值，而夭閼者多矣。若夫不襲前語，直究本原，而十不失一如公者，豈槩見哉。公家海濵，術未究于時，又不喜為文字誇説，故知公者少，公盖非常人也。余数往来清浦，人言公任俠不羈，喜為排難解紛，嘗補醫學訓科，縣大夫屢以事屬公，事立辨，雖鄉無一日間也，然少于以私，則棘棘不阿。其于醫，則不問貧富貴賤，惟其人，不計其入，視所得贏縮，悉推所親。又言公酒酣輒箕裾，袒

[一] 據文，傅璪後人於明嘉靖二十四年（1545年）十月將其落葬，并請銘於歸有極。銘文約作於此時。

半臂,議論今古而呼吁。吁,此可以觀其人矣。公生于成化甲午十一月十二日,卒于嘉靖十九年庚子五月初一日,享年六十有七。徐氏,柔嘉淑明,配公無違德。子二,長忠,夭;次恕。女二,適朱相、瞿槩。於嘉靖二十四年十月二十五日,奉公合窆於瞿溪祖塋,持其執友靜專沈先生狀來請銘。余知公最久,而其從曾孫從余遊,時道公事云云。亡且數年,士人抱疾者猶時時見公,公殆未嘗亡也。乃為之銘曰:

公之居惟奧區,出不訾而吁。吁生而奇死,而思士不一試譏於時。公於其道亦既施,噫嘻乎公又奚吁。

按:碑文錄自清《江東志》卷一〇《誌銘》。

陸深墓志銘

（明嘉靖二十五年・1546年〔一〕　夏言）

明通議大夫、詹事府詹事兼翰林院學士、贈禮部右侍郎、謚文裕陸公墓誌銘

特進光祿大夫、上柱國少師兼太子太師、吏部尚書、華蓋殿大學士、知制誥、經筵國史總裁、貴溪門生夏言撰。

翰林院待詔、徵仕郎、兼修國史、長洲文徵明書丹。

通議大夫、禮部左侍郎、兼司經局正、經筵官、預修會典實錄、邑人、門生張電篆蓋。

儼山先生陸公既卒之明年，為嘉靖乙巳，其子楫以又明年□二月二十七日甲寅，葬公扵上海黄浦之原。先期奉憲副唐龍江先生狀，以墓銘請。龍江，先少師象峯公丙辰甲榜同年也，文高行卓，扵人慎許可，至狀公行，縷縷萬言，若未能盡，可謂知公備矣。謹按，公諱深，字子淵，姓陸氏，自號儼山，學者稱為先生〔二〕。其先自漢晉以來為三吳著姓。元季，諱子順者居華亭馬橋鎮，子曰餘慶，公之高祖也。國初，以横累懼法，自沉扵江，遺孤德衡纔五齡，伶仃孤苦，既長稍振，遷居上海洋涇之原。長子諱璿，號筠松，生五丈夫，子仲諱平，號竹坡，並有隱德，公之曾祖、祖父也。竹坡初娶扵瞿，繼娶吳，有賢行，方娠，夜夢海潮湧一童子，以朱盒盛冠帶，排户而入，覺而生公。及晬，筠松翁見之，曰：「兒腰圓，異日紆金相也。」五六歲即能屬對，奇語驚人，□成童□□經史，文詞雋拔。辛酉，舉南京鄉試第一。乙丑，舉進士，賜二甲第八人，改庶起士，授翰林院編修，尋丁母憂。時劉瑾亂政，諸館職□□□曹，授南京精膳司主事，以憂未

〔一〕據銘文，陸深卒於明嘉靖二十三年（甲辰，1544年），葬期為第三年即嘉靖二十五年（丙午，1546年），下葬前請銘於夏言。故此推測銘文作於葬期前後。

〔二〕先生：據拓片，應為「儼山先生」。

赴。服闋還朝，瑾已誅，乃還舊職。先是上兩宮徽號，恩典未與，至是援例陳請獲給，敕命考封文林郎、翰林院編修，母贈孺人。壬申，補經筵展書官。其年充副使，偕武平伯持節往封淮王，以疾乞歸。丙子，疾起入朝，念竹坡翁不忍行，留妻子侍養。丁丑會試，充同考官。是年，狀元舒芬及諸名士皆公所取。戊寅，陞國子監司業，博搜六書義旨並歷代名家書法，作《書輯》。□辰，武廟巡邊，郊祀踰期。公屢省牲南郊，分獻風雲雷雨壇。駕還，有銀牌、綵綺之賜。辛巳春，竹坡翁棄養，哀毀骨立，居廬三年，足不出户閾。戊子春，以廷臣□〔一〕，詔起公入侑講讀，甫及都門，陞國子監祭酒，模範卓然，多士以得師自慶。仲秋丁祭，公上疏言犧牲當用冰，上嘉允之，著為令。己丑，上祀南郊，再充分獻官，賜《明倫大典》。三月，經筵進講，大學士桂公萼閱公講章，輙加竄易，公即文華殿講畢，面奏云：「今日講章非臣原撰，乞自今容講臣得盡其愚。」上欣然可之。退而人謂公曰：「經筵面奏非故事。」公乃上疏謝罪，奉御筆批答云：「爾昨奏講章，不欲内閣閱看，此係舊規，不必更改。爾果有所見，當別具聞。」公感優遇至於流涕，乃條奏有關聖學事凡千餘言，大抵仍欲使講官之言得盡達於上，然後聰明目啟，無□蔽之患。當路益忌之，疏下吏部，竟左遷延平府同知。抵任，專理清戎，公盡心事職，稽覈奸當，至無遺弊。暇日，詮次楊龜山、羅豫章、李延平三儒□語，名《道南三書》，以嘉惠後學。未幾，陞山西按察司副使，總理學政，著《河汾燕問錄》。陽曲生員劉鐙父為知縣笞死，愬於巡按趙御史，御史下鐙□獄。公曰：「父死非辜，人子不共戴天，奈何罪之？」與力辯，不合，即上疏劾趙，趙亦劾公。奉旨俱還籍，已而科道官勘實以聞，趙謫外任，公得復職。是歲，作《史通會要》。壬辰，補浙江按察司副使，仍理學政，痛革時文險恠之習。陞江西布政司參政，決淹獄數十，被公德者爭肖像以祀。作《豫章雜抄》。不數月，遷陝西布政司右布政，未履任，轉四川左布政司使。乙未夏，抵保寧，大旱，公易服卻騶從，率屬禱雨輒應。至成都視事，憫蜀人凋瘵，政從寬簡，民以安堵，所著有《蜀都雜抄》、《平胡錄》。威、茂諸夷作亂，朝廷命將進剿，公移文何總兵卿，數千言〔二〕，洞悉夷情，曲

〔一〕據碑文，此處似應另有一字，未能識讀。

〔二〕數千言：據拓片，似應為「疊疊數千言」。

中事機，當事者多採用其議。公復悉力調度兵食，未幾夷患悉平。捷聞，受白金、文綺之賜。建昌行都司地震，雨壞公私廬舍殆盡，兼饑饉死者枕籍，公力議發官帑賑貸，全活甚眾，台臣交章論薦。是冬，擢光祿寺卿，著《知命集》詩。准去蜀，吏民感戀，傾城泣送焉。光祿供億繁浩，中貴旁午，艱難裁抑。公至，不動聲色，而弊除橫戢。戊戌，内閣特疏薦改太常寺卿兼翰林院侍讀學士，領修《玉牒》，充廷試讀卷官，扈駕天壽山謁諸陵，奉敕撰泗州祖陵碑文，撰《上太神冊表》。冬至，圜丘大報禮成，賜百官誥敕，公以三品贈及祖、考俱太常寺卿兼翰林院侍讀學士，祖妣尤氏、妣吴氏俱淑人。己亥春，以冊立皇太子恩，廕子楫為國子生。扈駕幸承天，給行在印章，上見公名，御筆去「侍讀」二字，改行在翰林院學士。至承天，侍朝龍飛殿，陪祀社稷山川。復從駕謁顯陵，行大享禮，有白金之賜。四月回鑾，内閣屬公草《百官謝表》，所著有《南徵稿》。是年，考察京朝官，公自陳乞罷黜，奉温旨留公。以二代恩贈尚仍舊銜，又前母未霑恩典，特上疏陳乞，俱被俞旨，扵是祖、考改贈詹事兼學士，瞿氏追贈淑人。國朝贈典不及前母，惟一二大臣有之，皆出自特恩，公得此，蓋異數也。每陪祀玄極寶殿、奉先殿，有脯醢、酒果、品物之賜。充經筵日講官，有蜀扇、炙鵝、餅果之賜，士林榮之。會天變自陳，仍被旨勉留。辛丑元旦雪，詞臣獻《瑞雪頌》，上覽公頌，獨加稱賞焉。廷試，再充讀卷官。值九廟災，詔百官修省，公退志久決，乃上疏，詞極懇切，得旨致仕，抵家杜門謝事。以館閣頻年祿賜，建三環橋扵浦口，行路稱便；循古制，特建家廟；辟蘆洲為田百餘畝，以備賑卹鄉閭，皆義舉也。日居東堂，讀諸子書，叅酌經史疑義，作《傳疑錄》。甲辰春，俄感虐疾，尋苦脾胃傷飧泄不止，日漸羸。公知不可起，呼楫，命之曰：「汝四舉子不育，標姪季子可育為嗣，命名曰郯。」猶□集古隱逸事，作《山居經》，瀕危始輟筆。先一夕，家人見大星隕庭中，公聞，遽命具後事，索衣冠裘斂視之，一一稱愜，已而命楫：「以昔蒙聖旨『忠敬』二字，令勒扁金書恭揭中堂，以識榮遇。家廟工未畢，可亟為我成之。」語畢而逝，七月二十五日昧爽也。公生成化丁酉八月十日，享年六十有八。配梅氏，初封孺人，加封淑人。子男一，即楫，雋才偉器，克承公世。女一，贅貴州布政司副理問瞿學召。公姿度英挺，器量淵邃，孝友明哲，發自天衷。扵書無所不讀，非疾病甚憊，未嘗手釋卷，是以造詣精深，發為文章，成一家言。作詩直寫性情，得風人之旨。書法妙逼鍾、王，比扵趙松雪而遒勁過之。平生慕李鄴侯、韓魏公、程伯子、邵康節之為人，其氣味特似。自翰林出敭曆中外，多所諳練，文章禮樂之外，如刑名、錢谷、甲兵之事，咸精其能。平生砥節厲行，直道正辭，不扵利害有所迎避，視干進苟容一切時態尤所深恥。喜談國朝典故及前輩風烈，至商確事理，品古今，談鋒灑然，聽者傾服。不錄人細過，有片善必極口稱揚之，故賢不肖咸樂親就公，以是得公教者多成材。平生無他嗜好，惟古書名畫、商彝周鼎，則時取鑒賞，為博古之助。館閣先輩目公才識性度類東坡，天下士大夫稱公文章節概為今之歐陽子，非諛言也。少宰徐少湖，公鄉人也，嘗謂松先達如張莊簡公之政事、錢文通公之風猷、張莊懿公之氣量[一]、顧文禧公之才望、二沈學士之書翰，皆一代名流，儼山先生殆兼而有之。至扵問學之宏博、詞賦之精工，直先朝[二]宋文憲、李文正爭衡，斯實錄哉。公平生著述甚富，楫方輯公詩文又百餘卷，要皆必傳扵世無疑。訃聞，皇上軫念講筵舊學，特贈禮部右侍郎，謚文裕，命禮部遣宮[三]諭祭。工部奏遣中書舍人萬宷董治葬事，賁終恩典，至隆極備。公所不朽者多矣，獨惜夫退身太早，天不憖遺，卒不獲相天子，以康濟生民。是則世之不幸，而斯文有餘憾也。予為公丁丑所取士，受知扵公最久。公嘗語其子曰：「平生知已莫如桂州。」[四] 予不忍銘公，然非予又誰宜銘？銘曰：

陸自漢晉，氏著三吳。華亭馬橋，元季世居。國初處困，再遷洋涇。植本既□，扵茲乃萌。筠松有子，蕃比燕竇。竹坡亢宗，式昌厥後。猗文裕公，間世豪賢。積德之發，奚啻百年。公之文章，日星江河。晶亮類白，江洋若坡。公之容儀，長身嶽峙。□抑武公，□岩庐氏。經筵正色，天子改容。振鐸橋門，多士景從。忤權被謫，公□安之。所至树績，人有去思。楚越蜀晉，馳驅萬里。簿書繽□，能輟文史。晚歲召還，望懸海內。曾幾何時，乞身勇退。歸來雲臥，江東故廬。安□□□，堯夫小車。惟公□身，進退以道。天不永年，斯文之悼。明明□□，軫念舊學。賜謚易名，贈官改爵。治窆遣使，諭祭有文。一時哀榮，千古令聞。黃浦之原，高塚峩峩。詔一萬祀，我銘不磨。

[一] 氣量：據拓片，似應為「器量」。
[二] 直先朝：據拓片，似應為「直與先朝」。
[三] 遣宮：據拓片，似應為「遣官」。
[四] 桂州：據拓片，似應為「桂洲」。

按：碑文錄自《上海明墓》。該書錄作簡體字，并載拓片照片。觀之拓片，部分刻字剝蝕不清。編者據拓片錄作繁體字，但未能盡識。據該書記載，陸深墓地位於浦東新區陸家嘴輪渡東南，海興路西側東寧路以北典當弄附近，1969年文化大革命期間，人防施工時發現。墓志為正方形，邊長72.5釐米。

明通議大夫
詹事府詹事
兼翰林院學
士贈禮部尚
書謚文裕
陸公墓誌銘

陸深墓志蓋拓片（《上海明墓》刊載）

陸深墓志銘拓片（《上海明墓》刊載）

儲昱墓志銘

（明嘉靖二十六年至二十七年・1546—1547年[一] 唐錦）

明故朝列大夫、江西布政司右叅議致仕、芋西儲公墓誌銘[二]

賜進士□江西□□□刑按察司、奉勅巡視提督學校副使致仕、誥進中□大夫□□□給事中、邑人唐錦撰。鄉進士潘忠篆蓋。儒士浦澤書丹。[三]

嗚呼！吾友朝列□□[四]江藩少叅[五]芋西儲公之卒也，久不克葬。越八載為嘉靖丙午，其壻潘子允亮，憲副笠江先生子也，傷之，□□□域□□□[六]，卜以明年丁未新正廿日癸酉，葬公於三林莊之舊丘。復懼公之盛美弗傳，乃奉庠友潘君時雨所具事狀，謁□□□[七]。嗚呼！公平生知厚，玆唯錦存，銘其敢辭？按狀，公諱昱，字麗中，芋西其別號。先□□人也[八]，遠祖官二公，宋季避亂□□[九]三林莊之芋溪，元至元間建設上海[一〇]，子孫遂占籍焉[一一]。曾祖諱德富，祖

〔一〕據文，潘允亮於明嘉靖二十五年（1546年）年為其岳父儲昱修建墳墓，并于次年下葬，又請唐錦作銘。故此推測銘文約作於此間。

〔二〕明故朝列大夫、江西布政司右叅議致仕、芋西儲公墓誌銘：《龍江集》、《西林雜記》作「江西右參議芋西儲公墓誌銘」。

〔三〕撰者、篆蓋者、書丹者，《龍江集》、《西林雜記》皆無。

〔四〕朝列□□：《龍江集》、《西林雜記》作「朝列大夫」。

〔五〕少叅：《龍江集》、《西林雜記》作「參議」。

〔六〕□□□域□□□：《龍江集》《西林雜記》作「爲飭兆域，築玄堂」。

〔七〕謁□□□：《龍江集》、《西林雜記》作「謁余請銘」。

〔八〕先□□人也：《龍江集》、《西林雜記》作「先世魏人也」。

〔九〕避亂□□：《龍江集》、《西林雜記》作「避亂徙居」。

〔一〇〕上海：《龍江集》、《西林雜記》作「海邑」。

〔一一〕子孫遂占籍焉：《龍江集》、《西林雜記》作「子孫遂爲邑人」。

諱敬，考諱□〔一〕，以公貴，贈兵科右給事中，隱德□□〔二〕，世業耕讀。妣趙氏，贈孺人。公生有俊質，穎敏絶人，五歲失恃，繼母孫孺人撫育甚至，教之書，應口成誦。甫就外傳，□□趨學〔三〕，日□□千言〔四〕，過目不忘，賦詩輒有奇句，見者嗟異。稍長，益該貫博洽，造詣日深，文筆雄奇豪贍，宗法韓、蘇，而□□峻潔〔五〕，又自有獨得之玅焉。憲臺校業，屢居首選，弱冠廩食，士林以倫魁擬之。郡守陳公、劉公，邑令董公〔六〕咸加殊接，□□□師〔七〕，里中子弟執經問義者，户外之屨恒滿。凡六舉鄉試皆弗偶，正德戊辰，遂以例貢太學。錦之年友甌濱□□□□成〔八〕，師道甚飭，精藻鑑，尤慎許可，試公文大喜，稱為國士。錦時待罪諫垣，每朝會，甌濱必舉似〔九〕錦，曰，儲生，翰林選□□□之士聞而慕焉〔一〇〕，從之講《易》者數十人。太宰水村陸公嘗問士於甌濱，首以公對，水村即日遣子受業，廟堂諸元□□□傾注〔一一〕，會外艱訃至，竟以憂歸。癸酉服闋，還太學，遂登順天鄉薦。丁丑會試南宮，占上第，選入翰林，為庶吉士，□□□書〔一二〕，館閣試恒在優列。己卯冬，諸吉士散館，公拜禮科給事中，俄膺簡命，監□〔一三〕乾清宮。時□□□□□蠹萬狀〔一四〕，公釐正裁革，悉歸

〔一〕考諱□：《龍江集》、《西林雜記》作「考諱璇」。
〔二〕隱德□□：《龍江集》、《西林雜記》作「隱德相承」。
〔三〕□□趨學：《龍江集》、《西林雜記》作「即知趨學」。
〔四〕日□□千言：《龍江集》、《西林雜記》作「日誦數千言」。
〔五〕□□峻潔：《龍江集》、《西林雜記》作「精嚴峻潔」。
〔六〕郡守陳公、劉公，邑令董公：《西林雜記》作「郡守陳公讓、劉公琬，邑令董公鑰」。
〔七〕□□□師：《龍江集》、《西林雜記》作「延爲子師」。
〔八〕甌濱□□□□成：《龍江集》、《西林雜記》作「甌濱王公爲司成」。
〔九〕似：《西林雜記》作「眎」。
〔一〇〕儲生，翰林選□□□之士聞而慕焉：《龍江集》、《西林雜記》作「儲生，翰林選也。四方之士聞而慕焉」。
〔一一〕廟堂諸元□□□傾注：《龍江集》、《西林雜記》作「廟堂諸元老咸相傾注」。
〔一二〕□□□書：《龍江集》、《西林雜記》作「讀中秘書」。
〔一三〕監□：《龍江集》、《西林雜記》作「監營」。
〔一四〕時□□□□□蠹萬狀：《龍江集》、《西林雜記》作「時工費侈濫，奸蠹萬狀」。

扵理；侵冒之徒無敢厕迹其間，所節省亾慮數十萬。雖觸忤權倖，弗暇恤也。嘗有奸□□□□為賂〔一〕，公怒而斥之，同事者服其廉。比訖工，擬進公太僕少卿，公抗疏辭曰：「懋賞，朝廷之殊恩；服□□□之常職〔二〕。以常職而冒濫殊恩，匪惟有覆餗形〔三〕渥之凶，抑恐開獵資倖榮之路，不便。」上允其請，特有白□□□之賜〔四〕。尋轉兵科右給事中〔五〕。公益感益奮，知無不言，封駁建白，皆有關國體，多見允行。舉劾鉅重，必奮筆直前，不□□違〔六〕，一時風采〔七〕，四方聳動，而忌者怨者亦不勝其衆矣。又二載，禮曹薦充副使，冊封弋陽王扵豫□□□還朝〔八〕，道聞少參之命，公憮然〔九〕曰：「吾久淹埸屋，晚獲遭際，雖嘗展效微勞，而績緒未究，遽荷金緋之榮，亦云幸矣，其敢忘止足之戒乎？」遂三疏乞休。乃扵三林里第累山鑿沼，剏建亭榭，鳴琴賦詩，優游靜養，殆若忘世者。然久之，頗以離索為歉，復營新居扵邑治之北，時時欵集賢士大夫，與為文會，品隲古今，□□疑義〔一〇〕，每至丙夜未已，高談劇論，往往抵掌絶倒，又若有意扵斯世者焉。戊戌秋，復還三林山居，忽寢疾逾時，自度生育無□〔一一〕，擇立從子鵬為嗣，俾主舊第，公仍就新居。訪醫藥，雖攝療百方，竟不能起。屬纊之辰，季冬望前三日也，距生成化戊子仲春十有二日，享年七十。配徐氏，贈孺人；繼李氏〔一二〕。

〔一〕嘗有奸□□□□為賂：《龍江集》、《西林雜記》作「嘗有奸商持千金為賂」。
〔二〕服□□□之常職：《龍江集》、《西林雜記》作「服勤，臣子之常職」。
〔三〕形：《龍江集》作「刑」。
〔四〕特有白□□□之賜：《龍江集》、《西林雜記》作「特有白金文綺之賜」。
〔五〕兵科右給事中：《西林雜記》作「兵科左給事中」。
〔六〕不□□違：《龍江集》、《西林雜記》作「不少依違」。
〔七〕一時風采：《龍江集》、《西林雜記》作「雖一時風采」。
〔八〕冊封弋陽王扵豫□□□還朝：《龍江集》、《西林雜記》作「冊封弋陽王扵豫章。事竣還朝」。
〔九〕憮然：《西林雜記》作「撫然」。
〔一〇〕□□疑義：《龍江集》、《西林雜記》作「折衷疑義」。
〔一一〕無□：《龍江集》、《西林雜記》作「無望」。
〔一二〕李氏：《西林雜記》作「季氏」。

女四：長適福州知府朱豹，次適曹恪，皆先公卒；又次所適，即允亮也；季適王慈。鵬後公□載〔一〕亦卒，鵬子一誠一貫〔二〕。嗚呼！公文學足以名世，德器節操足以表俗。其所建樹，雖未獲盡究所藴，而□謨〔三〕讜論日徹聖聰，□列典章〔四〕，澤流區宇，古之所謂三不朽者，蓋兼得矣。矧年躋古稀，順正而斃，復何憾哉！第盛德弗嗣，□以□□□□□□然之數〔五〕，□□□固未始以置懷抱也〔六〕。錦憶童子時與公同遊庠校，當時同舍聚講者數輩，皆一□□□□□□□□闇〔七〕，偶先忝科第，後二十餘載，公始登科，雖騰踔較晚，而鴻名偉烈，輝赫彪炳，錦盖瞠乎□□矣〔八〕。晚同投老林□□□□□□□舊誼特相契洽〔九〕，則世之知公者孰有踰於錦耶？遂為之銘曰：

光□□□□之風神〔一〇〕，虹光霞彩，公之遺文，排雲披腹。公志既伸，天章綸錦，表著公勳〔一一〕，孰謂公亾？公則永存。乃弗胤□〔一二〕，□公之□〔一三〕，數有適然，寧所較論。峩峩堂封，萬古恒新，過者式車，曰此名「諫□之墳〔一四〕」。

按：碑文錄自拓片。明唐錦《龍江集·卷八》、清張端木《西林雜記》亦錄此文。浦東新區三林世博家園

〔一〕□載：《龍江集》、《西林雜記》作「三載」。
〔二〕一貫：《龍江集》、《西林雜記》作「一中」。
〔三〕□謨：《龍江集》、《西林雜記》作「嘉謨」。
〔四〕□列典章：《龍江集》、《西林雜記》作「顯列典章」。
〔五〕□以□□□□□□然之數：《龍江集》、《西林雜記》作「或以致疑於天，豈知適然之數」。
〔六〕□□□固未始以置懷抱也：《龍江集》、《西林雜記》作「達觀者固未始以置懷抱也」。
〔七〕皆一□□□□□□□□闇：《龍江集》、《西林雜記》作「皆一時英雋，而公尤挺卓。錦稚且闇」。
〔八〕錦盖瞠乎□□矣：《龍江集》、《西林雜記》作「錦盖瞠乎其後矣」。
〔九〕晚同投老林□□□□□□□舊誼特相契洽：《龍江集》、《西林雜記》作「晚同投老林壑，白首追隨，尤以舊誼特相契洽」。
〔一〇〕光□□□□之風神：《龍江集》、《西林雜記》作「光風霽月。公之風神」。
〔一一〕表著公勳：《龍江集》、《西林雜記》作「著公之勛」。
〔一二〕乃弗胤□：《龍江集》作「乃弗胤績」，《西林雜記》作「乃弗允績」。
〔一三〕□公之□：《龍江集》、《西林雜記》作「匪公之恤」。
〔一四〕諫□之墳：《龍江集》、《西林雜記》作「諫議之墳」。

文化中心藏有該墓誌拓片一盒。

儲昱墓志銘拓片

倪鏞妻陶氏合葬墓志銘

（明嘉靖二十九年・1550年[一]　徐獻忠）

明故倪孺人陶氏合葬墓志銘

文林郎、浙江寧波府奉化縣知縣、華亭徐獻忠撰文。

前翰林院待詔、將仕佐郎、兼修國史、長洲文徵明書篆。

上海□□塲著倪氏，倪氏所由著，不但以貲雄其鄉，世脩文雅，教子弟有善業而賢，郡中士多遊其門，而媾姻婭，為右姓久矣。其原實出自□□史夏長文。夏長文為高皇帝所棄，其子名貴者遂因外家倪為姓。其初甚韜晦，不敢光其門。貴生珍，號梅軒，始增闢田廬，以華于鄉。梅軒生存耕公，諱鏞，娶孺人陶氏，上海石笱里望族，父怡靜翁，有賢名。孺人十四歲歸倪氏，事梅軒夫婦克有婦道，内外皆宜焉。生二子，曰濟、淑，相其□嚴教之，挑燈伴讀，每至夜分。督家人子耕織，均其勞逸，相與為甘苦。方是存耕外弘其業，而孺人相之有道，家益以不訾。濵海多負俠氣，好以智力相勝，見存耕累家驟出其右，即相與傾覆之。存耕没，二子孱然，方恐艱難之弗濟也。内支其家，而外禦人侮，輯睦勤力，竟無可乘之□。雖其才猷表□，而孺人賛導于内，深謀長慮，為□□□□□有五塍，未嘗以龍蛇異視之。待庶子江及庶女恩一，食飲未嘗不經其目，規誨昏嫁□□□□。其□命析產，對族長者言：「食產非公爵，何有子嫡庶？」盡所有均之。猶慮私也，命鬮□□□□□□□曰：「固吾先夫意也。」田房器皿給之，俾可衣食云。外及劑量二族親□多寡□□□□□□□若為計年之惑。孺人性安靜，興居皆有常度云。自幼至老，不知有夢，時□□□□□□□餌甘

[一] 據文，陶氏於明嘉靖二十九年（庚戌，1550年）正月初七日與其夫合葬，其子淑於落葬前請銘。故此推測墓志銘當撰於葬期前後。

苦，惟長子濟病沒過哀，哭之失明，且十年醫不能治。淑秉精誠，旦夕□□□□□□□□□鍼至門者，云善轉，蒙就之，即復明如故。時酬以百金，揮之去，方知□□□□□□□□□疾革，執淑手欷歔曰：「吾有家已七十年，汝父及兄弟皆中道夭折，幸□□□□□□□□□列吾前，無憾矣。」孺人生成化乙酉八月二十三日，卒嘉靖戊申十月二十□□□□□有四年。子男三：濟，太學生，娶進士曹九峰孫女，生女三；繼娶太守錢景安女；側室夏氏，生子邦奇，娶舉人楊南溟女。曹女，長適縣丞徐鳴鸞，次適縣丞朱古石子貽穀，三□卒。邦奇生男二：長大夏，聘朱氏；次承夏。淑，娶良醫沈竹□女，生子邦彥，太學生，娶兵部員外郎唐元善孫女；女二：長適庠生朱藹，次縣尹張近川□□溢。邦彥生男：長□曦，聘太學生張雙崔孫女；次玉蟾，聘□部郎中曹濮陽孫女；生女一，受工部員外郎范中州子□聘。江，娶金山衛指揮使劉瞻松女，生子二：長邦阜，娶訓導戴□江女；次邦化，聘太學生喬春山女。邦阜生男二。女二：長適黃銘同，江孫出；次適喬傃，王出。淑以庚戌正月初七日，將合葬于存耕之墓。予與淑兄弟通交久，因率邦彥具狀來請銘。銘曰：

郛□□□，夏後是藏。鼇降令恭，自彼陶唐。仙源有徽，異代彌光。坤道維恒，耀德啟□。芝蘭□豐，胤祚流芳。有喬嘉林，鬱其堂隍。連理異莖，根株同章。□□斯年，□□玄房。

吳門溫厚刊〔一〕。

按：碑文錄自《上海明墓》。該書錄作簡體字，并載拓片。編者據拓片錄作繁體字，但拓片居中及左上側位置模糊，無法辨識。

〔一〕刊：據《上海明墓》所附拓片，似應作「刻」。

明倪鏞
妻陶氏
合葬墓

倪鏞妻陶氏合葬墓志蓋拓片（《上海明墓》刊載）

倪鏞妻陶氏合葬墓志銘拓片（《上海明墓》刊載）

南匯忠勇祠碑記

（明嘉靖三十五年・1556年〔一〕　李自華〔二〕）

嘉靖癸丑，倭冦内犯，四散流劫，南匯被圍，官兵望風披靡，奔竄幾盡。有軍官李府者，率其仲子香及族丁三十人力戰，斬首四十餘級，賊退十里，吾軍稍安。乘勝追逐，有賊長丈許，聲若雷，邀之戰，不三合斬之，於是賊相誡避焉。詰朝復戰，又斬其先鋒二人。賊走，追戰，再勝之，伏賊蝟起，萬矢齊發，父子身無完膚，均歿於陣，無何城遂破。越七月，更繕城守。明年四月，賊再犯，香弟黍年方舞象，仰天祝曰：「爲君父報不戴之仇，在此舉。」尋出戰，獲三級獻。是夜，賊以布梯于雉，魚貫而上。一賊將登城，黍覺，拔劍斬之，下視賊，見蜂集，黍急推城垛，垛傾，賊墮而死者數人，城賴以全。明日大戰，殺賊無數。賊聞其名，呼曰：「誰是李三郎？」黍挺身響應，卒爲賊砲所斃。府孫尚衮，年甫十三，哀號抱牘而白之。當事巡撫陳公憫之，捐俸立祠，牓曰「忠勇」。

按：碑文錄自嘉慶《松江府志》卷一八《建置志・壇廟》。

〔一〕據碑文和雍正《分建南匯縣志》卷十三《經略志中・兵略》，倭寇内犯上海於嘉慶三十二年（癸丑，1553年）。嘉慶《松江府志》卷七十三《藝文志・金石》載「李氏忠勇祠堂碑，明嘉靖三十五年陽月」，而雍正《分建南匯縣志》和嘉慶《松江府志》又言忠勇祠建於嘉靖三十年（1551年），說法有異。編者取前者。

〔二〕見嘉慶《松江府志》卷一八《建置志・壇廟》。

建川沙城碑記

（明嘉靖三十六年・1557年　張鶚翼）

嘉靖丁巳春，汝寧尚公維持按部至松，時倭寇甫離，地方人情惴惴，公減撤徒從，乘單車，挾文武吏士數人以偕。至則嚴飭諸將領，乘時設備，毋貽百姓恐，人情稍安。乃復詢賊所以，民曰：禍在柘林，川沙惟川柘不守。賊得而乘之，去海爲近，又窪水積深，易於泊舟，日擄掠吾民，既飽輒載以去，莫敢誰何。後至動六軍殺賊，不下數十舉，賊無以大創，以其據勢乘便出沒易也。故爲今日計，莫若早創二城。川柘城，賊畏逼不敢近，便在我矣。公檄所司，議如民言，於是具疏上請，大率謂松江薄海東徼壖地，爲郡右臂，據其體勢，則吳淞所在北，金山爲近，而賊在柘林，於府爲逼，稍南則嘉興所屬，爲必犯之路。川沙去海口爲近，而賊在川沙，於上海爲逼，稍北則蘇州所屬，爲必犯之路。故川柘二城於今爲亟，否則盜賊蔓延，聲援不及，既非體勢所宜，又他日殺賊之費，當不減於二城，而民已斃矣。天子是其議，故在上海得築川沙城。公簡括舊贖與無鏊於法而可以寬民者，便宜行之，得銀凡若干。既趙巡撫忻繼至，申贊益力，一時工費皆出公帑。專以海防同知羅拱辰董其役，以上海知縣牛鏡相之，而兵憲熊公桴、郡守黎侯遵訓，推官馬出圖，勞心畢力，庶民子來。自經始之日至於訖工，僅計以三月。城廣四里，高二丈八尺，址濶三丈有奇，隍深如高之半，爲門者四，樓如之，門各繚以月城。街衢交絡，廨宇翼如，屹然爲一方鉅鎮云。既成，公復諗於衆曰：吾所以經營若城者，以計民也。今民且窮矣，弗收將轉而爲盜散矣，弗集則愈生背心，又何有於城？乃上奏留之。疏以寬租賦，分餘隙之地，以招移亡。一時流離來歸，而客戶之願受廛者，聽仍給之直，以風其來。已乃大閱於鄉，得選兵若干，爲从駐之計。而粵兵自南來者，多劍客，率善鬬士，復令夾輔兵士，時時徼循其間。又議歲輸米若干，以便給食。蓋公城守經略大較如此。於乎人一家門閈之弗飭，則犬吠夜驚，主爲弗寧，矧賊據地方經歲莫能却去，其患較然矣。乃今易而城之，奪其所恃，賊不敢操舟而東指，時咸賴之。而公方且每飯不忘川沙，遡乎有衣袽之思焉。不可以無記。係頌曰：

聖皇臨極，臣撫萬邦。惟玆夷醜，自取滅亾。乃聯百艘，於玆假息。始焉萌芽，漸乃克斥。於維尚公，慮切民痌。大裒群議，用折於衷。乃勤經營，千夫林列。約束蛟鯢，大海若截。高焉爲城，深焉爲池。深不可越，高不可窺。公猶慨然，曰何以守。爰招流亡，歸之疆畆。既閲於鄉，載樹之兵。歲輸百庾，俾無震驚。滎滎滄波，厥利惟溢。公曰爾敖，民無淡食。曠彼原野，積蒿成丘。公曰爾闢，歲用以收。凡此駿功，匪公弗克。後者繼之，慎哉無斁。

按：碑文錄自崇禎《松江府志》卷一九《城池》。雍正《分建南匯縣志》卷四《建設志上·城池》、道光《川沙撫民廳志》卷二《建置志·城池》、光緒《川沙廳志》卷二《建置志·城池》載有此文，略有差異。

崇福道院碑記

（明嘉靖三十八年・1559年　奚良輔）

崇福道院碑記

皇朝稽古圖治，保國護民，明修禮樂，幽贊鬼神。於時祭告之典，特隆天神地祇之報；禮〔一〕享之制，尤徧六宗群望之尊。蓋大禮之有定，實明德之維馨。恭惟北極佑聖真君玄天上帝，天啟聖靈之孕，刼開泰運之辰。建三一之道以度世，禀二五之精以有生。祥光所燭，列宿為之失色；柄杓所指，六種〔二〕為之震驚。受錫劒于天帝，悟磨杵于姥神。歷四十二年以修煉，經八十二變以化身。爰佩乾元之寶印，聿崇玄帝之冊名。啟黃帝龍角之戰，而下蕩妖氛；資大禹鐘鼎之鑄，而上佐太清。躡之者蒼龍赤蛇之象，擁之者皂纛玄霧之雯。衛前後者群仙護從，而不止八煞之將；隨左右者雷電轟掣，而豈啻六甲之英。職居紫微之右垣，則座並天乙太乙之上；宿躔虛危之分野，則權總司命司祿之衡。至於三元八節，甲子庚申，公行剪錄，出王游衍，消災延壽，福善禍淫億億刼，人鬼於斯分宅萬萬年，土宇從此昇平。粵歷秦漢季代之世，暨夫唐宋遼金之君，時多穢亂，神罔居歆。迨我太祖高皇帝用夏變夷，修文偃武，玄武陰篤〔三〕呵護。成祖文皇帝攘夷靖難，昭文揚武，玄武〔四〕尤耀威靈。於我皇上，載赫厥聲，默扶社稷，永錫祚胤，一人有慶，萬國咸貞。崇功報德，規制宣弘，所以武當顯自貞觀，至永樂而始被勑建；雲象顯自寶慶，至嘉靖而載錫徽稱。施及海邑，亦荷扶傾，

〔一〕禮：《三林鄉志殘稿》作「禋」。
〔二〕六種：《三林鄉志殘稿》作「六衆」。
〔三〕篤：《三林鄉志殘稿》作「爲」。
〔四〕玄武：《三林鄉志殘稿》無。

於東南甲丙之地，凝北方壬癸之精。仙遊雖駕於雲漢，而駐蹕常御乎三林，更有蓬萊瀛海之環遶，遠賽太華嵩嶽之嶙峋。是亦秀氣融結之所，迺為棲真遊息之濱。欻然龍吟虎嘯，而江山變色；倏爾風行電掃，而天日霽晴。予嘗登覽其勝概，竊覩夫光晶。東望則紫氣〔一〕滿函關之虛谷，玄津通尾閭之滄溟，鬱乎宮殿嵯峨，豈是蜃精之吐氣；西來則青浦〔二〕擕黃浦之上游，松江接鶴渚之流瀆，皓乎白練逶迤，何異蟄龍之屈伸；南曜則丹竈烝離明之文火，煙霞萃五色之氤氳，蔚乎林華蔥蒨，殆增勝于瓊宮寶剎；北拱則巍闕懸斗極之象緯，北海歸萬國之懽心，隱隱三台所聚，晻乎〔三〕紫閣之祥雲。予從劃然長嘯，瞠目掀唇，深慨窮鄉下邑之地，若際神州帝都之京，而尤慶萬萬年無疆之祚，所以有此上帝之臨也。邇者倭奴〔四〕作變，戕害海民，特玆一方保障安寧。雖藉明時之昌運，亦惟蕩魔之玄勳，民莫不敬且悅，士靡不頌而欽。競子來以答神貺，咸精意以輸厥誠。爰拎殿宇，侐其鼎新，黝堊丹漆，宏大〔五〕高明。九陛拱乎仙座，則扆繡九鳳丹霞之彩像；十方衛以名將，則森列十丈鷹武之精兵。築垣牆而登登，不殊乎翠岩丹障；煥廟貌於赫赫，何下乎武當齋雲。有時小洞之中，鬱鬱紛紛，開碧蓮於千葉；恒於平曠之地，悠悠洋洋，走飛瀑於萬尋。是盖三林深邃，遠絕埃塵，所以光騰六合，而太宇廓清也。亦惟聰明自民，明畏自民，所以昭哉右序，而海嶽效靈也。予亟走瞻拜，敬切水兢，言慚不斐，願致揚偁，載拜為之頌曰：

於惟厥神，先天所生。玄元之祖，六一之精。祥符瑞日，號啟潛雲。了悟大通，默含萬真。展旗開府，握乾闢坤。乘虬跨駿，千丈其身。電光目閃，雲陣眉橫。九天聲震，四部威行。惠敷下土，旆旋上旻。名山大川，離宮聿興。顧玆海邑，臨鑒恒存。安攘彌極，地平天成。於萬斯年，海波不驚。

〔一〕紫氣：《三林鄉志殘稿》作「赤氣」。
〔二〕青浦：《三林鄉志殘稿》作「青龍」。
〔三〕晻乎：《三林鄉志殘稿》作「晻映乎」。
〔四〕倭奴：《三林鄉志殘稿》作「倭夷」。
〔五〕宏大：《三林鄉志殘稿》作「廣大」。

大明嘉靖三十八年，歲在己未，三月吉旦立石〔一〕。
賜進士第、中憲大夫、四川按察使司副使、前翰林院庶吉士、侍經筵、工科左給事中、邑人學山奚良輔撰。
賜進士第、中憲大夫、廣東按察使司副使、整飭海南兵備、前工部郎中、郡人宏宇王會書丹。
太學生王〔二〕，徽商程三興、金明、金□、張雲，三林塘善信陳謨、陳諮、張風、孫實、洪恩、陸弁、張鶴、洪惠、蔡鳴鸞、陳應風、姜渭、儲繼祚。
道士章以明、顧靜然、陳大中、姚師仲，善人陳寧。

按：碑文錄自原碑。該碑現存崇福道院（浦東三林鎮楊南路555號），與「崇福道院贍田記碑」左右并立於大殿前場上。碑為青石質，寬86釐米，高200釐米，厚20釐米；碑座為龜蛇玄武狀，高50釐米。碑文27行，滿行70字。柴志光先生曾於1998年5月據碑石抄錄全文。編者近於2014年9月前往，見碑身外罩玻璃保護，上部已有明顯磨損，加之玻璃反光，字跡難辨。本書即採柴鈔錄碑記，再以編者親見及民國《三林鄉志殘稿》卷六《寺觀》所載對校。

〔一〕立石：《三林鄉志殘稿》作「立」。
〔二〕《三林鄉志殘稿》未錄此列及後之人名。

救护群品

崇福道院碑

皇帝勑諭艾可久巡視上江常川地方聖旨碑

（明隆慶元年・1567年）

皇帝勑諭巡視上江南京監察御史艾可久：直隸地方，□江濵海，近來鹽徒盜賊不時竊發，而南京係根本重地，防守時當加謹。向因巡江御史安處京城而遙度事機，巡□官司則別項差占而徒取具數，聲息传闻，茫無策畫，以致鹽徒出沒，盜賊縱橫，地方受害。今特命爾巡視上江常川，在於安慶住劄，專一往來巡歷分管沿江地方，嚴督守備備倭，并軍衛有司巡捕等官務要整搠，官軍兵快人等練習武藝，精利器械，晝夜巡邏，遇有鹽徒、盜賊生發，即便互相傳報，設法擒捕，期於盡絕。所屬官員如有貪殘廢事，玩寇殃民，應提問者就便提問，應糸奏者糸奏處治，其巡捕官負聽爾揀選委用，不許別項差占。一應江洋事情，該與操江都御史計議者，計議停當而行，一年滿日差官接管。爾受玆委任，尤宜公勤詳慎，處事有方，務俾法令嚴明，軍威振作，盜賊屏跡，江洋寧謐，斯爾之能。如或怠忽誤事，責有所歸。爾其慎之。故勑。

隆慶元年三月初二日

按：碑文錄自原碑。該碑現藏浦東新區檔案館。該館先於1999年7月從孫橋鎮中心村吴家宅即當時的孫橋種畜場徵集到碑身及碑額，立於川沙新川路540號辦公樓前；又於2013年10月從浦東三灶浜路孫塘路（距離碑身發現地數百米處），徵集到一贔屭碑座和一對青麻花石质石獅子。從發現地、碑石特徵等資訊初步推定，二者同為艾可久神道碑和艾可久墓石構件。該碑碑身呈四面柱狀，105釐米見方，197釐米高，基本完好，惟碑面遭風吹水蝕，多麻點狀凹坑，字跡辨認困難，拓片則較為清晰；碑座係青石質，長265釐米、寬108釐米、厚70釐米；贔屭頭部已斷離，贔屭背有一正方形碑座痕印，邊長105釐米，贔屭身四邊均有清晰紋飾。

碑身四面共刻碑記六通，此爲其一。此文與《皇帝勑諭艾可久分巡東昌道兼管兵備馬政河道等事務聖旨碑》共刻一面，文字清楚。

皇帝勑諭艾可久巡視上江常川地方聖旨碑拓片

艾可久神道碑（側面）

皇帝勑諭艾可久分巡東昌道兼管兵備馬政河道事務聖旨碑

（明萬曆五年・1577年）

皇帝勑諭山東按察司副使艾可久：該山東□按官題稱要將臨清兵備改爲分巡東昌道，原轄兵備地方照舊管屬。該部議覆相應。今特命爾分巡東昌道兼管兵備馬政并河道事務，在臨清住劄，問理刑名，操練軍馬，脩緝城池，撫恤士卒，禁捕盜賊，考查倉糧，革除奸弊。東昌府所屬臨清、高唐、聊城、夏津、武城、清平、茌平、博平、堂邑、館陶、冠縣、莘縣、恩縣、丘縣，兖州府所屬東阿、平陰、陽穀、壽張，一十八州縣兵備及境内衛所俱屬爾管轄，爾仍聽巡撫并總理河道都御史節制。所在軍衛有司官員，如有貪財黷貨、生事害人及縱容盜賊不行緝捕等項，違法者輕則量情處治，重則叅奏拏問。爾爲憲臣，受兹委任，須持廉稟公，正己率下，毋或曠職廢事，自取罪責，爾其勉之慎之。故勑。

萬曆五年二月十六日。

按：碑文錄自原碑。該碑現藏浦東新區檔案館，具體見《皇帝勑諭艾可久巡視上江常川地方聖旨碑》。碑身四面共刻碑記六通，此為其一，與《皇帝勑諭艾可久巡視上江常川地方聖旨碑》共刻一面。

皇帝勅諭艾可久分巡東昌道兼管兵備馬政河道事務聖旨碑拓片

寶山堡碑記

(明萬曆六年·1578年　王世貞〔一〕)

寶山者〔二〕何，海堠也。其稱堡者何，志海防也。前文皇之十三年，而平江伯瑄上書，言嘉定之南百里而遙，其海多沮洳，不利漕艘，宜裒土若山者以識之。詔曰可。俾以漕卒築，其高為丈者三十，其方為丈者百。天子至，勒碑以紀之，而中貴、人和等海舶之收啟亦取標焉。至萬曆之四年，整飭兵備，右叅政王公叔杲與副帥都督黄公應甲謀，以其地南距川沙、北距吳淞二鎮皆五十里，而近吾吳門戶也，初有旱寨，兵額四百餘屬，寨廢而徙，在故寨左，曰新城，去山十餘里，不足以瞭望；去民家遠，緩急不足以收聚；城隘而出入僅一門，樵采之路，厄守不足以堅。其便毋若依山為堡，廣其隍，崇其墉，堅其甓，堲以北控川沙，而南控吳淞，諸戈船嫖姚校尉詣幕府，受約束，分水陸出哨，而寶山之瞭指掌于數百里外，于形勢最便。乃奏記，中丞宋公儀望、侍御邵公陛合疏主之，下大司馬議，報可。俾郡丞施君之藩總之城成，而版築、陶冶、伐材、采石諸瑣屑則以委百戶過聚輩。凡為歲者再，而工告成，延袤四百九十五丈。為門四樓，如之〔三〕月城三之敵臺之在角，四樓如之。他敵臺十二，中丞署一，兵備署一，副帥署一，海防丞廳一，練兵廳一，千戶所廳一，軍營舍六百五十楹，費金若干，一不以煩民。於是施君紀其凡，而命辭於余，俾示永永。余〔四〕竊惟玆堡為東南最要害，湯信公之嫺兵脩海戍，自越以至燕齊且百而不及之，至平江伯而始請為堠。後平江伯以至今百

〔一〕二志均有載。
〔二〕者：《江東志》無。
〔三〕之：《江東志》無。
〔四〕余：《江東志》無。

五十年，倭事起，首尾三十載，增戍者又百而不及之。至王公而始請為鎮，乃今屹然保障矣。君子謂兹役也，眞遠猷哉。

按：碑文錄自康熙《嘉定縣志》卷二二《碑記》。清《江東志》卷八《記》亦錄此文。

造寶山城刻石

（明萬曆六年・1578年）

萬曆戊寅吉旦，督工官、鎮江衛經歷余姚蘇□立。
管造居民吳應麒、沈國秩、朱炳□、鄒□□、黄燕翊。

按：碑文錄自原碑，撰者不詳。刻石現存浦東新區外高橋老寶山城遺址，嵌於南城門洞内頂部，長60釐米，寬50釐米，碑面完好，部分刻字辨識困難。

造寶山城刻石

老宝山城遗址

高橋老寶山城遺址

皇帝勅諭艾可久催徵收貯錢糧等事務聖旨碑

（明萬曆八年·1580年）

皇帝勅諭江西布政使司左叅政艾可久：今特命爾專一提督江西所屬府州縣衛所，該納各項錢糧後在催徵、及時收貯、得法收放部運。遐委的當官員、各府州縣衛所軍民官吏、軍旗官攢豪强人等，敢有□□□攬侵欺冒□虚出盜賣，那移灑□，恣肆作弊，刁蹬害民，拖欠遲誤及有占種田畝，致使貧難虚納税糧□項□□□通同不舉者，文職六品以下，并軍旗人等，聽爾體察得實，徑自拏問。干礙軍職并文職五品以上□奏拏問。每年終，將催徵過税糧等項并措置過預備錢糧數目，造冊奏繳以憑稽考。仍□催料價。爾□持廉秉公，正己率下，務使奸弊悉革。錢糧易完，斯爲爾能。若因循怠忽，曠職誤事，責有所歸，爾其勉之慎之。故諭。

萬曆八年二月二十八日。

按：碑文録自原碑。該碑現藏浦東新區檔案館，具體見《皇帝勅諭艾可久巡視上江常川地方聖旨碑》。碑身四面共刻碑記六通，此為其一，與《皇帝勅諭艾可久督理陝西糧草帶催料價等事聖旨碑》共刻一面，較其他三面較為模糊，諸多文字辨識不清。

皇帝勅諭艾可久催征收貯錢糧等事務聖旨碑拓片

皇帝勑諭艾可久督理陝西糧草帶催料價等事務聖旨碑

(明萬曆十一年·1583年)

皇帝勑諭陝西布政使司□糸政艾可久:今特命爾專一督理陝西糧草,帶催料價,提調府衛州縣掌印、管糧等官,措置預□倉糧,給散冬衣布花,兼理行都二司屯種子粒,禁革倉塲衛所甯□□□冒支□欺□□□□□□。事發及後,爾等□六品以下文職聽爾送所在問刑衙門問擬,五品以□□□□□□□指□□□□施行,其餘地方事務不必干預。爾受茲專委,宜廉謹自持,催徵□□□□□□□□□□□□□□斯稱任使。如或因循怠忽,□□□□□□有所歸,爾其勉之慎之。故勑。

萬曆十一年九月初□日。

按:碑文錄自原碑。該碑現藏浦東新區檔案館,具體見《皇帝勑諭艾可久巡視上江常川地方聖旨碑》。碑身四面共刻碑記六通,此為其一,與《皇帝勑諭艾可久催徵收貯錢糧等事聖旨碑》共刻一面,較其他三面較為模糊,諸多文字辨識不清。

皇帝勅諭艾可久督理陝西糧草帶催料價等事務聖旨碑拓片

川沙總司題名碑記

（明萬曆二十二年・1594年　喬木）

賜進士出身、中順大夫、雲南按察司副使、前奉勅〔一〕整飭井陘兵備提督、倒馬龍泉關、邑人喬木撰文。

壬午科鄉進士、里人王尚行篆額。

辛卯科鄉進士、里人喬拱璧書丹。

東南沿海諸屯衛所從來遠矣，而川沙之有城，則自世廟時倭夷内訌始也。其以城川沙請而得俞旨者，自開府趙公是先奉政議始也。先奉政時，居胄監，檄徵練兵，禦〔二〕倭多斬獲功，因習地勢夷情，謂川沙窪巢賊，非就近設城，則以閭閻委寇而貽邑以剝牀災也。有城，則吾民恃以無恐，而寇賊之巢窟便除。繇是仞溝洫，平板幹，稱畚築，雉堞雲興，隱若金湯，而中設總司，司守禦事。其後生聚日繁，夷舶遠引，爲海濱巨鎮矣。越三十餘年，實今上之壬辰，而倭酋入朝鮮，羽書傳警甚急，諸屯衛爭繕甲治兵，戒不虞。而司川沙總者爲太倉施君，尤殫厥心力，至分俸入以享士，捐橐裝以葺墉，有古良將投醪卻蓋之風，蓋不待禡牙鳴角而折衝千里矣。會元戎受脤提兵出援，而皇師大抗，群醜角崩喙息遁去，狼烽以熄，四境乂安。施君迺以雅歌之暇，考輯昔人爵里姓名，勒諸石以彰往詔來，虚上方囑予記，故川沙總司之有題名，自施君始也。予惟東南之備倭，猶西北之備虜，事至重矣。顧藐焉孤壘，咫尺鯨濤，艅艎猝臨，聲援俱絕，自非忠勇具備、文武兼資之士，其何以稱任使而紓宵旰憂也。繇施君以前，其共厥職而受上賞、蒙顯擢者若而人，其瘝厥職

〔一〕勅：光緒《川沙聽志》作「敕」。

〔二〕禦：光緒《川沙聽志》作「遇」。

而犯白簡、招巷議者若而人，燦若指掌，垂示無窮，吁可畏矣。余以爲莅是職者，無事則勤訓練，有事則倡勇敢，而居之以廉，持之以慎，奉之以誠，以共厥職者爲法，以瘝厥職者爲戒，庶永爲兹石光寵，有如傳舍。其官秦越，其士偷安，旦夕爲潤身肥家謀，他日且爲石之瑕矣，不亦重可畏哉。施君名德政，字正之，由己丑武進士爲今官，其建竪未可量云。時萬歷〔二〕甲午仲春吉日。

按：碑文錄自道光《川沙撫民廳志》卷七《官司》。光緒《川沙廳志》卷七《職官》亦錄此文。

〔二〕萬歷：光緒《川沙廳志》作「萬曆二十二年」。

禮部奉旨祭葬南京通政使艾可久碑記

（明萬曆二十二年・1594年）

禮部爲遵例陳情懇乞天恩俯賜恤典以光泉壤事。精膳清吏司案呈准祠祭。清吏司付奉本部連送該本部題本司案呈奉本部送禮科抄出。原任南京通政使司已故通政使艾可久男監生艾大有奏：父艾可久于萬曆廿一年九月二十三日病故等因，奉聖旨，禮部知道，欽此欽遵，抄出到部，送司行，准吏部文選考功清吏司手本回稱，查得艾可久三品未經考滿緣由，各回覆到司。查得《大明會典》一款，三品文官病故，曾經考滿者，祭一壇全葬；未經考滿者，祭一壇減半造葬。今□前因通查案呈到部，看得原任南京通政使司未考滿通政使艾可久男監生艾大有奏乞伊父卹典一節，為照本官歷外涉內，夙著芳猷，抱疾遄歸，尤徵雅操，所有應得一祭半葬，相應給與。合候命下行翰林院撰祭文，直隸松江府轉屬支給官錢，買辦香燭祭品，就遣本府掌印官前去致祭，仍行工部照例減半造墳安葬等因，萬曆二十二年五月廿八日奉聖旨，是准照例與祭，一壇減半造葬，欽此欽遵，擬合就行。爲此合就連送，仰付該司類行直隸松江府轉屬支給官錢，買辦祭物香燭紙，就遣本府掌印官致祭。仍將用過官錢開報戶部知數，毋得因而科擾不便等因，連送到司，合付前去，煩爲類填施行等因，到司，案呈到部，擬合就行，爲此劄付直隸松江府，照依勘合內事理一體遵奉施行。

計開：

一祭文

一祭品：豬一口，羊一羫，饅頭五分，粉湯五分，果子五色，每色五斤。按酒五盤，鳳雞一隻，煠骨一塊，煠魚一尾，酥餅酥飣錠各四個，雞湯一分，魚湯一分，降真香一炷，燭一對，重一斤。焚祝紙一百□張，酒二瓶。

右劄付直隸松江府，准此。

萬曆二十二年六月二十八日，對同都吏黄世龍

按：碑文錄自原碑。該碑現藏浦東新區檔案館，具體見《皇帝勑諭艾可久巡視上江常川地方聖旨碑》。碑身四面共刻碑記六通，此為其一，獨刻一面，文字較為清楚。

禮部奉旨祭葬南京通政使艾可久碑拓片

艾可久暨妻楊氏神道碑

（明萬曆二十三年・1595年　張位）

明通議大夫、南京通政使司通政使、恒所艾公暨配夫人楊氏神道碑

賜進士出身、資政大夫、禮部尚書、兼文淵閣大學士、知制誥、經筵日講國史〔一〕總裁、新建張位撰。

賜進士出身、資政大夫、吏部尚書、前南京吏部尚書〔二〕、都察院右都御史、餘姚年侍生陳有年書。

賜進士出身、嘉議大夫、都察院右副都御史、奉勅巡撫保定、提督紫荊等關、前巡撫甘肅、贊理軍務、長洲年侍生曹子登篆〔三〕。

自昔匡世所需，廉幹尚矣。顧世風日淪，率貌其似以炫俗，獵譽而真贗胥敧〔四〕。以才稱者，捨〔五〕職業而震越於本分之外，實之不足，率用高奇相掩。至其以廉自矜者，每垢衣菜羹，故示寒涼之色，身都九列，積金滿籯，坐視宗族故人飢凍，而不施一錢。此才守之弊，而世道更〔六〕從此壞矣，國家何賴焉？以余所〔七〕聞於通政艾公，允稱廉謹能幹者，非耶？公官〔八〕納言才數月，輒疏請老，天子雅嚮公，固留之，益固請去。去不兩月，卒不起。天子業難公去，聞而議所以

〔一〕國史：道光《川沙撫民廳志》作「國史館」。
〔二〕前南京吏部尚書：道光《川沙撫民廳志》無。
〔三〕篆：道光《川沙撫民廳志》作「篆額」。
〔四〕胥敧：道光《川沙撫民廳志》作「胥淆」。
〔五〕捨：道光《川沙撫民廳志》作「舍」。
〔六〕更：道光《川沙撫民廳志》無。
〔七〕所：道光《川沙撫民廳志》無。
〔八〕官：道光《川沙撫民廳志》無。

卹之者。議上，詔予祭葬如例。公且就〔一〕窆矣，扵是子大有謂余與公實有舊，當碑之銘之。公先世出撫州，甲姓，公又官江右有聲。余故習公，則為論著如此。公諱可久，字德徵，號恒所。先代從江右徙〔二〕居松江北郭，公大王父、父昇已自松江徙上海。昇生處士芹，贈承德郎。芹生斷事海峰公，海峰公生元美，是為小峰公，與海峰公〔三〕俱以公貴贈山西左布政。配杜，封孺人，贈夫人，實生公。公生而魁岸，不好弄。兒時姻郤某與小峰公脩卻，公從傍佐之。某叱曰：「咄咄，豎子〔四〕若能大厥家，吾當蒲伏若！」公厲聲曰：「吾直唾視之，且吾不引若為重，若顧相引為重耶？」聞者奇之。齠齡補博士弟子，試輒先其曹偶。乙巳，屬島夷為梗，當事者議城川沙避海氛，小峰公籍〔五〕名畚插〔六〕，公以請之海防大夫，海防大夫以藝難公，謂：「能立就，當罷若翁役。」公即操牘立就，不移晷也。海防大夫大賞公，亟罷小峰公役。自是公文日有聲。戊午舉扵鄉，壬戌成進士，八月授太常博士，乙丑選南京浙江道御史。時留都勳貴多驕橫不法，稍一創之，齮齕實甚。公曰：「是將尋斧柯也者，事端芽矣。」則為跡數事彈之，諸勳貴遂歛息避。舊府寺有所須，一切倚辦舖民供給，煩興至傾蓋藏，不能佐緩急，民數患苦。公悉奏罷，民相與俎豆之。滿考，得貤封父母。己巳，丁小峰公憂，復除山東道御史。公益慷慨，欲有所論列。疏草已具，而衡州之命下也。會衡歲索，公故緩其征，部使者糾公，公曰：「民尪尪已極，而顧任榜箠，則有槁死耳。寧我負上官，吾勿負吾民。」其明年大穫，償租者輩相屬也，部使者竟注公上考。猾胥儛儃，每徵科，軒輊其衡，以收錙銖之利。既橐入府藏，又從中為竇，以耗其出。比起解，而分督者朋倚滋擾，歲課未額完，民膏已旁竭扵眾蠹〔七〕矣。公廉知，罪猾胥無得奸民，收分督者權，以長吏、總部、蜚輓、間

〔一〕就：道光《川沙撫民廳志》無。
〔二〕徙：道光《川沙撫民廳志》作「徙居」。
〔三〕與海峰公：道光《川沙撫民廳志》無。
〔四〕豎子：道光《川沙撫民廳志》作「孺子」。
〔五〕籍：道光《川沙撫民廳志》作「藉」。
〔六〕畚插：道光《川沙撫民廳志》作「畚鍤」。
〔七〕蠹：道光《川沙撫民廳志》作「橐」。

裁、贖嬴佐之，所省不貲。有疑獄，文致周内，且株連根比平反者，心實寃之，迄歲月而事不白。公毅然議出，並以貸蔓及者，衡人快焉〔一〕。丁丑，擢山東按察司副使，備兵清原。清原，利窖也，賈販凑泊，肩比鱗次。冠盖遝來，雜遝僿闐里閈，鮮衣怒馬，揄瑟擊劍，相耀以其所有餘而恥其所不如。公以澆風抗薄，未有攸止，是非可以三尺驅也。則躬率樸素，又條示其流害，久之俗稍稍易化云。庚辰，擢山西布政使司左条政，以廉明著稱，尋以内艱去。癸未，除陝西，當督理糧儲。其清飛灑，捐滴補，又時出羡金，哺靡孑之黎，大率如治衡時。丙戌，擢本省按察司。秦藩故或豪奪民間，然莫敢誰何之。公按治不少借，其王官請托百端，乃愳有所齟齬，不盡中其願欲，則先謬為恭敬，以膴遺遺。監司業已〔二〕啗之，彼益請托，靡所顧忌。公概謝絕，無敢窺公庭干以私者。丁亥，閱邊事，北陟賀蘭，西涉酒泉，以勤勩聞，拜金綺之賜。戊子，擢本省右布政使。明年，轉山西左布政使。會北虜搚力克躪入洮岷犄角，火酋為援。秦中戒嚴，其巢穴實密邇晉壤。一二悍卒挾虜驕甚，時懷脫巾之呼，當事者益用懔懔，憂潰敗。公相窽輸籌，轉餉不乏，士無不樂請戰，且聲言擣巢以牽虜，虜輙〔三〕宵遁。赭衣張守清竊丱之利，以憸〔四〕不死，椎埋者爭走亡匿。緩之則煮山藪之藏，急之烏徙鳥舉，徒勤我師。公出奇剪之，不損甲破弧，卒就殲滅。辛卯，再以晉二品滿考，贈公王父、父如公官，而大母暨母杜孺人咸秩夫人矣。壬辰，陞南京太常寺卿。是歲，陞南京通政使〔五〕，公〔六〕方修喉舌之職。六曹庶府文移，靡不導壅疏滯。然輒以寢疾乞身，疏略曰：「臣謬辱主知，晉位列卿，慚無毫髮補報。不幸嬰狗馬病，當長負聖朝，願賜骸骨。」上覽奏惻然。強公視事，而公病日益進，遂憑扶〔七〕東歸。於是省臣論公不俟俞旨，棄職去，上置不問，且准公致〔八〕，蓋

〔一〕焉：道光《川沙撫民廳志》作「也」。
〔二〕已：道光《川沙撫民廳志》作「以」。
〔三〕輙：道光《川沙撫民廳志》作「則」。
〔四〕憸：道光《川沙撫民廳志》作「冀」。
〔五〕南京通政使：道光《川沙撫民廳志》作「南京通政司」。
〔六〕公：道光《川沙撫民廳志》無。
〔七〕憑扶：道光《川沙撫民廳志》作「扶病」。
〔八〕致：道光《川沙撫民廳志》作「致仕」。

隆眷也。乃天不假年，竟奪公矣，惜哉！公生於嘉靖乙酉三月十五日，距其卒，得年六十有九。公頎身偉貌，望之鵠立。寡唯諾，無事，即家人不能得其一語。服官若而年，毫不敢屑瑟於法之外，故在衡督府，私有所憎，欲擠之死，陰以指諷公，公謂：「於法不當死，賊人以媚人，不為也。」後以語撼公，亦不為動，事遂寢。在南台，章數十上，上則〔一〕削稿，不以示人，蓋恥於收嗷嗷名。公不喜殖生產，終公身，僅守先業，弗墮落。小峰公為鬻田百畝為母錢，俾收其贏而息之，其人竟負其息之半，公亦弗徵也。公有女兄二，杜夫人絕憐愛之。公嘗割所餘以佐舉火，然業旋廢旋分予者數矣，俾之成立乃已。公家先隴在沔，或以公鼎貴，當改卜，公曰：「先大夫體魄藏焉〔二〕，其敢遠有所圖。」公持正，不善依阿，然與人坦夷，不立城府，稱長者，是足槩公矣。公先配沈，贈孺人，加贈夫人。繼配楊，封孺人，加封夫人。楊故名家子，少娟好，追嬪，婉嫕有閫德，代杜夫人秉家政，帷幕惵息，無入閾之語，無出閾之思，閟如也。杜夫人性卞急，好束濕御下，諸婢女稍不當意旨，輒加督過，夫人亦惴惴佯怒，已徐出婉辭解之，杜為霽顏。沈夫人始〔三〕即世，而海艤告驚，家人犇亡，柩為燬焉〔四〕。夫人聞之，仆地慟哭曰：「嗟乎！天之降割，何烈也！」已又撫沈所生女，持其踵慟哭曰：「嗟乎！唯茲藐焉〔五〕甫孩，煢煢誰依也！」日含哺哺之，如己出。公偶恙，且弗間，夫人割左肱療公，公弗知也，後以其臂創甚，詰得之，愕眙竟日。夫人時從頌言於公曰：「君受國恩不薄矣，其敢愛發膚。唯茲梱以內恐貳君慮，然我〔六〕在，君勉〔七〕矣。」公是用敭歷中外，無室謫憂，夫人之力居多焉。故並舉其懿德淑行，附公論。次之，夫人先公四越月而卒，距其生嘉靖己丑十一月初一日，得年六十有五。公子男二，長大有，太學生，娶都事潘君允亮女；次萬

〔一〕則：道光《川沙撫民廳志》作「輒」。
〔二〕焉：道光《川沙撫民廳志》作「也」。
〔三〕始：道光《川沙撫民廳志》作「先」。
〔四〕焉：道光《川沙撫民廳志》作「也」。
〔五〕焉：道光《川沙撫民廳志》作「也」。
〔六〕我：道光《川沙撫民廳志》作「吾」。
〔七〕勉：道光《川沙撫民廳志》作「免」。

有，邑庠生，娶舉人李君從約女，早卒，俱楊夫人出。女一，前沈夫人出，適邑庠生談秉仁。孫男五，長廷機，太學生，萬有出，娶舉人王君偕春女；廷臣，聘中書舍人顧君正誼女；廷彥，聘舉人徐君汝冀女；廷良，聘舉人張君國棟女；廷輔，聘舉人劉君嘉猷孫女，皆大有出。孫女二，長適石阡守陸公郯子堝；次受舉人喬君元胤子景升聘〔一〕，亦大有出。嗟乎！以予觀於艾公，何其才守兼茂，聲實並符，始終完節而內外媲德也哉！由是因碑而係之以銘。銘曰：

神明之裔，聞人代起。於鑠惟公，丕開厥址。屹屹豸冠，懋昭風紀。人曲如鉤，我直如矢。乃厭承明，出馭五馬。此邦不穀，飛鴻載野。公曰其咨，緩征令下。肉民白骨，疇如公者。以臬以藩，不畏不侮。哀彼鰥寡，剪厥疆禦。家係去思，人歌來暮。劉寵一錢，廉范五袴。常卿爰陟，喉舌是遷。盡瘁之故，再疏乞還。帝曰吁哉，勉爾納言。胡不慭遺，朝露溘焉。令終完名，公乎不朽。匪曰獨賢，內德實茂。解佩贈順，和丸啟後。翩翩琳瑯，承家之胄。延祚未艾，振列無前。褒綸舄奕，卹典磷煸。佳氣鬱葱，武陵之阡。豐碑樹軌，於萬斯年。

萬曆二十三年，歲次乙未月〔二〕吉旦立。

按：碑文錄自原碑。碑石現藏浦東新區檔案館，詳見《皇帝勅諭艾可久巡視上江常川地方聖旨碑》。碑身四面共刻碑記六通，此為其一，獨刻一面，文字較為清楚。道光《川沙撫民廳志》卷一二《雜志·墟墓》亦錄此文。

〔一〕受舉人喬君元胤子景升聘：道光《川沙撫民廳志》作「適舉人喬君元允子景升」。
〔二〕月：道光《川沙撫民廳志》無。

艾可久暨妻楊氏神道碑拓片

艾可久神道碑

艾可久墓石贔屓碑座及石獅子

喬大夫仰德祠碑記略〔一〕

（明萬曆二十四年・1596年〔二〕 陳所藴〔三〕）

公性慷慨，負特達才，居恒每思得一當自効。會島夷之難，首發練土兵議。先是幕府徵諸道兵無慮數十萬，以不習地形〔四〕，故每戰輒衄。幕府仰屋歎，驟得公議，大奇之。公爲幕府畫〔五〕便宜計，塞川沙口，濬海塘外濠。幕府首以濬濠役試公，公自暴橇檋畚鍤間，與役最下者同甘苦，濠不日成，長亘可百里。倭前不能逕渡，塘以内得爲備，徐入收保，清野待倭，倭每垂橐歸。幕府以爲能，牒公練土著。公大出橐中裝募勇士，得千人，旦夕部署，勤習之，無不以一當百。每出與倭戰，輒先登陷陣，斬獲報無虚日，積首功至若干級。幕府上功簿，大司馬論奏與冠服，給五品告身，需次超選，人格未用，而城川沙之議起。川城者，故上海屯堡也。他海岸並嵌嵅不能艤，獨其地稍陂陀，可施戙栈，倭舶揚帆來，必由此登陸。公首議築城，扼〔六〕其衝。幕府檄公爲植，公益感慨奮厲，不避嫌怨，既捐金若干斤，又躬負土石，爲役夫先，偏召里中父老子弟，期日畢受版築。諸當受版築者，或與公故等夷，意不能相下，稍稍目攝之，而公自以身任督部責〔七〕，一切無所假貸，川沙卒賴成城。城成而倭舶東西行海中者，不敢復以吾邑措意，波恬風息，至今垂四十年，民咸

〔一〕據浦東新區檔案館藏殘碑，碑額篆書「喬大夫春山先生仰德祠碑記」。
〔二〕據浦東新區檔案館藏殘碑，落款有「萬曆二十四年歲次丙申秋七月吉日」。
〔三〕道光《川沙撫民廳志》和光緒《川沙廳志》有載。雍正《分建南匯縣志》作「陳藴所」，有誤。
〔四〕地形：雍正《分建南匯縣志》和光緒《川沙廳志》作「地利」。
〔五〕畫：雍正《分建南匯縣志》作「晝」。
〔六〕扼：雍正《分建南匯縣志》作「枙」。
〔七〕責：雍正《分建南匯縣志》無。

歸公功。而公故所濬海塘外濠，捍戎馬之足者既成，而大浦之水由諸港達濠，溉田可數萬頃，民戴公愈益深。里中父老子弟謀報公德，相與庀材鳩工，剏祠肖像，俎豆公而尸祝之，邑大夫名曰「仰德」，從民志也云云〔一〕。

迎神辭曰：桂棟兮雕楹，珠箔兮疎櫺。環䁗甲兮駕雲軿，撫長劍兮降中庭。荔枝兮丹葯，椒苾兮芷馨。援北斗兮酌醴，陳大房兮薦牲。紛拜舞兮耄稚，具醉飽兮綏思成。

送神〔二〕曰：伐鼓兮考鐘，建旗兮張弓。吹桼差兮日暮，我孔熯兮情焉窮〔三〕。逍遙兮容與，前導兮豐隆。神不可留兮載起，猋遠舉兮雲中。心惝怳〔四〕兮愁予，降福孔嘉兮來宗。

按：碑文錄自道光《川沙撫民廳志》卷三《建置志·祠廟》。雍正《分建南匯縣志》卷四《建設志上·壇廟》、光緒《川沙廳志》卷五《祠祀志·官祀》亦錄此文。浦東新區檔案館藏有該碑殘石5塊，上下疊放，限於條件，無法搬動，故不知是否完整。

〔一〕云云：光緒《川沙廳志》無。
〔二〕送神：光緒《川沙廳志》作「送神辭」。
〔三〕窮：光緒《川沙廳志》作「通」。
〔四〕怳：雍正《分建南匯縣志》作「恍」。

重濬趙家溝碑記

(明萬曆二十九年・1601年　陸郯〔一〕)

重浚趙家溝碑記〔二〕

巡按直隸監察御史□□熊祥□

賜進士第、文林郎、知上海縣事、陞任兵部職方司主事徐可求奉行

上海縣典史徐□澄督濬〔三〕

海邑之東鄙,與練川壤接者,為二十二保諸區,環抱溟渤,厥土高亢,其潮汐從西北吳淞口逶迤□□□□□□□東溝浦〔四〕分注各河,若趙家溝,其著者也。趙家溝横亘拾又貳里〔五〕,綰带高行三鎮,東抵備塘,沾溉數萬□〔六〕。□□縣□□□鐘〔七〕,鹾鹵薪布,載之出,米菽材料百貨,挾貲行機利者,載之入。蓋亦東鄙各川〔八〕也,頻年旱魃屢災,潮汐

〔一〕據《紫薇堂集》,碑文實為陸明揚所作。
〔二〕重浚趙家溝碑記:《紫薇堂集》作「徐侯重浚趙家溝碑記,代三山兄作,照石刻」。
〔三〕祥□、奉行、督濬者《紫薇堂集》無。
〔四〕其潮汐從西北吳淞口逶迤□□□□□□□東溝浦:《紫薇堂集》作「其潮汐從西北吳淞口逶迤而南幾五十里東入東溝浦」。
〔五〕拾又貳里:《紫薇堂集》作「拾有二里」。
〔六〕沾溉數萬□:《紫薇堂集》作「沾溉數萬畝」。
〔七〕□□縣□□□鐘:《紫薇堂集》作「嵗輸縣官粟萬鐘」。
〔八〕各川:《紫薇堂集》作「名川」。

□□□□□□□糜〔一〕，其緣河姦氓〔二〕，或平時陂塗，以拓尺寸，植□□罔漁利〔三〕，實助□□〔四〕，於是水勢之去來，弗獲駛疾，而泥□□□矣〔五〕。□□十年〔六〕，僅存若帶，扁舟為梗，商人擔負而趨計，無□□□□轉徙〔七〕，而化為烏有。三農束手縣耜，仰天號呼，□□□□□□為石田〔八〕，痛忍言哉！士民屢愬士官〔九〕，□格不得請〔一〇〕，即蒿目□□者〔一一〕，亦熸然〔一二〕失色，謂此河無復通期。辛丑春，居□□□□□陸信輩白狀直指何公〔一三〕，直指公心知大令徐公嬔績□□肇家浜諸河〔一四〕，茂□種種〔一五〕，乃下其事，大令公立召□□□□□□得實〔一六〕，慷慨申令精簡，贊政徐君專董是事，授以方□〔一七〕，贊政君至，日食一菜，脫粟之飯，執畚鍤為□庶先矢□□□□□具□餐餉左右〔一八〕，誡弗亨也〔一九〕。役夫雲集，度其道里

〔一〕潮汐□□□□□□□糜：《紫薇堂集》作「潮汐雜沙而至，黃赤如糜」。
〔二〕姦氓：《紫薇堂集》作「奸民」。
〔三〕植□□罔漁利：《紫薇堂集》作「植扈以罔漁利」。
〔四〕實助□□：《紫薇堂集》作「實助之虐」。
〔五〕而泥□□□矣：《紫薇堂集》作「而泥沙頓積矣」。
〔六〕□□十年：《紫薇堂集》作「垂之十年」。
〔七〕無□□□□轉徙：《紫薇堂集》作「無所牟利則轉徙」。
〔八〕□□□□□□為石田：《紫薇堂集》作「油油綠野彌望為石田」。
〔九〕士官：《紫薇堂集》作「上官」。
〔一〇〕□格不得請：《紫薇堂集》作「屢格不得請」。
〔一一〕即蒿目□□者：《紫薇堂集》作「即蒿目任事者」。
〔一二〕熸然：《紫薇堂集》作「憯然」。
〔一三〕居□□□□□陸信輩白狀直指何公：《紫薇堂集》作「居民沈校、顧隆、陸信輩白狀直指何公」。
〔一四〕直指公心知大令徐公嬔績□□肇家浜諸河：《紫薇堂集》作「直指公心知大令徐公嬔績業濬肇嘉浜諸河」。
〔一五〕茂□種種：《紫薇堂集》作「茂異種種」。
〔一六〕大令公立召□□□□□□得實：《紫薇堂集》作「大令公立召父老集廷下廉得實」。
〔一七〕授以方□：《紫薇堂集》作「授以方畧」。
〔一八〕執畚鍤為□庶先矢□□□□□具□餐餉左右：《紫薇堂集》作「執畚鍤為氓庶先，矢心飲冰，即或具壺飧餉左右」。
〔一九〕誡弗亨也：《紫薇堂集》作「戒弗亨也」。

遠近，別之等差，清占奪，復故址，強者通剌以殺之氣，惰者蒲□□行之罰〔一〕，遠而餼弗給者則分俸以續之食，蓋人人鼓奮矣。而大令公程督之檄，又日下，時令公適報，擢大司馬□□□軍馬有行色〔二〕，猶拳拳不忘，是河則以肆月五日告成事。是役也，始建議時，春及季矣。里人鑑已事者，竊非笑□□□□數年不得〔三〕，今□日幾何〔四〕，而妄議大役，盡餅庸得啖□〔五〕。初落落難合甚者或陰撓之，乃贊政君從容指麾，不愓□□□□□成〔六〕。功凡闊陸丈，深丈餘，長叁千丈有奇，幾與□者肇家諸河埒〔七〕，則其廉勤之底績而令公風勵□司□□□也〔八〕，□□有言〔九〕。俟河之清，余不佞髮蕭蕭短見，是河再□再疏〔一〇〕，顧無如茲役之偉且捷者，然猶竊有生揚□□〔一一〕。夫□□□□□□幾無生揚〔一二〕，蟻穴能潰堤，一葦獨不能障河〔一三〕乎？□〔一四〕願與食土之毛者約，毋或如□之〔一五〕。干犯紀法，營私塞流，□□□□□□垂之永永〔一六〕，

〔一〕惰者蒲□□行之罰：《紫薇堂集》作「惰者蒲鞭以示之罰」。
〔二〕擢大司馬□□□軍馬有行色：《紫薇堂集》作「擢大司馬職方郎，車馬有行色」。
〔三〕竊非笑□□□□數年不得：《紫薇堂集》作「竊非笑曰唉，謀之數年不得」。
〔四〕今□日幾何：《紫薇堂集》作「今時日幾何」。
〔五〕盡餅庸得啖□：《紫薇堂集》作「畫餅庸得啖乎」。
〔六〕不愓□□□□□成：《紫薇堂集》作「不愓不疚，甫浹月收成」。
〔七〕幾與□者肇家諸河埒：《紫薇堂集》作「幾與向者肇嘉諸河埒」。
〔八〕風勵□司□□□也：《紫薇堂集》作「風勵諸司之明驗也」。
〔九〕□□有言：《紫薇堂集》作「人亦有言」。
〔一〇〕再□再疏：《紫薇堂集》作「再塞再疏」。
〔一一〕然猶竊有生揚□□：《紫薇堂集》作「然猶窃有生楊之慮」。
〔一二〕夫□□□□□□幾無生揚：《紫薇堂集》作「夫十人樹，一人拔，幾無生楊」。
〔一三〕河：《紫薇堂集》作「流」。
〔一四〕□：《紫薇堂集》作「茲」。
〔一五〕毋或如□之：《紫薇堂集》作「毋或如囊之」。
〔一六〕□□□□□□垂之永永：《紫薇堂集》作「則當事者令德垂之永永」。

而子孫黎民與有榮利。余季父少君□門及中[一]，表州貳守養誠屬，不佞記其事於石，故不辭無□□□□如□[二]。

萬曆貳拾玖年歲次辛丑五月穀旦

中憲大夫、貴州石阡府知府、前兩京都察院都事、邑人陸郯撰文

江西南昌府寧州同知瞿應昌

福建建寧府浦城縣丞陸□[三]

按：碑文錄自原碑。該碑原立於浦東新區高行鎮南行老街關帝廟前，浦東新區檔案館於1998年8月徵集入館，後高行鎮社區文化中心借去立於樓前，外罩玻璃保護。柴志光先生於1998年9月初訪得該碑，量取尺寸，并錄下碑文。由於碑面磨損嚴重，字跡斑駁，部分文字無法識得。編者又於2014年5月前往，但礙於玻璃外罩，更加辨認不便，故碑文仍多依照柴所鈔錄。據柴志光先生所記，該碑高170釐米，寬85釐米，厚27釐米，共25行，滿行45字，周邊刻有雲紋。明陸明揚《紫薇堂集》卷四亦錄此文。

[一] 余季父少君□門及中：《紫薇堂集》作「余季父少尹豫門及中」。

[二] 故不辭無□□□□如□：《紫薇堂集》作「故不辭無文而詮次如右」。

[三] 時間、撰者等《紫薇堂集》無。原碑左側另有同建監生、居民名單，碑面磨損嚴重，字跡斑駁，難以辨識，此處從略。

葉永盛去思碑記略

（明萬曆三十年・1602年〔一〕　陸樹聲）

三代之時，鹽雖入貢，與民共之。而煮海有禁，自管子始。嗣後猗頓、桑宏羊、孔瑾〔二〕競相附和。其利害得失，互倚伏也。明興，建設轉運提舉司，課有常額。遠邁漢唐，祖宗重此典，即懿親勳戚，無敢妄撓。蓋九邊之軍實、邊氓之命脈繫賴，重鹽法，所以固邊防、厚民命也。我松濱海產鹽，下沙場稱最。嘉靖癸丑間，倭燹〔三〕内侵，流亡殆盡。商人攜鏹資來居，民稍稍復集，繼以旱潦〔四〕洊仍，半淪溝壑。萬歷壬午、己丑，令矦鄧、許兩君爲築塘濬河，商民始有依棲。邇年，奸弁高時夏妄奏，餘鹽山堆谷積，横征兩浙，可得稅銀十五萬。貧竈釜空灰冷，籲嗚無從。會御史葉公來管鹽政，甫下車，愴然歎曰：「萬井蕭條，而重以煩苛，商人將掉臂矣。百萬貔貅，寧枵腹待乎？藩垣既傾，腹心之禍將移於内地。奈何以祖宗邊儲大計，壞於二三宵壬！」乃上疏力陳疾苦，至愷〔五〕激也。五疏具在，讀之言言淚下，非此，何以回聖聰而蓟奸弁耶？民方長借公於海上，而以艱去，攀轅巷悼，若赤子之戀慈父母，玆有以見公之德在民心哉云云〔六〕。公名永盛，號玉成，寧國涇縣人，萬歷己丑進士。

按：碑文錄自雍正《分建南匯縣志》卷四《建設志上》。嘉慶《松江府志》卷一八《建置志》亦錄此文。

〔一〕據雍正《分建南匯縣志》，南匯人於明萬曆二十九年（1601年）建葉公祠，祀巡鹽御使葉永盛。嘉慶《松江府志》卷七三《藝文志・金石》：「巡鹽御使葉公德政碑，明萬歷三十年，陸樹聲撰」；同志第十八卷錄有陸樹聲撰《去思碑記略》，碑記名字雖有異，但撰者為同一人，當為一文。

〔二〕孔瑾：嘉慶《松江府志》作「孔僅」。

〔三〕燹：嘉慶《松江府志》作「災」。

〔四〕潦：嘉慶《松江府志》作「潦」。

〔五〕愷：嘉慶《松江府志》作「慨」。

〔六〕玆有以見公之德在民心哉云云：嘉慶《松江府志》作「玆有以見公之德在民心也」。

重修三王廟碑記

（明萬曆三十一年・1603年　張元珣）

清河張元珣重修三王廟記

余覽舊志，蓋三王廟之由來遠矣。其在三竈之原者，則曰陳明三王，家尸而戸祝之。余從父老求問所謂「陳明」，已不可考。厥宇湫隘[一]，中更嘉靖之兵燹，幾無故址。故址得延至今者，則蔡善人士安力也。當是時，蔡公既存其如綫，又築一楹以供大士[二]，廟貌由此小飭焉。歷歲五紀，爲萬歷二十七年己亥春王正月，道人康性敏浮海禮普陀君，還守茲廟，不忍土木之蕨蕨也，謁余求疏，具語所以矢心者。予韙之，同我友奚君顯秦頌魯爲文，祭告東嶽之神。爰始爰謀，若翁繼志總領萬緣。已而布金者稍稍集議，徙上西南數武。士安孫益顯、克剛爲捐旁畝，以增式廓，而三殿次第立，更辛丑落成，金碧輝煌，玄關肇啟，梵音朗朗，達於丙夜，猗歟休哉！是役也，寸椽片瓦，悉性敏耳目手足所及，蒙霜露，冒寒暑，赤心白意，人天共監，卽平時不諟之徒，亦寢其狂謀而津津稱說無已，以方當世羽客緇流歲時箕斂、共厭口腹者，不星淵隔耶？奚、蔡兩君欲伐石以諗永永，前詣謂予，諸施財者當刊之碑陰，不具論，論其沿革之自、創造之艱如此。而張廷憲緩急，性敏以庀厥材，以考厥成，亦足嘉，併入之記。

萬歷三十一年，歲次甲辰，春王正月吉旦，清河張元珣撰，主持道人康性敏率徒海募緣[三]。

[一] 隘：光緒《川沙廳志》作「溢」。
[二] 大士：光緒《川沙聽志》作「大士像」。
[三] 清河張元珣撰，主持道人康性敏率徒海募緣：光緒《川沙廳志》無。

按：碑文錄自道光《川沙撫民廳志》卷三《建置·祠廟》。光緒《川沙廳志》卷五《祠祀》亦錄此文。碑現存碧雲淨院（張江鎮環東中心村三灶東莊家宅），2014年5月編者前往，親見此碑與「仁壽庵義田」碑並立於後院。碑為青石質，高123釐米，寬70釐米，厚22.5釐米。碑身完好，但碑面磨損嚴重，除左上角有「王」、「廟」字隱約可見外，已無它跡可尋。北海敦余堂奚報國據史志所載碑文，加以整理，於2007年重刻於花崗岩上，嵌於碑廊牆壁。據重刻碑所記，原碑文字係於「文革」中遭磨損。

重修三王廟碑

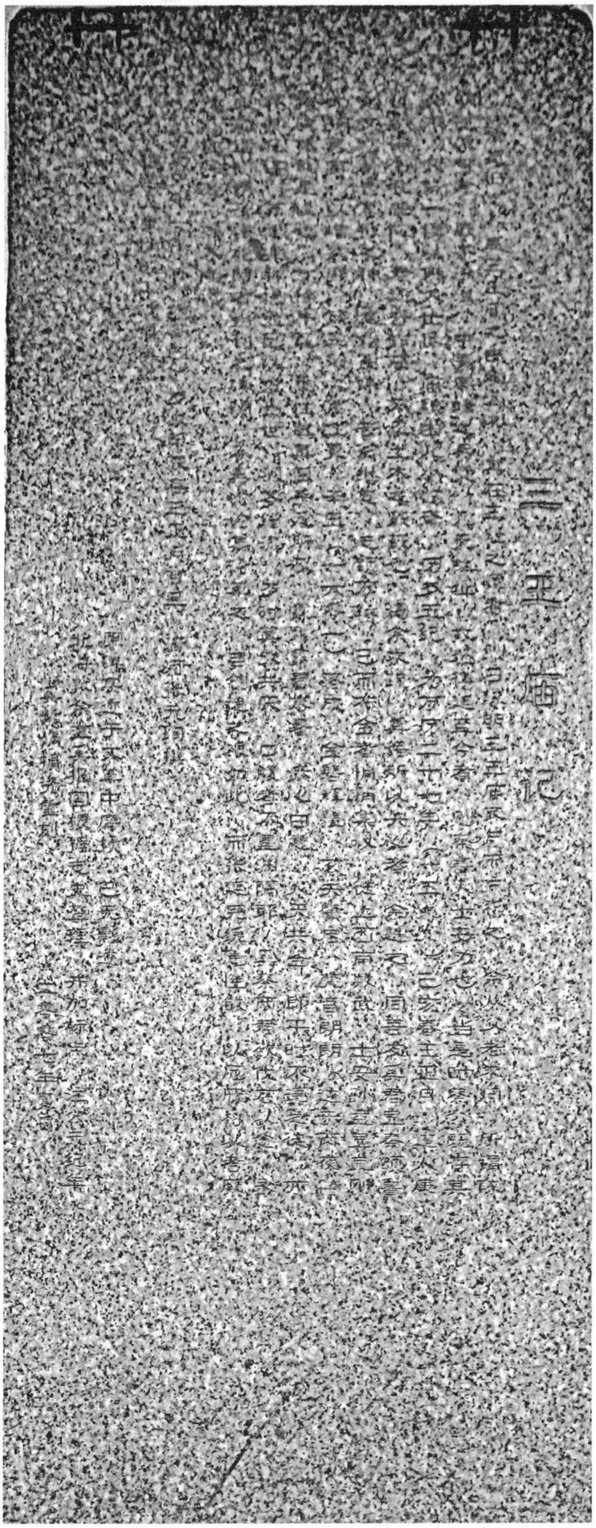
三王廟記

重修三王廟碑（2007年重刻）

瞿仲仁墓志銘

（明萬曆三十五年・1607年[一]　王衡）

瞿仲仁墓誌銘（界浜瞿氏）

嘉定東南，江海之間，有長者曰瞿，曰諱仲仁，字德夫，別號心疇，思足以被其宗族，信足以服其鄉黨，不出田畝之中，而能捍一方之疾苦，以立百世規。萬曆丁未冬十一月，葬君于古江漊之新阡，其配黃孺人從焉。君宗人繕部汝説，余同年進士也，狀其行事，而屬余志之。余與嘉定之賢士大夫遊，而知君之為人也，是以弗辭。瞿氏之先顯于宋者曰知先，子孫散處吳中，在海虞、華亭者為最著。下沙有瞿氏園，園有秀州守方岳留題十絕。元大德中，霆發為下沙鹽場副使，同提舉上海市舶，屢賑民饑，有德于鄉。好鼓琴，聚古琴百張，名所居室曰「琴軒」。洪武中，籍吳中大姓，瞿氏在籍中。乳母竊其子，從竇逸出，是為嘉定之別祖慕雲，五世而為君之高祖鏞，益拓其先世之業。鏞生輯，輯生炅，君之考也，守老氏「齒亡舌存」之戒，終身未嘗與人為怨。君生三歲而喪母，九歲而喪父，伶仃無以為，嶄然有成人之志，十五六已能支持門户。往来城郭，無以為資，嘗露宿田間。然與人期不失尺寸，有所假貸，錙銖分明。奉庶母、育庶弟曲有恩意，固為鄉里所重矣。嘗捃拾致數十金以寄所知，其人不戒而失之，深自慚恨，無顏面見君。君好謂曰：「事有邂逅耳，勿復為意。」有越人以槖中裝託君牟什一之利，已出貸，而倭奴入境，應償金家死亡略盡，越人心知金不可得，欲問不忍出口也，君計其子母盡償之。當是時，家無餘資，而先人後己，不侵一然諾之責，遠近自是爭附之矣。君少曆艱難，多所通曉，尤明習四境之利病，縣有大事，必就君計議。萬曆初，嘉定為兑運所

[一] 據文，瞿仲仁葬於明萬曆丁未冬，即明萬曆三十五年（1607年），其宗人請銘於王衡。由此推測銘文約作於此時。

困，簡富民主租，租稅出入者立破家，歲中無慮數百人。民多亡匿，姦人因喝愚民而以為利。君之里有顧國者，知户部錢穀轉漕之事，私為君言：欲紓一邑之禍者，唯改折漕糧耳。而糧長以里甲編年，姦人不得上下其手，亦一策也。乃相與計其曲折。君後為縣令言之，亦會邑中縉紳先生主持其議，卒得旨著為令。今之田土闢而室家宓者，君之功為多。君之鄉有煮海之利，故歲出鹽課千餘金，後鹽既南徙，而海波西齧，葦荻不復生，煮鹽者大半亡去，課無所出，則計存者而取盈焉。君建言鹽課宜移于煮鹽之地，教民自言于巡鹺使者，且經紀其道途之費，得減八百金，而民始安。乃君實非業鹽者也，人益多其義焉。平生振人之阨，為之釋怨解紛，每以己財彌縫之，不問其能償與否。嘗立于門，一有死而負課者，其子將鬻妻女以償，君為告於所嘗識面者，各以厚薄出錢而取所不足于君，終全其家。人依依不能去，亦終無所言。君固問之，乃曰：「吾負公誠多，惶媿無可言者，第家人三日不食矣。非君又無可告語，是以囁嚅不能決耳。」君立賙之。已而其人竟死，厚為殮殯，不厭也。凶歲則饑者給粟，死者給槥，不可勝數。監司、郡縣屢表其廬，數請為鄉飲賓，然君有隱德，不願人知之，雖子孫終不敢言也。人有過，輒面折之，退則為之覆曰：「吾愛之，故規之，而忍暴之乎？」於故人子弟惓惓調護之，不能用君言者，為之唏噓太息而已。疾革之際，神氣不亂，正色而戒子孫曰：「必以經術啟後人，必以忠厚睦鄉曲。非意之來，慎勿修怨，怨有往復，寍可既乎？」既卒，鄉人巷哭甚哀，有匍匐而慟于堂者，雖家人亦不知其所以也。黃孺人十九而歸君，黽勉于有無之際，既甘茹辛，及致封君之業，而意猶欿然，若不知人世所謂兼珍之膳、重彩之服者。君生于嘉靖戊子，卒于萬曆丙午，享年七十有九。孺人先三年生，先四年卒，享年七十有八。子二，長汝謙，娶曹氏；次汝誠，邑學生，先卒，娶沈氏。女三，長適范敏功，蚤卒；次適蔡元春，上海學生；次適陳茂。孫男三，長允元，聘徐氏，太學生，娶徐沂州守南圖女；次允亨，邑學生，娶黃氏；次允晉，聘程氏，為汝誠後。孫女二，長適封完，次適府學生沈憲祖，早卒。曾孫男六，長百祥，娶宣氏；百祿，聘吳氏；百禮，聘沈氏；百祚，百禧，百揆。曾孫女四，長適陸石阡守三山孫鋒，次字楊封公思丹季子萬祚，二未字。玄孫男一，澄。銘曰：

東海之濵，厥土泥塗。乃有白壤，弗可秔稌。歲漕十萬，民剝其膚。人知哀之，莫知其圖。吁嗟瞿翁，寀抱嘉謨。

藿食謀之，肉食是摸。閔閔斯人，一朝用蘇。膴膴原田，矗矗室廬。追思昔日，草萊成區。鬱彼新阡，松柏相扶。父老過之，載嘆載吁。我銘其藏，千載弗渝。

按：碑文錄自清《江東志》卷一〇《誌銘》。

瞿汝誠墓志銘

（明萬曆三十五年·1607年[一]　婁堅）

予友瞿君幼真，年二十五而夭，其後八年，祔于依仁鄉古江漊新塋，萬曆丁未十二月庚申也。君諱汝誠，幼真其字。曾大父輯，大父炅，父仲仁。母黄氏，生君兄弟二人。伯汝謙即葬其父母，而以君祔，且來徵銘者也。瞿氏仕宋，季世子孫散居于吳，其在海虞及華亭之上海市者皆同宗，而嘉定之瞿則洪武中自上海來徙，至君十傳矣。世居松江東，以本富。君生有異稟，見父兄用服田益拓貲產，奮曰：「吾獨不得為士人亢其宗乎？」成童之年即自知刻苦學問，弱冠補邑學弟子員，未有名，乃遊杭州，從專門經師學，三年然後歸，已就提學御史試，果賞其文，署為諸生第一。君於舉子業，能揣摩他人所好，骫骳為之。每當就試，得傍縣郡所試高等文讀之，即曰：「吾知所以與之矣。」已而果然。屢不得志于京兆，意頗怫鬱，加以工苦，積成羸瘵，于是將少休焉。而平居非書籍無以為娱，乃曰：「古今成敗得失之林具在諸史，讀之足以自廣。今經生之文殆欲充棟，而一毫無當于用，吾豈能終身作蠹魚其中耶！」聞邑有張茂仁先生者，通古今，好言經史之學，即贄見而延致之，與朝夕論說。而君之讀史，復如治舉子業之勤，雖點畫音聲之譌，必訂而正之，不獨通其義而已。張深念之，諷止君兾少弛，而君終不為改也。既病，猶力疾再就有司試，而卒以瘵死，悲夫！君事父母孝，既踰壯，每侍側，色如嬰孺。兄年二十，以長獨持門戶，使君得優游學問，故事之加恭。性儉素，見人有鮮衣怒馬者，即代為之赧，尤不喜相徵逐為嬉遊。至聞有好古學道者，雖其人或與世濶踈，唯恐不一當焉，所以為贄幣餽遺之費，略無靳惜也。君娶于沈江之東望族，世多有顯者，未及成子姓，而君病以夭，以兄之子允晉為君後，撫

[一] 據文，萬曆丁未十二月，即明萬曆三十五年（1607年），瞿汝謙葬其父母及瞿汝誠，并請銘於婁堅。由此推測銘文約作於此時。

而教之,庶幾終以慰君之意。方君之讀書吳山也,予遊西湖過訪焉。問君亦數至湖上否,君愀然曰:「吾去父母而羇于此,將欲有得以為之榮也,何心復為山水遊乎?」因引予至絕壁,觀宋理宗所書「見滄」二大字,且曰:「此先達芧公讀書處也。」予竊知其意,為歎息久之,乃別。又嘗偕試合肥,還過京口,會雪霽未消,與同行數輩往遊江山諸山,予所至必陟其巔,獨君能蹣跚以從,因相與極論山川雄秀,及六代之所經營,皆弗克于大業,而留為高皇帝興王之基。至一時虎臣,若俞廖之巢湖、常開平之采石,於兹行也,皆得憑而弔之,而相慕其遺風餘烈。予以為如君精悍沉深,使其遭時,必當以功名自表見,而卒困以夭,為可悲也,因志其藏而銘之。銘曰:

材也如弓受檠,學也如賈欲贏,孰虧其成,而力與爭耶?天乎?人乎?又孰閼其生耶?歸爾之骨,從爾考妣,實惟爾兄。我則為之銘,曰此孝友瞿君之塋。

按:碑文錄自清《江東志》卷一〇《誌銘》。

鼎建崇福菴協天上帝靈籤碑

（明萬曆三十六年・1608年）

第一籤（甲甲　大吉）：巍巍獨步向雲間，玉殿千官第一班。富貴榮華天付汝，福如東海壽如山。
第二籤（甲乙　上吉）：盈虛消息總天時，自此君當百事宜。若問前程歸縮地，更須方寸好脩為。
第三籤（甲丙　中吉）：衣食自然生處有，勸君不用苦勞心。但能孝弟存忠信，福祿来成禍不侵。
第四籤（甲丁　下下）：去年百事頗相宜，若較今年時運衰。好把瓣香告神佛，莫教福謝悔無追。
第五籤（甲戊　中平）：子有三般不自由，門庭蕭索冷如秋。若逢牛鼠交承日，萬事回春不用憂。
第六籤（甲己　下下）：何勞鼓瑟更吹笙，寸步如登萬里程。彼此懷疑不相信，休將私意憶濃情。
第七籤（甲庚　大吉）：仙風道骨本天成，又遇仙宗為主盟。指日丹成謝岩谷，一朝引領向天行。
第八籤（甲辛　上上）：年来耕稼苦無收，今歲田疇定有秋。况遇天平無事日，士農商賈百無憂。
第九籤（甲壬　大吉）：望渠消息向長安，常把菱花仔細看。見說文書將入境，今朝喜色上眉端。
第十籤（甲癸　下下）：病患時時命蹇乖，何須打瓦共鑽龜。直教重見一陽復，始可求神仗佛持。
第十一籤（乙甲　下下）：今年好事一番新，富貴榮華萃汝身。誰道機關難料處，到頭獨立轉傷神。
第十二籤（乙乙　中平）：營為期望向春前，誰料秋来又不然。直遇清江貴公子，一生活計始安全。
第十三籤（乙丙　中平）：君今庚甲未亨通，且向江頭作釣翁。玉兔重生應發跡，萬人頭上逞英雄。
第十四籤（乙丁　下下）：一見佳人便喜歡，誰知向後有多般。人情冷煖君休訝，歷涉應知行路難。
第十五籤（乙戊　中平）：两家門户各相當，不是姻緣莫較量。直待春風好消息，却調琴瑟向蘭房。

第十六籤（乙己　下下）：官事悠悠難辨明，不如息了且歸耕。傍人扇惑君休信，此事當謀親弟兄。

第十七籤（乙庚　下下）：田園價貫好商量，事到公庭彼此傷。縱是機關圖得勝，定為後世子孫殃。

第十八籤（乙辛　中平）：知君指擬似空華，底事茫茫未有崖。牢把脚跟踏實地，善為善應永無差。

第十九籤（乙壬　上吉）：嗟子從来未得時，今年星運頗相宜。營求動作都如意，和合婚姻誕貴兒。

第二十籤（乙癸　下下）：一生心事向誰論，十八灘頭說與君。世事盡從流水去，功名富貴等浮雲。

第二十一籤（丙甲　下下）：與君夙昔結成冤，今日相逢那得緣。好把經文多諷誦，祈求户口保嬋娟。

第二十二籤（丙乙　上吉）：碧玉池中開白蓮，莊嚴色相自天然。生来骨格超凡俗，正是人間第一僊。

第二十三籤（丙丙　下下）：花開花謝在春風，貴賤窮通百歲中。羡子榮華今已矣，到頭萬事揔成空。

第二十四籤（丙丁　中平）：一春萬事□憂煎，夏裡營求始帖然。更遇秋成冬至後，恰如騎鶴與腰纏。

第二十五籤（丙戊　中平）：寅午戌年多阻滯，亥子丑月漸亨嘉。更逢玉兔金鷄會，枯木逢春自放花。

第二十六籤（丙己　中吉）：年来豐歉皆天数，自是今年旱較多。與子定期三日内，田疇沾足雨滂沱。

第二十七籤（丙庚　下下）：世間萬物各有主，一粒一毫君莫取。英雄豪傑自天生，也湏步步循規矩。

第二十八籤（丙辛　上吉）：公侯將相本無種，好把勤勞契上天。人事盡從天理見，才高豈得困林泉。

第二十九籤（丙壬　上上吉）：祖宗積德幾多年，源遠流長慶自然。更若操脩無倦已，天湏還汝舊青氈。

第三十籤（丙癸　中吉）：奉公謹守莫欺心，自有亨通吉利臨。目下營求且休矣，秋期與子定佳音。

第三十一籤（丁甲　中吉）：秋冬作事只尋常，春到門庭漸吉昌。千里信音符遠望，萱堂快樂未渠央。

第三十二籤（丁乙　下下）：勞心汩汩竟何歸，疾病兼多是與非。事到頭来渾似夢，何如休要用心機。

第三十三籤（丁丙　中平）：不分南北與西東，眼底昏昏耳似聾。熟讀黄庭經一卷，不論貴賤與窮通。

第三十四籤（丁丁　中平）：春夏幾過秋又冬，紛紛謀慮攪心胸。貴人垂手来相援，休把私心情意濃。

第三十五籤（丁戊　下下）：一山如畫對清江，門裏团圓事事雙。誰料半途分折去，空幃無語對銀釭。

第三十六籤(丁己　上吉)：功名富貴自能為，偶着仙鞭莫問伊。萬里鵬程君有分，吳山頂上好鑽黽。

第三十七籤(丁庚　中平)：焚香来告復何辭，善惡平分汝自知。屏却昧公心裡事，出門無礙是通時。

第三十八籤(丁辛　下下)：蛩吟唧唧守孤幃，千里懸懸望信歸。等得榮華公子到，秋冬括括雨霏霏。

第三十九籤(丁壬　下下)：北山門下好安居，若問終時慎厥初。堪笑包藏許多事，鱗鴻雖便莫脩書。

第四十籤(丁癸　上吉)：新来換得好規模，何用隨他步與趨。只聽耳邊消息到，崎嶇歷過見亨衢。

第四十一籤(戊甲　中吉)：自南自北自東西，欲到天涯誰作梯。遇鼠逢牛三丟笛，好將名姓榜頭題。

第四十二籤(戊乙　中吉)：我曾許汝事和諧，誰料脩為汝自乖。但改新圖莫依舊，營謀應得稱心懷。

第四十三籤(戊丙　中吉)：一紙官書火急催，扁舟速下浪如雷。雖然目下多驚懼，保汝平安去復囬。

第四十四籤(戊丁　中平)：汝是人中最吉人，誤為誤作損精神。堅牢一念酬香愿，富貴榮華萃汝身。

第四十五籤(戊戊　中平)：好將心地力耕耘，彼此山頭總是墳。陰地不如心地好，脩為到底却輸君。

第四十六籤(戊己　中平)：君是山中萬户侯，信知騎馬勝騎牛。今朝馬上看山色，爭似騎牛得自由。

第四十七籤(戊庚　下下)：與君萬語復千言，祇欲平和雪爾冤。訟則終凶君記取，試於清夜把心捫。

第四十八籤(戊辛　中平)：登山涉水正天寒，兄弟親姻那得安。不遇虎頭人一喚，全家誰保汝重歡。

第四十九籤(戊壬　下下)：彼此家居只一山，如何似隔鬼門関。日月如梭人易老，許多勞碌不如閑。

第五十籤(戊癸　上吉)：人說今年勝舊年，也湏步步要周旋。一家和氣多生福，萋菲谗言莫聽偏。

第五十一籤(己甲　上吉)：君今百事且隨緣，水到渠成聽自然。莫嘆年来不如意，喜逢新運稱心田。

第五十二籤(己乙　上吉)：兀坐幽居嘆寂寥，孤燈隱映度清宵。萬金忽報秋光好，决許扁舟渡北朝。

第五十三籤(己丙　下下)：艱難險阻路蹊蹺，南鳥孤飛依北巢。今日貴人曾識面，相逢却在夏秋交。

第五十四籤(己丁　中平)：萬人叢裏逞英豪，便欲飛騰霄漢高。爭奈乘流風未便，青燈黄卷且勤勞。

第五十五籤(己戊　中平)：勤耕力作莫蹉跎，衣食隨時安分過。縱使經商收倍利，不如逐歲廩禾多。

第五十六籤（己己　下下）：心頭理曲強詞遮，直欲欺官行路斜。一旦醜形臨月鏡，身投憲網莫咨嗟。

第五十七籤（己庚　中平）：事端百出慮雖長，莫聽人言自主張。一着仙機君記取，紛紛鬧裏更思量。

第五十八籤（己辛　上吉）：蘓秦三寸足平生，富貴功名在此行。更好脩為陰隲事，前程萬里自通亨。

第五十九籤（己壬　中平）：門衰户冷苦伶仃，自嘆祈求不一靈。幸有祖宗陰隲在，香煙未斷續螟蛉。

第六十籤（己癸　上上）：羡君兄弟好名聲，只管謙撝莫自矜。丹詔槐黄相逼近，巍巍科甲兩同登。

第六十一籤（庚甲　中平）：嘯聚山林宄惡儔，善良無事苦煎憂。主人大咲出門去，不用干戈盜賊休。

第六十二籤（庚乙　中平）：百千人面虎狼心，賴汝干戈用力深。得勝囬時秋漸老，虎頭城裏喜相尋。

第六十三籤（庚丙　中平）：曩時敗北且圖南，筋力雖衰尚一堪。欲識生前君大数，前三三與後三三。

第六十四籤（庚丁　上上）：吉人相遇本和同，況有持謀天水翁。人力不勞公論協，事成功倍咲談中。

第六十五籤（庚戊　上上）：朔風凛凛正窮冬，多羡門庭喜氣濃。更入新春人事後，裏言方得信先容。

第六十六籤（庚己　上上）：耕耘只可在鄉邦，何用求謀向外方。見說今年新運好，門闌喜氣事雙雙。

第六十七籤（庚庚　中平）：纔發君心天已知，何湏問我决狐疑。願子改圖從孝悌，不愁家室不相宜。

第六十八籤（庚辛　中平）：南販珎珠北販塩，年来幾倍貨財添。勸君止此求田舍，心欲多時何日厭。

第六十九籤（庚壬　下下）：捨舟遵路總相宜，慎勿嬉遊逐貴兒。一夜樽前兄與弟，明朝仇敵又相隨。

第七十籤（庚癸　中平）：雷雨風雲各有司，至誠禱告莫生疑。與君定約為霖日，正是蘊隆中伏時。

第七十一籤（辛甲　中平）：喜鵲簷前報好音，知君千里欲歸心。繡緯重結鴛鴦帶，葉落霜飛寒色侵。

第七十二籤（辛乙　下下）：河渠傍路有高低，可嘆長途日已西。縱有榮華好時莭，直湏猴犬換金鷄。

第七十三籤（辛丙　下下）：憶昔蘭房分半釵，而今忽把信音乖。痴心指望成連理，到底誰知事不諧。

第七十四籤（甲辛　上上）：崔巍崔巍復崔巍，履險如夷去復来。身似菩提心似鏡，長江一道放春囬。

第七十五籤（辛戊　中吉）：生前結得好婚姻，一咲相逢情自親。相當人物無高下，得意休論富與貧。

第七十六籤(辛己　中平)：三千法律八千文，此事如何說與君。善惡兩途君自作，一生禍福此中分。

第七十七籤(辛庚　下下)：木有根荄水有源，君當自此究其原。莫随道路人言語，訟到終凶是至言。

第七十八籤(辛辛　下下)：家道豐腴自飽溫，也須肚裏立乾坤。財多害己君當省，福有胚胎禍有門。

第七十九籤(辛壬　中平)：乾亥来龍仔細看，坎居午向自當安。若移丑艮陰陽逆，門户凋零家道難。

第八十籤(辛癸　下下)：一朝無事忽遭官，也是門衰墳未安。改換陰陽移禍福，勸君莫作等閒看。

第八十一籤(壬甲　中平)：假君財物自當還，謀賴心欺他自奸。幸有高臺明月鏡，請来對照破機関。

第八十二籤(壬乙　上吉)：彼亦儔中一輩賢，勸君待達與周旋。此時賔主歡相得，他日王侯却並肩。

第八十三籤(壬丙　下下)：隨分堂前付粥饘，何須妄想苦憂煎。主張門户成難事，百歲寬閒得幾年。

第八十四籤(壬丁　中平)：箇中事緒更紛然，當局須知一着先。長舌婦人休酷聽，力行禮儀要心堅。

第八十五籤(壬戊　中平)：一春風雨正瀟瀟，千里行人去路遙。移寡就多君得計，如何歸路轉無聊。

第八十六籤(壬己　上上)：一般行貨好招邀，積少成多自富饒。常把他人比自己，管須日後勝今朝。

第八十七籤(壬庚　下下)：陰裏詳稱恠爾曹，舟中敵國咲中刀。藩籬剖破渾無事，一種天生惜羽毛。

第八十八籤(壬辛　上吉)：從前作事總徒勞，纔見新春時漸遭。百計營求都得意，更須守己莫心高。

第八十九籤(壬壬　中平)：樽前無事且高歌，時未来時柰若何。白馬渡江雖日暮，虎頭城裏看巍峨。

第九十籤(壬癸　中平)：崆峒城裏事如麻，無事如君有幾家。勸汝不須勤致禱，徒勞生事苦咨嗟。

第九十一籤(癸甲　中平)：佛說淘沙始見金，只緣君子不勞□。榮華總得詩書效，妙裏功夫仔□□。

第九十二籤(癸乙　下下)：今年禾穀不如前，物價宣騰倍百年。灾数流行多疫癘，一陽復後始安全。

第九十三籤(癸丙　中平)：春来雨水大連綿，入夏晴時雨又愆。節氣直教三伏始，喜逢滂沛足田園。

第九十四籤(癸丁　中平)：一般器用與人同，巧斲輪輿梓匠工。凡事有緣且隨分，秋冬方遇主人翁。

第九十五籤(癸戊　中平)：知君袖裏有驪珠，生不逢辰亦強圖。可嘆頭顱已如許，而今方得貴人扶。

第九十六籤（癸己　上吉）：婚姻子息莫嫌遲，但把精神仗佛持。四十年前湏報應，功圓行滿育馨兒。
第九十七籤（癸庚　上上）：五十功名心已灰，那知富貴逼人来。更行好事存方寸，壽比岡陵位鼎臺。
第九十八籤（癸辛　中平）：經營百出費精神，南北奔馳運未新。玉兔交時當得意，恰如枯木再逢春。
第九十九籤（癸壬　上上）：貴人相遇水雲鄉，冷淡交情滋味長。黄閣開時延故客，驊騮應得驟康莊。
第一百籤（癸癸　上上）：我本天仙雷雨師，吉凶禍福我先知。至誠禱祝皆靈應，抽得終籤百事宜。
謹按：崇福菴肇自國初，載在邑乘，其来遠矣。茀寺宇中宜建三寶干城，而協天上帝聖像向未崇塑頂禮，實廟貌曠典。徵父子兄弟敬於甲辰歲捐貲鼎建，凡遐邇禱祈靡不嚮應。而籤詩玄妙，或以句應，或以字應，或金□□應，及時而應，或過時而不應，或當時而應，或日後而應，或止占一事連別事而互應，或詩詞雖吉虚浮而不應，或詩詞雖凶切實而反應。其應無方，占者齋戒叩懇，告若面命，徵父子復念籤譜，不揭無從覽觀，謹集工勒碑以普聖惠，竊致前民用之意云。
龍飛萬曆三十六年，歲在戊申，孟秋之吉善
信喬楠同男喬拱徵拜立。　喬楠印。喬拱徵印。
吳門石工陸孝力勒。
右籤壹百首，占者凡事止求一籤，不必再繳續，則不告。譯籤亦不在籤詩四句中，仔細玩之，其註釋幾都不□□，故不敢鐫。欽玄弟子喬拱徵熏沐書丹並篆額。

按：碑文錄自原碑，撰者不詳。該碑現存川沙關帝廟（浦東新區川沙鎮西市街），與「川沙營兵員捐錢互助」碑并嵌於院子東側圍牆牆壁間。碑為青石質，碑身高 176 釐米，寬 81 釐米；碑座寬 90 釐米，高 44 釐米。編者於 2014 年 4 月下旬前去踏看時，正值關帝廟維修改造期間，环境较差，石碑及所嵌墻壁上方遮蓋不密，遇風雨天氣易生青苔。碑面左側及下側有磨損，字跡辨識有一定難度。

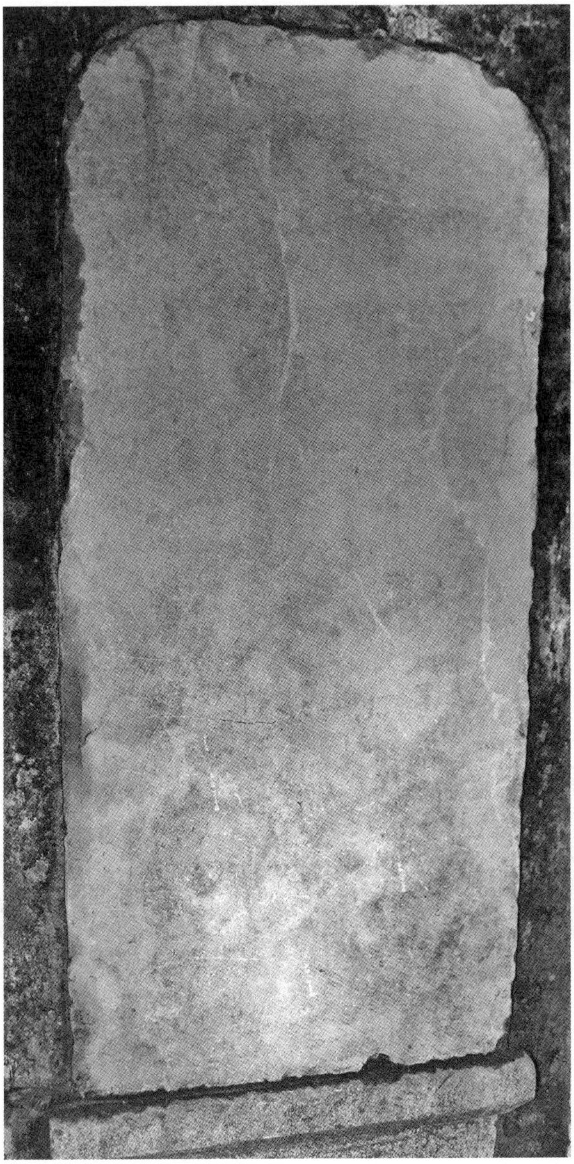

鼎建崇福庵協天上帝靈籤碑

鼎建崇福庵協天上帝靈籤碑（局部）

義田井亭菴碑記

（明萬曆四十年・1612年 陳所蘊）

賜進士出身、嘉議大夫、南京太僕寺少卿、前山西等處提刑按察司按察使、兼布政使司〔一〕右參議、□□□□□□□政〔二〕、奉敕提督學校副使、南京吏部文選清吏司郎中陳所蘊撰文。

賜進士出身、中憲大夫、福建布政使司右參議、前翰林院編修、管理起居〔三〕、誥勅、纂修正史、經筵日講董其昌篆□〔四〕，太丘門□士〔五〕計文治書丹。

茲菴僻在陳村一隅，曰陳□菴，始〔六〕剏於萬曆六年，其奉佛而拓之基者，則趙太常後裔也。其衲子董成曰□□□□□〔七〕沙之餘，更為斥置田拾貳畝。畝寔逼菴之宇下，是藨是蓘，取供朝夕梵唄香火資，而茲菴遂為陳村一□□□〔八〕矣。嗣後，益增式廓，土木寔繁，則廣德於茲□〔九〕成。而前所斥置，竟折而入於村之子錢家，安在佛地布金，成給孤勝事。無何，有大朗者，其戒律頗嚴，其願力亦頗大，一旦恢纘太朴之緒，而盡復汶陽，是藨是蓘猶然，香火梵唄無匱乏也。大朗更有遠心，唯恐此田之由

〔一〕布政使司：《三林鄉志殘稿》作「布政」。

〔二〕□□□□□□□政：《三林鄉志殘稿》作「河南分守大梁道左參政」。

〔三〕管理起居：《三林鄉志殘稿》作「管起居注」。

〔四〕□：《三林鄉志殘稿》作「額」。

〔五〕門□士：《三林鄉志殘稿》「門下」。

〔六〕始：《三林鄉志殘稿》無。

〔七〕□□□□□：《三林鄉志殘稿》作「太僕者以聚」。

〔八〕□□□：《三林鄉志殘稿》作「魯靈光」。

〔九〕□：《三林鄉志殘稿》作「董」。

斥置而恢復者，又由恢復而折入，使一方林修之所若續若斷〔一〕，則必勒之貞珉，而後禪定變為市心，慾海滔〔二〕於淨土者，庶能相顧懾息，以長有此田。故大朗謀之朱文學邦仲，邦仲謀之計文學君安。君安次述茲菴置田顛末，上□〔三〕掌記，而徵予言以碑之。予曰海上名刹，巋然如魯靈光□□□□〔四〕為茂□〔五〕矣。一時紺園碧殿□□□□□□〔六〕蘭若招提，大都志乘所載，因而增其式廓者，至於村落□□□□□〔七〕成木築，恧覩所謂裝〔八〕嚴宏鉅，可以追踪名勝，而一方之□〔九〕修屬焉。則雖不以名勝聞，而佛教之攝人心，固宜與天日俱永也。大朗必欲藉手斥置，以永其傳。獨不見□〔一〇〕去綦置，人事雲移，迺欲於最空最幻之佛教中，堅不拔之基乎？況前有太朴，後□〔一一〕大朗，刱守互用，而佛若無意□□〔一二〕聽之，則佛教之弘也。如必大朗之後，復有大朗，而田始為茲菴之有，菴始有茲田□給〔一三〕，予竊懼大朗之難其人，而更懼茲菴之多附贅矣。然不碑無以懾其不大朗者，則雖伐石記之可也，寔逼處此者，更出願力以護此田，則又人盡田矣，視碑不猶石田也哉〔一四〕。

龍飛萬曆肆拾年仲春月日〔一五〕，住持僧大曉、成覺立石。

〔一〕若續若斷：《三林鄉志殘稿》作「若斷若續」。
〔二〕滔：《三林鄉志殘稿》作「陷」。
〔三〕□：《三林鄉志殘稿》作「余」。
〔四〕□□□□：《三林鄉志殘稿》作「者漸甚鞠」。
〔五〕□：《三林鄉志殘稿》作「草」。
〔六〕□□□□□□：《三林鄉志殘稿》作「壯麗不減前朝」。
〔七〕□□□□□：《三林鄉志殘稿》作「中披草萊而」。
〔八〕裝：《三林鄉志殘稿》作「莊」。
〔九〕□：《三林鄉志殘稿》作「焚」。
〔一〇〕□：《三林鄉志殘稿》作「世」。
〔一一〕□：《三林鄉志殘稿》作「有」。
〔一二〕□□：《三林鄉志殘稿》作「焉以」。
〔一三〕有茲田□給：《三林鄉志殘稿》作「不虞乏給」。
〔一四〕原碑上，此處有田畝位置大小及人名清單，剝蝕不清，陳村觀音堂鈔錄稿和《三林鄉志殘稿》均未錄，此處略去。
〔一五〕日：《三林鄉志殘稿》作「吉日」。

按：碑文錄自原碑。碑現存三林觀音堂（同濟村小喬家隊喬家1號，康梧路西、秀沿路北、浦三路東），立於院内水榭中，碑石上方貼有該碑抄錄文字，以資讀識。碑為青石質，碑額與碑身一體。碑額高31釐米，寬79釐米，厚19釐米，上部呈半圓形，居中篆刻「義田井亭菴記」，兩側各刻有一羽鳳鳥，四周祥雲圍繞。碑身高146釐米，寬79釐米，厚19釐米，四周刻有花卉卷草紋邊框，碑面多有剝蝕，刻字較難辨識，左側義田及其捐助人名尤甚。民國《三林鄉志殘稿》卷六《寺觀》亦錄此文。

義田井亭庵碑

黃一山暨配秦氏合葬墓志銘

（明萬曆四十年・1612年[一]　張九德）

黃一山暨配秦孺人合葬墓誌銘

往年，先外舅之憲副吳中也，一山公以善行特聞見知于外舅。甲午歲，余説詩海上，東道主為公之仲季，因得悉公懿德甚詳。是時，公捐館已三年矣。今年壬子，公之子若孫將于季冬八日，奉公柩暨秦孺人合葬于盧九溝祖塋之穆位，走千里乞余言為銘。夫銘以昭德也，公之德余稔知之，遂弗辭所請。公黃姓，名封，字世龍，別號一山。先世居嘉定清浦里之黃潼港，祖道成公芹始徙上海楊溝之南，遂為上海人。道成次子景轅，字汝衡，慷慨慕義，為鄉里重。公，其次男也。始孩失所依，少長復失怙，與伯兄崑居。未幾，伯兄又卒，煢煢一身。外灘釁起，公以諳練之識鎮定毋恐。亡何島氛播虐，滿目黍離，公值流亡之餘，不墮前志，每旦必拜祝家廟，與僮僕同甘苦，時飲食，莭冗費，擇人任用，經營數十年，家日以拓，稱素封，為一時冠。君恒念不忘兄，起居寢處，無日不督兄子學顔而申儆之，使其敭歷世途，涉更艱阻，故學顔能自樹立，熟于事機，皆公訓導為多。親黨以公為緩急，貧不能娶者助之婚，死無以殮者給之葬，仰屋無聊者代之舉火。有以產求售，必諭勸數四，無已，則高價償之，逋公賦者追呼急轍亡匿，公立為輸之，不責其報。東南賦重役繁，懦者承之，往往家立破，其黠者又多竄穴。其間役益弊，公挺身任之，無纖毫誤，以故邑令許侯雅重公，鄉邑咸倚毗焉。歲戊子大飢，道殣相望，當事者議賑議貸，計無所出，公傾家廩粥之于途，全活以千計。事聞，賜章服榮之。

[一] 文中有言：「今年壬子，公之子若孫將于季冬八日，奉公柩暨秦孺人合葬于盧九溝祖塋之穆位，走千里，乞余言為銘。」由此推知，銘文當作於萬曆四十年（1612年）。

公從容杖履自若，曰：「我知有歲凶之惜耳，不知歲凶之賈義也。」其不自矜詡如此。人有急難，公援之出陷穽，不自以為功。里中悍少年負小忿，怒齦裂嘴呲公而辱之庭，公笑而受之，不自以為辱。仁心為質，澤及魚鳥。嘗遇漁者弋者，輒受而縱之，又置義塚以掩骼，通橋樑以利衆。其度量淵宏仁惠普徧又如此。自以幼孤不獲嚮學，晚尤崇敬文儒，四方博洽之士重聘延致之，尊經術以啟後人，隆師傅以樹標的，子孫蒸蒸以文學起家，里黨化之，至今猶稱道不絕云。秦孺人，海濱名族，儉勤貞淑，佑家成家，布令德，垂芳聲，内外交口誦孺人賢不替。公生于嘉靖庚寅五月二十七日，卒于萬曆辛卯三月二十六日，享年六十有二。孺人生于嘉靖癸巳十月初十日，卒于萬曆己亥十一月初七日，享年六十有七。子六人，長紹曾，娶嘉定黄氏；次紹虞，太學生，娶高氏；次紹程，娶嘉定沈氏，秦孺人出。次紹朱，娶徐氏，妾唐氏出。次紹周，娶戴氏；紹堯，娶蔡氏，妾孫氏出。女四人，長適儒人陳嘉謀，次適蔡可軾，次適邑庠生唐國光，次適蔡肇芳。孫男十六，元禎，娶陳，繼娶顧；佳碣，娶朱；佳磐，娶陳，紹虞出。元環，娶蔡，紹程出。士瑋，娶蔡，士瓚，娶王，士璘，娶蔡，士珩，娶楊，士球，娶馬，士瑱、士瑞、士琦、士玗未娶，紹朱出。孫女九，一適陳公騏，一適吴嘉彝，紹曾出。一適邑庠生沈咸英，一適朱璠，一適庠生蔡之鵬，一適邑庠生李果蓁，大理寺寺丞念山公子，紹虞出。一適蔡建斗，一適徐東佶，沂州守南圖公子，紹程出。一適曹有宏，一適奚縉紳，紹朱出。曾孫六。其胤嗣之繁如此。憶予韜轂時，紹虞、紹程實賓予西席，今請銘者程在，而虞長逝，宿艸之悲，不能無往昔之慨焉。銘曰：

維公之生，磊落崢嶸。敦倫篤行，慕義無窮。其人斯沒，其德斯存。我銘爾城，皎如日星。有英者魄，有煒日靈。君其不與，土壤俱盡，而長在乎。松栢之秀，芝蘭之馨。

按：碑文錄自清《江東志》卷一〇《誌銘》。

仰德祠合祠碑記略

（明萬曆四十五年・1616年[一]　陳繼儒）

喬大夫祠陳繼儒記略

仰德祠者，父老合祠喬公父子而設也。往嘉靖，倭奴躪海上，春山喬公首倡團練之策，幕府即以屬公。公部署良家子敢勇[二]出死力，斬獲若干級，上功司馬，賜章服，給五等告[三]身，所省餉以萬計，罷遣諸道兵以百千計。又濬川沙海塘外濠，刻[四]日竣工，遙亘可百里。又築川沙城，公嚴督鄉賦長不少貸，怨家搆飛語穽公，公憤死，而城工亦報成。公倭揚帆東來，睨塘則濠深不得登，睨城則堅壁不得掠，於是里人轉思公德，且痛其奇冤，思所以俎豆公而未有日也。公有子曰玄洲[五]公，以進士起家安吉州，官至雲南憲副，所至以清白循良著稱；掛冠[六]家居，則爲德於鄉益力。里距浦遠，少潮多旱，公發粟募衆濬渠二十里。戊子大饑，饑民白日刼市上，公請於總帥，衛宗人以兵遷入堡中。里人以公能修春山公之令緒，于是謀祀春山公。祠成，內[七]主推玄洲公爲祭酒，哭之慟，歸而寢疾，閱五月遂歿。父老嘆息泣曰：「父死冤，子死孝，請[八]同堂侑享可乎？」越丙辰，奠主昭位，舉升祔之禮，遠近環拜者至傾村涸巷，曰：「喬大夫父子

[一] 據文，仰德祠當建於戊子年即明萬曆十六年（1588年）之後，祠成不久喬木卒。父子合祠當於丙辰年即明萬曆四十五年（1616年），碑文約撰於此時。
[二] 敢勇：嘉慶《松江府志》作「勇敢」。
[三] 告：嘉慶《松江府志》作「誥」。
[四] 刻：嘉慶《松江府志》作「剋」。
[五] 玄洲：嘉慶《松江府志》作「伯梁」。下同。
[六] 掛冠：嘉慶《松江府志》作「比」。
[七] 內：嘉慶《松江府志》作「納」。
[八] 請：嘉慶《松江府志》作「謀」。

固宜有今日，但尸祝晚矣！」

按：碑文錄自崇禎《松江府志》卷二〇《廟祀》。嘉慶《松江府志》卷一八《建置志·壇廟》亦錄此文。雍正《分建南匯縣志》卷四《建設志·壇廟》和道光《川沙撫民廳志》卷三《祠廟》所錄亦稱「記略」，文更略且有異。

仁壽庵義田碑記

（明崇禎七年・1634年）

□□□□□□□□□□□人濟物咸皆度世良緣。德必歸根，善繇種。始兹□□□□□□□□□□□□開山為壽者修持地，奈何里中多投替，遂致香火炯消□剝落，幾為行脚喫食僧緇郵舍。嗣天啓初，有德士無念飛錫來此，莊嚴瀍像，戒□□□□□□枝屑榆奉晨鐘暮鼓，苦無種芋以給年歲。有善士王孝廉諱國材者，愍□□□□□□□供香積拙雲之勳。繇是而菴之遠近檀越，咸各慕義施捨，焚修僧即此鉢中□生青蓮華矣。而無念自念病亟不果，預囑侄僧敬心住持。心因者託徒恒明，□□而恒明恐□衆善相成之德，因為代后徵余一言，以志不朽。余□恒業也。有恒者能承之此□事也，利濟者更能廣之矣。始有其善而歸，有其德□□□遂為記。

崇禎歲次甲戌仲春月日立。

信官：王國材助首田貳畆

捨碑信善：沈虹文　沈麟瑞

信人：□良華助田壹畆　潘應紹助田壹畆　潘應綬助田壹畆

黄承宗助田壹畆　趙宗璧、張承宗助田壹畆

□佑助田壹畆　張永盛助田壹畆　周敬助田壹畆

翁應祥、周可立助田壹畆　瞿明遂室彭氏助田壹畆

勸緣弟子翁貴立石　沙門海順□……□

按：碑文錄自原碑，撰者不詳。碑現存碧雲淨院（浦東張江鎮環東中心村三灶東莊家宅）。2000 年 6 月柴志光先生曾前去踏看，據原碑錄下碑文，時碑立於前院。2014 年編者再去，碑已移立後院，最下一行字埋於地下。碑為青石質，高 120 釐米，寬 63 釐米，厚 27 釐米，滿行 31 字。碑身有裂痕，碑面上部有磨損，右側兩行上半部十余字似為人工鑿毀，無法識讀。

仁壽庵義田碑記

瞿還初墓志銘

（明崇禎十六年・1643年[一]）　傅凝之

上林苑典簿瞿還初墓誌銘

嘉定之為邑也，地濵江海，土性鹵斥，不任禾稻。萬曆初，歲漕積逋至二十餘萬，邑幾為之議廢。當是時，心疇瞿公以布衣倡大義，伯子益川公實先後其間，乃率其屬數人直走闕下，上書請改本兑為折色。天子下其議于計部，至二十一年得俞旨，如所請，永著為令。國賦賴以不虧，流離因而再集，嘉民至今尸祝之。今上十四年，部議又復半兑，當事者欲延訪典故于舊所詳熟，而昔時父老之子孫鮮有能言其顛末者。獨心疇公之家孫諱允元，年登耄耋，抱德而隱于野，縣大夫偹三賓之禮，思坐致于庭，而公以疾辭不赴。不踰年，遂以長逝。其子百禮、百祚少與凝之同閭閈，既又同為文酒之社，與公為中表通家子，因具其所狀乞銘于予，誼不敢辭，遂按狀而叙之。公字長卿，允元其諱，別號還初。祖仲仁，父汝謙，妣曹氏。公生而性慈愛，事親孝，遇事亢爽，與人仁讓。仲弟允亨，為諸生，有聲，年及强而歿，遺孤甚幼，公經理其喪如子，撫恤其孤如父。季弟允晉之歿也，公老且病矣，猶令二子為治喪具，培少孤，一如視仲弟歿時，其篤于友愛也又如此。公起家素封，壯遊太學，屢試不得志，乃入為朝散，得還即棄不仕，曰：「吾將藉是以娛親，吾歸而得朝夕侍吾親，吾願也。」歸不數年，而兩親先後逝，公年亦垂老，家計益蕭然矣。公喪則致其哀，葬則盡其禮，不敢以力為豐嗇，曰：「吾以畢我子職而已，子孫吾不能計也。」盖公于家庭間，每易人之所難，忍人之所不能忍，其自奉也約，其待賓客也豐，其督子弟也寬，其事師也謹，以故曆公之一生，嘗罄中人之産，而內無怨言，外無仇讐，盖公之遺

〔一〕據文，瞿還初卒於明崇禎癸未，即崇禎十六年（1643年），其子乃請銘於傅凝之。故此推測銘文約作於此時。

于後人者亦已厚矣。公少時氣豪上，强飲酒，善譚諧，每傾一座。既乃嬰危疾，至晚歲，遂杜門二十餘年，意以是得上壽。公雖不學浮屠、老子之術，然豈中無所得而然歟。公之族係多散處于常熟、華亭、上海，今家譜所載，止以國初自上海來遷吾嘉之江東者為始祖。其在常熟者，自文懿公後，多以科第顯。公雖不著於仕宦，而聞人代起，且自心疇公至公三世，凡邑之大政，鄉之大事，未嘗不與有勞焉。公配徐氏，韓府長使徐南圖女，謹事姑嫜，潔齊中饋，躬親勞苦，未嘗以貴介自驕，而亦不以貧困為累。凡公之慷慨任俠、善施不倦，以周旋于閭里族黨，皆孺人助之之力也。公生于隆慶丁夘五月，卒于崇禎癸未四月，享年七十有七。徐孺人與公生同年，而卒于天啟乙丑，享年五十有九。孺人歿，公為築新阡以葬，而地窪下。及公歿，乃用形家言，葬公于古江漊祖塋之次昭穴，孺人柩從之。公生男子四人，長百祥，次百禄，皆先公卒；次百禮，次百祚，并補博士弟子，積學不怠，人爭往焉。女子二人，一適楊萬祚，皆先卒。孫男，已娶者七人，澄，澐，渼，瀧，澒，滋，滙；幼者五人，瀛，淙，沖，洵，溥。百禮未舉子血，抱百祚之子溥為子，滋已列諸生，能文章。孫女十，曾孫六，曾孫女四。盖積善之後子孫繁衍若此。銘曰：

水潺潺，木芊芊，祖宗魂魄於斯纏綿，於乎！皇天錫類兮，億萬斯年。後有興者，視此阡。

按：碑文錄自清《江東志》卷一〇《誌銘》。

清

潘于王暨元、繼配兩沈氏合葬墓碣銘

（清順治十三年・1656年）〔一〕　孫和鼎

都閫潘于王暨元、繼配両沈碩人合葬墓碣銘

于王潘公死義之二十有二年，其子煥曙具衣冠奉公暨原配、繼配两沈碩人合葬于萬年之宅，蓋公之旅魂始有所歸，而兩碩人孤櫬得同依所天矣。邦人士既以壯公之死，又嘉煥曙之貧不殮親，而竭情盡禮以致其孝也，相與咨嗟歎息，泚筆勒文，以銘諸幽矣。越三年，而煥曙復謀樹石，以表墓前之隧，乞余銘其碣。余屬有葭莩之戚，且與先君周旋危難之間，卒以身殉，即微曙言，將圖不朽于王矣。况重以煥曙之勤請，雖不文，誼焉忍辭。公諱雲柱，于王其字，上海世族也。祖恕，光禄寺監事，為恭定公母弟。考諱允穆，號梅巖，文行純遂，由邑庠升太學，嘉靖甲子南闈，以争元見斥，悒鬱成疾，晚俛就上林苑署丞，非其志也。生四子，公為其季，側室張氏出。三歲喪父，撫于伯嫂趙氏。及長，家貧，中表沈弘顯器之，妻以長女，授館於其家，于是公始僑居嘉定。無何，原配卒，續娶先宜人母兄之姪，於余為表姊，與公往來始親暱。崇禎辛未，公經師顧真羽為泰安州守，辟赴署中。是時，先中丞有登撫之擢，治兵恢遼，聞公在泰安，邀致登幕。公至登，内廷已有裁撫撤兵之命。先君遵旨移師入遼，末隊孔有德兵至吴橋，令畢自寅閉門罷市，啟釁譟回。先君多方操縱，已就戎索，卒被旁撓，以僨厥事。公初詣登，聞裁撫之命，即擬反旆，先君故止之，俟

〔一〕據碑文，潘于王卒於崇禎五年（1632年），貳拾貳年後，即順治十年（1653年）下葬嘉定八都二十九圖，又三年後，其子請孫和鼎作銘。故此推斷該銘當作於順治十三年（1656年）底前後。

撤兵既盡，乞骸南歸，而後送之泰安。及吴橋變起，公遂留登，不忍言去，而公元配之仲弟沈履素在京師聞變，亦迂道從海濱至登東門，以除夕縋堞而入。先君多両君義，俱表為都司分護，勑印符驗甫三日而城破矣。先君引義自刎，公與履素尚扶掖左右，追賊以兵脅從官，公與履素義不屈，遂遇害。當是時，亂軍搶攘中，積屍委山谷，無有收其骸而殮之者，竟不得以殯歸。一時將吏與公先後死者凡十九人。省撫余大成查覆死事者，列公等姓名，上聞天子，下部議卹。雖奥援無資，愍綸未貴，而公之忠義固已通帝座照汗青矣。凶問至南，余表姊每慟必絶，嘔血成瘵，不五稔亦死。蓋公前後兩碩人同姓不同室，一則仰藉父蔭以承順公於少年，一則哀毁殞身以早從公於地下，皆無媿為公婦也已。公生于萬曆二十一年癸巳十月初十日，卒于崇禎五年壬申正月初四日，享年四十。元配沈氏生於萬曆十九年辛夘九月十六日，卒於萬曆四十四年丙辰正月十六日，享年二十有六。繼配沈氏生于萬曆二十七年己亥六月十八日，卒于崇禎九年丙子十月十一日，享年三十有八。順治癸巳歲十二月二十一日，煥曙具櫬，藏公衣冠，左右祔两碩人，以葬於嘉定八都二十九圖冬字圩宋家浜北原新塋之主穴。子三人，煥曦、煥暘，原配所出，俱蚤殀；煥曙，娶黄氏。女二人，長適黄廷鍔，次適曹宜掄，俱繼配出。方失祜恃時，皆在髫齔，其舅氏卜琦、卜瑋實卵翼之。今煥曙彬彬儒雅，克世其家，而二女咸有成立，足慰公于窀穸。凡此足以概公之生平矣，而余以為公之志更有進焉者。蓋天下之議公死者有二：曰其初盖欲去而不得也。使公果欲去，則聞變之初，幕客豈無借端南返者，公即策蹇馳去，夫誰禁之？而以安危二心為不丈夫，寍相從險阻以瀕于殆，則公之始終不忍負友，其志之皎然不欺者，足嘉也。又曰其後盖求而得殺也。使公果求生，則城破之後，從人豈無竊器獻賊者，公實管鑰在手，又誰阻之？而以行賂從逆為非，臣子寍矢義不屈以即于斃，則公之始終不敢背君，其志之卓然不苟者，更可尚也。余年未舞象，獲交於公，初見公好墳籍，樂朋儕，詼諧任酒，胸次洒落，以為固翩翩意氣相矜尚者。徐察公固窮守正，恥涉濁汙，即黽勉朝夕，惟懼隕越以貽家聲玷，又竊歎為斤斤獨行之士。然偶聞人世負心之事，必怒髪上指，或談中朝誤國之臣，則憂涕欲隕，更深服公之負至性知大義也。惜終老貧賤，無由自見，若登城之慷慨捐軀，特其偶觸而見焉耳。然則公誠不幸而遇登變以喪其生，亦未始非幸而因登變以著其節，而天下之徒為公悲不幸者，是又焉知公志之所歸也哉。是宜係之以銘。銘曰：

百年同盡等隙駒，老死牖下埋黃壚。沙場俠骨暴不枯，青蠅弔客足我徒。魂無不之古豈誣，何論蓬島與勾吳。孝思來格若鼓枹，衣冠其迹神先符。公乘蜃市駕飛凫，二妃左右驕蒼梧。瓜瓞綿綿引鳳雛，光華復旦垂紱趺。

按：碑文錄自清《江東志》卷一〇《誌銘》。

弘濟庵助田碑記

（清康熙十年·1671年　康悦）

筠溪康悅撰文。

賜進士第、承德郎、户部山東清吏司主事、前國子監博士、弘文院庶吉士葉映榴鑒定。

新安金啟棟書丹。

邑人王震原篆額。

蓋聞博施濟衆，堯舜所難能。普濟羣生，釋迦之宏願。願亦安有窮哉，在吾心而已矣，且視吾力而已矣。顧力生於心，心亦有時限於力；心發乎願，願亦不必遂其心。如其心主乎願，而願從其心，則雖大庇天下，而亦俾完我老安少懷之志。如力奮於心，而願違於力，則雖有等無。夫我民胞物與之量，要之立心以濟人爲先，濟人切爲要而已矣。茲弘濟庵者，即舊□□之祠也。北距春江二十餘里，南距周浦十五餘里，爲鶴沙、石筍輪蹄絡繹之處。故於有明萬歷□酉年，里人顧三溪者，於三林塘之南建三元殿，以爲行人憩息之所。百季以來，風雨飄搖，幾於殆盡。里之檀越，乃於順治丁亥歲，請戒僧海德爲住持，重加金碧，更助舊畬，使寺僧無洗鉢之虞，淨域有金甌之固，而行道獲稅駕之安。此雖千花塔院，力有未遑。而願力所及，以視梵宫飄渺，徒留祇樹之思；禪室輝煌，僅結蓮花之會者，爲何如哉！彼身世因緣，幻於鹿夢；河沙棟宇，倏於滄桑。在老僧諒亦知之，而未必作千年之想，然而利濟之心，曷其有極。終古此道途，則終古此行路；終故此行路，則願古此廟宇，永爲行人之所休息者也。如後人賢而克光其鈴杵，非老僧之甚願歟。如不賢而祇墜其傳燈，無論非吾佛普救之心，亦豈老僧弘濟一方之願哉！爰本老僧之意，而俾勒廟基之地與夫助田之數，以曉後之駐錫者。庶百年而後，此地之征途無恙，則一方淨土自可以永保於勿替，而致利濟於無窮云爾。

康熙十年，歲在辛亥，菊月乙酉朔十九日丁卯吉旦，住持僧海德、徒寂中立石。

按：碑文錄自民國《三林鄉志殘稿》卷六《寺觀》。

永貞觀碑記略

（清康熙二十年・1681年後　曹垂璨〔一〕）

余有閣曰霞綺，每設齋供諸仙佛，誕降歆饗，則憑乩疾書，皆格言彝訓，盈笥累牘，余擇其要語，錄以勸世。孫君大經宦遊旋里，於辛酉夏，宅東南隅建寺，曰永貞觀。中塑斗尊，分配三元、真武、呂祖於左右，前供關帝，門外設義井亭。遺書於余，云：「昨關夫子降乩，命作本觀碑記。」余愧不能文，然帝命不敢違，述始末爲記。

按：碑文錄自同治《上海縣志》卷三一。

〔一〕據同治《上海縣志》，永貞觀由孫大經建於清康熙二十年（1681年），曹垂璨撰碑記。據碑文，碑記當作於永貞觀落成之後，具體時間無考。

修大聖寺後樓碑記

(清乾隆年間・1741—1795年[一]) 周金然

修大聖教寺後樓記[二]

余鄉居時，嘗游汭東之大聖寺。寺建於元至正間，寺僧曰志德，爲元孤峰提點，一旦忽棄去，避跡海濱而建斯寺。設前殿兩廡以供佛像，東西房居僧，其後樓則己之所憩也，歿而塑遺像於上焉。子孫之依於旁者千餘指，富者或比於素封。今四百餘年未嘗發一科第，豈海濱瘴弱，自古而然耶？抑將以有待也。後余列官於朝，又數奉使於三晉、荊襄，不復至其處。昔歲假節歸里，姪達可來道契濶，外話故鄉風景，首言大聖寺。叩其故，則曰：「女夫永言，顧氏也，去寺不里許，其族人公鼎，方將構祠於寺側，奉其祖之木主，爲歲時宴樂之所，而敦講族誼，且爲義塾焉。梁木石物具矣，未及成而卒。」余固已深惜之，歎其盛心也。今冬達可又郵札於余，謂公鼎之子星肅、永言之子葭士，體先人之志，率族人新寺之後樓，以爲糾睦之倡，叔幸爲記之。予不禁慨然曰，天下之聖廟賢祠，日久傾頹，其當新而不及新者，何限？與夫凡有功德於民，當祠而不及祠者，又何限？余皆不及表彰之，而特記一寺樓，豈眞崇信竺氏以倖福祥也哉？亦以顧氏先人之意、子孫之心，與其祖宗之所靈爽式憑也。況今吳下風俗，惟宮室園囿，是崇是侈，至於家祠，百無一

[一] 據道光《川沙撫民廳志》卷三《建置志・祠廟》載，大圣教寺「元至正辛巳，孤峯提點顧邦憲重建。」元至正辛巳為1341年。碑文中亦提到「寺建於元至正間，寺僧曰志德，爲元孤峰提點」。按文中所述「今四百餘年未嘗發一科第」計算，此文應撰於清乾隆六年(1741)之後。而周金然生卒年不詳，據嘉慶《松江府志》卷四七《選舉表》載，周金然為清康熙二十一年(1682)進士。康熙二十一年(1682)至乾隆六十年(1795)已有113年，故此文最晚撰寫年代不超過1795年，由此推斷成文時間為乾隆年间(1741—1795年)。

[二] 修大聖教寺後樓記：光緒《川沙廳志》作「周金然修後樓記」。

二。不知古者自庶士至於公卿皆得有廟，王制也。《禮》云，將營宫室，宗廟爲先。顧氏之心亦猶是歟！且吾聞風俗恒百年而一變，文運亦百年而一興。今顧氏自冠星昆弟蜚聲黌序，積有名以光顯其祖，而讀書者彬彬乎盛矣。自公鼎父子之不忘其先，而族人亦駸駸乎厚矣。將見自茲以往，體斯心也，推斯志也，其發於功名事業者，皆余所謂有待而然者也。不然而不忘者，深顯揚之心。顯揚者，大不忘之志，其不相謀而相濟者，豈偶然哉。至其族人如君奇、振聲輩，或鳩工庀材，或董事趨功，皆有事於樓者也，例應得書。若守是而朝夕焚修者，僧淨修也，亦宜書。乃爲之記，以勒諸石。蓋以斯樓之係於寺者小，而係於顧氏子孫之心者大也。周金然記〔一〕。

按：碑文錄自道光《川沙撫民廳志》卷三《建置·祠廟》。光緒《川沙廳志》卷一四《雜記·寺觀》亦錄此文。《川沙縣續志·附錄·文獻輯存》收錄此文簡體標點版。

〔一〕周金然記：光緒《川沙廳志》、《川沙縣續志》無。

巡鹽御史詹哲改立浦東各鹽場巡緝私鹽界碑略

（清康熙二十二年・1683年[一]）

鹺規有離場十五里偵巡之制，蓋緣場内係產鹽之處，恐捕役倚巡興販故也。邇因松江魯知府以雲間地瀕場竈，民苦私鹽之累，通詳勒石豎碑，以定巡緝之界。茲查袁浦場有下橫涇地方，離場十五里，今應於涇口立碑；青村場有青村港地方，離場十五里，港上存有舊碑，今應移出三里，於青村港西小荒墩立碑；下沙頭場有新場鎮地方，離商人收鹽官厫實有二十四里，此鎮原有舊碑，今應仍立原處；下沙二、三場西至王永橋北莊鎮地方，西北至沙陀廟地方，又北至趙家行地方，今於此三處均應立碑；浦東場有六里庵地方，界聯嘉興橫浦等場，最為私鹽出沒要路，今應於六里庵立碑；又李家廊西南角巷口立碑；再如下沙三場雖不產鹽，而東北即近嘉定縣界，恐將一、二場之私鹽假道透越，今應於川沙亦立一碑。此數處者至官鹽倉厫，近者十五里，遠者二十餘里不等，若至竈戶煎鹽處所，則有四五十里之遙。第鹺規所載，止曰離場十五里，迺今稍有參差。總之，本院師其古制，酌以時宜，除檄松巡官立碑外，仰該府轉行各屬邑一體遵守。自煎鹽竈舍以至碑所謂之界内，自碑所以至黃浦一帶謂之界外。嗣後，捕兵人役巡緝私鹽俱以碑牌為止，界外不得怠巡疏縱，界内不得擅入滋奸。

按：碑文錄自光緒《松江府續志》卷一六《田賦志》，撰者不詳。

[一] 光緒《松江府续志》卷一六《田賦志》載：「（康熙）二十二年，巡鹽御史詹哲改立界碑。」

巡鹽疆界碑記

（清康熙二十二年・1683年）

遵奉本府詳定巡鹽疆界碑記

江南松江府上海縣為巡塩不明規例、地方擾害無窮，申請特賜嚴禁，以安民生、以杜私販事。

奉本府正堂魯信牌開：奉總督部院于批，本府呈詳，巡鹽捕役不遵鹺規舊制，離場三十里外、黃浦塘內巡緝，每每擅入鹽場，凡遇小民手提食塩，輒便搶奪，私刑欺詐，更有不法捕役，往往攜帶私鹽，高擡時價，沿門掗賣，瞯擇溫飽之家，抛鹽蛋詐，不遂其慾，捏報文武衙門，陷害破家，蔓延鄰佑，並無賴貧商勾連捕役，以巡鹽詐害為利藪，擾累民生，應請分界勒石，立法嚴禁〔一〕，不許擅入場團之內巡鹽賣塩，杜絕私販緣由。奉批據詳，捕役奸商藉緝私之名，違制害民，請勒石永禁。具見留心地方黎庶，攸賴深為可嘉，仰候移明鹽院，該府即移行所屬文武緝捕衙門，嚴行飭禁，兵役仍不時稽察，如有違犯，立即拏解究處。仍候撫、塩兩院批行繳。又奉江甯巡撫都察院余批開：據詳，剔除巡鹽諸弊，有關民生，仰候總督部院、兩浙鹽院批示繳。又奉〔二〕兩浙鹽漕察院詹批開：據詳，禁緝擾害，以杜私販，具見該府留心國課，此後如有前項無賴棍徒勾連捕役，抛鹽陷詐窮民者，該府訪實，嚴拏解究各等因，到府，奉此。除移會各營弁〔三〕牒總巡廳外，合亟飭行。為此仰該縣官吏查照來文事理，立即分界勒石，嚴飭捕役。嗣後，遵照各部院憲批，止許黃浦塘

〔一〕嚴禁：碑石作「永禁」。
〔二〕奉：碑石作「蒙」。
〔三〕弁：碑石似為「并」。

内緊要處所往來巡邏，不許擅入鹽場三十里之内[一]，搶奪小民手提食鹽，以及沿鄉掗賣生蛋，詐害百姓。如有此等，許受害人等擒拏解府，將本犯按律重處，場官、汛官一竝連坐，仍解各部院究處施行等因，到縣，奉此。合行分界勒石永禁，為此碑示合屬巡鹽捕役并軍民人等知悉。嗣後，巡鹽捕役各宜遵督、撫、塩三院憲禁，止許於黄浦塘内緊要處所往來巡邏，不許越此界限，擅入鹽場三十里之内，借巡私販并搶奪小民手提食塩，以及沿鄉掗鹽生蛋，詐害百姓。如有蠹捕奸商藉巡害民，該地方等[二]即擒拏解究，以憑轉報本府暨各院法處施行。此係愛民善政，務垂永久，慎勿違犯，致蹈重譴，須至碑者。

康熙二十二年五月，知縣史彩立[三]。

按：碑文錄自光緒《南匯縣志》卷五《田賦》，撰者不詳。該碑尚存，原立於南匯縣十七保二十六圖沙塗廟内，現藏南匯博物館。編者於2014年2月前往，所見碑外有玻璃罩保護，青石質，高137釐米，寬75釐米，厚15釐米。碑文25行，滿行41字。碑面右側磨損嚴重，近十行已無法識讀。

[一] 三十里之内：碑石作「十五之外」。

[二] 該地方等：碑石作「該地方人等」。

[三] 康熙二十二年五月，知縣史彩立：碑石作「康熙貳拾貳年伍月日立，知縣史彩，縣丞陳泰、徐京瑋，主簿陸德，典史宋振祿，下砂二場大使姚永銘」。

遵奉本府詳定巡鹽疆界碑記

巡鹽疆界碑

施維翰墓志銘

（清康熙二十四年·1685年[一]　宋德誼）

文華殿大學士宋德誼撰墓誌銘

康熙甲子四月，福建總督施公以疾卒於官。上聞報震悼，命部臣議謚議卹，褒忠之典有加。於是其子是彝以狀緘寄，乞銘於予。予與公同舉於鄉，而比肩共事，執交誼三十餘年。公之訃也，不能爲寢門之哭，今得誌公之墓，論撰其生平，以明著後世，庶稍解夫宿草之悲也，其何敢辭。謹按，故通議大夫、福建總督、兵部右侍郎、兼都察院右副都御史、謚清惠施公，諱維翰，字及甫，一字研山，生而穎異，讀書數行俱下，倜儻不羣，具經濟大略。戊子與予同舉於鄉，壬辰登進士。初任臨江府推官，舉卓異，陞兵部督捕主事，擢山東道監察御史。長身玉立，突兀班行中，世祖皇帝目而偉之。正色敢言，克舉其職。皇上御極，加器重公，公益自發攄，無所鯁避，前後章奏數十上。於國家大體則請耕耤田以勸穡，請太皇太后勿謁山陵以節勞；於東南賦役則請減蘇松重額，禁漕米耗贈，除塘長曠工名色，緩開徵，定編審；於文武吏治則請懲監司之貪，嚴大帥之縱，官吏勿得侵牟商利，盜案不許營弁羅織，特糾督撫之縱兵爲盜及曲庇貪吏者，咸正厥罰。以至簡投誠之兵，伸言路之氣。專鼓廳一官，以省推諉。免旗下婦女有罪，墩門以別嫌疑。諸條奏皆關大體，多奉俞旨。計公在臺班十有七年中，一按陝西，一視河東鹽政。所至釐剔奸蠹，整攝紀綱，年資最深，蹇諤最著，海内相望風采，皆以爲當代偉人。而上亦知公廉直可大用也，内陞鴻臚少卿，轉光祿、大理丞，陞太僕卿、宗人府府丞，尋

[一] 據光緒《南匯縣志》卷一四《人物志·古今人傳》載，施維翰，二十四年，賜謚清惠，建專祠於郡東門内，仍祀鄉賢。碑文中亦提到「故易名定謚曰清惠，天下皆以爲允」。故此推測銘文約撰於清康熙二十四年。

晉都察院左副都御史。公首陳督撫有薦舉非人者，照定例降調，不得以加級抵銷，中外爲之悚息。值地震示異，朝廷斥封疆大吏之溺職者，而選賢往代之，廷臣推轂以請，上乃命公巡撫山東。陛辭日，上召見便殿，慰勉再四。余遇之於朝，語及吏治惰窳，民生凋瘵，謂公此行必能挽回波靡，救濟元元，以副眷注。公亦慨然自任，有古人登車攬轡，澄清宇内之思。余既心壯之，且喜朝廷簡畀得人，不覺爲之額手，而不知卽與公爲長訣也。公莅東省，則黜貪墨，輯悍兵，勸墾闢，禁耗羨。時連歲災祲，親行所屬，設法賑濟，疏請截留漕米五萬石，所全活飢民無算。又以青、萊距臨倉遠，輸輓艱難，請永行改折，以甦運解之苦。又以歲荒穀貴，凡兵馬供應米豆草料，請照時價估辦，以免官民賠累。至苞苴餽遺，嚴行謝絕。一切案牘皆親自裁決，不假他手。菜羹糲飯，廚舍蕭然。以故百吏洗心，豪右屏氣，萑苻竄息，獄訟簡清。於夙昔所期，果見諸實事，朝野喁誦，聲望蔚然，天子聞而嘉之。會浙江總督缺，遂特簡用公。公之至任，惟務鎮靜，與民休息，潔己率屬，一如在山左。會有駐防滿兵，每夜出緝盜，公慮有生事擾民者，疏請滿兵夜必收營，緝盜之事專責漢綠旗兵。上善其言，命通行各省，著爲定例。又以衢州地接江、閩，控溫、台，爲瀕海重地，時逆孽初平，疏請如前任督臣移駐衢州，就近彈壓，得旨報可。公至衢，公署傾圮，營房久歸民間，戍卒卽次不甯，苦心籌畫，稍得安堵，公亦自此積勞成疾矣。復奉新命調閩，適巡海使至，公與之徧歷海隅，勞瘁備至，疾漸劇。力赴新任，度仙霞嶺，至浦城，猶強起視文書，延見屬吏，越宿而卒。嗚呼，斯可謂鞠躬盡瘁，以死勤事者矣！公生於前壬戌七月二十四日，卒於康熙甲子四月初二日，年六十有三。先世居汴梁，靖康末，南渡居松江，遂爲上海人。祖大誼，父紹著，嗣父紹夔，皆積學砥行，代稱隱德，後皆以公貴，誥贈如其官。配沈氏，賢明有婦德，綜理家政，能佐公所不逮，始封孺人，繼封淑人，先公卒。側室尹氏、唐氏。子三人，長是彝，候選知縣；次昌奕，殤；次是程，尚幼。孫二人。公通敏精彊，老成幹練，論事剴切，如陸敬輿。應機剸斷，如姚元之。坐堂皇決詞訟，耳聽目覽，手披口答，如劉道和。至其不通暮夜不受請託，所至興利除弊，救災賑乏，則趙清獻之持己，富鄭公之恤民，不能過也。故易名定謚曰清曰惠，天下皆以爲允。公與予交久，繼有婚媾之約，而兩家子女俱殤，然相好無閒，猶姻戚也。予自附於知公，公亦謬以予爲知我者。今日月有時，鐫遺烈而掩諸幽也。嗚呼！其忍不銘。銘曰：

於廓靈海，百川所宗。是生人傑，魁磊施公。入推殿虎，出擁車熊。皂囊論事，白簡攄忠。帝簡重臣，保釐於東。我哺我乳，活此疲癃。山川越絕，初掩燧烽。資公坐鎮，衅甲櫜弓。豪帥悍卒，秣首趨風。移駐閩疆，勞心惙忡。畢力王事，不有其躬。清勤廉直，一節始終。恩綸加憫，褒卹是崇。豐碑贔屭，高城巃嵸。啟佑後人，步武芳蹤。後千百年，垂裕無窮。

按：碑文錄自光緒《南滙縣志》卷一九《名蹟志·冢墓》。

奉憲嚴禁腳夫碑記

（清康熙二十五年·1686年）

江南松江府正堂朱為嚴禁腳夫結黨横行以□□民事。奉江寧巡撫都察院趙憲牌内開：□□無賴棍徒倚恃膂力横詐民財，法干重典，豈宜輕蹈。乃聞□下腳夫一項什百成群，投托勢要，私劃地界，設立盤頭、腳頭等名目，盤踞一方，凡遇商民貨物及一切婚喪吉凶事件，□□□□阻撓，不許自行□運，故索高價。每担三、四、五分，即賤如糠秕，近止數步，亦必索錢一二十文。扵年若遇婚喪大事，擡送花轎棺木，不論貧富，群聚講價，挾以必從。倘不遂其欲，則貨抛河下，不能移動。大體忍務，莫敢扛擡，稍與理論，一呼百集，蜂□攢毆。告官究治，則□投勢要把持，有司碍于情面不加□□，養成驕□，日□一日□，不嚴加□□，必致流害。□已除□在密訪渠□拏究外，合亟嚴禁，仰府官吏□□□□即使大書告示，並轉行所屬，遍貼城鄉，嚴加曉喻。嗣後，民間婚喪典禮以及商舖貨物扛擡，俱聽從民便，自行雇募。如有前項惡棍分疆列界，□□横行，或經訪聞，或被告發，定行嚴拏重究，□勒石永禁，即具行□□□□□□□等因，奉此，合行刊禁。為此仰府屬軍民商□人等知悉，嗣後凡遇民間□喪典禮，以及□□□□□□□俱聽民間自行雇募，不許分疆定界，把持阻撓，敢有不法奸惡、腳頭□□□□人會仍前□□□投托勢要，把持詐□平民者，該地方官即行嚴拏，觧府以憑究，解□□院衙門□□治罪，如□□官□□□□□□行一併揭叅□不□貸，須知碑者。

康熙貳拾伍年拾貳月日

上海知縣王鋑、縣丞陳宗泰、徐京□

主簿李六德

典史楊□□[一]

高行鎮監立。

按：碑文錄自原碑，撰者不詳。該碑原立於浦東新區高行鎮北行萬安樓前，後被遺棄在北行大街東側的一條小弄堂路邊，浦東新區檔案館於1998年8月征集入館，高行鎮社區文化中心借去立於樓前，外罩玻璃保護。柴志光先生於1998年8月初訪得該碑，量取尺寸，製作拓片，并錄下碑文。由於碑面磨損嚴重，字跡斑駁，部分文字无法識得。編者又於2014年5月前往，但礙於玻璃外罩，更加辨認不便，故碑文仍多依照柴所鈔錄。據柴志光先生所記，碑為青石質，高160釐米，寬85釐米，厚23釐米。

[一] 原碑此行左側列有典商、牙行等名單，碑面磨損嚴重，字跡斑駁，難以辨識，此處從略。

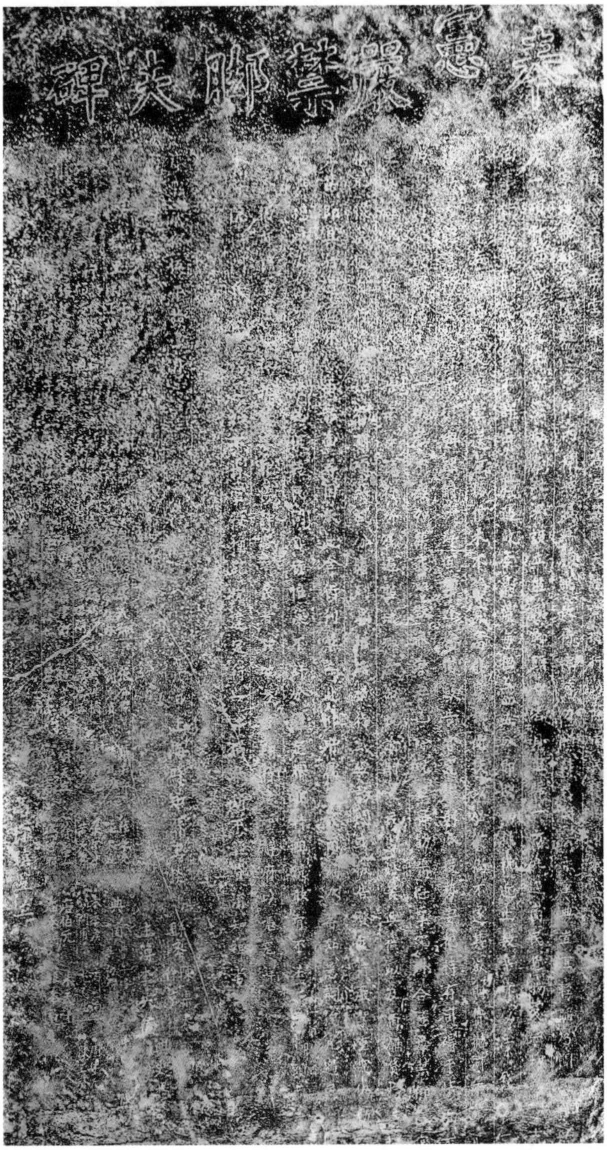
奉憲嚴禁腳夫碑

奉憲嚴禁脚夫碑拓片

崇福道院贍田碑記

（清康熙三十一年・1692年）

崇福道院贍田碑記

上海縣正堂梁，為置田贍後，懇恩勒石永遵事：據崇福道院住持道士陸孝友呈稱：本院建自宋代，載在邑乘，供奉佑聖帝君，祈禱必靈，壬民簷□□□。本院僻處窮鄉，醮齋寥落，自□師祖倪宣之曾署道會，因順治十八年夏旱，禱雨回山，覆舟而逝，隨蒙前正堂老爺佘，豁免道司二役，師祖康民初，竭力躬耕，常住不能供給。院基□□為裏後均賠，始丹□虛，後人艱守。今孝友□厥心力，自願輸糧，不累圖役苦，贍田三十畝零以其供眾，院基之賦以供常住日臥之需，誠恐日後徒子法孫，良頑不一，動移田畝，合諸勒石永遵，未敢擅便，伏訖大台垂念，載志靈神，十年古剎，准賜勒石，以為悠久不移之業等情前來。據此，看得既屬美舉，准自勒石可也，等因在案。為照原呈，陸孝友允承先志，懷裕後謀，道行可嘉，堪與廟貌同光無已。今據前詞，合就勒［石］永遵。為此，仰住持及街佑里役人等知悉：遵照勒石事理，其呈為所置贍田，永作本院遞世相傳□援之業，爾諸後世道流，務要及時播種，毋失農時，先完賦稅，使免追呼，次作常住日用之需，亦宜甘茹澹泊，不得視為十方應食之物，以資浪費，有負創立之難。其諸原主各存神天面目，勿生加贖之念。如有後世徒孫失訓不肖，輒敢動移數內尺地寸土，諸人等鳴鼓共攻，察縣究懲斥逐，毋貽伊感，慎之慎之。

計開：

二十四保五圖鳳字圩：

院基，四百四十九號田八畝七分八厘二毫

贍田，四百四十七號田一畝三分五厘

四百四十六號田二畝四分六毫
四百四十八號田一畝七分二厘一毫
四百三十八號田三畝三分六厘八毫
一千一百十號田五畝九厘,
一千一百一十七號田九畝四分
一千一百四十二號田一畝三厘

七圖竹字圩:
六百三十一號田一畝八分八厘八毫
六百四十六號田三分。
六百四十七號田一畝九分七厘一毫
六百四十八號田一畝四厘
(下缺)
康熙三十一年　春日

按:碑文錄自原碑,撰者不詳。該碑現存崇福道院(浦東新區三林鎮楊南路555號),與「崇福道院記」碑左右并立於大殿前場上。碑為青石質,碑身高196釐米,寬85釐米,厚20釐米;碑座高50釐米。全碑分六區刻文,每區24行,每行10字。柴志光先生曾於1998年5月實地踏看,所見前三區碑文尚可認清,後三區已風化嚴重,故僅鈔錄前三區之碑文。編者於2014年9月前往,見碑身外罩玻璃保護,碑文已難辨識,故本書採柴所鈔錄。

崇福道院贍田碑

御制葉映榴墓碑記

（清康熙三十二年·1693年）

朕惟褒忠所以勸臣節，䘏死所以勵生存。惟其抗志不渝，全操罔玷。斯隆名紀於竹帛，顯號渙〔一〕於貞珉。國典有常，君恩益渥。爾葉映榴，性行端方，才猷練達。起家常吉，洊歷曹郎，簡拔司衡，克興文教。洎督糧於楚渚，值弄兵於潢池。蠢兹凶徒，敢行劫制。爾乃身與白刃為鄰，志竝青霜彌勵。篆章密識，遺表潛裁。徐慷慨以捐軀，竟從容而致命。既從優䘏，仍睠忠魂。屬時邁之式臨，覩遺孤於道左。感懷往事，儼英爽之猶存；載考彝章，俾聲稱之永賁。是用重申綸綍，特與易名，爰立豐碑，諡之忠節。於戲！表忠扶孝，典從其厚而非虛；取義成仁，名比諸存而孰重。覩此殊恩之逮，愈知大節之光。

康熙三十二年十月立。

按：碑文錄自嘉慶《松江府志》卷七九《名蹟志·冢墓》。光緒《南匯縣志》卷一九《名蹟志·冢墓》亦錄此文。

〔一〕渙：光緒《南匯縣志》作「煥」。

新場晏公祠文昌閣碑記略

(清康熙後期·1700—1722年[一]　程兆彪)

康熙三十九年庚辰,余以部事服闋,趨命河工,從事隄築,私若神助,不廢厥功,余心識之。歲間假歸,必先拜晏公祠下,數番爲常。祠逼廬左,實里祈福地。而公相傳寄江湖職,諸子姪肄舉子業於家塾,輒請其故,余曰:「此猶若輩之奉文昌帝君也。憶先大夫爲兒時,里中不戒於火,焦頭爛額者見烈焰中晏公赫焉,火隨扇滅,則公水神也而襄火事。水火既濟,利用前民,神之切於日用爲何如哉!苟吾里黨之中咸奉晏公以安耕鑿,復奉文昌以敦說詩書,以養以教,庶幾王道之萬一乎?」祠自先大夫構造以來,風穿雨蝕,多歷年所,子姪輩因與里人共庀材新之,並建閣其上,以奉文昌。書來告其事,余時猶以河防署懷慶,爲郵寄其詞以記之。

按:碑文錄自民國《南匯縣續志》卷八《祠祀志》。

[一] 未查得程兆彪信息。據民國《南匯縣續志》記載,晏公祠在新場鎮北市,建於明代清康熙年間,程氏又建文昌閣於其上,並立記碑。

義塋族伯考碑記

（清康熙四十七年·1708年　張棨）

嗚呼，伯考仁齋公，我高祖考心塘公之大宗也。高祖考生三子，長即華村公。華村公生大觀公，大觀公生伯考，三代單傳，至公而斬，嗚呼，痛哉！憶予齠齔時，居止相接，歲時伏臘，過伯考之門，周旋笑語，宛如昨日。迨後遷居郡城，相去百里，音問遼絕，伯考妣亦相繼去世，予年尚幼，不復得悉。及至成童，隨先大人展墓，始見伯考妣之柩權厝水濱口，雖無言，心竊傷之。存諸中者已三十餘年矣，今秋特過�溪，欲作義舉，因獨力不支，歸而謀諸大嫂王氏及雅臨四兄和叔奕山兩弟，咸仗義不辭，爰擇吉壤，卜葬於祖塋之北，以妥先靈。然葬事告竣，而祀事亦不可以不講。昔我伯考曾血抱顧氏外甥爲子，今居祖遺數椽，託足於兹，以延一線。但三兄善人也，務本力農，頻年水旱，衣食難繼，又捐給義米二石，稍助春秋祭享之需。嗣後凡我同高祖子孫，有乏嗣及力不能葬者，皆得祔於伯考之左右。是舉也，雖不足比美前賢，然於以維人心、廣教化，其所關又豈渺小也哉。

時康熙四十七年，歲次戊子，八月朔，書於吳淞舟次。

按：碑文錄自清張棨《空明子文集》卷上。

恭紀聖恩濬河碑記

（清康熙四十八年·1709年〔一〕　王鑄〔二〕）

皇帝勤恤民隱，六巡江南，凡山川民物、風俗奢儉、衣食贏絀、水潦〔三〕旱乾之備，無不周知。會丁亥夏秋，災傷相繼，米價翔踊〔四〕，列屋皆艱食。其明年秋，霖雨害稼，山水暴溢，民困滋甚。皇帝惻然，哀矜民命，既令〔五〕有司具賑，又截漕數十萬平糶，民賴以濟。繼又念臨事而修救，不若先時而備〔六〕者之費省而惠普〔七〕也，復允督臣邵穆布之請〔八〕，敕將蘇松四郡支河之淤淺者及時疏濬，其入江海處牐口水壩，壞者修之，缺者特建，以時蓄洩，用禦天災。又令撫藩諸臣踏勘〔九〕，確估其費，凡出帑金十七〔一〇〕萬八千九百八十兩有奇。以己丑二月初吉興事，歷三月而告成。不惟河流汪洋利於蓄洩，而貧民之乏食者，皆得藉是以餬口〔一一〕，以免於溝壑，甚盛恩也。所建牐三，完舊者又十有三，皆當江海要道。

〔一〕嘉慶《松江府志》卷一一《山川志》載，康熙四十八年，總督邵穆布、巡撫于準奏開浚蒲匯、周浦諸塘。碑文記事最晚也止於此年，當作於此年濬河工竣時。

〔二〕見嘉慶《松江府志》卷一一《山川志》。

〔三〕潦：乾隆《南匯縣新志》作「澇」。

〔四〕踊：乾隆《南匯縣新志》作「湧」。

〔五〕令：光緒《南匯縣志》作「命」。

〔六〕備：乾隆《南匯縣新志》作「修」。

〔七〕普：乾隆《南匯縣新志》作「溥」。

〔八〕請：乾隆《南匯縣新志》作「請修」。

〔九〕又令撫藩諸臣踏勘：乾隆《南匯縣新志》作「既下部議，又令會同蘇藩諸臣踏勘」。

〔一〇〕十七：乾隆《南匯縣新志》和光緒《南匯縣志》作「一十七」。

〔一一〕餬口：乾隆《南匯縣新志》作「餬其口」。

所濬支河凡二十有二，鎮屬一，常屬二，蘇屬十有二[一]，松屬七，而吾鎮之周浦塘亦得邀沛澤焉[二]。於戲！聖主之爲斯民，德大且深矣，食其德忘其報可乎？即如海邑三牐，皆入黄浦要津，薄茭盈目，舟楫難通，一值水旱之年，非蕩没禾稼則塘坳皆龜坼耳。非遇聖恩曠蕩，執事者勤勞，則庚寅之歲，東鄉數千頃之田不又歎無禾耶？以周浦言之，自本朝甲午歲，里中好義者倡首重濬，又蒙院道各憲申飭，竭蹶半載，反賴僧人竣事。五十年來，河流復淤，每遇旱歲，浦無涓滴，不得已爲撈淺之舉，猶且相顧不前，敢希今日之浩翰耶。夫水旱天行也，修政以備災者，聖恩也。宣上德，達下情，盡瘁而不敢言勞者，有司之職也。於義皆不敢忘，宜里之士民歌詠弗諼咸思，勒之貞珉，以垂不朽。臣因珥筆而紀其盛焉。

按：碑文錄自嘉慶《松江府志》卷一一《山川志》。乾隆《南匯縣新志》卷五《水利志》、光緒《南匯縣志》卷二《水利志》錄有記略。

[一] 十有二：乾隆《南匯縣新志》作「一十有二」。

[二] 乾隆《南匯縣新志》和光緒《南匯縣志》錄文僅至此處，後文「於戲聖主之爲斯民……臣因□筆而紀其盛焉」皆無。

寶山嘴老炮臺碑記

（清康熙五十七年·1718年）

江宁府船政同知加二级纪录四次刘、奉江南江宁苏松常镇淮扬七府徐州一州承宣布政使司布政使加七级杨、奉总理粮储提督军务巡抚江宁等处地方都察院右副都御史加七级吴、总督江南江西等处地方军务兼理粮饷操江兵部右侍郎兼都察院右副都御史加十级常、案于提督江南全省等处地方军务总兵官署都督同知杜，康熙伍拾陆年贰月内奉旨会勘沿海口岸，议于宝山嘴建造炮台壹座，营房壹拾贰间。遵□康熙伍拾柒年正月贰拾柒日兴工建造，于三月贰拾捌日完工。

康熙伍拾柒年柒月　日立

督造官江宁府船政同知加二级纪录四次刘鉴

按：碑文錄自《上海碑刻資料選輯》，撰者不詳。該書所錄繁簡混雜，并謂「碑原在高橋老炮臺殘址中」。

新建南匯縣治碑記

（清雍正四年・1726年〔一〕　欽璉〔二〕）

松江府濵海郡，其隸邑之疆域廣賦〔三〕稅繁，與蘇屬並甲天下。自至元間，割華亭北五鄉置上海縣。明初，築南匯城於縣東八十里，爲千戶所。嘉靖中，又割上海西偏置青浦縣，而上海獨存浦海之區。今天子踐祚之明年，准前督臣查〔四〕奏，析置州縣，而上海所割即賜名南匯，仍城之舊也，於是三分縣云。璉適蒙特簡，首莅兹土，顧城荒民鮮，縣治無可因。時值新恩減賦，萬姓歡頌，羣叩憲請聽民捐建。旋得旨，即藩庫給銀三千兩，乃悉還民所捐。卜日庀材飭工，凡四閱月，而門墻、堂室〔五〕大畧粗具。計其貲，已踰所給之數。是役也，人謂余苟足飾觀，以公濟公可矣，又何鞏固是〔六〕期，捐貲不惜之與有〔七〕？噫，此正余之所慨也。嘗念士出身事主，忘私最難。高者蔑視百里，指一官如傳舍。其於堂皇之嚴整、門樓之巍煥、齋署之深謹，皆非所急。卑者朘〔八〕我以生，借官衙爲賈肆，其於堂皇之湫隘、門樓之陋畧、齋署之苟簡，皆非所顧。夫意不在君，則受此職，宰此土，原無慎重之思；意不在民，則臨此邦，居此室，又何久大之志。平生所慨如此，忍一旦躬自蹈之耶？未幾，以公誤被劾，例應鐫秩去，何期皇仁浩蕩，不加譴逐，復獲視事。嗣是晨而出，惕然思曰：「君貸我而坐理

〔一〕三志均載南匯縣治由欽璉建於清雍正四年，碑記當撰於修建後期、落成之前。
〔二〕欽璉：光緒《南匯縣志》作「欽連」。
〔三〕廣賦：乾隆《南匯縣新志》和光緒《南匯縣志》作「賦廣」。
〔四〕前督臣查：乾隆《南匯縣新志》和光緒《南匯縣志》作「前督臣查弼納」。
〔五〕室：光緒《南匯縣志》作「屋」。
〔六〕是：光緒《南匯縣志》作「自」。
〔七〕與有：光緒《南匯縣志》作「有與」。
〔八〕朘：光緒《南匯縣志》作「浚」。

斯堂也，誤可再乎？則民可誤傷乎？姦可誤縱乎？吏胥可誤聽而苞苴可誤通乎？是自折其棟也。對榱桷之翬飛，寧〔一〕無赧乎？」暮而入，惕然思曰：「君貸我而退食斯堂也，仁可數邀乎？則愆可不省乎？悔可不深乎？過可不自改而誤可不痛自懲乎？是自試於巖也。仰垣墉之巀嶭，寧無懼乎？」輾轉於懷，將益圖報。稱於訖工之後，而又慮其久而或有自懈也，爰勒石於堂之右，以誌不忘。治基週圍凡五十五畝有奇，近距北門半里許，地取寛形勢，面陽多也。照墻外臨河，墻〔二〕内縣塲袤廣五丈五尺，示通達且容衆也。大門、門樓上下各三楹，譙樓巡瞭之設，巍然壯觀也。儀門左三楹爲土地祠，朔望致虔，爲民祈福且奠厥居也。右三楹爲寅賓館，有客戾止則前席焉。又其右爲獄室，高垣厚墉，制〔三〕取深密也。門内甬道廣袤十丈三尺。東西廊書吏房各十間，大堂旁翼庫室，後接川堂，以整以備，並照恒規也。宅門内二堂三楹，爲逐日僉書處，取具〔四〕不求華飾也。東西書廳各五楹，係禮賢問治、賔從講畫之所，庳陋不可也。兩廳前庭之前向北，從房各如其數，安僕役也。三堂變三爲五，其西齋室兩進，亦各五。每間置門壁，爲退思及親賔從事臥榻，貴聯絡而區分不混，亦不隔濶也。最後大樓五楹，樓東房兩進，亦各五楹，内室、廚湢雜作之地皆在焉。惟務謹樸，爲堅久計也。爲木大小共六千五百八十株，甓瓦六十五萬二千八百合，磚石大小八十六萬三千塊級〔五〕，其他灰沙、雜料稱是，土工、木匠、雜役二萬三千四百工。外丞典衙署，甫鳩厥工，始訖之月日、經費之多寡、董正賢勞之名氏，俱俟落成續刻於後〔六〕。

按：碑文錄自雍正《分建南匯縣志》卷四《建設志·衙署》。乾隆《南匯縣新志》卷二《建置志·衙署》、光緒《南匯縣志》卷三《建置志·衙》亦錄此文。

〔一〕寧：光緒《南匯縣志》作「能」。
〔二〕墻：光緒《南匯縣志》無。
〔三〕制：光緒《南匯縣志》無。
〔四〕具：乾隆《南匯縣新志》、光緒《南匯縣志》作「其」。
〔五〕級：乾隆《南匯縣新志》、光緒《南匯縣志》無。
〔六〕乾隆《南匯縣新志》、光緒《南匯縣志》中，此處有「知縣欽連記」諸字。

新建南匯縣學碑記

（清雍正五年・1727年〔一〕 欽璉）

國家定制，縣必有學校之設，董之以師儒，所爲萃一方之人材，而砥礪鼓導之，以迄於有成，典至重也。雲間之列縣者四，縣各有學。名公碩彥之由學而升者，代不乏人，才華經濟為海内所推。聖天子御極之初，念其地之賦役繁重，視他郡倍蓰，分縣爲八，而學亦隨之，是南匯縣學之所由創也〔二〕。按南匯向爲千戶所，在上海之東南隅，有城屹如，置將領以守之，兵民雜處，罕黨塾術序之美。及陞而爲縣，百度維新，典常具備，督學者羅其士而試之，一歲之間，補博士弟子員者若而人。分儒官以任其事，祭菜鼓篋之典，鄉飲大射之文，當以次舉行。而黌宫闕如，禮儀莫洽，曷以蒸髦秀而樹之風聲？璉奉簡命宰是縣，不敢以興賢育才委爲異人任，經營籌度，購民地若干畝於縣之東南境，擇其址之爽塏者培之，建大成殿五楹，旁列兩廡，前設大門，門以外爲泮池，施橋於上。橋之前則櫺星門樹焉，繚以崇垣，百堵皆作。即其後爲崇聖之宫、講堂、齋舍。計日告成，丹雘炳煥，階戺砥平。宫墻之旁，翦其荊榛，易之以桃李松檜。嘉樹有蔭，璧沼漣漪，互相掩映，山川秀靈之氣，於是乎萃。工既竣，邑多士之繫籍於學者，請璉誌其事，以垂不朽。璉惟敬敷五教之命，昉自虞廷；論秀書升之法，載在《周禮》。君國子民，教學為先，歷漢唐宋元明以來，莫或廢，至昭代而文教倍隆。自祖〔三〕仁皇帝涵熙〔四〕樂育，積六十年之久，文思光被，雲漢爲章。暨皇上嗣登寶位，臨雍講藝，圜橋門而觀聽者幾

〔一〕三志俱載南匯縣學由知縣欽璉建於清雍正五年（1727年）。據文，碑記當作於縣學落成之時。
〔二〕乾隆《南匯縣新志》和光緒《南匯縣志》無此段文字。
〔三〕祖：乾隆《南匯縣新志》和光緒《南匯縣志》作「聖祖」。
〔四〕熙：乾隆《南匯縣新志》和光緒《南匯縣志》作「煦」。

萬人,文物聲明之盛丕冒乎。海隅出日之鄉,遐陬僻壤,里巷之儒罔不崇師考業以自淑。矧為一邑之宰,有宣化承流之責,而忍委鉅典於草莽[一]乎?則璉亦自盡其學道之常分焉耳,何足示異爲。既又思朝廷以經義取士,操觚角藝之流,國學生而外,名必隸於鄉校,而後循序以登春秋之榜,巍科顯仕,胥從是出,是學固多士致身之所自始也。繼自今願多士益自淬厲,朝夕奮勉,經明行脩,挾其素所蓄[二]積者,以彙征雲路,對策大廷。彬彬乎文章道德之盛,接踵代興,前輝後耀,足爲邑之光華。俾追念於創學者之職,有微勞而與其榮施,則璉之所致望於多士者豈淺哉!乃狥多士之請,而爲記。

按:碑文錄自雍正《分建南匯縣志》卷五《建設志中·學校》。乾隆《南匯縣新志》卷六《學校志》和光緒《南匯縣志》卷七《學校志·學宮》亦錄此文。

〔一〕忍委鉅典於草莽:光緒《南匯縣志》作「忍委草莽」。
〔二〕蓄:光緒《南匯縣志》作「畜」。

南匯先農壇碑記

（清雍正六年・1728年　欽璉〔一〕）

欽惟我皇上敬天勤民之意，有加無已，既〔二〕每歲親耕耤田，爲民祈穀，又欲俾守土之官咸知稼穡艱難，通其禮於臣下。特命部議，制爲定典，于雍正五年爲始，自府尹督撫及府州縣衛所等官，率屬員耆庶，恭祭先農於壇，照九卿耕耤例行事，誠曠典也。璉承乏新邑，謹遵定制，於縣治西門外購置民地若干畝爲耤田。田後建先農壇，制高二尺一寸，寬二丈五尺；壇後建房三間，中供先農神位，東貯〔三〕祭器農具，西貯耤田米穀；更建配房各一間，東置辦祭品，西令守壇民居住。壇房耤田外，周圍築土爲牆，開門南向。歲遵頒行祭日，預期致齋，率屬員耆庶祝祭神壇畢，行耕耤禮。知縣秉耒，佐貳執青箱播種，耆老一人牽牛，農夫二人扶犂，九推九返，農終畝。秋成，收耤田米穀，供本地祀典粢盛之用。爰誌所始。凡我官吏人民，尚其重農務本，仰體聖天子朝乾夕惕，錫福惠民至意毋懈，是爲記。雍正六年仲秋，南匯縣知縣欽璉撰〔四〕。祝曰：

土穀之祀，報功第一。穀自先農，繼配以稷。後土並尊，社稷是式。古典一視，不復別白。繄我聖朝，欽崇稼穡。農實養生，遠溯先澤。爰立壇廟，統厥土德。徧詔長民，秉耒謹飭。惟神陟降，享祀無忒。庇我烝黎，庶永粒食。

按：碑文錄自雍正《分建南匯縣志》卷四《建設志上・壇廟》。光緒《南匯縣志》卷八《祠祀志》亦錄此文。乾隆《南匯縣新志》卷七《祀典志》錄有記略。

〔一〕欽璉：光緒《南匯縣志》作「欽連」。
〔二〕既：光緒《南匯縣志》無。
〔三〕貯：光緒《南匯縣志》作「儲」。
〔四〕雍正六年仲秋，南匯縣知縣欽璉撰：光緒《南匯縣志》作「雍正六年仲秋撰」，置於銘文之後。

南匯東海神壇碑記

（清雍正六年·1728年　欽璉）

海爲百谷王，神豈不靈。雍正四年春，余奉命來宰是邑。邑以海爲包幕，商舶〔一〕往來，居民生植，一視諸潮汐，渟泓波平，風軟此際，含澤布氣，惟賴神之呵護。謹於邑東郊買地，築壇以祀。祝曰：抑揚蘭佩，麾掉桂旗。神之陟〔二〕降，實式憑斯。向若而悚，享祀孔時。商民永奠，令亦賴之。

雍正六年秋，南滙縣知縣欽璉記〔三〕。

按：碑文錄自雍正《分建南匯縣志》卷四《建設志·壇廟》。光緒《南匯縣志》卷八《祠祀志·壇》亦錄此文。

〔一〕舶：光緒《南匯縣志》作「船」。
〔二〕陟：光緒《南匯縣志》作「防」。
〔三〕雍正六年秋，南滙縣知縣欽璉記：光緒《南匯縣志》作「雍正六年秋記」。碑文文首作「附知縣欽璉碑記」。

南匯社稷壇碑記

（清雍正六年·1728年　欽璉〔一〕）

先儒陳道祥〔二〕謂：「社所以祭五土之祇，稷所以祭五穀之神，以其同功均利而養人故也。」《周禮》：「州長以歲時祭祀州社。」後世因命郡縣祭社稷。我〔三〕皇上軫念民依重農務本之意，無遠弗屆，每歲親詣王社，爲民求福報功，而州縣官亦例得於所屬之邑置社以祀。雍正四年，璉奉簡命，莅茲新置邑，敬擇南郊潔淨爽塏官地若干畝，不編丈冊，正賦無損，爰築社稷神壇，每春秋仲月〔四〕上戊日，率屬員祭之。祝曰：

社報土功，稷祈穀熟。利賴實均，民人以育。惟我皇朝，務農重穀。王社必親，徧勵所屬。璉承簡命，爲民禱祝。潔蠲視牲，薦陳血肉。一邑之衆，敬無敢瀆。神其居歆，永錫禔福。

雍正六年仲秋，買石記之。長興欽璉撰〔五〕。

按：碑文錄自雍正《分建南匯縣志》卷四《建設志上·壇廟》。光緒《南匯縣志》卷八《祠祀志》亦錄此文。

〔一〕欽璉：光緒《南匯縣志》作「欽連」。
〔二〕陳道祥：光緒《南匯縣志》作「陳祥道」。
〔三〕我：光緒《南匯縣志》無。
〔四〕仲月：光緒《南匯縣志》無。
〔五〕雍正六年仲秋，買石記之。長興欽璉撰：光緒《南匯縣志》作「雍正六年仲秋記」。

南匯風雲雷雨境内山川壇碑記

（清雍正六年·1728年　欽璉〔一〕）

《月令》：孟春命有司祀山林川澤，季冬之月乃畢。山川之祀，歷代皆然。本朝因前明之制，令縣官於屬境築壇祀之，以報布斂雲雨之功，爲民祈膏澤焉。雍正四年，長興欽璉奉命莅兹新邑，於南門外得官地若干畝，建山川神壇，不編丈冊，正賦無損。每春秋仲月上戊日，率屬致齋以祭。祝曰：

相時出雲，按律通氣。陰降霜凝，陽回雷厲。名山名川，羣神羣祀。風伯雨師，用偕燮理。感召諸休，驅除百沴。山鬼山妻，永令藏棄。

雍正六年仲秋，勒石記之。長興欽璉撰〔二〕。

按：碑文錄自雍正《分建南匯縣志》卷四《建設志上·壇廟》。光緒《南匯縣志》卷八《祠祀志·壇》亦錄此文。

〔一〕欽璉：光緒《南匯縣志》作「欽連」。
〔二〕雍正六年仲秋，勒石記之。長興欽璉撰：光緒《南匯縣志》作「雍正六年仲秋勒石」。

邑厲壇祝辭碑記

（清雍正六年・1728年　欽璉）

厲祭，三代以來皆有，本朝仍前明之制，敕天下有司依時享祭。雍正四年，余出宰南邑，於縣之北郊得官地若干畝，丈冊不編，正賦無損，建邑厲壇，按時祭之。祝曰：

嗚呼羣厲，海哭江號。城隍主祀，盻蠁孔昭。自玆息影，月夕煙朝。時罔怨恫，壇樹飄蕭。雍正六年仲秋，長興欽璉買石記之。

按：碑文錄自雍正《分建南匯縣志》卷四《建設志・壇廟》。

二十保四區二啚免徭碑

（清乾隆四年・1739年）

二十保四區二啚免徭碑

江南松江府南匯縣為願捐義學公田力難再浚河道等事。乾隆貳年貳月拾玖日，奉本府正堂汪批發：南匯縣貳拾保肆區貳啚士民秦毓、程鵬翔、顧軼青、錢學渠等呈稱：本啚貢生秦秉謙樂善好施，上年遵奉俞旨，獨力建造鄉約義學公所，業經通詳在案。目下工程雖屬告竣，但每歲延師訓誨里中子弟，均有應需，若不置產，難以永久，是以本啚各業議捐學田壹伯陸拾柒畆零，每年取租以供脩膳等費。惟是既捐學田，復供雜役，力難並舉，環叩請免等情。奉批，南匯縣查明應否免派，即日詳報，以憑飭知遵照等因。奉經查明，各里業寔捐義學公田，并又頂脩約所，例應優免工役，獎勵急公，仍請勒石永遵等情，詳府轉詳藩巡两憲。復奉批府行縣，查明助田免役是否輿情帖服，有無成例可循，妥議具詳，并將學田畆數、圩號造報轉呈等因。又經查得，從前曾有頂脩橋樑勒石免徭之例，并據隣啚業佃唐□曾等具樂從義舉，公議允覆等事在案。當經備詳本府轉詳備憲，先蒙分巡江南松太等處海防道按察使司僉事加一級紀錄四次程批開：南邑里業衿耆秦毓等捐助義田，共勸善舉，誠屬可嘉。其請免均挑河道工役，各隣啚既皆允服，且有成例可循，如詳優免，以示鼓勵可也。仍候藩司、蘊松道批示，繳冊存等因。今于本年七月初拾日，奉署本府正堂甘牌開：柒月初五日，奉江南江蘊等處十一府州承宣布政使司布政使加三級徐憲牌内開：本年陸月貳拾陸日，奉兵部尚書、都察院右都御史、総督江南江西等處地方軍務兼理糧餉、操江世襲雲騎尉加四級紀錄十八次那批：本司呈詳南匯縣貳拾保肆區貳啚士民捐助義學公田，據請優免雜徭，查與從前捐建東溝浦、盧家浜貳橋優免之例相符，似應准其勒石免徭，以示獎勵，伏乞鑒奪批示，以便飭遵等緣由，奉批：仰候撫部院核示具報繳。又奉総理糧儲、提督軍務、巡撫江寧等處地方、都察院右副都御史、加三級紀錄十五次張批開：如詳飭令勒石永遵，取碑摹送查，仍候督部堂批示繳各等因。到司行府，仰縣即將該縣貳拾保肆區貳啚士民捐助義田，優免雜徭，照例勒石永遵，具碑摹送府，分呈各憲查考等因。到縣，奉此，合行勒石永遵。須至碑者。

乾隆肆年玖月　日立

署江南松江府南匯縣知縣紀錄二次施士箴

特授松江府南匯縣知縣加三級紀錄二次韓埔，縣丞、典史陳士俊，經承姚九如

具呈士民：

秦　毓　程鵬翔　顧軼青　錢學渠　陳私淑　程鵬萬
顧佩臨　程孚嘉　程天爵　趙秉鈞　秦錫祉　錢萬青
程以規　顧漢階　秦秉恭　錢學汶　顧式增　錢大木
唐文和　秦錫藩　錢心傳　程咸國　楊沾遠　秦顯忠
邹文彬　顧彝士　錢至川　錢景周　邹靜墅　趙聖臣
趙　堂　陸仁美　丁式南　錢行遠　錢憲章

按：碑文錄自原碑，撰者不詳。該碑原存浦東孫橋鎮錢堂村敦仁小學，浦東新區檔案館於 2001 年 9 月征集入館，立於該館川沙點辦公樓前。碑為青石質，高 175 釐米，寬 68 釐米，厚 26 釐米，保存完好，刻字清楚。碑文 24 行，滿行 52 字。

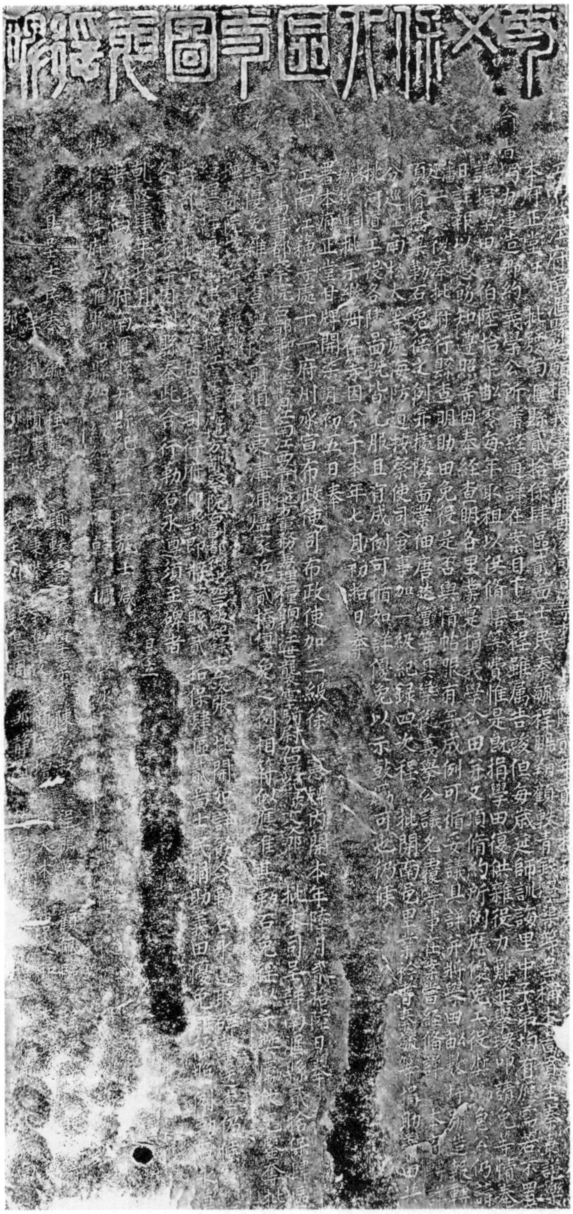

二十保四區二啚免徭碑拓片

寶山縣為各界浜航船捐田減价永禁水手多索船錢告示碑

（清乾隆八年·1743年）

各界浜航船捐田减价呈详宪饬遵永禁水手多索船钱碑

江南太仓州宝山县为捐给便民等事。奉署江南直隶太仓州正堂加三级王批：本县呈详，原呈监生孙栋呈称：界浜马头往上海航船，係栋祖先捐设便民，例取船钱八文。后因水手怠惰多需，情愿捐田二十亩，交水手承管，收租完粮饭食之用。于上宝往来济渡，每船许载二十人为率，每人减收船钱三文，以作常年修舱篷索之需。倘有犯违，即禀究革。另募呈请勒石永遵缘由，奉批：「仰侯转详，仍侯各宪批示，缴。」又奉御前侍卫江南、江苏等处十一府州承宣布政使司布政使、兼理浒墅关税务纪录三次安批：本署州详据该县呈详，监生孙栋捐田减收界浜渡钱，深洽舆情，准行缘由。奉批：「仰侯转详督抚院批示饬遵，缴。」又奉江南、江苏、松、常、镇、淮、扬、徐八府，太、海、通三州提刑按察使司按察使加一级纪录四次李批开：「仰太仓州饬候两院宪核示饬遵具报，仍候藩司、巡道批示，缴。」又奉升任分巡苏松太兵备道王批开：「仰太仓州饬候两院宪暨藩、臬二司批示录报，仍候檄饬上邑一体给示查禁，缴。」又奉兵部右侍郎兼都察院右副都御史、总理粮储提督军务巡抚江宁等处地方纪录四次陈批：「本司呈详前由，奉批：如详饬遵，仍取碑摹送查，并候督部堂批示，缴。」又奉太子少保兵部尚书、署理江南江西总督部院、协理河务加二级纪录三十五次尹批：「如详转饬遵照，仍取碑摹送查，并候苏抚都院批示，缴。」各等因，到县，奉此。除移明上邑马头一体勒石永遵外，合亟碑示。为此碑，仰高桥镇士民、商贾并水手人等知悉：嗣后上宝往来，每渡以二十人为率，每人减价收钱三文，永为定例。务须谨慎撑驾，以安行旅。倘有不肖水手，船舱不固，故违多载，额外勒索，许船主孙栋及过渡人等不时禀究，斥革枷示马头。倘遇地棍争阻，及隐射渔利，或经访闻告发，立拿详究治罪，决不宽纵。凛之！慎之！须至碑者。计开：原呈监生孙栋捐给本县八都盈字号三十七图田二十亩，立户航船，听水手自行取租完办，永不许私卖，即栋子孙亦不得更易。如有售变情弊，追价入官以儆。

知县：赵　酉　　主簿：陈至言　　典史：杨兆本

原呈监生：孙栋

乾隆八年十一月　日

按：碑文錄自《上海碑刻資料選輯》，撰者不詳。該書錄作簡體字，并謂该碑原在高橋大同路1115弄11號。

九團七甲馮家車路唐孝孺人買地券

（清乾隆十一年・1746年　馮起孝〔一〕）

吉曜照臨

維大清乾隆十一年，丙寅歲次，三月二十二日，貫屬江南松江府南匯縣高昌鄉下沙三場九團七甲馮家車路水北居住，奉聖壅親孝子馮起孝伏念先妣唐孝孺人陽年七十七歲，元命庚戌十月失記日時，依憑看取年命大通，設用銀代買到開皇大帝案下左青龍右白虎前朱雀後玄武勾陳位内上青天下黄泉中界唐氏寿域。傍夫吉□，生者安，死者樂，老景光華，瓜瓞綿長，螽斯蟄□，千秋享福，結為酒□。謹肅界□道路將軍、阡陌神祇，陰陽比對，合開執照。山明水秀，人傑地靈，來龍旺相，諸事如心，凡在時中，全叨□佑，春□女令勅□。

按：券文錄自買地券。該買地券係浦東新區檔案館於2004年11月從高東鎮光芒村一古物收購者處征集而得。券為青磚質，長35釐米，寬34釐米，厚4釐米，破裂為二，表面有些許磨損，但除個別字外，基本能辨認。券面有2釐米見方的陰線格，横格16，竪格13，上有天頭6釐米，下有地腳2釐米。券文左右來回行文。

〔一〕該買地券係馮起孝為葬其母親唐孝孺人所制，文中未署撰者名，故認馮起孝為撰者。文中亦未署刻碑時間，故以買地時間「乾隆十一年」為記。

九團七甲馮家車路唐孝孺買地券

黄雲章傳

（清乾隆十一年至嘉慶九年・1746—1804年〔一〕　錢大昕）

奉直大夫黄君傳

黄雲章，字漢文，國子學生，誥贈奉直大夫，世居上海之高家行。祖霦，倜儻不羈，生五子，以應嶽牓其堂楣。父衡松，少師事吾邑張儼思先生，與其子南華宫詹同學角時藝有名。後棄去服賈，以儉約起家。有子二人，雲章其長也。幼而明敏，讀書能見大意，稍長代父理家政，内外斬斬。好施予，戚友有匱乏者，不俟其請，輒稱父命助之。嘗遠賈千里外，雖無事，越五日或一旬必附家書問父母安否，客中事纖悉必以白，雖不在親側，親心安焉。將歸則購其親所嗜獻之。若夜抵舍，廚婢已熟寐，即甚飢渴或勿呼，恐驚母氏。與其弟雲師友愛無間，門無異財，躬為家督廿年。有一篋扃鐍甚嚴，朝夕自携，或意其有私蓄。及疾亟，雲師方在吳門，馳歸，視之已不能言，惟指其篋授之。啟視但薄記錢物出入之數，銖兩無所隱。又手書屬弟與子善視吾親而已。春秋四十有五，卒以乾隆十一年三月二十三日。娶曹氏，誥贈宜人，繼娶沈氏，誥封宜人。子四人，培蘭、淦如、金、培桂，孫十一人。論曰：昔江夏黄香以至孝稱，有天下無雙之謠。子孫累世為三公，宋時蜀人有黄錄事者行善於鄉，張泳知成都，特禮異之。今雲章兄弟閨修篤行，子姓雍穆，有義門之風。予嘗扁舟渡黄浦，鄉人多稱黄氏者，因次其語而為之傳。嘉定錢大昕撰，同邑葉鳳毛書。

上海黄君漢文，居申浦之東，與寶山之高橋接壤。寶山故吾邑所析也，地僻左而俗淳厚，世家舊族多以孝義相尚，無勃谿狙詐之習，若漢文又其著者，觀其順親而友弟，已而厚人，視史乘所載，安豐董邵南、應山連輔之行義，何多讓

〔一〕據文，黄雲章卒於清乾隆十一年，落葬時間不詳，而撰者錢大昕卒於清嘉慶九年，故此推斷撰文時間為乾隆十一年至嘉慶九年間。

焉。邵南與昌黎遊，昌黎為之賦詩，以為今人無與儔者。連處士之歿，則歐公為文表其墓，後世知有二人者，由韓歐之文也。今漢文行善於鄉，卓犖有古人風，又得少詹事錢公為之傳，其言質而可信，庶幾追蹤韓歐者，漢文其可藉以不朽矣。簪園秦大成謹跋。穆氏大展鐫。

按：碑文錄自碑石拓片。拓片藏於浦東新區文物保護管理所。碑現藏於高行鎮社區文化中心，編者未能見得。據柴志光《浦東石建築踏訪記》記述，黃雲章與其弟黃雲師的傳記共6塊石碑，曾被嵌於黃家酬志堂的墨花樓大廳牆上，石碑未見史籍記載。碑以行書刻文，共43行，每行3至13字不等。

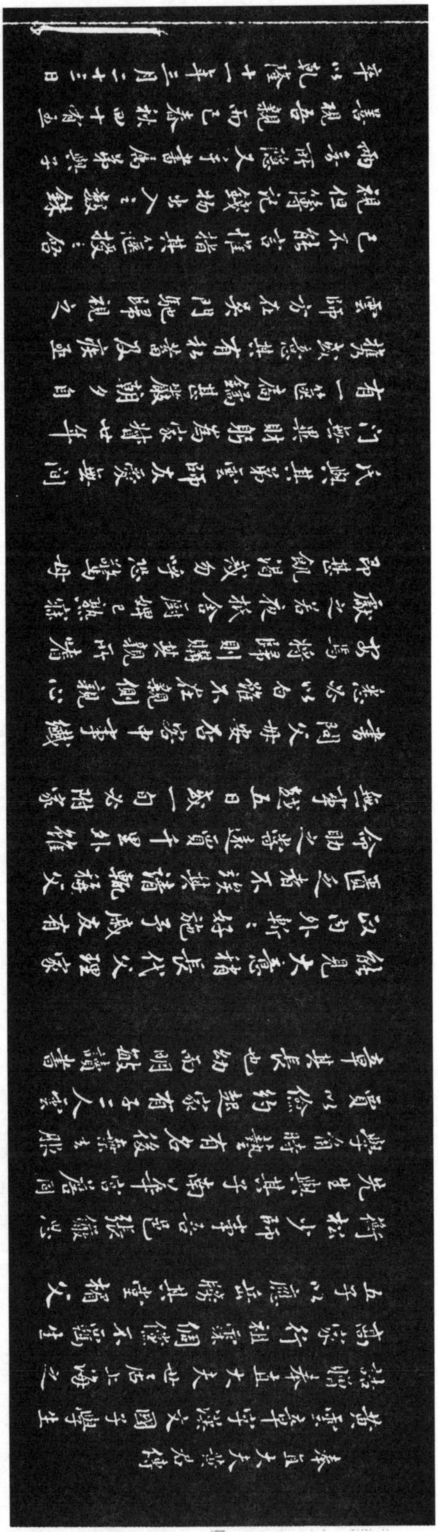

黄雲章傳拓片（《高行古韵・今律》刊載）

黃雲章傳拓片（《高行古韵・今律》刊載）

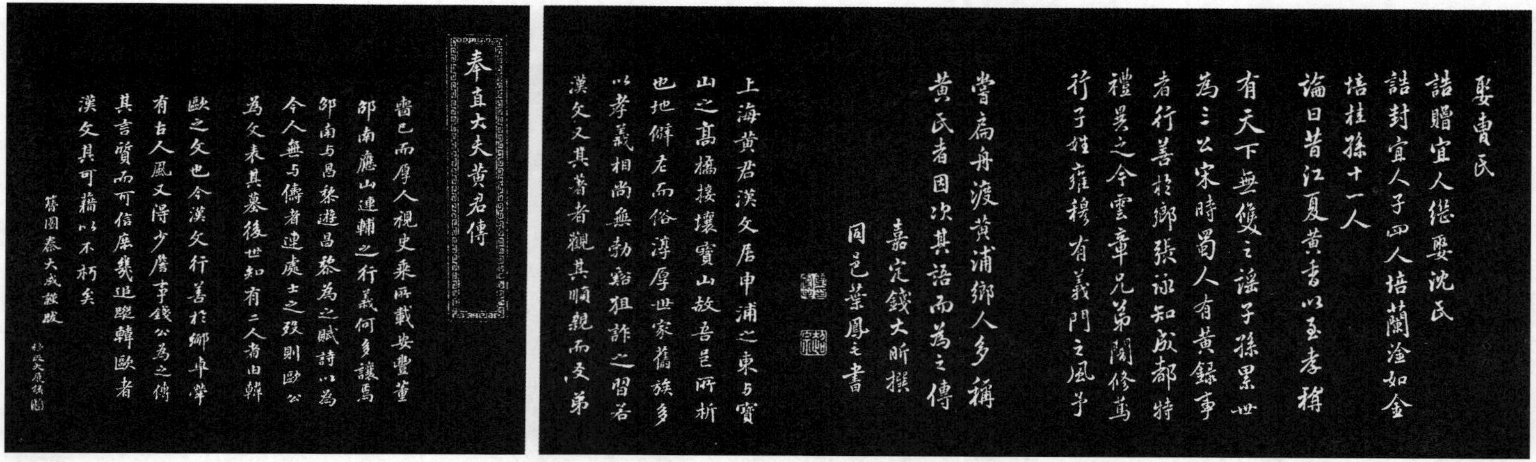
娶曹氏
誥贈宜人繼娶沈氏
誥封宜人子四人培蘭淦如金
培桂孫十一人
論曰昔江夏黃香以至孝稱
有天下無雙之謠子孫累世
為三公宋時蜀人有黃錄事
者行善於鄉張詠知成都特
禮異之今雲章兄弟閨修篤
行子姪雍穆有義門之風予
嘗扁舟渡黃浦鄉人多稱
黃氏者因次其語而為之傳
嘉定錢大昕撰
同邑葉鳳毛書
上海黃君漢文居申浦之東與寶
山之高橋接壤寶山故吾邑所析
也地僻左而俗淳厚世家舊族多
以孝義相尚無勃谿狙詐之習若
漢文又其著者觀其順親而友弟

奉直大夫黃君傳

嘗已而厚人視史乘所載安豐董
邵南廬山連輔之行義何多讓焉
邵南與昌黎遊昌黎為之賦詩以為
今人無與儔者連處士之歿則歐公
為文表其墓後世知有二人者由韓
歐之文也今漢文行善於鄉卓犖
有古人風又得少詹事錢公為之傳
其言質而可信庶幾追蹤韓歐者
漢文其可藉以不朽矣
蔡園泰大成跋

素農庵碑記

（清康熙後期至乾隆十三年・？—1748年〔一〕　黃之雋）

韓子言：「古之民四，今之民六。」蓋事有大小，道有同異，是故士學稼，儒入墨，孔孟譏之。然而窮達繇乎遇，變通因乎時，寄託於農，以樂其詩書；交遊於釋，以守其田廬，則君子亦未嘗厚非焉。南匯石笥里之南，故處士姚樹棠居之，以儒爲業，教授里中，敦孝友，修身砥行，自食其力。晚無子，蓄館所入，買田數畝，築室所居之旁，若浮屠氏所謂精舍者，牓曰素農庵，耕讀其中以老。邑宰陳君書聯及扁爲贈。然則斯庵也，其即儒者之畝宮環堵乎？《甫田》之詩曰或耘或耔，又曰烝我髦士，厥兼而有之者。帶經而鉏，持竿而誦，漻然龐鄭之清風，而可訾其學稼哉。迨其沒也，以至於今，歲月深矣，庵漸荒圮，幾何而不墟其及門。楊維忠捐貲葺修，以完以固，延釋駐錫焉。十笏可棲，一犂可耕，以保永久。學博徐君既爲文勒石，又以予婿衛太學浩書來求記。慨夫俗之漓也，孰師死而克損己財，俾不廢墜其堂構者。人見佛燈幡刹之色煥而新，聞梵唄鐘魚之聲穆而深，食香積伊蒲之味甘而芬，謂開士感召，檀越響應，豈知處士讀書授業，能造就其生徒，故不忘淵脈以成斯美也。《梓材》曰：「既勤垣墉，惟其塗塈茨。」言能繼也。作室者而有知，魂魄不猶戀此乎？予觀其前創後因，師弟閒而皆合於儒者之道，未可與援儒入墨同日語矣，故不辭衰倦而記之，夫亦有取乎耳。

按：碑文錄自光緒《南匯縣志》卷一九《名蹟志》。

〔一〕未查得姚樹棠信息。作者黃之雋生卒年月為1668—1748年，跨康、雍、乾三朝。據文，黃之雋撰此文時已嫁女，當在中老年，故粗推撰文時間為清康熙後期至乾隆十三年。

鐵沙義學碑記〔一〕

(清乾隆十三年・1748年〔二〕　黃槐)

古者家有塾，黨有庠，術有序，國有學，無地無學，無人勿學，故其時風俗敦厚，有懷葛之休，以教之有數也，民生其間，抑何幸歟。邑治東南隅有川沙堡者，雖僻處海濱，而人都樸茂，咸知誦讀，雅不乏菁莪之澤，祗因貧富參差，不能戶戶延師訓迪，以致貧民之子每多失教，良可慨也。張君振南、瞿君瀛若，堡城之好善士也，惓念桑梓，欲建義學以造就人材，於乾隆七年夏，因同志田子京山呈請於督學使者。督學可其請，下諸郡縣，以董厥成。張君即捐田出資，構學舍數楹，延有士行庠生爲之師。於是一時負笈來遊者已踵相接，而四方慕義諸君子皆高其行，以良田助。余時方待銓休沐，與田子實左右其事，孤寒者至是可無失教之虞矣。荏苒數載，奈梗化者每視爲公所，司教者恒目爲傳舍，亦烏知三君之設學，鎔民善俗，如是其重乎哉？以故傾圮頹壞而莫知省也。戊辰歲，容城胡公復莅茲土，緣公事抵堡，見學舍摧圮剝落，風雨割其隅，霜露降乎席，喟然興歎曰：「此養育人材之地也，將坐視其廢乎？果有所不可也。」首捐清俸爲都人士倡，爰命重而新之，即又爲之詳請各大憲，命鐫諸石以志不朽。而余已出宰松陽矣，張君郵致其詳，余謝不遑。第思堡爲海邦之要地，其士必深於禮義，其民必習於教訓，而乃常恃以安。故瀕海莫不重學，而聲教之所訖，時鐵沙爲尤，其寧可忽乎哉？使居是職，其率生徒而肄業焉，日有課而月有程，獎其勤而繩其嬉，使得明於倫常性命之學、忠信廉節之行，油然而不能自已，則教化之源，其機已兆，庶幾於古之治矣，而何可不思百世之後，言念諸君姓氏於勿諼。

〔一〕道光《川沙撫民廳志》稱「鐵沙義學」，位於川沙城北門外；光緒《川沙廳志》稱「北門義學」。

〔二〕二志均載其建於清乾隆七年(1742年)。碑文述及該義學於乾隆七年初建和乾隆十三年(即碑文謂「戊辰歲」)重修事，初建時撰者黃槐「方待銓休沐」，重修時已「出宰松陽」，與文尾落款相符。故此推測碑文約作於重修時，即乾隆十三年(1748年)。

余故不揣固陋以記其事云。

賜进士出身、浙江處州府松陽縣知縣、前山西解州太平縣知縣黄槐書於浙西官舍[一]。

計開助田姓氏[二]：

知縣李泰捐俸銀三兩

川沙營守備李大倫捐俸銀三兩

例監張振南捐十七保十二啚絕田十畝三分[三]又瓦房四間

文學陳固初捐十七保三十四啚田六畝

貢生丁向晨等共捐田二十畝

按：碑文錄自道光《川沙撫民廳志》卷二《建置志·義學》。光緒《川沙廳志》卷二《建置志·義學》亦錄此文。

〔一〕賜进士出身、浙江處州府松陽縣知縣、前山西解州太平縣知縣黄槐書於浙西官舍：光緒《川沙廳志》無。

〔二〕計開助田姓氏：光緒《川沙廳志》作「捐資姓氏」。

〔三〕十畝三分：光緒《川沙廳志》作「十畝十分」。

南匯縣杜浦新增義塚碑記

(清乾隆十八年·1753年　陳焱)

凡物化形魄喜入地,而五行之義,專棲勝散,神散成厲,形散成塊,五候灰燼,六用冰渙,精斁質敝,求止其所,情應爾也,故媼序思鄉里,伯桃爭寢室。夫焉有殘魂廢骼銷磨寒雨沙蟲之野,而其鬼不痛吟者哉!杜浦,邑之巨落,蔚然千家,地非不廣,田疇非不美,利民之養生送死,非盡不贍也。顧俗惑占葬,尚屋厝,子孫散失,積成暴骸,甚者貧無以瘞,委頓荒井,尋用火化,筋骨爲野。官司弗籌其道,鄉士大夫無激於義,則風俗陵夷,輕先棄死,又何誅焉。乾隆壬申,余攝縣事,首舉掩骼,邑士金在田輩力贊成之,計收二千七百餘骸。隨有里生于子公棋白於官,捐田爲塚,縱横數畝,埋棺骨幾百件。此敦狥豈弟者之所樂爲,席豐擁厚者之所弗道,官司亟亟求之,而未敢强於其人者也。且夫漆燈魚火,增城重堧,自以不朽。及人代湮没,羊踐豕牧,行道弗顧。夫人死就土,雖一抔之地,六尺之塚,布衾藁席,其分至足,安見聚骸比葬,纍纍千百塚之骨,必焦苦於螭首生金,魚膏照玉之塚之骨也乎。吾故欲盡燔《青囊》《狐首》《洞林》《金鎖》諸書,使占葬家弗惑吾民,更置廣畝收遺骼,而舉于子之好義,榜於九衢,以勸來者,則衆善激起,事捷而功倍。冬青白榆下,畧無淒苦聲,庶有豸乎。

乾隆癸酉中夏,攝縣事、蘇州水利郡丞、終南陳焱撰記。

按:碑文錄自乾隆《南匯縣新志》卷一五《雜志·義塚》。光緒《南匯縣志》卷三《建置志·義冢》亦錄此文。

綠雯庵義學碑記

（清乾隆二十二年・1757年〔一〕 薛清來）

丁丑仲冬月予蒞斯土，於今三載矣。政事庸拙，補苴未遑，猶幸年來風雨時若，萬寶告登，瀕海之區，歡聲四達，太平盛事，於百里已可覩焉。維國家敷布良規，教與養兼資其治，我皇上崇儒重道，文教誕敷，跂行喙息之倫，莫不仰蒙漸被，浹髓淪肌，興仁講讓之風，夐乎至矣，良由黨庠術序之規立，而仁義禮樂深切著明也。是造物生才故不擇地〔二〕，十室必有忠信，而單寒側陋豈無秀民？況偏僻之鄉，風趨樸茂，人心慕古，則士氣易新。於此而不設之坊誘掖獎勸，俾孤寒之士盡得師承，亦何以仰體盛朝培養之心，而廣教化美風俗哉？紳士張介封，樂善不倦，卜古刹綠雯菴隙地建文昌閣，於其後倡舉義學，捐田以裕其資，設師授徒，慕義者佽之，幾年乃成。於乾隆十九年具呈請定其規，學憲夢公嘉之，即給金匾「功在興賢」，並以其請下郡縣。經前任張公世友具詳各憲，褒揚備至，而義學聿新，皆善士張介封之力也。夫深山大澤，眾材所生，其間必有欹斜不中繩墨、卷曲不中規矩者。澤以雨露，播以陽和，小之呈莞特之姿，大之則爲楨榦，爲棟樑，亦在造就之而已。則是舉也，將徵小學大學之功，馴至小成大成之漸，將以覘民風之淳茂、大化之翔洽也。師道立而善人多，良不誣歟！世維隆治，文質均調，固不特撫豐年之玉以聽詠歌，且使風塵下吏將以春誦夏絃，以鼓吹休明也。猗歟盛哉！不揣固陋，援筆而爲之記，勒諸石以永其事，使爲之逕途及義舉之由來，垂於久遠。邑中人有顧名而思義者，余說庶有采焉。

〔一〕道光《川沙撫民廳志》：「綠雯菴義學，乾隆二十二年張介封等捐田三十八畝創建，旋廢。」據此推碑文約作於此時。
〔二〕是造物生才故不擇地：光緒《川沙廳志》作「是故造物生才不擇地」。

知南匯縣事薛清來撰〔一〕。

按：碑文錄自道光《川沙撫民廳志》卷二《建置志》。光緒《川沙廳志》卷二《建置志》亦錄此文。

〔一〕知南匯縣事薛清來撰：光緒《川沙聽志》無。

頂濬都臺浦碑記

（清乾隆二十四年·1759年）

南匯縣知縣薛清來、曹襲先爲遵例傍塘自後籲請勒石頂修等事。乾隆廿二年十一月初八日，奉本府張批，據紳士王學曾、陸炳忠、劉嗣基、朱有善、劉嗣向、凌學恒、王煜等呈稱，自雍正四年分縣，建倉周浦，而閘港以南，東西三十餘里，各區啚必從都臺往到倉，實屬往來通津運漕要道。從前開濬閘港必議並修，緣承委之員往往目爲帶修，不能盡心督率，以致屢無工次，漕運維艱。某等幾次呈請將六十八、五十一、六十三、三十四、三十九、七十、十六、七十三、三十五啚等傍塘八啚頂濬都臺浦，惟因未經議詳勒石，尚無成憲恪遵，久失疏修，漸成平陸。爲敢具呈環叩，俯念漕儲重務輓運要河，恩飭議詳勒石頂濬，委督開挑，以通漕運等情，奉批，仰南匯縣勘議通詳核奪等因，奉經前縣薛清來移委糧衙劉翥丈勘集議去後，旋准，復勘得該河，南自航頭鎮環橋起，北至下沙鎮北朱箍桶港止，計長一千一百四十三丈；又自下沙鎮往東至太平橋止，計長二百丈；又自鎮往西至吉利橋止，計長四百丈；通共長一千七百四十三丈。幷集保正糧戶公議，八啚稻額共田二萬七千四百餘畝，核之河身計田一十六畝、濬河一丈，業食佃力並無偏枯，築壩料工亦按額分認。事出至公，眾情悉協，永遠頂濬，無煩再派等因。即經薛前縣繪圖，於二十三年九月十八日據情通詳去後，奉巡道朱、布政常、巡撫陳、總督尹各憲批開：既據該縣查明，出自士民情願，並無抑勒派擾，應如該府縣所請，准其頂濬，免派別項差派，勒石永遠遵守，須至碑者。

乾隆二十四年六月　日立。

按：碑文錄自光緒《南匯縣志》卷二《水利志》。撰者不詳。

寶山縣爲張永昌等樂輸義渡告示碑

（清乾隆二十四年·1759年）

江南直隶太仓州宝山县正堂加三级纪录三次刘，为乐输义渡吁详勒石等事。奉□□州正堂王批，据本县详，据绅监张永昌、锺和节、黄为绶、张圣文、朱圣德等呈称：江東八都海口，过渡艰难，各愿捐田置买船只，设立义渡，利济往来便民，呈请勒石，以垂永久，转详立案缘由，奉批：捐资设渡，临涯无病涉之嗟虑，始图终善，事有经久□□。张永昌等利济为□，□堪□尚，仰即勒石渡口，以垂永久，仍候各宪批示，缴。又奉分巡道朱批开：「张永昌等捐田□□，利济行人，洵为善举。仰太仓州速饬勒石永遵，取具碑摹同在船舵水不致□□私索甘结送查，并候两院宪暨藩司批示，缴。」又奉布政司常批开：「查张永昌等捐田置船，设立义渡，以济行人，诚属可嘉。仰太仓州转饬立案，并令该县出示晓谕，勒石遵行，□不时稽查，毋任渡夫藉此索措。仍候督抚二宪暨巡道批示，缴。」又奉苏抚部院陈批开：「宝山县士民张永昌等捐田置船，设立义渡，利涉行人，殊可嘉尚。仰布政司转饬立案，并勒石渡口，以垂永久，取碑摹送查。仍禁舵水人等，不许私索多装，停留措延。如违即令原捐士民禀报革换。仍候督部堂批示，缴。」又奉总督部堂尹批开：「张永昌等各愿捐田，设立义渡，利济行人，深属可嘉。据议经理事宜，亦已妥协，仰苏州布政司会同按察司，核明转饬立案勒石，以垂永久。仍候抚部院批示，缴。」各等因到县，奉此，合亟勒碑晓谕永遵。为此示仰阖邑士民并水手过往行人等知悉：嗣后江東义渡，不取渡钱，均以十人为率。倘有紧急公事，即人不及数，准其随到随开，毋许久停勒措。如有不肖水手违索，及船□不固，许原呈过渡人等禀究，斥革另募。倘有私渡争阻，隐射渔利，一经告发，立拿究治，决不姑宽。凛之！慎之！须知碑者。

计开捐田原呈各户：

张胜文陆亩又捐置船银叁拾两

监生张永昌拾亩　监生齐为□肆亩

监生蓝成章叁亩　贡生孙　昌叁亩

监生顾端容贰亩　监生唐逸天贰亩

职监鍾裕成贰亩　监生蔡美正贰亩

贡生陆御天叁亩　监生张方尧壹亩

监生朱胜德伍亩　监生傅文安叁亩

监生凌肤仲贰亩　监生顾允嘉贰亩

监生顾汝泰壹亩　监生辛殿臣壹亩

以上共捐田五十二亩

捐银置船各户：

瞿弘规叁两　沈济英贰两肆钱　蔡凤来贰两　孙瑞征贰两

许□章贰两　陆德孚壹两　孙晋年壹两伍钱　瞿济升壹两二钱

凌文涛壹两二钱　殷景扬壹两二钱　沈宗彝壹两　孙云襄壹两

沈经文壹两　朱慎修壹两　戴其章壹两　王俊侯壹两

徐弘声壹两　程元□壹两　蔡德元壹两　黄克咸壹两

黄介臣壹两　黄英初壹两　黄纯武壹两　黄宪章壹两

黄德馨壹两　周□序蓬壹扇

知县　刘　霖

主簿　朱　云

典史　温可仕
巡检　许六息
乾隆貳拾肆年貳月　日

按：碑文錄自《上海碑刻資料選輯》。該書錄作簡體字，并謂碑仍立於浦東新區高橋草高路草庵壁間，編者未能見得。

建川沙公廨碑記

（清乾隆三十年・1765年　楊長林）

建公廨記[一]

朝廷設官，恒重守土，而沿海一職參之，設險以守固，即古之録事參軍，爲郡縣之紀綱、車轄也。綱弛則目疏，轄抗則載輸，故同知與親民之官最相維繫。川沙係上洋舊鎮，東濱大海，西控申江，支流蜿蜒，於此歸束，實爲松郡要地。嘉靖三十六年，撫按題奏設城，立有百戶。至我朝康熙初年，移駐叅將、守備各一員。雍正四年，析上洋爲南匯縣，川沙遂屬南匯地，駐將備如故。乾隆二十四年，上允大中丞之請，添設海防同知一員，並駐川沙，以資彈壓。予承乏是官，至則塵囂雜處，虞[二]無以肅觀型，用是相度署基價，買民地於城之東隅，刱造公廨。周垣重門，前堂後寢，計費不貲，竭捐廉俸，不日而規模粗具。士民聚而觀曰：「此海防清軍分駐之公廨也。」予覺凜然，重以自惕：古人甘棠聽政，興歌勿替，職斯任者，可不顧名而思義乎？帶海隄防，當何以鞏固而使之有備？私鹽充斥，當何以弭戢而使之無犯？汊河支港，當何以疏濬而使之蓄洩有資？必也贊理扞禦，永息鯨氛，斥鹵奥區，安同磐石，俾諸邑士民共享魚鹽之利，優遊化日之中，庶不負聖朝設官分職之盛心，豈可視爲傳舍而宴忽居之歟？爰作記以自勖。

[一] 光緒《川沙廳志》作「楊長林建公廨記」。
[二] 虞：光緒《川沙聽志》作「慮」。

乾隆三十年，歲次乙酉，季冬穀旦，鐵嶺楊長林識并書〔一〕。

按：碑文録自道光《川沙撫民聽志》卷二《建置志·衙署》。光緒《川沙廳志》卷二《建置志·衙署》亦録此文。

〔一〕乾隆三十年歲次乙酉季冬穀旦，鐵嶺楊長林識并書：光緒《川沙聽志》作「乾隆三十年歲次乙酉季冬穀旦書」。

華氏宗祠祠田碑記

（清乾隆三十二年·1767年　姚國光）

祠田碑記

橫沔杜甫亭華氏，世居毘陵之無錫，明初洪武間，曰太行公者始遷於此，歷今四百餘載。瀕海風俗，建祠祀先者甚少，故華氏亦未有宗祠。乾隆初年，有翰叨、省齋兩公，念先靈之未有祠也，與族衆謀，始建祠扵杜浦亭之河東。祠內奉有南齊孝子公、南宋原泉公、始遷太行公三主，溯本原也；又有太行公之子公重公、公重公之子一真公、一拙公、義文公四主，明支派也。七主皆得享蒸嘗之祀，其餘仍各祀其家，豈敢有遺哉。粢盛樽俎奠享之物，餕餘飲福助祭之需，未克取資不匱，姑存簡略，以俟後之賢且孝者踵而成之爾。客歲丙戌，有已故太學生諱錫豐之遺寡鈕氏，儒家女也，素諳大義，慨然曰：飲蘗凜霜，闔門塊守，未亡人分定之常。苐宗祠內尚多未入之主，弗克與遠祖遠宗同饗一室，猶為闕典。言念及此，心甚不安。告知合族，獨割腴田二十畆，永遠歸祠以廣祀事。懼久而廢棄，酌舉一人管理，造具細冊，五年輪易。又念族繁祠隘，議定冢子冢孫及本支直下當入者外，惟敦實、行勵、名節、列膠庠、登科第卓卓可稱道者，又克續捐田畝致宗祠世世勿替者，不論遠近支派，均得入祠。若庸碌之徒，又非的派，概不之許，具呈當事，勒石永垂。嗟乎！鈕氏一寡婦也，家業僅堪度活，獨能廑念祖先，捐田廣祀，又慮遠思深，規條詳晰，不特栢舟矢志，可與古賢淑比烈，其孝行之大而且遠，并堪為鬚眉丈夫型范矣！識者曰：「惟若是，始無忝乎孝子公後裔之婦。」是為記。

祠田坐落十七保三十八啚：二百三拾八号一畝八分一厘六毛，伍百三十七号一畝九分八厘一毛，五百三十九号五畝九分，五百四十号三畝五分，五百四拾一号池三分二厘三毛，伍百四拾二号二畝六分二厘六毛，五百四十四号六分七厘四毛，五百四十五号三畝一分一厘八毛。

乾隆三十二年，歲次丁亥，正月穀旦

同里姚國光拜撰

鶴坡葉柱篆額并書

按：碑文錄自原碑。該碑原存華氏祠堂（浦東新區黃樓鎮棋杆村杜甫亭廟東側），浦東新區檔案館於1998年10月征集入館，立於該館川沙點辦公樓前。碑係青石質，高180釐米，寬66釐米；碑額雕「雙龍戲珠」圖案，篆刻「易替引士」四字。碑石完整，刻字清楚，刻文14行，滿行48字。

華氏宗祠祠田碑記拓片

重建欽賜仰殿碑記

（清乾隆三十五年・1770年　清泰[一]）

重建欽賜仰殿碑記

江蘇松江府上海縣正堂加五級紀錄五次清為環請立案以保古殿事。據生監陸文彩等禀稱，坊生地方有□……□欽賜仰殿係東嶽□……□志，共□十餘間，基地六畝，其漕白二糧係倪、姜、茅三姓代完。奈貧富既殊，□良又□，以致□……□住□不克□……□。修□□□□生等念□□□□□□□□□償三姓漕白改立住持戶名，捐契呈電並得四方樂助，現□□□□滿已請誠實僧人□……□□□□里□……□□□□保□□□□田畝為僧種作口食，意謂僧有食，殿有守，久遠可保。細思古之視今，□今之視昔。第□□□□□□主殿□……□□□□□轍□□□□□難逆料，或僧賣田畝，或地棍擾累，殿僧均未可定，為此，敘實陳明，□請□□下□□□立案俾□……□□殿□係□□□□□□合行，□禁二□，為此，仰該地保□人等知悉。照得欽賜□□□□□□□□□□□□住持□助田畝，殿宇永聽殿僧管理耕食，毋許地棍借名田主、殿主□擾□□侵佔□畝，如敢□……□持亦宜遵守無違，須至碑者。

計□：□□□□□保二十啚潔字圩七百九十五號，五畝二分；七百九十六號，三分三厘；七百九十七號，九厘五毫□……□又□□□□號上田四畝□……□。

□□□：潘吉仁、葉芳華、陸文彬、周重威、成文麒、羅上九、陸文彩、張兆杰、張均、陸如蒼、吳寶海、姜廷玉、顧鳴

[一] 嘉慶《上海縣志》卷七《壇廟》載「國朝乾隆三十五年重建，知縣清泰有記」，再據碑文所言，推測碑文當由上海縣知縣清泰撰於欽賜仰殿重建工成之時。

玉、朱約章、趙詠周、潘屺瞻

□□：邱良九、邱日章、張松齡、陸獻臣、趙天竒、□雲山□……□

馮玉衡、邱載寧、潘瑞徵、馮三振、張鳳翔、张聖彬□……□

張承始、張惟中、楊成憲、賈周揚、黄協中、□聖□□……□

沈文照、趙人瞻、潘履中、張洪源、黄士高、張□□□……□

沈斯振、計鳳山、潘瑞中、陳雲鵬、黄建中、張□高□……□

石正始、張文衡、潘靜遠、李人鑑、姜敬修、□□□□……□

潘九皐、張重□、張敬安、葉振南、姜萬春、□□□□……□

沈士廷經□□□□姚志山　□□□東□……□

張承始、沈文照、、張□□、、楊成憲、潘殿中、潘瑞中、潘靜遠、張敬安、姚志山、賈周揚、張洪源、、□□□、

□……□

按：碑文錄自原碑，撰者不詳。該碑現存欽賜仰殿（浦東源深路476號），嵌於該殿左側内壁。碑面有明顯鑿擊痕跡，損毁嚴重，尤其碑額及底部字跡已無法辨認。碑爲青石質，高186釐米，寬53釐米。碑文大字12行，小字姓名8行。

重建欽賜仰殿碑

大灣餘慶橋碑記

（清乾隆三十六年・1771年）

環橋碑文

聞太上立德，其次立功，為戴高履□之身。無以垂不朽於天壤，與草木同腐而已。此百世流芳之説。□……□於海隅宜存，必於利物，況修數百年崎嶇之路，造千萬人往來之橋，其名功也。實而其立名也永□……□四達之同動，襟大灣而帶虹橋，控川沙而引龔鎮。一絕則千夫傾難，一通則萬姓歡騰，□……□同降皇□，故樂輸之誠，均能繼善，爰□□君之力聿與重建之功。聞重修之事□神以五丁□□□□為□……□成厥功者，或以當官鈞，或以之物名，或以耆□為一鄉之□，或以□□□□有之翁同不□……□，□□□念其名以想念其為人，若舍此千秋之偉績，而□一□□□□□□奈何□金石□……□也。夫是以□山蒼蒼，海水泱泱，諸君子之□山高水長。□……□

大清乾隆三拾陸年，歲次辛卯，春月吉旦立。

里人□……□

按：碑文錄自原碑，撰者不詳。該碑由柴志光先生於2000年4月走訪大灣水道時發現，碑文即此抄錄而得，本書採其所錄。據柴志光先生在《浦東石建築踏訪記》中所述，碑為青石質，高160釐米，寬50釐米，厚20釐米；碑額與碑身相連，高35釐米，刻「環橋碑文」四字。碑石被村民用作水橋石，洗衣磨刀，碑文損毀嚴重，只能識得部分文字。

大灣餘慶橋碑碑額

大灣餘慶橋碑

龍樹庵碑記略

（清乾隆三十六年·1771年　金惟翁）

我鄉龍樹庵，創自前朝，廟貌未隆，衹有前殿一所。里中信士瞿衷惟、施玉振、淩德明等議建觀音後殿，無如數費浩繁，迄無成算。竊念我鄉巾幗富施氏，好善樂施，芳名素著。惟翁等躬往勸募，蒙氏毅然力任，慨允百兩，竝捐一團蕩田五畝，又捐建庵前石橋一座。自是佛前香火、僧人衣食得所取資，而行旅往來亦遂稱便。爰將經過情形，竝勒諸石。時乾隆三十六年嘉平月。

按：碑文錄自民國《南匯縣續志》卷二一《方外志·寺院補遺》。

黃雲師傳

（清乾隆三十八年至四十九年間・1773—1784年〔一〕　彭啓豐）

黃雲師字騶書，候選布政司理問，松江上海人。父衡松，生子二，長為章，次即雲師。雲師幼習舉子業，長而獨理家政，暇即泛觀諸史及宋明諸儒書，以孝友樂赴人之急，兄歿後撫兄子四人如其子；戚族中有匱乏者必周之。所居鄉十里潮汐衝突，橋梁數圮，渠道塞，雲師糾衆脩治，鄉人賴焉。乾隆二十年大饑，吏勸富人煮粥以賑。雲師曰無益也，民飢而來，雖得粥且不飽，人有候伺填溢之患，不如捐錢給之。乃自為倡，即所居五十二圖驗其最貧者，別大小口，大者日給錢二十，小者半之，家給一令，民持票取錢。按圖之次五日一周，民不勞而得食，所活者甚衆。母張安人，年九十，戒不得為壽，雲師乃捐貧人租負共若干金，曰以是為母壽也。嘗建宗祠，合祀六世祖以下之主。春秋享祀，會祭者百餘人。三十八年夏，有疾將卒，時母不在，乃強起，北面再拜，囑子女至善事吾母，還就寢而卒，年六十。子森。贊曰：《周禮・地官》施教法於州黨，使之相賙相救，雖有凶荒疾疫之災，而民得免於患害，由此道也。然其權實自一二富者操之，故保息之日終以安富，先王之所以為斯民計者，至深遠矣。今黃君業粗饒即汲汲好善若此，尤足嘉也。予故傳之，以為世勸云。長洲彭啓豐撰，青浦陸鴻繡書，吳縣穆大展鐫。

按：碑文錄自碑石拓片。拓片藏於浦東新區文物保護管理所。碑現藏於高行鎮社區文化中心，編者未能見得。據柴志光《浦東石建築踏訪記》記述，黃雲師與其兄黃雲章的傳記共6塊石碑，曾被嵌於黃家酬志堂的墨花樓大廳牆上，石碑未見史籍記載。碑以正楷刻文，共30行，滿行16字，每5行外加一邊框。

〔一〕據文，黃雲師卒於清乾隆三十八年夏，落葬時間不詳。據考，撰者彭啓豐卒於乾隆四十九年，故此推斷撰文時間為乾隆三十八年至四十九年間。

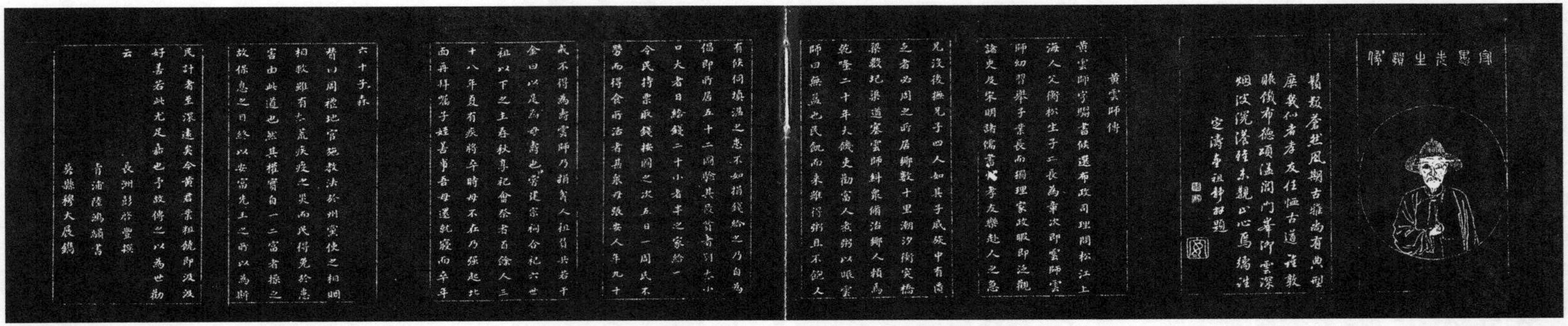

黃雲師傳拓片（出自《高行古韵·今律》）

重修川沙城碑記

（清乾隆三十九年・1774年　成汝舟）

修川沙城記〔一〕

南邑之北五十里爲川沙營堡，地近海涯，窪水積深，海舶易入。明嘉靖時，島夷内犯，此其登陸之所，乃增兵築城，以堵禦之。城廣四里，高二丈八尺，址濶三丈有餘，爲門者四，樓如之，繚以月城，街衢交絡，廨宇翼如。今司馬、叅戎兩公駐此，居民營房錯處其中，是川沙一城亦要害地也。朝廷德威遠播，舉日所出入之方，莫不入貢來王，寰宇清宴，蓋百有餘年矣。因歷久未修，城垣多圮，然設險守固，有備無患，在未雨時籌及焉。辛卯春，汝舟承乏於此，時早奉部文，各縣皆以次第〔二〕興修。上憲以南匯一邑獨繕二城，工費浩繁，故縣城動公川沙閫〔三〕項。舟世受國恩，遂自請捐修，而實無其資，亟爲措置，竭盡綿力。乃埴甓鳩工，塌者累之，損者補之，剝者粘之，裂者彌之。三十七年三月開工，八月告竣，凡五閱月。周而量之，爲丈者三百九十有三，爲尺者七，計工料費二千三百九十兩有奇。於是譙櫓繚垣，埤堄雉堞，向之損塌無存者壘壁一新，剝落欹坼者整修無缺，雖非金湯之固，而崇墉屹立，亦可以捍外内矣。夫經理一切，救於既患，不若保於未然，用力少而爲工易。不觀夫治河堤者乎？一有罅漏，即時補塞，故不致横決費工，城垣亦猶是也。且各郡修築，沙土不同，有未可一視者，蓋沙本不摶〔四〕，即合灰磚，終難膠固，祗能堅立數年，未得一勞永逸。南匯

〔一〕光緒《川沙廳志》作「成汝舟脩川沙城記」。
〔二〕次第：光緒《川沙聽志》作「次」。
〔三〕閫：光緒《川沙聽志》作「闕」。
〔四〕摶：光緒《川沙聽志》作「搏」。

埣沙斥鹵之地，而川沙更窪積之所，加之風潮之鼓盪、淫雨之淋漓，尤易傾坍，此無他策，惟在平時隨損隨修而已。夫事不患於不成，而患於易壞，昔歐陽文忠公云：「古之人捍患興利，作者未始不欲其有成，而繼者常至於殆廢。」使其繼者皆如始作之心，天下豈復有遺患乎？舟常欽佩斯言。兹城已修築堅完，則保護永固，無俾墮壞，得以久歷年所，能不大有望於繼此之君子哉。是役也，不費公家一錢、民間一粟，獨力營成，以保障此邦之民，即仰報國恩之萬一焉爾。爰伐石以記之，與夫城垣丈尺、工料若干及修補年月，俾後之人有所攷焉。

乾隆三十九年四月立石，南匯縣知縣、山右成汝舟撰書〔一〕。

按：碑文錄自道光《川沙撫民廳志》卷二《建置志·城池》。光緒《川沙廳志》卷二《建置志·城池》亦錄此文。

〔一〕乾隆三十九年四月立石，南匯縣知縣山右成汝舟撰書：光緒《川沙廳志》作「乾隆三十九年四月書以勒石」。

重建川沙長人鄉廟碑記

（清乾隆三十九年・1774年[一]　張浤）

重建長人鄉廟碑記[二]

重建長人鄉廟成，紳士請予爲文勒諸石。予進而問之曰：「斯廟之創也，我不知何時，所祀不知何神，今之聿新者何爲，其果合祀典與否，而屬記於予？」僉曰：「嘗考《周禮・大司馬》，仲秋祀方社；《甫田》之詩曰以社以方；《良耜》之序曰秋報社稷，大夫以下成羣立社，曰置社。《孔疏》言居滿百家則得立社。長人鄉有廟，創自嘉靖間。釐正祀典時，上海通邑有高昌、長人二鄉，鄉各立廟以祀土地之神。在《左氏傳》，后土爲社，土地之謂也。雖社壇而廟屋，於古稍異，然雨暘時若，有求必應，殆與祈年方社之舉，未始不脗合焉。自是以來，我鄉奉之者已數世。今幸遭際隆平，無水旱疾疫之災，引養引恬，豈非神之介我稷黍，穀我士女，以長享此盈寧之樂也。而忍覩其湮沒於荒榛斷梗中，而莫之或顧歟？是用詢謀僉同，率先者若而人，勷助者若而人，裒錢六百緡，用人之力積千工，良材甎甓之屬不下數十萬。鳩工於四月之望，閱兩月而告成。今而後妥侑有所，時祀有常，庶幾答神貺，而迓休祥，求合乎《周官》《甫田》之意，非敢以不經妄誕之祀，瀆公之文也。」余曰：「然。諸君之爲是役也，好古秉禮，洵可書矣。」遂次其語以記之。松江府海防同知張浤撰[三]。

按：碑文錄自道光《川沙撫民廳志》卷三《建置・祠廟》。光緒《川沙廳志》卷五《祠祀・私祀》亦録此文。

[一] 據道光《川沙撫民廳志》卷三《建置志・祠廟》載：「長人鄉廟，乾隆三十九年里人重修。」故此處記作「乾隆三十九年」。

[二] 重建長人鄉廟碑記：光緒《川沙廳志》作「同知張浤重修長人鄉廟記」。

[三] 松江府海防同知張浤撰：光緒《川沙廳志》無。

趙文哲神道碑

（清乾隆四十年·1775年　吴省欽）

南匯吴省欽譔〔一〕

贈奉政大夫、光禄寺少卿、前戶部河南司主事趙公神道碑文〔二〕

乾隆三十八年春，定邊將軍、大學士温福次〔三〕昔嶺討金川酋。六月己丑朔，美臥溝失守；戊戌，將軍以師退距木果木北領〔四〕不數里，歿於陳，戶部河南司主事趙公死之。越九日，予聞自雅州試署，爲位哭之〔五〕。又三〔六〕旬，聞詔贈先禄寺少卿〔七〕，入祀昭忠祠，予祭葬，馳驛歸里，蔭一子入監讀書，期滿予官。是冬，小金川復平。明年二月，孤秉淵自京返旐，而以書抵蜀，先請爲隧道之文。嗚呼！公詩名在天下，節義在國史，有子世其業，死亦可無憾。而予言尤有信者，憶戊子冬，予使黔歸次淇縣時，公坐漏言逮問盧見曾事落職〔八〕，從雲貴總督今將軍阿桂〔九〕討緬賊入滇，驚相遇於

〔一〕南匯吴省欽譔：《白華前稿》無。
〔二〕贈奉政大夫光禄寺少卿前戶部河南司主事趙公神道碑文：《白華前稿》作「贈中憲大夫光禄寺少卿前戶部河南司主事趙公墓碑」。
〔三〕温福次：《白華前稿》作「温公福次」。
〔四〕領：《白華前稿》作「嶺」。
〔五〕爲位哭之：《白華前稿》作「爲位以哭」。
〔六〕三：《白華前稿》作「二」。
〔七〕先禄寺少卿：標題作「光禄寺少卿」，此處寫法應為誤，《白華前稿》亦錄作「光禄寺少卿」。
〔八〕公坐漏言逮問盧見曾事落職：《白華前稿》作「公坐漏言前運使盧見曾逮問事落職」。
〔九〕阿桂：《白華前稿》作「阿公桂」。

道，倚枯柳，相泣語，移時别。其明年，今將軍拜副將軍，公從經略大學士傅恒〔一〕出萬仞關，歷猛養、猛拱，攻老官屯。十一月，緬酋降，而公病先入關，以薦得旨候引見。又明年，從副將軍駐騰越防秋。又明年辛卯十月，討小金川，公從將軍温福〔二〕自永昌疾馳二十晝夜抵成都。明年十二月，小金川〔三〕平，遂移討金川，會余〔四〕視學入蜀，謂賊平可與公亟見。而秉淵亦從余而西，以次年閏禊日返。自木果木軍營傳語，余甚悉時公已遷官，不三月而變作。凡從軍六年，至是而授命焉。嗚呼！難言矣。公長予五歲，丁卯秋以詩相質於舉場，始定交。自後，王光禄鳴盛、吴舍人泰來、王考功昶、黄司諭文蓮、錢詹事大昕、曹中允仁虎在蘇州與公爲七子詩，傳至日本，其國相高棅爲七律，人贈一章，寄估舶以達，人艷稱之，而其後多自以少作爲悔。錢以辛未奏賦行在，授内閣中書。至丁丑，而王與曹繼之，予亦與是選，始過公高行之居。癸未春，兩家聯舫入京，僦屋同與居。後三年，予弟攜家亦至，居始析。公兩放會試未得列館職，而書局總裁官歷舉公分修《平定準噶爾回部方畧》、《御批歷代通鑑輯覽》、《大清一統志》及未成之《音韻述微》、《鑑古輯覽》、《熱河志》諸書，且俾總校均計日程課〔五〕。自余入詞館所纂書尚多，然不及公十五六，而公又以其間寅入酉出，儤直草詔令，賦詩談讌俱不廢，或賣文以佐禄入所不逮。去年春四庫全書館局開，一時績學之士多奏名入翰林賜進士，其與公同獲罪者皆起，而公積軍功稍遷。遇變又不爲同行者之茍免，設公舉禮部必不直軍機，不直軍機，人知公學之博說之長，而不知才之足倚以決事，卽一言不密又非出有意，退而授徒著書，亦足以開益於人而傳於後。乃援薦援留輾轉再四，至以身殉，爲可哀也。然公自爲高才生〔六〕，有忌而巇以隱事者，其人後獲一官以死〔七〕，視之猶蒯首之一吷，即東

〔一〕傅恒：《白華前稿》作「傅公恒」。
〔二〕將軍温福：《白華前稿》作「温將軍」。
〔三〕小金川：《白華前稿》作「小金」。
〔四〕余：《白華前稿》作「予」，下同。
〔五〕且俾總校均計日程課：《白華前稿》作「均計日程課」。
〔六〕然公自爲高才生：《白華前稿》作「公自爲高才生」。
〔七〕其人後獲一官以死：《白華前稿》作「其人後公官中書以死」。

華車馬不失職之文人，所辛勤而僅有者不朽果安在也。夫亦可無憾爾矣。公諱文哲，字損之，號璞函，世爲上海人。學使者以謂孝友純密舉優行[一]。壬午，獻迎鑾詩賦，御試一等第二名，欽賜舉人[二]，授內閣中書，遷戶部河南司主事，特贈奉政大夫[三]、光祿寺少卿。曾祖廷炳[四]，祖宏璧[五]，國子生候選州同知。父紳，歲貢生。兩世以公故贈徵仕郎、內閣中書。祖母張氏，母張氏、吳氏皆贈孺人。配張恭人[六]，側室萬孺人。子秉淵，承蔭國子生[七]，秉沖、秉涫、秉治、秉洽，女一淑，孫一[八]。所著《羣經識小錄》若干卷、《文集》若干卷、《嫏雅堂詩》十二卷、《藏海廬詩》四卷、《娵隅[九]集》十卷、詞四卷。其歿也，距生雍正三年九月二十九日，年四十有九，以乾隆乙未年閏十月十五日，葬於上海縣高昌里[一〇]。係之銘曰：

黄歇浦東，厥壤鹵斥。挺生我公，百夫之特。其出以庶，匪産是居。繄文是富，繄儒是臞。中歲服官，榮自稽古。書局重申，機庭旁午。片言召釁，萬里行軍。論才密請，公胡不聞。瘴雲際海，雪山沒徼。六戴寢戈，萬壽拜誥。揃爪截髮，緘題自滇。致命自蜀，中素定焉。傳有文苑，史有死事。公也兼之，啓佑仍世。浣花之溪，有祠慰忠。以公首祀，僉侑且恫。謂公罔恫，人孰無死。泰山鴻毛，烏鳶螻蟻。英英毅魄，煌煌賜阡。我厚且故，序言不衍。

按：碑文錄自《忠臣趙氏支譜·上卷》。《吳省欽文集·白華前稿》卷二二《墓碑墓表》亦錄此文。

[一] 以謂孝友純密舉優行：《白華前稿》作「以孝友純密舉優行」。
[二] 獻迎鑾詩賦，御試一等第二名，欽賜舉人：《白華前稿》作「應南巡召試賜舉人」。
[三] 奉政大夫：《白華前稿》作「中憲大夫」。
[四] 廷炳：《白華前稿》作「繼膺」。
[五] 宏璧：《白華前稿》作「璧」。
[六] 配張恭人：《白華前稿》作「配張恭人，後公七年卒」。
[七] 承蔭國子生：《白華前稿》作「廕內閣中書」。
[八] 秉沖、秉涫、秉治、秉洽，女一淑，孫一：《白華前稿》作：「秉沖，監生，入直懋勤殿，學泗，醴源，學海，女一」。
[九] 隅：《白華前稿》作：「鰅」。
[一〇] 以乾隆乙未年閏十月十五日，葬於上海縣高昌里：《白華前稿》作「以年月日葬縣之某里」，且錄碑文至此，餘「係之銘曰」及以下文字皆無。

移建南匯關帝廟碑記略

（清乾隆四十年・1775年[一]　成汝舟）

乾隆辛卯春，予奉命來南邑，祗謁先師，旋詣帝廟，見陋宇荒堦，隤然湫隘，即思鼎新，更諸爽塏，而未得其地。越明年，訪有城西顧太史舊宅[二]深廣，正當兑隅，即捐金置爲廟址。而城中紳士及各啚團之民聞之，無不踴躍，不待勸而樂輸者數千餘家。時鄉先生密縣尹吴公適丁艱返里，乃請於讀禮之暇蹔爲經畫。遂與同學諸子繪圖定式，購材鳩匠，相其屋基，拓其舊宇，宏締構，峻規模，高門三闢而重啟，前楹大展而長騫，巍中殿以奉神位，啟聖殿以尊三公。左右廂室，東西丙舍，齋宫中閎，象殿後崇，其間層樓廣厦、曲榭長廊連亘相通，丹碧交焕於象殿之前，崇臺飛構以奏樂迎神。後院中修平攘剔，使雅潔寬閒，爲栽松種竹之地。蓋至是而後，帝與先師之廟東西並峙，始克配焉已。斯廟之建，經始于癸巳六月，告成于乙未七月，爰紀其創作顛末，鐫于圭石，以垂無窮。鄉先生吴公與同學諸君，規畫經理之功，例得書石。公名世賢，諸同學則金子承恩、楊子一瑾、宋子思進、鞠子大勳、李子寅與李子長發也，外有廣善堂金老人在田，餘皆另石備書云。

按：碑文錄自乾隆《南匯縣新志》卷七《祀典志》，記其名為「知縣成汝舟建關帝廟記略」。光緒《南匯縣志》卷八《祠祀志》亦錄此文，記其名為「知縣成汝舟移建關帝廟記」，内容為一。

[一] 據文，關帝廟移建始於清乾隆三十八年（1773年），告成於乾隆四十年（1775年），故此推測碑記約撰於告成之際。

[二] 訪有城西顧太史舊宅：光緒《南匯縣志》作「訪得顧太史舊宅」。

重濬閘港碑記

（清乾隆四十年·1775年[一]　葉鳳毛[二]）

吾邑左海右浦，之四方者必渡浦，之浦必由港。港之道有四，惟閘港最直捷。然其身狹而日積潮汐之沙，非時濬不能常通。雍正以前，淤塞者數十年矣，元年始濬而通之，其後屢濬屢塞，閱今又數餘年，往來者迂道而行，航頭之人求飲於河而不可得，公私交病。恭遇吾賢侯成公來蒞吾邑，遂有開濬之舉。經始於乾隆四十年閏十月之初三日，告成於十一月之二十六日。岸濶底深，潮汐通利，榜人謳歌，重載遄進，爲土著、為旅賓，莫不額手稱慶，頌賢侯之功，而屬鳳毛爲之記。余惟水之關於民，如人一身之血脉，血脉流暢，人乃無疾；水道不利，不特旅程回遠，而潦無所泄，旱無所汲，一邑皆病矣，豈細故哉。然賢侯之前未嘗不濬也，上之人委其事於僚屬，不無有吏胥紙墨之費；下之人委其事于保正，不無有雀鼠之窺，苟且以塞責，嗇財以悅衆，有濬之名無濬之實，故通時常少，塞時常多。吾侯特立章程，集十九保泊十六保、念一保之人，計河分段，計啚分捆，計畝出夫，河之短長相配，淤之深淺相配，啚之肥瘠相配。東自蓮花菴起，西至三官堂止，分三十六段，設十八董事。每啚又設董事率捆頭，捆頭督役夫，日出而作，日入而息。侯日至工步行巡視，立赤幟以分界，立量竿、信椿、輥木以測土限。河面五丈，河底三丈，深六尺。先浚底，始容一鋤，以漸而廣，以達於厓，使役夫不致濡足，有不率者問董事。擔土上岸，寧遠勿近，以廿丈率；覆簣於田，寧散勿聚，以均平為度。兩岸闢坦途廣丈餘，內作塹以納土，內有不率者責役夫、董事。日籍役夫之數，以聞計用夫六十萬有奇。橋之低者高

[一] 據文，閘港浚於清乾隆四十年（1775年），葉鳳毛撰碑文述其始末并紀知縣成汝舟之績。故此推測碑文約撰於閘港浚成不久。
[二] 三志均有記載。

之，害船者遷之，灣之曲者直之，灣之故道堙之。侯朝一餐而西，夜一餐而宿，不噉民間一粟，不爇民間一燭，從吏卒徒無一人敢向在事之人偶語者。自古居官，三字符曰清、慎、勤，侯於三字真無愧矣。余雖不文，寧不踴躍奮迅紀侯之績哉。凡侯之晝之勤，欲於此一濬之後，可多歷年所，故勞費雖大，人情不憚，後更有事，視此碑刻，良法具在焉。

按：碑文錄自乾隆《南匯縣新志》卷五《水利志》。嘉慶《松江府志》卷一一《山川志·水利》、光緒《南匯縣志》卷二《水利志》亦錄其記略。

新建南匯八蜡廟碑記略

（清乾隆四十年至四十一年之交·1775—1776年〔一〕 葉鳳毛〔二〕）

南邑濱海，地高仰，土性雜沙，稼不甚宜稻，植木棉者過半，而間以豆。水皆細流，高岸艱於灌輸，而木棉尤畏雨潦。每至七月處暑前後，有颶風挾雨自東北捲海潮而來，土人謂之風潮，爲吾邑農田居室之害。自我邑侯虚齋成公臨莅以來，曰暘而暘，曰雨而雨，風潮不作，民物康阜。邑之人以天時人事之感應歸我侯，侯則曰：「反風渡虎，昔人謂爲偶然，余奚敢承？繄惟冥冥中有默相之者乎。」乃考古八蜡之祀，始自伊耆，沿用於三代，其祝辭曰：土反其宅，水歸其壑，昆蟲毋作，草木歸其澤。其功也如此，其望也如此，顧不重歟？雖我朝未頒甲令，然我民祈永貞，報獲福，詎可後也。爰命司事，即城東隅猛將神廟恢拓舊址，別構殿以祀蜡神，易其名曰「八蜡廟」，而祀猛將神以下如初。越歲乙未，江南自冬及春無雨，吾邑海涯，孽蟲大作，生翅，股若蝗，食蘆殆盡，驅坑之不已，人情大恐。時廟工未半，侯齋戒虔禱於神，率衆刻期撲捕，蟲忽凌〔三〕空西遊，盡殲於浦濱，尋甘雨大霈，殘蘆復萌。邑人感兹靈應，踴躍薦貨，侯不時臨視，指授程度，屆冬蕆事。棟宇宏敞，丹青絢采，巍然炳然，允愜人望。落成之日，邑父老設醮張樂，肅將奠獻，慶廟貌之維新，植物之攸賴。八靈依位，千秋崇饗。是非明神之厥功章明，曷能使大工之立辦？非吾侯敬神重農，曷能使隆古祀典創興於今？兹人事既備，神用順成，嘉苗歲登，飄驟式遏。神之休，侯之勤，均不可以無紀，用是礱石綴辭，道宣

〔一〕二志均載南匯八蜡廟建於清乾隆四十一年（1776年），但據碑文，在乙未歲即清乾隆四十年（1775年）之前，八蜡廟即已開建，到乙未歲冬建成，與二志記載有異。碑文撰於八蜡廟建成之後，當無疑問，故此推測時爲清乾隆四十年至四十一年之交。

〔二〕見二志。

〔三〕凌：光緒《南匯縣志》作「陵」。

德美，仰答顯貺，永垂後觀。

按：碑文錄自乾隆《南匯縣新志》卷七《祀典志》，名「新建新建八蜡廟碑記略」。光緒《南匯縣志》卷八《祠祀志》亦錄此文，名「新建八蜡廟碑記」，内容相同。

南匯養濟院碑記

（清乾隆四十一年·1776年　成汝舟）

□□□□□觜僻處海隅，自雍正四年分纂，初任虛白欽公經營草昧，粗創規模，迄今五十餘□。□□□□君子因民之請，雖亦補苴罅漏，□有興修建，而葺舊建新之際，仍不免顧此失彼，□□□□不足，或時使然也。予於辛卯歲承乏茲土，下車之始，閱歷鄉城，體制尚多未備，豈敢□□□□苐從事黽皇戴星出入。初一二年，勞形案牘，刻無甯晷，嗣後訟庭稍寂，政有餘閒，□□□□三紳士商酌緩急，次第舉行。崇□□□□舉八蜡，巍煥丁壬之椽，經營石木之□，以至久淤水道，如閘港、蓮涇等河，亦皆矢公籌□，□律深通。尤念吾民中煢煢無告、食息無□者，必思有以彌其憾，劑其平。隨有民人朱覲光□以官地歸公，詢之，則曰：「地在縣治西北隅，乾隆辛未，胡使君曾建養濟院其上，爲孤貧依棲之所。第措施未善，數弓矮屋今已就圮。」予履其地，計丈三畝五分九毫，濶十二丈六尺，南北進深十二丈四尺，於是更高其基址，擴其規□，建屋四十三間。屋總四進，列東西，西爲鰥寡所棲息，東復以安軍流到配之人，中分夾道，前後共出入，周繚以垣。統用銀七百二十一兩一分八釐，悉捐廉俸，無煩取諸閭閻，不帀月而工竣。詳憲立案，計垂永久。嗟呼！士大夫遊宦四方，撫循總總，慰安元元，斯其職也。今予夙夜□皇，痛小民之疾苦，而予以安全，非市德，非沽名也，實抱此區區不忍之心，不欲稍萌旦夕□安之計，是則予之志也夫。爰樂抒數言而爲之記。

乾隆四十一年，歲次丙申，荷月，上浣晉陽成汝舟撰并書。

按：碑文錄自光緒《南匯縣志》卷三《建置志·義舉》。光緒《松江府續志》卷九《建置志·義賑》錄有記略。

濬新場市河碑記

（清乾隆四十二年・1777年〔一〕　葉鳳毛〔二〕）

吾吳爲澤國，吾郡亦爲水鄉〔三〕，咸仰黃浦之潮汐。吾〔四〕南匯一邑，土厚水深，不假潮汐而能涵浸瀀湇者多有之，然當潮汐能達之處，而爲之疏通導引，以補其不足而節其旱潦，又在乎人之能盡其力焉。吾縣大夫〔五〕文水成侯久莅吾邑，熟知邑中水道之利弊。前浚閘港深通，懋績昭著，更念新場包家橋港、泊洪橋港，一南一北，皆閘港之支流，近皆淺阻。今年春，先濬包家橋港，引閘港之潮入。時值少雨，水流滔滔，直達於東之一團鎮，田之栽稻者得充灌漑，並告有秋。於是次及於洪橋港。是港西通閘港，東接邑城，尤爲達邑之孔道，挹閘港之餘波，東聯自然之水，勢不容不爲之整理也。即於夏秋之交，拓其市心之故岸，深其水底之積淤，撤其石橋之低壓。向之窒塞窘蹙者，豁然而開明；向之篙櫓抵觸者，方舟而遄進；向之對宇而欹峙者，減柱礎退石厓，將革故而圖〔六〕新；向之湮〔七〕垢困悛者，渙然而清浮，淵然而坳亭〔八〕，行旅爲之一快。大抵人情便於因循，憚於改作。不知因循之久，則屋欹者倒，石危者崩，港水不流，舟行無

〔一〕三志均載，乾隆四十二年南匯縣知縣成汝舟浚新場包家橋港、洪福橋港，以通閘港，另據文中「今年春，先濬包家橋港，引閘港之潮入」等語，推測碑文當作於是年。
〔二〕見三志。
〔三〕吾郡亦爲水鄉：嘉慶《松江府志》無。
〔四〕吾：嘉慶《松江府志》無。
〔五〕吾縣大夫：嘉慶《松江府志》和光緒《南匯縣志》無。
〔六〕圖：嘉慶《松江府志》和光緒《南匯縣志》作「鼎」。
〔七〕湮：嘉慶《松江府志》和光緒《南匯縣志》作「涅」。
〔八〕亭：嘉慶《松江府志》和光緒《南匯縣志》作「渟」。

途，旱則涸，澇則溢，能終免於改作耶？嚮非賢侯之勤民恤旅，勸導有方，示以章程，準以繩墨，務在必行而可久，而欲居民之齊心壹力，自相振作，辨治而無齟齬，寂然而觀厥成，不其難哉？因民之所利而利之，擇可勞而勞之，聖人之從政亦若是焉而已矣。侯嘗言：黄浦之巨浸也，天之所以惠高仰而勸地肥者也。天與之，人莫知受之，非惑歟。故侯之爲政，尤於水事爲急，今既奏效于目前，即爲奕世無窮之利，而可無紀耶？是役也，贊府曲阜王侯、儒學長洲吳先生皆佐侯蕆事，例得並書。董事者附名於末，輸錢之戶具於别石，撤橋築壩，戽水畚鍤之稍食有籍志係之。銘曰：

浦水注東，港口既通。挹其奔衝，納諸腹中。夾渠列屋，俾津齷齪。披之豁之，如帶緩束。舟容兩來，載勝千斛。南疏北浚，繄侯之令。旱渟澇泄，惟民之慶。豐碑煌煌，高樹市塘。奕世眷德，厥德用彰。

按：碑文錄自乾隆《南匯縣新志》卷五《水利志》。嘉慶《松江府志》卷一一《山川志》、光緒《南匯縣志》卷二《水利志》錄有記略。

黃衡松墓表

（清乾隆四十四年·1779年〔一〕　錢大昕）

黃氏先塋表〔二〕

上海黃生森從予〔三〕游，乞予〔四〕敘〔五〕其先人事狀，表諸墓道，且言曰：「森之王父〔六〕載南府君，躬孝友，治生纖嗇，稍自給。王父〔七〕與世父相繼辭世，而吾父治家事不懈益虔。今從兄培蘭爲家督，門無異財，猶稱〔八〕吾父遺志〔九〕也。去秋，奉王母〔一〇〕張宜人合葬于載南府君之兆，在縣東二十二保十八圖，而世父葬〔一一〕于左，吾父葬于右，昭穆相次，迫于時

〔一〕據《黃氏雪谷公支譜》（民國22年印），黃雲師生於清康熙五十三年（1714年），卒於乾隆三十八年（1773年）；其子黃森生於清乾隆癸酉年（1773年），歿於乾隆己亥年（1779年），年三十歲。後者有誤。黃森之祖母卒於乾隆丁酉年（1777年），年九十五歲，與本文相合。錢大昕生於雍正六年（1728年）卒於嘉慶九年（1804年）。黃森曾從錢大昕游并求文。據此推知，碑文當撰於黃森祖母卒後、黃森生前，即乾隆丁酉年（1777年）至乾隆己亥年（1779年）之間。《支譜》載黃森生卒年月有疑，但乾隆丁酉年（1777年）之後應無誤。又據《黃氏雪谷公支譜》卷八《載南公墓表》，文末收錄「乾隆己亥八月十五日，嘉定錢大昕撰」一句故此碑文時間推斷為「乾隆己亥」即「乾隆四十四年，1779年」。

〔二〕《黃氏雪谷公支譜》卷八題作《載南公墓表》。

〔三〕予：《黃氏雪谷公支譜》作「余」。

〔四〕同3。

〔五〕敘：《黃氏雪谷公支譜》作「序」。

〔六〕王父：《黃氏雪谷公支譜》作「大父」。

〔七〕同6。

〔八〕稱：《黃氏雪谷公支譜》作「承」。

〔九〕吾父遺志：《黃氏雪谷公支譜》作「吾父之遺志」。

〔一〇〕王母：《黃氏雪谷公支譜》作「大母」。

〔一一〕葬：《黃氏雪谷公支譜》作「瘗」。

日，未及納銘于窀。方今[一]能文而有法，莫如先生，願請爲文，刻于石。」謹按[二]，黃氏，咎繇之後，以國爲族，而春秋衛有黃夷，晉有黃淵；戰國之世，楚有黃歇；漢初黃公，居四顥[三]之一，而景帝時[四]有黃生，與博士轅固論湯、武革命事。厥後丞相興于淮陽，司空太尉顯于江夏，而族浸以昌，述郡望者，皆原本于江夏焉。上海黃氏，其先世[五]仕宋居于汴，有諱彥者，扈從高宗南渡，始居嘉定八都之騰陽[六]，再遷而東[七]，即今析隸[八]寶山之清浦江。傳五世至文明，兄弟三人，一居浙西，一居崇明，獨文明守故宅。三傳至[九]昇，始居界浜口，以海水内溢，率其族築捍海塘，紆迴[一〇]數百丈，至今有黃家灣之稱。有子六人，次二曰亨，以輸粟振[一一]山東饑，授承事郎，表其坊曰尚義。十一傳至錫周，好義重然諾。鄰有盛甲者，罷官負累不得歸，錫周遇[一二]之逆旅，慨然出千金贈之，盛感其義，欲以愛妾出侍，艴[一三]然曰：「公非知我者！」遂拂衣而起。再傳至霂，性倜儻不羈，有子五人[一四]，長[一五]曰衡松，載南其字也，幼習舉子業，從嘉定張儼思先生

[一] 方今：《黃氏雪谷公支譜》作「今」。
[二] 謹按：《黃氏雪谷公支譜》作「余不得辭。謹按」。
[三] 顥：《黃氏雪谷公支譜》作「皓」。
[四] 時：《黃氏雪谷公支譜》無。
[五] 先世：《黃氏雪谷公支譜》作「先」。
[六] 騰陽：《黃氏雪谷公支譜》作「滕陽」。
[七] 再遷而東：《黃氏雪谷公支譜》無。
[八] 析隸：《黃氏雪谷公支譜》作「祈隸」。
[九] 至：《黃氏雪谷公支譜》作「諱」。
[一〇] 迴：《黃氏雪谷公支譜》作「回」。
[一一] 振：《黃氏雪谷公支譜》作「賑」。
[一二] 遇：《黃氏雪谷公支譜》作「迎」。
[一三] 艴：《黃氏雪谷公支譜》作「咈」。
[一四] 有子五人：《黃氏雪谷公支譜》作「有子五人，以應岳榜其堂楣。」
[一五] 長：《黃氏雪谷公支譜》作「次」。

學，與其子南華〔一〕宮詹同筆硯〔二〕，交好無間。父沒〔三〕，棄儒服賈〔四〕。其配張氏，南華從兄弟行也，賢而達大禮，悉出奩中物爲貲本〔五〕，逐什一之利。事母以孝，撫諸弟以友愛，課子以忠厚禮讓，不尚華侈〔六〕。晚年與昆弟子姓聚首一堂，勖以勤力，或講論古今〔七〕成敗得失，皆洞中窾要〔八〕。卒年□十有□〔九〕，以子貴誥贈奉直大夫。張宜人年九十餘，耳目猶聰明，子孫欲爲稱壽，則力却之，令其子捐佃戶租一歲〔一〇〕，曰：「此所以爲我壽也。」年至九十五卒，誥封宜人。子二人：長曰雲章，字漢文〔一一〕，一字勖哉，事親以禮，好施予〔一二〕，戚友有匱乏者，不俟其請，輒稱父命助之。嘗遠賈千里外，附書問父母安否，纖悉必以白，雖不在親側，親心安焉。年四十有五〔一三〕，誥贈奉直大夫。次曰雲師，字騶書，一字守愚，佐父家政〔一四〕，條理井井，兄沒，撫兄子四人如〔一五〕其子。創建宗祠，合祀六世以下之主，春秋時享，會祭者百餘人。乙亥，歲大饑，有司勸富民者粥以食餓者〔一六〕，騶書言：「煮粥有中飽之患，有守候之苦，不若以錢給之。」乃身自爲倡〔一七〕，

〔一〕其子南華：《黃氏雪谷公支譜》作「其南華」。
〔二〕同筆硯：《黃氏雪谷公支譜》作「共筆研」。
〔三〕沒：《黃氏雪谷公支譜》作「歿」。
〔四〕棄儒服賈：《黃氏雪谷公支譜》作「家業中落，乃棄儒服賈。」
〔五〕貲本：《黃氏雪谷公支譜》作「資本」。
〔六〕華侈：《黃氏雪谷公支譜》作「奢侈」。
〔七〕講論古今：《黃氏雪谷公支譜》作「講古今」。
〔八〕洞中窾要：《黃氏雪谷公支譜》作「悉中窾要」。
〔九〕卒年□十有□：《黃氏雪谷公支譜》作「卒年六十」。
〔一〇〕捐佃戶租一歲：《黃氏雪谷公支譜》作「捐佃戶一歲租」。
〔一一〕文：《黃氏雪谷公支譜》作「雯」。
〔一二〕予：《黃氏雪谷公支譜》作「與」。
〔一三〕四十有五：《黃氏雪谷公支譜》作「四十有三」。
〔一四〕佐父家政：《黃氏雪谷公支譜》作「弱冠佐父理家政」。
〔一五〕如：《黃氏雪谷公支譜》作「一如」。
〔一六〕以食餓者：《黃氏雪谷公支譜》作「以食」。
〔一七〕倡：《黃氏雪谷公支譜》作「創」。

即所居五十二圖〔一〕，驗其最貧者，大口日給錢二十，小者半之，民不勞而得食，全活甚衆。以入貲〔二〕候選布政司理問加二級，年六十。漢文子四人：長培蘭，候選布政司理問〔三〕，次培鎬、淦〔四〕、培挂〔五〕，俱國子監生。騶書子一人：森，邑庠生。黄氏世居黄浦之濱，黄浦即古之滬瀆，黄與滬聲〔六〕相轉也，今人以爲由春申君得名，吾邑有黄渡亦云然，皆傳會難信。然〔七〕載南翁父子以孝友勤謹起其家〔八〕，積善之慶，其流必長，異日援冉溪之例，謂浦以高行黄氏而名，奚不可哉！〔九〕

按：碑文錄自清錢大昕《潛研堂文集》卷四九。民國《黄氏雪谷公支譜》卷八亦錄此文。

〔一〕五十二圖：《黄氏雪谷公支譜》作「二十五圖」。
〔二〕以入貲：《黄氏雪谷公支譜》無。
〔三〕年六十。漢文子四人：長培蘭，候選布政司理問：《黄氏雪谷公支譜》無。
〔四〕淦：《黄氏雪谷公支譜》作「如金」。
〔五〕培挂：《黄氏雪谷公支譜》作「培桂」。《潛研堂文集》文後校勘記指出「按長子名『培蘭』，此疑當作『培桂』。」
〔六〕聲：《黄氏雪谷公支譜》作「音」。
〔七〕然：《黄氏雪谷公支譜》無。
〔八〕起其家：《黄氏雪谷公支譜》作「起家」。
〔九〕《黄氏雪谷公支譜》文末另有「乾隆己亥八月十五日，嘉定錢大昕撰」。見注釋〔一〕。

重濬周浦塘碑記

（清乾隆四十四年·1779年　葉鳳毛[一]）

自昔勤民事者，莫不盡心於水利。史起引漳水溉鄴而河内富，鄭國開涇水注洛，而關中爲沃野。故前賢有云：開一浦則受一浦之利，濬一港則受一港之益也。然前人興之於前，後人怠之於後，而不能受水之利者多矣。吾邑大夫文水成公莅任以來，常以水事爲急，如邑中之閘港、新場之南北市河，皆賴公力疏治通潮。田資以灌，舟資以通，汲洗資之饒用，旱澇資之蓄泄，亦既家戶而戶祝矣。周浦之塘乃漕艘所停泊，其通其塞，關係尤大。雖疏濬以時，然當事者委其事於僚屬，會計則付之胥吏，徒耗民財，草率成事，不爲久遠計也，故不數年而淤淺如故。至漕倉之東横裊港、椒子浜，之西横裊港、裕秀橋港，皆四方糧戶運米到倉之要道，初不在疏濬之列，至淤淺不可行。今公以爲不爲則已，爲則必使水無遺利、人無遺力，而後可多歷年所，此令職之所宜盡，不可以旁貸者也。故博採羣謀，親爲經畫，胸有成筭，而後授之董事，又視董事之才能高下，而授之以難易緩急之工。自興工以訖告成，公無日不親履河干，督率董事，賞罰役夫。寬深之限，寧過而無不及；積土之所，寧遠而戒近便。統計大小河身長二千七百一十六丈有奇，分三十九段，用夫一十一萬有奇，爲日自十月十八日起工，至十一月初四日告成開壩。事無苟且，工無虚冒，董事者不畏難，力役者不辭勞，如吾公之精明勤民，實心竭力，蓋前之所未見、後之所難繼者也。詎可不紀公之績，申士民咸戴之誠哉？用是摛詞勒石，立諸河干，垂示來玆，永昭歌頌。

按：碑文錄自乾隆《南匯縣新志》卷五《水利志·開濬》。嘉慶《松江府志》卷十一《山川志》錄有記略。

〔一〕據乾隆《南匯縣新志》及碑文，周浦塘開濬於清乾隆四十四年十月十八日，十一月初四告成，葉鳳毛撰碑記以紀此績。撰碑記時間當爲此年年底前後。

毓德庵碑記略

（清乾隆四十六年・1781年〔一〕 張傳豐）

我里毓德庵，肇造於明萬曆，式廓於清康熙。雍正十年秋七月十六日，東海君揚波作祟，偕風伯而彌狂；白帝子行戮司權，挾雨師而益厲。嗟彼梵王之宮，竟作鮫人之室。年華冉冉，蔓草萋萋，大士顯無相之靈，動有知之敬，衆姓捐貲，鳩工重建。奈緣廟無基業，僧人難於駐足，願將五團田五畝四分捐助，永爲住持衣鉢之資，爰勒石以誌。

按：碑文錄自民國《南匯縣續志》卷八《祠祀志・雜祀廟宇補遺》。

〔一〕據民國《南匯縣續志》載，毓德庵一名張家廟，清乾隆四十六年，張傳豐捐廟基田五畝四分，故推測碑文撰於此時。

黃古存墓志銘

（清乾隆四十八年・1783年〔一〕　陸錫熊）

贈奉直大夫、太學生古存黃公墓志銘

吳淞江逕上海縣東，自南蹌口北折入於海。江之東岸有鎮，曰高家行，鉅室黃氏者居之。余姑家邊海，少時數往來，識姑之壻黃焜，嘗一再謁其廬。焜父古存翁尚無恙，兄弟出肅客，意歡然甚親也。比余官京師二十餘年歸，則翁歿久，且已葬，而其家貲日益高，翁諸孫皆治經，入縣學為弟子員，彬彬有文矣。余竊歎其子孫之賢，而因以知翁之所以貽其後者，爲不可及也。翁六歲而孤，讀書財記名數即罷去，勤生以養母。九歲入村收租，爲吠犬所迫，墮冰池寒凍幾死。稍長，仲兄行賈蘇州，翁佐之，廢居其贏輒過當，而身折節爲儉，惡衣菲食，未嘗自名一錢。然於施予緩急無所恡，嘗爲槥數千以掩道骼，出困粟賑饑，陰行善事，亡算母喪，歲祲議殺禮。翁曰：「喪貴自盡，豈可以豐凶爲解。」卒厚其禮，傷祖父母不逮養，祭日齋居流涕，以爲常。兄弟五人白首無間言，撫愛其子如己子，遣子煜偕從子烈就學紫陽書院，既廩脩脯如一。蓋翁性醇謹，善修飭，能爲人所難，而恥以其名自表襮，故雖家人亦莫能盡詳也。然翁識度實過人遠甚，嘗語子弟治生當以奇勝，貪三廉五，規大要而已，至其曲折纖細，逐時退守，故者敗，女輩知此意，爲文章變化不難矣。翁之言類，知道者獨惜其早廢學而混迹闤闠以老，然世口習詩書之言身背去之者衆矣。翁卓卓士君子，行乃如此，則又安得訾翁爲不學哉！翁諱恒松，字覲冬，太學生。長子炳，授官布政司理問，得以所加級贈翁爲奉直大夫。世

〔一〕據文，黃古存於乾隆二十六年（1761年）卒并下葬，作者二十餘年後歸鄉始知。乾隆四十八年（1783年），黃之兩宜人並祔，其子求銘。故此推測銘文約作於此時。

居嘉定縣八都，有景暘者徙居界浜，築堤捍海，至今稱其地爲黄家灣。高祖思誰始徙高家行。祖令聞。父雪谷，倜儻多才。翁爲雪谷第四子，初娶曹宜人，賢淑有令譽，早卒。繼娶俞宜人，事姑孝，姑亡哀毁盡禮，撫教諸子慈嚴備至，夙夜勞瘁，以興其家，後翁十四年卒。子四人，炳、煜、焜、炘。女四人，適殷汲、曹雲鵬、曹鏡、蔡元城。孫男十三人，孫女七人。翁以乾隆二十六年九月九日，年六十六卒，葬於二十二保十四啚某字圩，實乾隆四十八年十一月某日，兩宜人竝祔，而墓石未有銘，炳兄弟以屬余，余不得辭。銘曰：

罹屯劬兮，丱入宮也。捐墳冊兮，效倪宛也。格蒸乂兮，天授稟也。禮自將兮，屹闌居也。蹈彝經兮，行靡憾也。大瀛東環，封幽坎也。子塗塈茨，孫抱槧也。竢後之昌，理可諗也。吾爲斯銘，義不忝也。

按：碑文錄自清陸錫熊《寶奎堂集》卷九《墓誌銘》。

陸秉笏墓志銘

（清乾隆四十九年·1784年[一]　錢大昕）

封通議大夫、日講起居注官、文淵閣直閣事、翰林院侍讀學士加三級陸公墓誌銘

文淵閣直閣事、大理寺卿陸公錫熊，以博洽通儒，承天子知遇，由郎官入詞垣，領袖四庫書局，洊登學士，遂列九卿。逢國大慶，推恩三世，尊人通議公，方就養京邸，逾七望八，神明不衰。大理嘗被召預重華宫聯句，賜御題楊基《淞南小隱》畫卷，公以里居在淞江南，因自號淞南老人，以識君恩。閱數載，大理復蒙上賜御題《老少年》詩卷，公賦詩恭紀，有「《松南小隱》成佳話，更喜新題《老少年》」之句，朝野莫不榮之。公性耽山水，不耐拘束，在都下未久，輒策蹇南歸。所居曰涉園，本明陳太僕所藴别業，清曠饒水石之趣，公更治數椽，顔曰「傳經書屋」，日焚香宴坐其中。春秋佳日，招一二親串，賦詩談宴，不異少壯時。乾隆四十八年十二月四日，無疾而逝，春秋七十有八。大理奉諱奔喪，哀戚盡禮，卜吉于次年十二月丁酉，葬公上海縣西南二十七保鳳皇橋之新阡，以張、曹兩淑人祔焉，禮也。先期，踵門乞大昕爲文銘其墓，大昕與大理托道義交廿餘年，于公修猶子之敬，其敢以不文辭！謹按，公諱秉笏，字長卿，一字葵霑，世爲華亭望族。元末有承事郎子順者，始析居上海之馬橋，五傳至文裕公，以文章翰墨知名海内。文裕之從曾孫曰起鳳，明天啓辛酉副榜，皇朝贈中議大夫、布政司參議，即公曾大父也。大父鳴球，廩監生，累贈中議大夫、翰林院侍讀學士加二級。父瀛齡，雍正癸卯拔貢生，石埭縣儒學教諭，累贈通議大夫、翰林院侍讀學士加三級。陸氏文獻舊門，石埭公學行尤高，公幼承庭訓，年七八歲已知作文，嘗製詩賦雜體文各數篇，裝小册置懷袖中，署曰「陸某稿」。親舊

[一] 據文，陸秉笏卒於清乾隆四十八年十二月，次年十二月落葬。其子陸錫熊先期請銘於錢大昕。銘文當撰於此間。

見者,以爲非常見。弱冠,補縣學生。辛酉歲,援例入成均,中式順天鄉試。公所作制義,高古有法度,聲名籍甚。七上春官,不遇,然未肯稍降其格。最後應丙戌會試,時大理方直樞廷,先已典試山西,公猶低頭聽唱名。引試,揮灑千言,不見老人衰憊之氣。平生雖澹于榮利,而文字結習,志不少衰如此。公博涉經史,不名一家,尤惡俗學專己守殘之陋,故大理承公緒論,益自殖學以大其門。公事親以禮,與人交有信,貴而能謙,持躬治家,皆可爲世法。以大理貴,誥封奉政大夫、刑部直隸司員外郎加一級,進封中議大夫、翰林院侍讀學士加二級,再晋通議大夫、翰林院侍讀學士加三級。初娶張淑人,縣學生大本之女,卒于雍正十年八月三日,春秋二十有五。繼娶曹淑人,工科給事中諱一士之女,工吟詠,與公拈題唱酬無虛日,有《晚晴樓詩稿》行世,卒于乾隆八年八月廿日,春秋三十有五。再娶曹淑人,即給事季女。三淑人皆有禮法,鄉党稱女宗。子一人,即大理也。女五人,婿曰淩松心、王時夏、張坤孫、朱文炯、趙熾。孫男五人,慶循、慶堯、慶庚、慶勛、慶均。孫女二。曾孫女二。

銘曰：公生名門,績學有聲,誦芬詠烈,若士衡兮。克敦孝行,研精經旨,模楷人倫,若公紀兮。江湖泊宅,文史跌宕,手定叢書,若魯望兮。内助之懿,雝穆有禮,比肩唱酬,若東美兮。公有賢子,領大著作,并判廷尉,若伯玉兮。鶴髮未皤,鸞誥叠封,壽考康寧,若放翁兮。鳳皇之橋,佳城若防,耆舊名德,久而不忘。季寧有墓,近在雲間,誰其踵之,夫子之阡兮。

按：碑文録自清錢大昕《潛研堂文集》卷四五。

松風禪院碑記略

（清乾隆四十九年·1784年　朱椿[一]）

蕭王廟一名松風禪院，舊在魯天公墓之西南隅，於神道有妨，因遷於十四啚。有山門，有殿，有堂，有軒，有庖湢井竈，水木環繞，地僻而徑幽，蓋我海曙公讀書之所、游釣之地也，兵燹以來，遂爲什方香火。余髫齔時，先大父鳳翔公歸里，必往游焉。先大父生於勝朝崇禎之庚辰，時與僧大賢道其遺事，余故誌之不忘。六十年來，自大賢至卻寰、心持，僧臘數易，廟宇圮毁，佛像剥蝕。歲庚辛，延僧天成居之，發願建修，諸善姓咸樂捐輸。太叔垂璧郵書囑余爲倡，而并誌其碑記。

乾隆四十九年甲辰孟春月

按：碑文録自民國《南匯縣續志》卷二一《方外志》。

[一] 據民國《南匯縣續志》卷二一《方外志》，朱椿撰有兩碑記，著録此碑名為「朱椿後碑記略」。

重建南匯城隍廟碑記

（清乾隆四十九年・1784年　張大器[一]）

南匯爲上海分治，建設創始數十年來，凡在祀典諸祠宇，亦既次第舉而新之矣。獨城隍廟因陋就簡，尚從其朔，豈羣力之尚有待歟，抑何宜新而久未之新也。夫城隍廟之神，歲蒞邑厲壇者三，制有專祭，曰城、曰隍，此天子所命以相茲土也。亞乎社秩，視邦伯禮侯堂七尺臺門，則斯廟之不宜卑庳也明矣。有廟而不協於制，其何以妥神靈乎？癸卯歲，余來知邑事，將作而新之。會邑人士亦以願新城隍廟請，余嘉其有同志也，首捐廉以倡，邑人士競出朱提勷其役。爲築土以高其基，砌石以廣其址。即前所建之大殿，而恢擴其規模。仍其寢宮燈樓宅門，而內之兩側廳則新建也。戲樓傾圮矣，重整焉。易兩廊之廨宇爲樓，俾與戲樓相稱。始建頭門、儀門，並新左右之[二]五路、土地二祠。起照墻，樹轅柵，鼓吹有亭，旗纛有臺，更添設兩班房于頭門之外。不期年而廟成，赫赫明神殆默相之矣。於是而邑之駿奔走於宇下者，咸得入廟告虔，仰荷神庥焉。邑人士請書其語於石，因作詩二章以遺之，使歌以祀神。

首章曰：峩峩雉堞，東海之濱。建邑設牧，頒祿授民。布政有宰，昭鑒有神。彰善癉惡，敕命諄諄。陰陽分理，奉職維均。洋洋如在，肅肅明禋。陳牲薦醴，神兮來歆。

次章曰：風馬雲車，虹流電掣。瞻視廟堂，穆清淵默。官守何常，神司專壹。時若雨暘，降祥頌德。戶比絃歌，境

[一] 二志俱言知縣張大器於清乾隆四十九年（1784年）重建城隍廟，建成後撰碑記。

[二] 之：光緒《南匯縣志》無。

鮮盜賊。囹圄空虛，倉箱充實。於萬斯年，惠此南國。

按：碑文錄自乾隆《南匯縣新志》卷七《祀典志·壇廟》。光緒《南匯縣志》卷八《祠祀志·廟》亦錄此文。

陸錫熊亡室朱氏墓志銘

（清乾隆四十九年·1784年[一]　陸錫熊）

贈淑人亡室朱淑人墓誌銘

吾妻朱淑人既沒之十年，始克遷其柩於上海縣西南鳳皇橋之原，以從先夫人之葬，而爲文掩諸竁，曰：嗚呼，我其忍忘我淑人哉。淑人年二十有四，而吾爲贅壻於朱氏。後四年，而吾以奏賦行在，得官中書舍人。淑人實從吾如京師又十有三年，以免乳疾作，卒於白紙坊邸舍。卒後三日，而吾遂蒙恩自翰林侍讀擢爲右春坊右庶子，累荷褒除列於九卿，淑人乃不及待而遽以死也。淑人八歲而孤，母陸孺人惟一女，奇愛若男子，子不令習酒漿酏餌之事。自吾官中書以選直軍機，襆被入宿禁省，或經旬不歸沐。歲時扈蹕行幸及奉使四方，久者至八九月，近亦二三月乃復。淑人主辦邸中事，顧條理井井甚具。性卞急，家人小過失，即譙責不少貸。余每以是尤淑人，而淑人不爲止。然自淑人歿後，僮奴嬉於庭，食器鏘於室，歲費無所要，會常俸不給，資舉債以食，久之益困，不能償。吾始以思淑人之能治吾家也，嗚呼，淑人已矣。其生也，賴陸孺人鞠育以長，而不克終事其母乎；爲吾家婦十有八年，乃未嘗一日歸余里第，以侍于舅姑之側乎；天既遺以相余，而早奪之年，嶷然四男子，竟不及見其婚娶以成立乎，淑人其烏能無憾於地下也。雖然世之夭促而泯汶無聞者何限淑人，雖不幸早世以死，而親戚之在京師者常稱誦其賢，吾母及吾諸妹至今言其生平輒悼念不置，亦可知淑人之宜其家而無違於行矣。其不得至於壽考，命也，而又奚悲焉。淑人以乾隆四十年二月初十日卒，年四十有一，明年自京師歸其喪於上海。四十五年，余爲翰林侍讀學士，恭遇天子萬壽，推恩得誥贈淑人。其葬也，以

[一] 據文，朱淑人葬於乾隆四十九年十二月。據此推測，銘文當撰於此時或之後不久。

四十九年十二月十九日。淑人有子男曰慶循，國子監生；曰慶堯，上海學生；曰慶庚；曰慶勳。其幼曰慶均，側室陳出也。女曰慶恩，適吳學沂；曰慶慈，許字徐揚翎，亦陳出。孫男一，成鈺，慶循出。朱氏世家，南匯縣之周浦鎮，順治己亥會試第一人、翰林院庶吉士諱錦者，爲淑人之高祖。考諱大本，徵仕郎候選州判。母陸孺人，實余之長姑。余上海陸錫熊也。銘曰：

早罹家屯，而終不克享其祿也。能力貧以佽其官，而棄予之速也。何子德之休而嗇於命，令名在人子，則奚病羊圩之邱。孔固且安，往從先姑，永無後艱。

按：碑文錄自清陸錫熊《寶奎堂集》卷九《墓志銘》。

海會寺重建香花橋碑記

(清乾隆五十年・1785年　瞿鳳操)

粵稽滬城之南,有海會禪院者,蓋創於元順帝之三年也。是時開山獨建之僧,名曰廓如。相傳故老云,即今之殿與閣及香花橋曰陟彼岸,皆其經始者焉。然是橋也,自元季迄明洪武定一之後,其明之再建重修,不知何許人也。至弘治十七年重建,亦不諱其姓字。至天啟四年,衆信及寺僧重修,亦無名姓。迨奉聖朝順治九年,里人王萬年添料重修,始著姓名。在康熙四十年四月,里人薛楷仝室陳氏加料重修。於雍正壬子年九月,衆姓及寺僧慧峰仝徒智光重修。恭逢今皇五十年十月,鄉鎮檀越及住持僧曇照仝徒僧濟蒼等悉辦新石,依舊重建。今書助愿仁人,並錄領緣善士,快睹成梁於今日,忻覘勒石於他年,永使頌德無疆,留名不朽。遡廟名區創業,至今五百歲,恆為勝地,鼎新以後萬千年。謹錄領愿之數,恭登臺王於左。

大清乾隆五十年,歲次乙巳,小春月吉日立。

里人瞿鳳操敬撰並書。

按:碑文錄自民國《三林鄉志殘稿》卷六《寺觀》。

朱椿墓志銘

（清乾隆五十年・1785年[一]　陸錫熊）

榮祿大夫、都察院左都御使朱公墓誌銘

乾隆四十有八年四月，吏部疏請考察行省官，皇帝若曰：「巡撫廣西兵部侍郎椿，宿齒舊臣，朕憫煩以封疆之事，其以右侍郎還部。」公奉詔，裝，未行。五月，上復擢公都察院左都御使，趣行還朝，入見乾清宫。天子進勞公，且告以將宴千叟於庭，遲公來以預其列，公頓首稱謝。會九卿入啟事，公夙興得寒疾不能朝。上傳旨慰問令安，意親醫藥，久之疾少間，强起朝。明年正月，既而赴良鄉送駕，還，疾遂大作，二月戊寅，薨于宣武門私第，春秋七十有五。其年，喪歸自京師。又明年十二月某日，葬公南匯縣長人鄉沈莊之南原。於是孤子煐泣而請文墓隧之石。錫熊室於朱，故少而識公，自比歲朝京師，公數就邸舍，與語意款款不自休，稔知公爲鉅人長德，於其銘，不敢以辭。按狀，公諱椿，字大年，號性齋。朱氏之先自浙江遷上海，再遷南匯之沈莊。明季有山西布政司參議諱正色者，以進士起家，有聞於時，是爲公五世祖。高祖，太學生，諱之驥。曾祖，縣學生，諱竦。祖鳳，翔府知府，諱琦，始自沈莊徙郡西郭外，故今著籍爲婁縣人。父，貢生，諱毓，泓才而蚤世，母陳夫人繼卒，僅遺公一子。鳳翔公致政歸，見公傫然，懷抱問哀其孤露，訓鞠甚備，而公亦能勤身發聞，恭儉自尅，以庀其家，而施之于官，所至不爲赫赫名，比去輒思慕之，至于今不衰，惟天子亦以任公晚，不及究其用，爲可惜也。公弱冠以通判効力江南海塘，工成，敘勞第一，授湖北荊州府同知。大府檄公入黔採木，部送入京，擢浙江金華府知府，進浙江按察司副使，分巡溫處道，以祖母陳太夫人憂歸。服除，補福建興泉永道，

[一] 據文，朱椿逝於清乾隆五十年（1785年），次年葬於南匯縣長人鄉沈莊，其子請銘於陸錫熊。由此推測銘文當作於此時。

挂吏議鐫級，尋復原官爲驛鹽道。于湖北者七年，以薦當入覲，未至，擢廣西按察使，再遷雲南布政使，甫一歲，復還治廣西。上滋欲嚮用公，乾隆四十六年，遂以兵部侍郎、都察院右副都御使即其省爲巡撫。公精吏事，性敏而好勩，所爬梳理析皆中支節，而不肯爲錙銖鍥刻，以矯激取譽，故興除厲害甚衆，竝長久可施用。待屬吏和易，而遇事可否一以意，未嘗少有假借。至其視百姓，拊摩教誡若己子弟，則人人莫不以爲可親。在貴州，伐木萬山中，蹈蛇虺虎豹之居，叢箐灌莽，人跡所不至，從吏皆失色避去，公徑往不慴，事卒以集。其在金華、温、處，兩遇天子行幸浙江，公先驅除道部夫水陸數萬，明約束，戒期會，竟事無讙詾失次者，上以是知其能。黄州水溢爲菑，公攝其道印，請粟以賑，親巡而户賦之吏不能侵民以胥飽。其在粤西最久，務與民休息，鋤其奸莠而右助其善良者，不事條教繁瑣，諄諄以至誠化誨，自秉臬逮建節，其爲治皆然。數年之間，獄訟稀簡，年穀時熟，粤人頌其功，莫名其用也。公行内修，幼育於祖母，事之曲盡其歡，既歿，毁至骨立。嘗假歸省祖父墓，攀樹長號，哀動左右。平生寬厚長者，與人交煦煦然下之，未嘗以貴故稍替。間作制舉義，及歌詩皆可觀。通習國書，旁及鳥占風角之術，亦能得其祕奥。惟公以孤童奮起，卒致通顯。出事天子四十餘年，純衷不欺，始終若一。用克上膺知遇，恩寵稠渥，所以照臨其家，而大芘于其子孫，嗚呼，可謂盛矣。公娶夫人許氏，繼室夫人陳氏，皆先公卒，今祔以葬。子二人，長即烘，中書科中書；次照，尚幼。女六人，適舉人王憲，曾布政司經歷；王翰，婁縣學生；趙日熾，吏部筆帖式；嵩山，太學生；海常；王芾。其銘曰：

有煒烈光，興自鳳翔。孰亢而宗，克顯以融。公德不回，允惠且哲。起二千石，終秉旄節。公敷其政，不競不絿。不棘不徐，輿人之謳。天子命公，鎮撫南服。清靜寔一，南人載福。衮衣來歸，鶴立長身。百僚聳觀，黄髮是詢。祝噎在廷，公不少待。帝念國叟，省章感喟。甘棠蔽芾，桂管餘思。民功曰庸，永世有辭。雙桓峩峩，新宫墨食。我銘斯藏，視後不泐。

按：碑文錄自清陸錫熊《寶奎堂集》卷九《墓誌銘》。

朱椿墓碑記

（清乾隆五十年十二月・1785—1786年〔一〕　梁國治）

東閣太學士兼戶部尚書梁國治撰墓碑記

皇帝圖任舊人，博延魁碩，耆壽之老，布列王廷，宣亮邦紀。時則有若左都御史婁縣朱公，以宿德重望，久勞在外。天子念其年逾七十，不忍重煩以有司之事。乾隆四十八年五月，自廣西行部院召掌南臺。上數延見顧問，禮數優渥。公亦強竦自力，以寅共夙夜。會疾作，給假，久之弗瘉，越明年二月，遂卒於位。時公子焕等卜新兆於南滙縣長人鄉之北原，將以喪歸之。明年十二月，奉公柩而窆焉。公官階品級皆第一，遵令當爲龜趺螭首之碑樹於墓隧，稱道勛伐，以昭示來世。而石未有辭，焕乃涕泣奉書以請諸其考之執友會稽梁國治。國治誼不得讓，謹論次公事爲文，使刻之碑下。曰：公諱椿，字大年，别號性齋。皇贈通奉大夫、廣西布政使諱敏之嗣子；鳳翔府知府、皇贈通奉大夫諱琦之孫；皇贈通議大夫、廣西按察使諱竦之曾孫。其先故汴人，從宋高宗南渡入浙，徙居松江之上海，再徙沈莊。其卜宅婁西門而爲其縣人者，自公祖考始。公生四歲，父母俱沒，祖母陳太夫人自鞠養之。公稍長則岐嶷，治五經卽通貫大義，鳳翔府君以爲類己。甫成童，卽爲輸粟於官，吏部注籍，待通判闕，公以祖父年高，不行。鳳翔府君捐館，服除久之，會郡縣築金龍塘捍海，守土者舉公領其事。公晝夜宿隄上，授值賦功，悉意鉤校，至罄其貲以助工，役成勞最。督撫奏請優敘，擢授湖北荊州府同知。甫上，尋被檄有貴州擇木之事。時方營萬年吉地，工部用故事，徵材荊蜀，而大木產窮山絕壑中，道險遠，前後奉

〔一〕據文，朱椿卒於清乾隆四十九年二月，乾隆五十年十二月，其子朱瑛葬其於南匯長人鄉，并求銘於梁國治，故推測碑記撰於此時。乾隆五十年十二月，按天干地支紀年與公曆的轉換，應為1785年12月31日—1786年1月29日。故此處記作「清乾隆五十年十二月・1785—1786年」。

使，多憚不敢前。公獨排巖批谷，深入數百里，冒犯瘴霧，極曠莽無人之地，卒多獲峻幹，以致之江，公自漕送京師，引對稱旨，擢爲浙江金華府知府，進授温處道。恭遇天子南巡，駐蹕西湖，公先期潔陳行廬，躬部夫卒迎御舟，翼衛以行，夙夜在次，執事勤恪。上召詢地方事，應對明敏，由是識其才，駸駸嚮用矣。丁祖母憂歸，起服爲福建興泉永道。温州教授王執玉得罪，公嘗會薦，降級，既而還原官，補湖北驛鹽道。視鄖道所便，汰其船之溢濫者，省費什九。鹽引絀失平，爲劑其均，商以紓力。黄州大水，請餔其餓者而築隄以拒江，復爲備荒書，下郡縣行之，官民有所守，故雖災不害。王師征緬往來，公護其行，頓舍牢，廩無缺，兵民不爭，訖事甯謐。上益知公可用。乾隆三十五年，遂擢公廣西按察使，治臬事者六年。進雲南布政使，尋復還之廣西。又四年，遂自布政使擢爲兵部侍郎，巡撫其地。公之爲治也，以嶺外荒遠，苗猺錯居，不可以威令，在拊循漸摩，以化其俗，而於獷悍不率教者，亦未嘗有所縱舍。民感公意，罷息訟獄，以時力田，所屬歲屢登，倉廩豐實，戶敦禮讓。先後在粵十餘年，粵人愛公如父母，公視其民亦不啻子弟也。當奉詔去，粵人遮道挽留，不能得。既聞其卒，皆爲之流涕云。公至行醕備，以不逮事父母，諱日悲哀如初喪。奉祖母能盡色養，接僚友一於至誠，夷險不易。蓋公平生一意修飭，其小者卓卓已如此，至其繫於民事者，人陰被其福而亦不能盡言也。公卒年七十有五，娶夫人許氏、陳氏，皆贈一品夫人。子二：長煐，中書科中書；次照，尚幼。女六，所適皆名族。國治櫜在武昌，與公爲僚，獲見公設施，因而論公始終之閒。仰見聖天子知人善任，出入中外，恩禮無閒。而公實克秉其純恪，以自結於上，上爲國家勤勞勵相之臣，遭際寵榮，於是爲盛。廼繫之以詩，曰：泖襟峯扆環東瀛，沐浴日月呿鼇鯨。芒開五色星降精，玉鉉大斗王之楨。早窮策府窺璣衡，循陔戀養伸烏情。欻然乘風朝紫廷，手執銅虎驅牙旌。綆梗筏梓浮襄荊，南跨婺括宣藩屏。劍津鄂渚報政成，芃苗萬里謳謠盈。帝咨炎徼思敉甯，疇若予治無逾卿。百蠻坐鎮安邊城，公拜稽首矢潔清。和平豈弟神所聽，嘉穀盡植無蝗螟。水耕火耨樂太平，公功不尸物遂生。天眷宿齒頤耆齡，南臺領袖彯華纓。□筵帝歌位載賡，飾巾何遽乘箕升。沈莊之原舊里閎，岡迴隴伏開新塋。豐碑岌嶪高不傾，行人下馬來讀銘，後千百年垂麻聲。

按：碑文錄自光緒《南匯縣志》卷一九《名蹟志·冢墓》。

周浦育嬰堂碑記

（清乾隆五十四年・1789年〔一〕　朱清榮〔二〕）

周浦鎮育嬰堂倡於雍正年間，郡侯則爲欽公，邑侯則爲姚公，紳庶則爲李芳春、蔡軒、葉塏、丁旭、馮雨田、吴翥、錢之選、朱煥、王一讓、閭邱王言、梅銓、姚紳、葉向榮、王名宏、胡世澄、朱根元、朱日成、朱良驥、朱維圻、姚眉、夏黄源、朱大本、朱兆龍、丁玆幹、葉向皞、姚梁、趙芳、姚時霖、閭邱以球、沈紫綬、祝齊嵩、劉正聲。乾隆四十四年至五十二年，繼其事者，邑侯則成公、袁公、韓公、俞公、張公，紳庶則于公棋、朱之灝、汪廷景、姚燾、李炯、閭邱廷楫、王業、閭邱廷俊、李元鏡、王學峻、孔成鈺、李鐘、陸加木、于世煒、陳璋、丁谷陽、陸兆鵬、朱清榮、朱受塏、張永鋐、潘熙春、朱紫高、楊基、李培枝、丁躍龍、姚之照、潘熙時、馮夢蟄、李宇泰、祁介福、潘熙昌、顧天培、王廷枚、姚大基、朱學洙、馮開文。然歷久之策終未有也。迨五十三年，任公來涖玆土，閲三載，請於署郡侯汪公，設法籌辨，粗有成就。其擴充經費也，時則有若方襄宸、張務本、沈宗泰。其遴任董事也，時則有若朱清榮、陳璋、丁谷陽、姚之照、朱學洙、王向岷、朱爲珂、閭邱慶鑾、張大川、胡宗煜、唐舒章、王廷枚、姚植三。堂初建于善慶菴後，乾隆三年移建碧霞菴故址。捐助者爲李王民、于克昭、蘇恒茂、葉見南、朱維清、李繩正、吴肇修、趙荆南、王恒茂、赵芳久、姚致俞、姜倉鳴、吴振清、叶聖木、姚源一、陈茂生、徐又成。五十四年，以前其捐助田畝回贖充公者，則有吴元淵、楊隆吉。其獨任堂費累數年至二千餘金者，則有吴元鴻。其慘淡經營於僅田五十餘畝之際者，則有姚源一、子德先、孫之照。其以每布一文捐充堂費者，成公始之，三林

〔一〕乾隆《南匯縣新志》載，周浦育嬰堂起建於雍正七年（1729年），碑記述事止於乾隆五十四年，并有「六十餘年中，其間樂善好施不一而足」語，故推測碑文撰於此年。

〔二〕見乾隆《南匯縣新志》卷一五《雜志・公所》。

司孟公副之。其捐銀五十兩以倡善舉者，韓公始之。其通邑各啚、飭保勸捐者，則俞公始之。其以育嬰爲實際善舉，留心經費，規條報府備案者，則任公成之，三林司陳公贊之也。六十餘年中，其間好善樂施不一而足。前則具刊徵信錄，後則悉載月報。今其存者，堂房、息錢、田産均可臚列也。至於設立辦事之人、酌定人辦之事，亦畧附焉。

計開：

堂房項下：十七保十啚九百三十七號，七分四釐五毫，房六間。十七保十啚九百二十號，五分，房三間。

息錢項下：于源昌典七百七十千文。方襄宸捐奚至正典三百五十千文。張務本捐朱士英租十五石九斗，錢一千四文，田價三百五十千文。張務本捐沈維周租十二石，田價一百二十千文。沈宗泰捐顔俊三租十六石九斗，田價一百七十六千六百四十文。堂中置丁希忝租四石，田價三十四千文。堂中置張在中租一千六百三十文，田價八千一百四十八文。

田産項下：十七保四啚一百二十四號，田四分，陸聖明捐絕。十七保五啚九百二十七號、九百二十八號、九百三十號，共田三畝九分二釐九毫，堂中置。十七保二十五啚四百二十號、四百三十二號，共田七畝八分，汪明修捐絕。十七保八啚九百五十五號，田二畝，堂中置絕。十七保十啚一千三百七十三號，田一畝七分八釐八毫，姚源一捐。嬰塚，五百九號，田五分，吴念祖捐絕；九百五十一號，田二畝五分三釐一毫作嬰塚，餘一畝。十七保十七啚一千一百三十三號二畝，千一百三十四號田二畝八分，一千一百三十六號田五畝一分三釐二毫，一千一百三十九號田四分七釐六毫，吴吉安捐絕。十七保十啚四十號，田一畝三分，湯渭如捐，堂中置絕；一畝二分，堂中置絕。

辦事之人：住堂乳婦二人，每人日給錢二十文，領嬰加十文。嫗一名，日給錢二十文，領一大嬰加錢二十文。管堂董事一名，日支錢五十六文。堂役一名，日給錢二十八文。收小租，每石三升。領嬰乳婦住堂者，不拘日給，每一嬰二十文。董事十三位，不支錢。

按：碑文錄自乾隆《南匯縣新志》卷一五《雜志·公所》。

周浦關帝廟碑記

（清乾隆五十七年·1792年　胡志熊）

關帝廟自京師達於天下幾千所，其在外則行省、尚書、侍郎至州縣之長吏，春秋率僚屬以太牢致祭，朔望焚香九頓首，著於令甲，與〔一〕先師孔子同其尊崇之典。若是而殿廡門庭褊迫陋庳，不足以肅觀瞻而嚴對越，豈非守土者之責乎？周浦鎮距南滙五十里，民殷土沃，百貨流衍，爲一縣甲。南滙歲漕六萬餘石，其輸納皆於周浦。長吏以時徵斂，因即治文書、聽獄訟於其地，一歲中率三四月留鎮。東舊有關帝廟，近市湫隘，妥侑有闕，靈爽弗憑。志熊來蒞茲土，朔望展敬廟下，怛然唯不共是懼。暇日，與三林巡司陳君度得永定寺東偏藥師殿廢址，迺即而新之。殿屋三楹，門屋五楹，東西步廊，左右序室。度木戒工，以序營構，役不煩而既，財不費而足。廢者以興，陋者以華，䦧者以靜，弛者以嚴，悦於民而惠於神，上稱朝廷尊崇之典，下盡有司昭事之誠，胥於是乎在。爰記其事於石，俾來者知改建之所始〔二〕。

按：碑文錄自乾隆《南匯縣新志》卷七《祀典志》。光緒《南匯縣志》卷八《祠祀志·廟》亦錄此文。

〔一〕與：光緒《南匯縣志》無。

〔二〕俾來者知改建之所始：光緒《南匯縣志》無。

川沙城隍廟碑記

（清嘉慶元年・1796年[一]　黃孫燦）

考邑志，川沙城隍廟不載建造年月，人亦莫知其由來。自昔地隸上海爲川沙堡，前明恒爲倭寇擾累，上海觀察熊公建議築城，事在嘉靖三十六年，或者廟於是時建焉。乾隆五十三年，鹾使熊公來撫茲土，朔望謁祠，見頹垣敗壁，風雨漂搖，心竊傷之。謀於搢紳，祝君甘霖首倡捐施，重整歌臺，聿新廟貌。五十九年秋，遇風潮之災，萬竈田廬盡遭淹沒，老弱哀鳴，將填溝壑。斯時也，熊公寢食靡寧，心焉如灼，乃默禱於神力，請太守許公發賑。公允轉請，上達宸聰，發帑借給口糧，於是廟設公廠，計口授銀。三日之間，殭者復蘇，仆者復起，實發銀二萬一千七百四十餘兩，全活災民十萬數千餘口。是聖主拯救之天恩、太守矜憐之盛德、鹾使呼籲之苦心，皆賴神靈默佑之鴻慈也。擬爲重建，工費浩繁，且災歉之後民力未充，熊公捐俸助田二畝，歲爲修葺，以展虔忱。觀察熊公諱桴，鹾使熊公之族祖也。太守許公名兆椿，鹾使熊公名之垣。田坐落八團南二甲，歲收租若干，交給[二]住持道士薛茂園收管，永禁盜賣。用勒於石，以冀後之樂善不倦。嘉慶元年十月望日，誥授武德騎尉、江南川沙營中軍守備李景曾建[三]。

按：碑文錄自道光《川沙撫民廳志》卷三《建置》。光緒《川沙廳志》卷五《祠祀》亦錄此文。

[一] 據文，碑立於清嘉慶元年十月，碑文當作於此間。

[二] 交給：光緒《川沙廳志》作「交結」。

[三] 誥授武德騎尉、江南川沙營中軍守備李景曾建：光緒《川沙廳志》作「川沙營中軍守備李景曾捐貲勒石」。

西昌菴石堤碑記

（清嘉慶五年·1800年　趙球）

三林塘，古林氏繁昌之地，係別東西。其後林氏寡聞，而西塘代生賢哲。士物衣被萬方，是以合成小市，名重京都。其西布之末，有三官堂一進，其後續以武聖殿暨城隍廟三進，中間神佛都有，人第稱爲西三官堂者，仍其初也。堂南傍林塘，東逼新涇港，堂之東南隅爲三汊形。嘗考西塘東市，有西林懺院，又東爲積善教寺，皆宋末碑碣。有紹興、咸淳、淳祐等號，則斯堂想亦爾時式肇，然無記載足證吾言。塘水西出申江，約五六里，東流入於周浦，又達春申江。塘水漲退兩分，以故水緩泥淤。而此新涇，納江湖湧流汊口，爲路近，爲力猛，往來衝激，岸址傾圮，定屬神靈所不懌。其東已坍近楹壁，其南爲洄流所削，寬窄不均。尚德金子偕同事王、蔡諸人，發愿勸募，議築石堤。從正東起工，南出塘水，又折而西，至塘之西南隅止，俾堂面略方，而堂基鞏固。所需工料，都出諸善信之好施，而勸善諸人均董其事、要其成焉。第本堂二進，堂西三進，則尚缺東北一隅。續得善士李廷玉善愿，兼募衆信施捨，起建觀音大殿，中供白衣觀音大士像，廟貌亦頗壯麗，而殿之東岸，又增築石堤。金子蓋謂人知奉佛敬神，必能爲善去惡，作善降祥，天之道也，而況捐資以妥神靈，爲神與佛所眷佑者乎？賴諸善信共襄厥美，安敢不悉志其名，以垂久遠，以爲爲善者勸。至於神佑所敷，廣被衆庶，富教壽康，則又今日諸公之造福無量者矣。余久淹京邸，金子郵寄其詳如此，因書以復金子曰：是即可以爲記。惟堂在市西，宜新其名，曰西昌菴。

己酉舉人、四庫館議叙、邑人趙球撰文。

金宗璞書丹。

同里孫如於篆額。

大清嘉慶五年八月吉日，勸善里人金尚德、蔡元亮、王國徵、趙在田、沈秉國、王雄萬、王鳳鳴、火天成建立。

按：碑文錄自民國《三林鄉志殘稿》卷六《寺觀》。

陸錫熊墓志銘

（清嘉慶五年・1800年〔一〕 王昶）

誥授通奉大夫、都察院左副都御史陸公錫熊墓誌銘

青浦王昶撰

洪惟我國家重熙累洽百數十載〔二〕，蘭臺石室所儲，光燭雲漢，而皇上稽古典學，復開《四庫全書》之館，用〔三〕惠蓺林。先取翰林院所弆《永樂大典》，録其未經見者，又求遺書於天下。書至，令仿劉向、曾鞏之例，作《提要》，載於卷首，而特命陸公錫熊偕紀君昀任之。公〔四〕考字畫之譌者、卷帙之脱落者、篇第之倒置、與他本之互異，是否不謬於聖人，及鼂公武、陳振孫諸人議論之不同，總撰人之生平，撮全書之大概。凡十年書成，論者謂公之功爲最多。公諱錫熊，字健男，一字耳山。乾隆二十四年己卯，舉於鄉。二十六年辛巳，成進士。二十七年春，恭遇南巡，獻賦行在，召試入一等，賜内閣中書舍人，旋充方略館纂修官。時方奉勑修《通鑑綱目輯覽》，編撰〔五〕以進，當上意，遂進直軍機處。三十三年十二月，遷宗人府主事，繼擢刑部員外郎，進郎中。三十八年八月，以撰〔六〕《提要》稱旨，改授翰林院侍讀。四十年二月，授右春坊右庶子，未幾擢侍讀學士。閏十月，充日講起居注官，又充文淵閣直閣事。四十二年春，孝聖憲皇后賓

〔一〕文中言：「慶循等卜以嘉慶五年十二月庚午，葬於先塋昭兆，奉狀請銘」，據此推測銘文約作於此時。但《碑傳集》所録版本無此句，傳疑闕疑。

〔二〕百數十載：《碑傳集》無。

〔三〕用：《碑傳集》作「以」。

〔四〕公：《碑傳集》作「君」。下同。

〔五〕編撰：《碑傳集》作「公編撰」。

〔六〕以撰：《碑傳集》作「以所撰」。

天，凡大祭殷奠上尊謚，典禮嚴重，應奉文字，大學士于文襄公屬公撰進，皆被俞允〔一〕。四十五年〔二〕六月，授光祿寺卿。四十七年五月，授大理寺卿。五十一年十二月，提督福建學政。五十二年二月〔三〕，授都察院左副都御史，仍留學政任，以五十五年春任畢旋京。先是〔四〕《四庫全書》之成也，公任編輯，不任校勘。而上命分寫七分，自大內文淵閣以外，圓明園之文源閣、熱河避暑山莊之文津閣、盛京之文溯閣各庋一部，又於揚州大觀堂、鎮江金山、杭州西湖皆建閣以庋之。而前校勘者不謹，舛錯脱漏，所在多有，文溯閣書尤甚。公以是書曠代盛典，不可任其疵類〔五〕，乃請自往校之。既而以爲未盡，五十七年正月復往，會春寒〔六〕，山海關道中冰雪凍沍，比至奉天病卒〔七〕。預是書之役者衆矣，公獨勤其事而歿，可悲也！公以文章學業受特達之知，故自《四庫全書》及〔八〕《通鑑綱目輯覽》之外，凡《契丹國志》、《勝朝殉節諸臣錄》、《唐桂二王本末》、《河源紀略》、《歷代職官表攷》，奉勑編輯，見付武英殿刊刻者又二百餘卷。每書成，或降旨褒美，或交部議敘，或賜文綺、筆硯之屬。奏進表文多出公手，上閱而益〔九〕善之。故事，歲初重華宮小宴聯句，惟南書房翰林得與焉〔一〇〕。三十九年，奉旨召入，並賜如意、畫軸，後以爲常，蓋異數也。其餘特賞、年賞、節賞書畫石刻等物，不可勝紀。奉使衡文，累歲不絕。充山西、浙江鄉試副考官者各一，充廣東鄉試正考官者一，充會試同考官者二，提督福建學政者一。去取精審，所得多知名士，士論益翕然歸之。公沖和純粹，其色溫然，其言呐然〔一一〕，而穎悟明敏，讀書一

〔一〕被俞允：《碑傳集》作「被旨俞允」。
〔二〕四十五年：《碑傳集》作「四十三年」。
〔三〕二月：《碑傳集》作「某月」。
〔四〕先是：《碑傳集》無。
〔五〕疵類：《碑傳集》作「疵纇」。
〔六〕春寒：《碑傳集》無。
〔七〕病卒：《碑傳集》作「病以寒卒」。
〔八〕及：《碑傳集》無。
〔九〕益：《碑傳集》作「盡」。
〔一〇〕焉：《碑傳集》無。
〔一一〕其言呐然：《碑傳集》後有「其言呐然，不出諸口」。

過，無不洞悉貫串。少時以詞賦入中書，中年在詞館，賓朋酬贈，使節登臨，四方仰重其名，率以緡素來請。所作繁富，閎溢箴笥，顧不甚珍惜，輒爲人取去。自以上蒙恩遇，逾於常格，不屑以詞臣自畫。晚年益覃心經濟之學，取杜氏《通典》、馬氏《通考》，合以本朝《會典》，如食貨、農田、鹽漕、兵刑諸大政，溯其因革，審其利弊，口講手畫，侃侃然可以見諸施行。而惜其年之不永，是以訃至京師，賢士大夫〔一〕莫不爲之曾欷累息者。公生於雍正十二年甲寅十二月初二日，卒於乾隆五十七年二月二十五日，年五十有九。世爲江蘇上海縣人。諱鳴球者，曾祖考也。諱瀛齡，以選拔貢生官安徽石埭縣教諭者，祖〔二〕也。諱秉笏，乾隆辛酉科〔三〕舉人者，考也。三代咸以公貴，封贈如其官。配朱氏，封〔四〕夫人，先公卒，以恭順能佐內政，爲親黨所推〔五〕。子五：慶循、慶堯、慶庚、慶勳、慶均，皆孝友克家〔六〕。女五人。孫男四人〔七〕。惟松江陸氏世以文章著見。公七世從祖文裕公深，在明宏治、嘉靖間，以通人名德，望重臺閣，流傳翰墨，迄今人寶貴之。公官職略與文裕等，若其掌著作而被恩遇，有文裕所未逮者。且《四庫全書》定於乙覽〔八〕，尊於冊府，分布於海寓，騰今邁古，千載未有，而〔九〕皆公審定而考正之。世之讀《提要》者，見其學術之該博、議論之純粹，顯顯然如在目前。所著《寶奎堂文集》、《篁墩詩集》雖不盡傳，可無憾焉已。余與公同郡，先後同官內閣，同直軍機處，文酒之會靡不同者，《輯覽》之修，余先任其事，尋以從獮木蘭，而公繼之。余嘗〔一〇〕至上海，過公竹素堂，方池老屋，不蔽風雨，清修舊德，久

〔一〕賢士大夫：《碑傳集》後有「賢士大夫如紀君輩」。

〔二〕祖：《碑傳集》作「祖考」。

〔三〕辛酉科：《碑傳集》作「辛未科」。

〔四〕封：《碑傳集》作「例封」。

〔五〕推：《碑傳集》作「推重」。

〔六〕皆孝友克家：《碑傳集》無。

〔七〕孫男四人：《碑傳集》作「孫男三人」。

〔八〕乙覽：《碑傳集》作「預覽」。

〔九〕而：《碑傳集》無。

〔一〇〕嘗：《碑傳集》作「常」。

而彌著，然則知公之深，無逾於予者。茲慶循等卜以嘉慶五年十二月庚午，葬於先塋昭兆〔一〕，奉狀請銘，其何忍辭。銘曰：

魚圻之裔，世以文名。緊公繼之，蔚其魁閎。綜裁簡冊〔二〕，以黻隆平。入典書局，出主文衡。拔諸髦俊，用爲國楨。《七略》《七錄》，鉅編既成。正厥謬譌，往來神京。風饕雪虐，卒瘁于征。吳淞遼水，共此環瀛。雲車風馬，其返邱塋。文昌華蓋，作作庚庚。照于幽窀，後昆之亨。

按：碑文錄自清陸錫熊《寶奎堂集》。清錢儀吉纂《碑傳集》卷三五亦錄此文。

〔一〕卜以嘉慶五年十二月庚午，葬於先塋昭兆：《碑傳集》作「扶柩歸里，將卜葬於某原」。
〔二〕綜裁簡冊：《碑傳集》作「總裁簡篇」。

重修海會寺碑記

（清嘉慶六年・1801年　吴省欽）

往〔一〕宋绍兴间，南宋比邱师净始建积善寺于上海三林塘之東，相传前后四十八殿，为一邑丛林之冠。后因僧众分建西林、海会两寺于其西，而海会一寺沙卫重叠，水城朝拱，形势之佳，较他寺为独胜。尝考吾乡诸刹，遭〔二〕明季倭寇之扰，存者寥寥。此寺自元末创建以来，再经兵燹，有盛无衰，则寺运之亨、僧众之善，其为诸檀越之福庇，有由来矣。前之修者，无碑可考。国朝乾隆间，一修于慧峰禅师，再修于智先〔三〕长老，栋宇盖长新也。今昙照又以真修感人，人咸乐助。四殿重整之外，更于殿界隙地，增建客厅，東则庑序，北则僧祠。经始于嘉庆庚申之冬，告成于明年辛酉之夏。计〔四〕费金千有余缗，募诸外者六，取诸山者四。未及两载，金碧巍焕，掩映于乔柯修竹间。是非佛力地利，交相呵护，安能神速若是耶〔五〕？余自宦游，四十年来，乡关胜地，久疏游屐，适因昙照之请，为之记其始末，俾勒石垂诸久远。行将扁舟一叶，访昙照于只树之林，相与听迦陵，谈声闻，不知〔六〕四大禅床〔七〕，能为我预设否？

嘉庆六年辛酉秋八月，前经筵讲官、左都御史、翰林院侍读学士吴省钦撰，邑诸生〔八〕王诚书。

〔一〕往：《三林鄉志殘稿》作「在」。
〔二〕遭：《三林鄉志殘稿》无。
〔三〕智先：《三林鄉志殘稿》作「智光」。
〔四〕计：《三林鄉志殘稿》作「此」。
〔五〕耶：《三林鄉志殘稿》作「也耶」。
〔六〕不知：《三林鄉志殘稿》作「未知」。
〔七〕禅床：《三林鄉志殘稿》作「禅林」。
〔八〕邑诸生：《三林鄉志殘稿》作「诸生」。

董事〔一〕：胡士英　沈相玉　乔凤翔　蒋克修　陆光烈
　　　李　翔　唐震初　王丽岩　闵掌衡　孙在新

主持：方　禅　修　持　昙照善林　华　云　心　境

按：碑文錄自《上海碑刻資料選輯》。該書錄作簡體字，并謂「碑原在南市區」。民國《三林鄉志殘稿》卷六《寺觀》亦錄此文。

〔一〕董事和主持名单，《三林鄉志殘稿》俱无。

移建南匯文星閣碑記[一]

（清嘉慶八年・1803年[二]　吳省欽[三]）

鄉會試自第一至第五號五魁，魁之號多者至十六或十八而止。魁星之祀，顧氏炎武謂不知始何年。魁，北斗第一星。奎，北方元武宿之一。奎爲文章之府，乃改奎爲魁，又不能像魁，而取鬼字之形，舉足而起。其斗二星所主不同，字音亦異，說似辨矣，實未覈也。奎在西宮咸池，不在北宮元武，宿爲封豕，亦曰天豕、曰封豨，主溝瀆，爲天之武庫，五星犯之，主爽德。《律書》「奎毒螫殺物」徐邈曰：「奎一作圭，圭即蠆，故《星經》以爲白虎，趙宋以前未有稱吉曜者。」自乾道五年五星聚奎，占者爲文明之兆，羅氏泌「蒼頡觀奎星圜曲之勢制文字」，王氏應麟改爲「觀魁星圜曲之狀」，皆由《援神契》「奎章」一語附會之。嗣是奎章有閣，《瀛奎律髓》有編，林靈素至稱蘇軾爲奎宿奏事，不知五星凡聚處無不主太平者也。北斗魁四星，第一樞，二璇，三璣，四權，其形若圜若曲。奎十六星，兩端銳若梭而闊，安在其圜曲者，以玉衡之三星合魁，四星爲中宮。北斗其體尊，其用廣，至魁星之主科名，太學光齋之禮狀元送鍍金魁星杯盤一副，宋周密所識也。「金斗高跳鬼狀獰，人言此象是魁星」，淳祐閒番禺李昴英送魁星與李子先詩也。「舉手高摘，萬丈虹光」，文信國代富丹酧魁星文也。「手筆手金錠」，則明蔣一蔡謂天順癸未崑山陸容於會試前戲寓必定之意而圖之

[一] 光緒《南匯縣志》卷一二《藝文志・金石》：「移建魁星閣碑記，孫銓書，吳省欽撰。」該志第八卷《祠祀志》「文星閣」条：「文星閣，初在書院左水次，嘉慶八年遷建水東。道光九年，知縣德宣仍遷水西思樂橋北，寇燬未建」；「文昌宮」条：「嘉慶八年，知縣張昌運度地水東，先於文廟巽方，別搆魁星閣」。可見魁星閣、文星閣實指一閣。

[二] 據文，嘉慶八年（1803年）南匯魁星閣移建工竣，才有此碑，碑文當撰於此時。

[三] 嘉慶《松江府志》卷三二《學校志下》、光緒《南匯縣志》卷一二《藝文志・金石》均有記載。

也。我邑袤廣百餘里，進士科相望，我朝順治康熙間施清惠、葉忠節尤著，即雍正甲辰榜之唐教授班、朱少詹良裘、馬大尹嚴，皆金邑人。今邑析自雍正四年丙午，丁未榜之葉教諭承、庚戌榜之顧成天，雖邑人而一籍青浦，一籍婁，乾隆戊辰榜予季父欒昌尹世賢籍繫奉賢，而《太學題名碑錄》皆誤作漢陽人。若壬辰榜之施教授潤則又邑人而籍上海。癸未、戊戌榜予與弟省蘭，《碑録》始著籍南匯焉。當乾隆二十九年，靈壽楊侯宜崙於學宫之東倡修三層閣，高五丈五尺，圍十三丈，上奉文昌神，中奉魁星，旋於閣之西、文廟之東建惠南書院，經營締造，鬱焉改觀。顧形家者言，閣與大成殿脊不相中，地脈又局促，創建以來科第寥落，屢議移建於隔水之太乙巽宫，而地窪工鉅，觀望勿果。嘉慶七年冬，錢塘張侯昌運語予，借孫司訓銓邑諸生莊顯、王誠先後相度，酌中南北分金爲閣，專祀魁星，與大成殿脊遥對，巽乾一貫，甚得地利。侯與予兄弟各輸錢以倡，築基飭材，八年四月工興，七月工蕆。凡高下圍徑一如其舊，而地脈疏鬯，體勢聯絡，邑人士欣欣喜色，謂靈秀清淑之氣必有貫三才以昭響應者。至文昌帝君，比奉旨祀與關聖帝君埒，侯尅期議舉，擇地與閣相比，亦謂文昌之宫。以魁星旁侍爲失序，魁更不可改爲奎，故正其神號，昭祀於閣之最上層，而予爲之記。

按：碑文錄自嘉慶《松江府志》卷三二《學校志下》。

杜氏墓田清理碑記

（清嘉慶九年・1804年　杜昌意）

余年十四五時，隨仲父虛齋公灑埽曾祖父母、祖父母之塋，甫悉始遷西霞祖大理公至玉簫公八代均葬杜村，正甫公、疇隱公葬周浦，自然公葬杜行鎮，竹莊公葬上海閔行鎮西夾溝。惟自然公之塋，各房子孫寒食尚能會同祭埽，餘皆荒迷莫考，心竊痛之。迨乾隆丁丑始，同族兄含山展省自然公暨高祖以上至十世祖塋，順至西夾溝尋訪竹莊公之塋，雖僅存一抔，而碑石猶在，維時力不能爲，徒深悼歎。不謂餬口四方三十餘年，長房經管之祭産化爲烏有，白廟港六代祖塋亦爲族中不肖盜賣。每一念及如坐鍼氈，祇以作客日多，無從清釐，嗣見韓魏公《重修五代祖塋域記》，亦係荒迷百餘年而訪得之，不勝欣慕，亦不勝慚愧。姻好王秉乾聞之，謂從弟原之曰：「茲事可託顧次愚先生。」從弟即登門力懇。復有姻好朱策芳爲顧君高足，既知吾家各祖塋坐落，又悉私相買賣之人，兩君熱腸視同己事。自壬子至甲寅，三年間六代祖塋次第贖回，且將五世叔祖筱城公、祉元公暨高伯祖子才公墳田一一清出，而正甫公、疇隱公、竹莊公塋地亦賴祖宗之靈均得復，業整理立石以垂不朽，王君指引之功、顧朱二君維持調護之力沒存銜感。各塋均有田地自三四畝至二十餘畝不等，統用足錢八百五十三千零。每年租息除兩賦外，足資祭埽舟楫之需。即於世譜內逐一注明區啚號數、畝數，吾子孫其各敬承勿替。杜村八世先塋，余雖景迫桑榆，仍當竭力訪查，倘有志未逮，亦望子孫善繼吾志，以慰吾心。夫謹家牒而守先塋，子孫之責也，惟墳墓祭祀之有託，故以子孫不絕爲重。吾家自三十二代祖邠國公以上至安平公九世之大塋，在陝西咸寧縣少陵原司馬村；自安平公以上至御史大夫建平敬侯十五代先塋，均在長安咸寧界內；惟御史大夫長孺公葬茂陵，幽州刺史務伯公葬章武即今順天大城縣，當陽城侯葬河南偃師縣，祁國公先葬應天府宋城縣仁孝原即今河南歸德府商邱縣，祁公五世祖校書公葬蘇州，高祖史館修撰正夫公、曾祖太師公、祖吳國公、考韓國公均葬浙江山陰縣永昌鄉苦竹村。南宋紹興辛酉,中原淪陷,祁西元孫思昱潛往宋城,奉遷公與晉國夫人之靈,歸葬山陰祖塋,而二十五代祖太常致和公、二十四代祖大理菊隱公祔葬宋城。塋地屢經黄水漫淹,淤沙深厚,無迹可尋矣。因記清釐墓田之由而追敘之,亦冀吾子孫及同族弟姪輩共悉祖宗葬所,他日仕宦經商得至其地,留心訪求而封植之也。

嘉慶甲子四月。

按:碑文錄自嘉慶《松江府志》卷七九《名蹟志·冢墓》。

喬氏各支捐助建祠碑記

（清嘉慶十二年·1807年　喬文柏）

□……□率□領捐簿，隨力勸勸。惟是前置基地卜□□□□之司事，議得以地易地，將田售絕價八十兩，另置六□九甲新地四畝一分二厘，絕價一百八十兩。即於是冬，鳩工庀材，創建士安公直下宗祠。幸賴同宗踴躍，司事公勤，不一載，堂宇告成。二進前後十間，仍以永思顏其額，遵先志也，堂之中奉安漢太尉。公起在下，始祖□衡公，始遷祖士安公，傳世至□□公，□支諸先公神位，世次昭穆，顧瞻如在，僾愾如親，□□□□宏。規模尚狹，而事親敬祖之心，待後承先之志，□□□乎在。今將各支捐數、建房工料立碑，逐項□□□□□敬捐地基一畝二分又制錢一佰千文。□□□□□□□祖，我父之志耳。嗚呼，創之難，守之為□□。工始癸亥秋，迄丁卯仲夏，凡五閱歲，祠事始竣。各□□□□□□心至勞且瘁，至於門庭酬應，水陸需繁，不□□□□捐數殆有倍焉，皆余獨力支持。不敢開銷□□□□綿，竭蹷從事，正不徒風雨飢寒，辛苦備□□□□□□亦有可共悉者，自今以往，惟□世世於□□□□造維艱。守遺謨于弗替，念纘承不□□□□□□新庶繼起有人，以永孝思於不匱□爾。

嘉慶十有二年，歲次丁卯，仲夏之月穀旦。

蓮溪公九世孫文柏字璀岩謹識。

嫺後學湯璬書丹。

謹將各支捐數、新舊基地、建造房屋、送位入祠、立碑石工等項一並開明於後：

竹溪公支：壹百玖拾壹千壹百。

桃溪公支：壹百伍拾千壹百，舊地基壹畝弍分。

松溪公支：舊地基壹畝弍分。

蓮溪公支：壹百玖拾柒千柒百，舊地基壹畝弍分。

梅溪公支：念千玖百。

槐溪公支：玖拾肆千伍百。

桂溪公支：陸拾伍千玖百。

見溪公支：拾肆千弍百。

環溪公支：拾壹千肆百。

永思舊地，售過絕價伍拾肆千叁百念。

以上十項共收足錢捌百千零壹百念。

新置基地：壹百念弍千弍百念。

建造房屋：稟縣給示、木料、磚瓦、灰沙、地平、□□、水木匠工、煤膠、匾對、□簷、磚街、□□，共計足錢陸百零弍千。

送位入祠：供臺、牌位、供棹、香爐、臘臺、臘橋、拜单、紙爐、漆作、樂器，共計四十千。

立碑石工：伍拾千。

以上共結□過足錢捌百拾肆千弍百念。除収數□口虧拾肆千零。

嘉慶十二年□□□卯六月上旬，會同各司事筭□□石。

璀岩謹勒。

竹溪公支捐數：

泰来八千文，悦来四千五百文，益来弍两，鳳来、安来二千文，耀宗六两，士宗五两，亭玉乙千文，希玉四千文，成若乙千文，樸儀四两，洪岐、鳳鳴五千五百文，邦佐十弍千文，紹光乙千文，沛川弍千文，大川乙千七佰文，寶傳弍两，霖□八千文，穎川八千文，紹宗、國祥八佰文，文龍弍两，南輝五佰文，國英弍千文，士英乙千文，壽岩十六千文，有常、鳳章、成義四千五佰文，開南乙千弍佰文，得中七佰文，秀章五佰文，佩玉四千五佰文，秉珍五佰文，心田八百文，長發乙千文，廷玉八錢，武城乙千文，廷彩乙千三佰文，遇春五佰文，逢春、元中五佰文，瑞中、朝徵五佰文，奇章、聖章乙千文，學海七佰文，玉田四两，秉千四佰文，誦幽四十千文，香谷十二千文，位如八百四十文，德成四千文，永安弍千文，永春乙千文，明發五佰文，文升五佰文，香岩乙千文，得三七佰文，大明五錢，法祖七佰文，益春弍两，國章四佰文，念慈乙千三佰文，霖周、維周乙千七佰文，德明五錢，巨天、振升七佰文

以上共捐錢乙佰九十一千一佰文。

司捐：益来，勸捐費用錢四千文。

經收：沛川，晳工。

邦佐，勸捐費用錢弍千文。

渭濵，經辦捐資費用錢二十千文。

桃溪公支捐數：

九世孫念先舊置基地壹畝二分正。

芳祺二千七百文，雲表一千文，依仁弍两，廷芳一两，聚龍二两，嘉祿二千五百文，玉書一千文，德雲七十两、叙文念千文，彦兮乙千文，安仁乙千文，大来一千文，炳来一千文，臨川二两，巨川乙千文，大中三千文，大岳三千文，□甫二千文，嗣祖乙千文，明周六百文，文秀、文俊乙千二百文，文傑、德明乙千一百文，明遠六百文，明發乙千文，藹廷拾千文，碧岑拾千文，開源二千文，孝廷一千文，中道四百文，西望二千五百文，永若七百文，國珍、朝珍七百文，萬成七百

文，南琛一千文，名世八百文，廣生八百文，素成七百文，俊琛五両，紹祥五両，麗廷乙千文，廷珍八百文，作舟一千文，坤和五百文，仲和七百文，明德二両，成□、□□□千文，□□□□文，□□七百文，御周二千三百文。

以上共捐銀壹佰伍拾千零壹佰文。

司捐經收：作舟。

蕊宫，自出費用三千文。

松溪公支捐數：

明德、振方、德賢、文俊敬遵曾祖□城公命，捐舊置基地壹畝貳分。

蓮溪公支捐數：

賡堂弍千文，王敘乙千弍百，德容四千文，尚玉乙両，善長八千文，文若五百文，德忠九千文，懷明九百文，西源弍千五百文，明初乙両，友良乙両，維岩乙千弍百，友田乙両，廷章六千文，友悌乙両，炯文拾弍千文，盛全弍千文，雲生弍千五百文，立成乙両，甸安五千文，雲程四千文，仁安五千文，王佐五両，涵睿弍千五百，振如乙千文，鳳鳴弍両，芳國三千文，位元乙千文，在天三千文，鳳林七百文，衡岩乙千文，風岐七百文，悅仁弍千文，廷玉乙両，碧岩四千文，元□乙両，進千弍千文，文郁□□□，玉贊乙千文，良柄五百文。

璀巖捐基地壹畝弍分又足錢壹百千文外，自癸亥季秋至丁卯仲夏，一切酒席費用酬應浩繁，不及備載。

以上共捐足錢壹百九十七千七百文。

倡舉建祠：文柏，字璀巖，號西林。

司捐經收：見龍，字鳳田，自出費用錢五千文。

同□捐：德忠。

梅溪公支捐數：

友堂五両，士美弍千文，耕芸弍千文，永若三千五百文，元若三千五佰文，沛蒼四千文，鳳池弍両，永和乙千文。

以上共捐足錢念千九百文。

司捐經收：沛蒼，自出費用錢弍千文。

槐溪公支捐數：

思緒五千文，崔浩八百文，蓮征弍両，心望乙千文，永芳七百文，敬洪七百文，士成乙千文，安文十五両，建勳十五両，元勳十五両，□□□□□，永和□□□，萬和六百文，大和八百文，雲芳五両，雨山、耕山乙千文，魯岩六百文，廣成七百文，文英七百文，志效七百文，若川七百文，應夫七百文，廷魁四両，□□七百文，□□三百文，□□五百文，□□弍千文，□貴四千五百文，鳳来五両，永九八百文。煥章□□□，振□□□□，秀春□□□，成安八百文，信章、信玉三両，庭槐乙千弍百文，錫祥五百文，學文五百文，叙英乙千文，叙春乙千文，懷仁八百文，懷義八百文，懷明五百文，振芳七百文，顯宗七百文。

以上共捐錢九十四千五百文。

煥文、煥廷七百文。

司捐經收：安文，經辦。

邁征，經辦，捐資費用錢七千文。

秀華，勸捐。

桂溪公支捐數：

仁彩弍千文，成章五百文，殿金、振生乙千文，雲龍乙千文，岳山弍千五百文，德春弍千五百文，應昌七千文，報初九千文，明如乙两，克思乙千文，新作乙两，學文乙两，德昌乙千文，桂南乙千文，廷臣、振天乙千文，克昌弍千四百文，建廷弍千四百文，大章弍两，光被弍两，志誠乙千文，志敬乙千文，鳳儀五百文，廷照、廷九一两，聘初弍两，振初弍两，曉初弍两，勝初五千文，德中、臣書乙千文，德元五百文，萬資乙千文，萬春乙千文，伯龍乙千文，文國弍千文，殿卿、殿臣乙千文，沛如弍千文，采成乙千文，仲英、玉成乙千文，文征乙两，秀成乙两，文安乙两，文瑞乙两。

以上共捐錢陸拾伍千玖佰文。

明瑞、明德捐九甲内號中則田壹畝正。

司捐經收：王猷，自出費用錢拾千文。

萬資，勸捐。

見溪公支捐數：

天衢三两，敬豐三两，聖章四千五佰文，正心堂五千五佰文

以上共捐足錢拾四千弍百文。

環溪公支捐數：

日贊、敬于、王贊五千五佰文，萬禎、萬祥乙千弍百文。惠寧、文寧乙千弍佰文，希賢四两，文生、振堂、書堂七佰文。

以上共捐足錢拾乙千四百文。

司捐經收：鳳田、邁征、渭濵。

按：碑文錄自原碑。該碑現藏浦東新區檔案館，共八塊，其中：記捐助事一塊，殘餘左半；各支捐助統計一塊，左上角破裂；竹溪公支一塊，破裂為二；桃溪公支一塊，完好；松、梅、見、環四支合一塊，完好；蓮溪公支一塊，破裂為三；槐溪公支一塊，破裂為三；桂溪公支一塊，完好。紀事碑中下部磨損，槐溪公支碑右下部磨損，其餘碑刻字清楚。八塊碑均為青石質，形制大致相同，長68釐米，寬31釐米，厚12釐米。

喬氏各支捐助建祠記碑

喬氏各支捐助建祠記碑（槐溪公支）

喬氏各支捐助建祠記碑（蓮溪公支）

川沙營兵員捐錢互助碑記

（清嘉慶十二年・1807年）

弭盗安民

蓋聞易著同人詩歌伐木，敦於友誼，從古皆然。吾等身入戎行，仰沐皇恩憲德，惟有勤慎□巡，勉圖報効。其間每有□切向上，緣事蹉跎，以致未能咸登仕版。如遇五旬以外，年力漸衰，設奉開汰，雖有補缺者償還五千之什伍錢文，無如食指繁多，鮮有餘蓄，一旦出營，未免艱于娛老。在我同營贇于凡弟氣誼相投，與其臨事關情，孰若預籌盛舉。現在公議，就川沙通營八百五十七人，連砲臺所添二百名，共一千五十七人，凡遇年老開汰，以及病、亡兩項，每人各捐制錢十四文，計共十四千七百九十八文，非敢託濟困扶危之善事，聊以盡同營共伍之微忱。其錢即于是月制錢内隊目經付，不惟捐之者爲力尚易，受之者叨惠良多，更可激勵閤伍諸人，共相勸勉，謹守營規。至于技疎懶惰及犯事斥革，并有自行辭退者，均不入義舉。似此畧爲分別，不特使其咸知警惕，亦不致濫于籌議也。是舉即于丁卯十月朔日為始，僉議相同。欣逢恩憲羅諱光炤復任川沙，德威並布，百廢具興，且蒙惠顧兵艱，常以年老汰兵，不致失所為念。是以吾等推廣德意，環請□署守府徐世雄稟蒙允行，敬謹勒石，以垂永久。爰是為約。

龍飛嘉慶拾貳年，歲次丁卯，小春

具約百隊：

陸雲尚　陸如松　趙　榮　盛　凱　丁朝魁　陸九臯

張懋林　朱長松　朱尚珍　陳　揆　劉安邦　趙　成

奚振方　周世榮　娄士英　顧懋林　丁士貴　胡紹基

李朝銓　婁士贊　王廷標　顧近仁　顧良棟　張懋昌

殷廷俊　高　陞

宣令步百隊□舵：

薛國安　劉廷相　丁振國　周德昌　孫尚贊　趙名世　劉永祥　周光宗　張士璧　婁崑璧

王勝達　顧安邦　徐永發　宋得才　陸金成　婁定國　陳　裕　倪永章　丁振彪　何通江

胡永貴　鞠兆熊　倪永寧　費攀桂　唐成章　顧振邦　莊朝鼎　徐正國　蔡萬年　陳文玉

何兆熊　潘秀英　沈得宗　周良璧　徐長林　王效陞　張殿榮　傅文祥　顧秀彥　沈起鳳

唐士太　奚振元　潘九皋　王天璧　顧得玉　盛來儀　姚永寧　朱士昌　朱士元　王　慶

唐百良　孫俊英　顧永仁　王祥發　丁勝章　祝堯年　劉全德　唐士林　王　鼎　潘成林

邱天錫　方繩祖　徐國祥　陳名杰　劉鳳鳴　奚元鳳　倪成山　趙坤成　曹顯宗　周裕臣　公立

丁世榮　王俊隆　朱啟鳳　董學文　潘成杰　陳啟榮　周國卿　王永勝　沈國秀　蘇兆熊

陳國英　檀應標　潘紹成　張　太　金天彩　林　得　施　達　陸上廷　趙邦寧　張國遠

尹天祿　王玉英　張秀文　周廷儀　王殿寧　丁世昌　盛士俊　封長青　瞿洪照　潘　勇

陸儀千　蔣廷玉　趙邦贊　沈廷棟　俞得勝　陳文陞　徐　貴　曹永芳　蘇連陞　王　炳

錢大石　□國勝　奚坤涵　周甸邦　潘　鰲　奚上傑　吳必勝　顧雲程　孫文煥　蔡永年

顧成茂

按：碑文錄自原碑，撰者不詳。該碑現與「鼎建崇福菴協天上帝靈籤」碑并嵌於川沙關帝廟院子東側圍牆間，青石質，碑面有破裂痕跡，但刻字基本完好。碑身高 166 釐米，寬 70 釐米；碑額高 47 釐米，寬 70 釐米，刻有朱雀圖案。編者於 2014 年 4 月下旬前往踏看，正值關帝廟維修改造期間，環境較差，石碑及所嵌墻壁上方遮蓋不密，遇風雨天氣易生青苔。

川沙營兵員捐錢互助碑

川沙營兵員捐錢互助碑碑額

重修陳王廟碑記

（清嘉慶十二年·1807年　曹湛恩）

凡同人協力大觀在上者，作而弗記，無以勸善傳後也。吾鄉陳王廟創建舊矣，而門道向係平□。嘉慶七年，里人宋禹章、禹廷領袖捐金，改建重屋，功半中止。今其嗣咸成、炳成邀集董事曹鼎揚、王心一等紹葴厥業，兼以□脩葺廟宇，估費雖繁而樂輸良衆，爰度材鳩工，涓吉勷事。間架之已具者潤色之，體制之未備者增葺之，凡整傾頹更朽壞，塗塈丹堊，越三月而落成。廟凡三進，扵是仰其門樓伉如，行其庭宇肅如，洵足壯觀瞻妥神靈矣。都人士趋事之誠，輸將之摯，仰荅神庥者，能無志乎？因琢石扵廟廡，倩記扵余。予累世托居廟界，叨福庇者深，曷敢以不文辭。謹誌其重脩之畧如是，捐貲董事諸君並勒扵左方云。

嘉慶拾有貳年，歲次丁夘，春王月穀旦

恩進士候選、儒學教諭、里人曹湛恩撰，子文木書丹

洞庭東山信人張大奎重書丹

滙南信人陸景階篆額

董事：曹鼎揚、宋丹成、陶鶴書、莊鳴鶴

王心一、宋廷芳、徐永生、金書祥

宋咸成、曹德山、金鳳來、宋國修

宋炳成、袁德甫、金聖林、金書成

經辦：蔡鵬九、陸國卿、曹庭桂、蔡德雲、張庭元
張聲聞、陸德明、曹赤山、葉慶雲、王聖達
顧冠南、胡芳谷、曹俊英、葉静山、陶聖章
朱南荣、曹敬良、龔懷甫、薛瑞廷

匯南黄大川勒石

按：碑文錄自原碑。該碑現存老陳王廟（浦東張橋鎮金海路南），與「陳王廟齋田記」碑同嵌於陳平王城隍大神、城隍夫人大殿内東壁。編者於 2014 年 5 月初前往踏看，碑身為青石質，高 127 釐米，寬 58.5 釐米。碑座為花崗岩質，高 34.5 釐米，寬 72 釐米，雕有花紋。碑石完好，刻字清楚。碑文共 17 行，滿行 37 字。據廟内道長介紹，多有人士前來拓片，故碑身墨跡明顯。浦東新區檔案館藏有拓片。

重修陳王廟碑

重修陳王廟碑記

重修陳王廟碑拓片

捐辦掩埋碑記

（清嘉慶十七年・1812年[一]　周垣[二]）

古者封樹之禮，至庶人而略，縣窆而已。深者，藏也。安九京而正丘首[三]，無貴賤一也。其不克葬與後不藏者，則又佽助之，掩覆之。《月令》：「掩骼埋胔，行之官者也。」《地官》：「以相葬埋，行之民者也。」至民有不能自致之情，而官為相之，此掩埋[四]章程所由立也。余以嘉慶戊辰承乏斯土，見夫近郊遠坰積櫝滿目，愴然動懷，擬捐置義塚瘗而藏之，以清俸不足襄，而此心常歉如也。庚午歲，管理撫民，廉俸較優，始畢曩志。因諭各圖團保甲查報浮厝，前後統計萬一千四百餘具。捐廉若干兩，置塚若干畝；續奉藩臬捐銀若干兩，置地若干畝；紳民祝甘霖等捐地若干畝。統共設立義塚若干區，區若干畝，逐段刊石標識，捐骨罈若干個，標石若干塊，繼善堂助費若干兩，擇邑之練事者姚震等董其役。有主後者，使舁葬先人隴；無主後與有主後而無地者，予以地；其孤力不能葬與無主後而飭保甲瘗之者，給以費；櫘朽太甚不堪舁運者，畀以罈，其無主後者，並給以費。凡捐銀若干兩，閱四旬而竣事。親詣原野勘之，向之遺骸縱橫，不忍目覩，經畫之後，堙壙具，塗畛清，北邙累累，胥就幽宅，而余心以安。夫宣上吏之德澤以達於民，司牧之

[一] 據二志，撰者周垣於清嘉慶十五年（1810年）至嘉慶十九年（1814年）任川沙撫民同知。此間，曾於嘉慶十八年（1813年）離任又回任。碑記所述捐辦掩埋事即其宦績。碑文所列義塚地，有周垣到任接收者，有周垣任內置辦者，有置於周垣之後者，故推測周垣撰文於嘉慶十七年（1812年）或此後川沙撫民同知任期內，而碑刻於同治六年（1867年）或之後。

[二] 二志俱有記載。

[三] 正丘首：道光《川沙撫民廳志》作「幽者首」。

[四] 掩埋：道光《川沙撫民廳志》作「埋瘞」。

責也，而董事之勸勉與紳民之樂施，均不可不誌，爰記其略如左〔一〕。

義塚地細數：

坐落二十二保二圖三百七十一號一分六釐六毫，十二圖三百三十九號一畝八分三釐九毫，十三圖三百六十七號一畝，十五圖八十五號二畝三分三毫，一十八、九圖三百十一號八分七釐，又三百五十四號一畝一分六釐七毫，三十一圖二百二十二號二分四釐，三十三圖五百九十五號四分六釐，三十七圖三百五十二號一畝四分七釐五毫，十七保十二圖一千一百八十七號三畝六分，又一千二百十九號三畝六分，監生周泰捐； 十三圖三百九十七號三畝七分五釐，十五圖四百八號七分一釐七毫，二十保二十五圖一百號四分三釐六毫，八團南一甲一百八十一號三畝一分三釐八毫，九團一甲一百六十釐三毫。以上嘉慶十五年接管。

坐落二十二保九圖四百四十四號九分二釐一毫，又七百九十二號二畝六釐，十圖六百六號一畝四分四釐，十三圖二百十號二畝九分，二十保十六圖九十八號二畝一分三釐二毫，共九畝四分五釐三毫，布政司慶保捐； 二十二保十二圖八百三十九號一畝一分六釐一毫，十七保十二圖三百四十九號九分八釐，又一千二百三十七號二畝，十五圖三百四十八號一畝五釐五毫，二十保九圖一百三十五號一畝七分六釐九毫，十六圖九十七號二畝五分七釐四毫，又九十八號二畝一分三釐三毫，共十一畝六分七釐二毫，同知周垣捐； 二十二保二圖七百五十八號一畝九分七釐五毫，十七保十二圖一千二百四十六號二畝，共三畝九分七釐五毫，職員沈宗勳捐； 八團南一甲天字七十六號一畝一分三釐三毫，舉人祝甘霖捐； 二十二保二十五圖邱字圩九分三釐一毫，蔡天隆捐； 二十七圖九十二號一畝三釐，監生曹洙捐； 三十三圖八十號一畝，曹德文、曹懷玉同捐； 又八分，翁友川捐。以上嘉慶十七年同知周垣詳置。

坐落八團南五甲九十八號七分八釐八毫，道光十三年何士祁捐； 十七保十五圖一百六十九號一畝四分一釐八

〔一〕道光《川沙撫民廳志》錄记文至此，无下段「義塚地細數」文字。

毫，咸豐七年庠生殷錫祚捐；二十二保十四圖三百九十一號一畝九分四釐五毫，同治元年顧紳朱泰源堂同捐；十七保十五圖西圩六百五十八號三畝四分六釐七毫，同治六年監生蔡廷柱捐。

按：碑文錄自光緒《川沙廳志》卷二《建置》。道光《川沙撫民廳志》卷三《建置》亦錄此文。

建川沙文昌宮碑記

（清嘉慶十八年・1813年　周垣）

文昌之神，掌人間祿籍，爲文學權衡。近代以來，海内皆立祠宇，虔奉俎豆。我皇上作人選士，治光華夏，爰通民情，用垂祭法。嘉慶六年，詔天下直、省、府、廳、州、縣立廟以祀如關聖帝君，禮典至鉅也。川沙介上海、南匯之間，嘉慶十五年分兩地設撫民廳，神道載在典禮者，春秋享祀，惟文昌之神尚未立廟。垣承乏斯土，嘗與同城鹺使伍君有庸籌畫創建，而猶未得地。城之東南隅，半爲紳衿沈君靜之地，又半爲某氏典質於沈君之地，沈君殷然樂捐，並將舊居別墅之棟樑、椽楹、瓦石移建正殿。余方欣得善地，而祝君孝廉甘霖、陸明經文耀暨諸紳士僉欲大興工作，廓其規模，請衆捐以成之。余乃與伍君量捐薄俸爲之倡，於是審曲面勢，鳩工庀材，祝、沈二君與孟上舍思恭固不辭其勞，而諸紳士咸各董其事，恪恭不懈。經始於辛未歲嘉平月，越癸酉嘉平月告成。基地宏廓，棟宇峻起，傑閣高敞，殿廡輝彩，川沙人士所以仰迓神靈，相與奮志青雲者，其意可謂誠矣。夫古今碩輔名卿、醇儒博士，蘊德行而發事業，本經術而著文章，故能燮理陰陽，經緯天地，紹承道統，闡發微言，至其幽思之絢道德，摛藻之掞天庭，類皆蔚爲國華，垂諸不朽。是科名爲進取之基，而德業定爵祿之券。然則神之默佑乎人者在此，而聖天子之光祀典而牖斯民者正在此，其可弗思乎？垣數載於茲，自惟〔一〕訓率無具，更媿言之無文，謹略敘原委，將董事捐金者，序次如左，以冀海隅文運之日盛云爾。

〔一〕惟：光緒《川沙廳志》作「維」。

嘉慶十八年嘉平月，川沙同知周垣撰并書〔一〕。

按：碑文錄自道光《川沙撫民廳志》卷三《建置》。光緒《川沙廳志》卷五《祠祀》亦錄此文。

〔一〕嘉慶十八年嘉平月，川沙同知周垣撰并書：光緒《川沙廳志》作「時在嘉慶十八年嘉平月」。

喬芝菴墓志銘

（清嘉慶二十一年・1816年[一]　朱函鐘）

太學生芝菴喬公墓誌并銘

太學生喬公諱大勳，字建猷，號芝菴。嘉慶丙□[二]歲十月二十五日，公次子肯堂葬公本邑十九保一區八十一圖二百六十九號之原，囑予誌其墓。余㠯知公之深，不辭譾陋而志之。公係出橋山後，籍新安，洎公十五世。祖清一公來守松江，因家焉。再傳至安一公，避兵海上，居石筍里東北一竈港之陽，今隸南匯，遂為一竈支始遷祖。又九傳至庠生宇華公，稍徙而北，家日以昌。宇華公生庠生甸封公，甸封公生庠生爾斯公，即公曾祖。爾斯公生庠生、敕贈徵侍郎、河南直隸陝州州判松友公，即公禃。松友公生貢生香谷公，即公父也。香谷公三子，公其季。幼而岐嶷，孝友克敦。洎長，抱樸刊華，存誠去偽，余夙慕其為人。己巳歲，獲館公之閑靜齋，晨夕與接見，公無妄言，無駭動，終日坐書齋展閱圖史。遇讀書之暇訓詁，嗣㠯義方興，至則清吟薄飲，扵一切營競之端夷然不屑，洵澹泊以明志、寧靜以致遠者，重之以慈祥凱悌，虛己愛人，是真有道君子，非僅僅長者風也。方幸入芝蘭之室，久挹其芳，詎是冬公遽捐館矣。公生於乾隆丁丑年九月初七日酉時，殁扵嘉慶己巳年十二月初一日未時，享年五十有三。德配陳太孺人，國學潛之公女。其持家也，惟歸勤儉；其御下也，并用寬嚴，挽鹿之風、九熊之志，殆古名媛匹儔焉。孺人生扵乾隆丁丑年十月二十五日子時，殁於嘉慶乙亥年十二月十一日子時，享年五十有九。夫婦合葬，主穴壬山丙向。公二子，長文坡早世，茲祔葬公

[一] 據文，喬大勳次子于嘉慶丙子歲十月二十五日安葬其父，并請朱函鐘撰碑銘。此以葬期爲記。

[二] 丙□：原碑此字無法辨認。據下文「殁扵嘉慶己巳年十二月初一日未時」句，推知此處當為「丙子」。

墓之正昭；次國學生肯堂。女六，長適貢生張景渠，次適國學生金世洙，四適國學生盛承焜，三、六未字，五殤，即葬公墓之東北隅。孫曾錡，肯堂出，嗣文坡。

備書目志銘曰：

峙嶽渟淵，致殊邱壑。璞玉渾金，光逾雕琢。仰公德輝，至行超卓。性養和平，神怡簡朴。與世無爭，返躬不怍。孟案肅持，萊衣歡躍。醉月吟花，陶然真樂。生順歿寧，孰侔芳躅。仁不必壽，未定之天。燕貽有穀，厥子象賢。殫心窆穸，卜兆牛眠。必誠必信，目慰九泉。貞珉志實，美愛斯傳。秋霜春露，薦豆羞籩。繩繩繼繼，瓞衍瓜綿。鶴歸華表，忭舞千年。

年家眷世教弟朱函鐘頓首拜撰并書。

按：碑文錄自原碑。該碑及其墓碑現藏南匯博物館。碑為磚質，內徑高 69 釐米，寬 31.5 釐米，厚 11 釐米。外徑高 72 釐米，寬 36 釐米，厚 9 釐米。碑文 18 行，每行 43—45 字。碑面完好，字跡清楚。

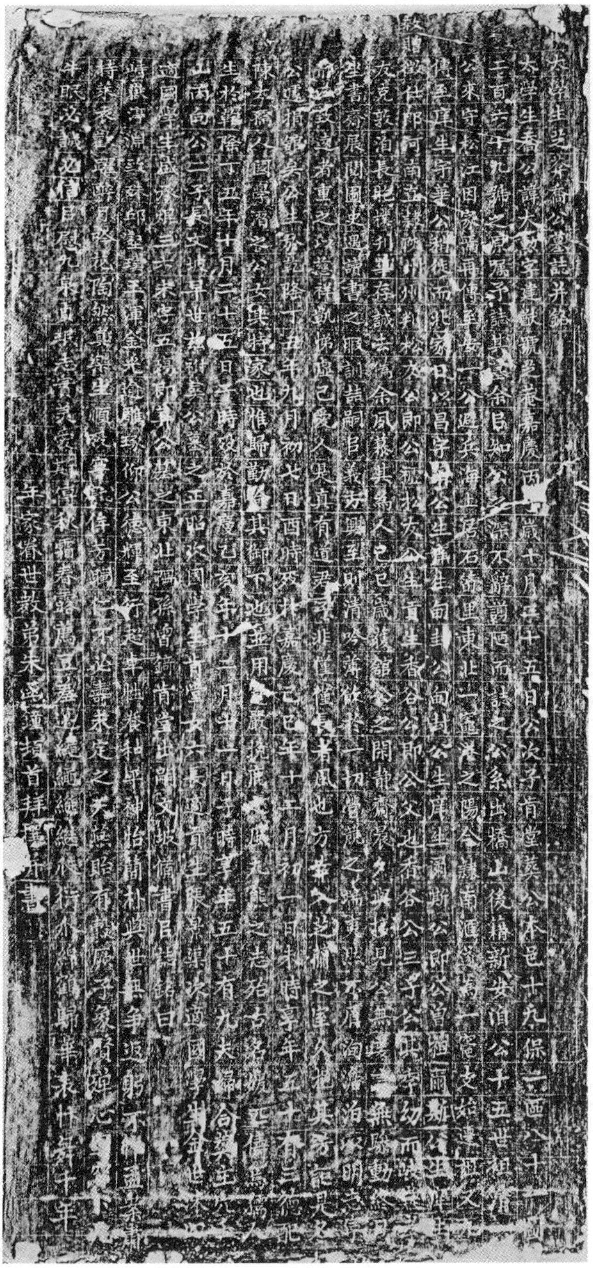

喬芝菴墓志銘拓片

喬芝菴墓志銘

陳王廟齋田碑記

（清嘉慶二十二年·1817年　王家玉）

本廟自創建以來並無田產，故滋息儉薄，凡神前香供、常住齋糧，以及小小繕修，総須募化，甚非所以妥侑神靈之至意也。自嘉慶二十有年，董事曹喦揚、王心一等創議抄募田畝，以為廟中公產。緣有紳士沈静領袖捐輸，復有里中諸信人節次捐田，隨緣助愿。甫越三載，積有田畝銀两如干數，開載左方，除聲明本州衙門註冊外，合勒石以垂永久，用是宣其戒約，列其條例，刊其姓氏，詳其捐數，并留其餘地，以俟續捐者補。填嗣是以後將見，稷翼黍與明禋有賴，厨充庖寔托鉢無須也。非敢纪功，爰為誌其緣起云爾。

嘉慶二十有二年，歲次丁丑，巧月

里人王家玉謹記
洞庭東山張大奎書丹
滙南陸景階篆額
里人曹大經謹勒

一是田永為廟中產業，不得变賣回贖。如若私相交易，定當鳴官究追。

一住持道士掌管其田，或耕種或出佃，能堆積贏餘以办廟中公事者，當銘勒以紀其功。倘頽廢不守清規，定即驅逐。

一董事經手办理，務必矢公矢慎，如有侵湥，察出倍罰。

一衆信所捐之田，不必近廟，就近有田可買，務須更換，以便耕種。如無，常年租入，積貯公所起利。

一衆信所捐銀両,原為買田而設,有田可買,則必置買,如無,亦積存公所起利。

經辨:曹鼎揚、王心一、宋咸成、宋炳成、宋丹成、宋策勛、金殿揚

念二保二圖,金粟堂沈捐田貳畆。

九圖,惟善堂顧捐田伍畆,實善堂宋捐田壹畆,宋國修捐田壹畆。

拾九圖,顧啓豐捐田壹畆。

十圖,曹士冲捐田壹畆。

弍圖,包桂一捐田弍畆。

九圖,孫華山捐田壹畆。

拾圖,王漢山、王廷宰同捐田壹畆。

九圖,曹德成、曹德山、徐安仁、曹鼎揚同捐田壹畆。

拾圖,曹殿策捐錢壹千文,曹士冲捐錢弍千一百。

九圖,曹象龍捐助軒下地平一堂。

嘉慶拾貳年改建戲樓,曹鼎揚捐錢壹佰両正。

按:碑文錄自原碑。該碑現存老陳王廟(浦東張橋鎮金海路南),與「重修陳王廟記」碑同嵌於陳平王城隍大神、城隍夫人大殿内東壁。編者於2014年5月初前往踏看,碑身為青石質,高134釐米,寬66釐米。碑座為花崗岩質,高20釐米,寬85釐米,雕有花紋。碑石完好,刻字基本清楚。碑文共18行,每行44—49字不等。據廟内道長介紹,多有人士前來拓片,故碑身墨跡明顯。

陳王廟齋田碑拓片

陳王廟齋田碑

竹岡李氏宗祠義田莊碑記

（清嘉慶二十三年·1818年[一]　欽善）

泖東欽善碑記

竹岡李氏，其先江陵人。宋理宗朝有諱邃者，官浙江漕司丞，遂家焉。其子孫十傳而始盛，昭祥、安祥、伯春、叔春、南春、繼佑、繼元、繼厚、之楠、待問、延榘、大中，三百年科第相望，祀鄉賢、孝子、忠義者，凡五人焉。舊有宗祠在夾溝右，祭田漸少。百餘年來，族既繁，或他徙，又貧者多，繕治不以時，圮矣。貢生李林素好義，郡育嬰嘗倡以舉。茲承父照遺命，蓄志四十年，資族弟蘭桀贊畫，重建宗祠於顧望塘。懼有祠無田，後將與夾溝不異；又念田少，則貧族之拜於祠者無以賙䘏慰望之，皆非先人意也。遂捐田五百畝，手定條約，酌同郡張氏、蘇州彭氏近規爲義莊潤族之田，呈於官，詳請具題，得邀賜帑建坊，給匾如制。於是奉其始祖以下粟主於正室，而當祀者以次附廡。冬春二祭，聚族於敦本堂。堂即後室，左租倉，右學塾。宗祠也，即義莊也。事始甲戌，成於戊寅，林之年六十八矣。將鐫碑以告來者，請余文銘。曰：

聞林之名，好義莫先。問林之產，未逾中人。敦宗敬祖，讓富甘貧。林豈老誖，不念子孫。多田之翁，傳少三世。世以田娱，田凋世敝。不凋之田，繫於大公。林也卓見，俗情一空。逐末忘本，衰世可風。願有繼者，善與之同。

按：碑文録自光緒《南匯縣志》卷三《建置志·義田》。

[一] 光緒《南匯縣志》卷三《建置志·義田》載：「竹岡李氏宗祠義田莊，在十六保十五啚，嘉慶甲戌附貢生李林建。」碑文言該祠事始於甲戌，成於戊寅。故此推測碑記當撰於事成之年，即嘉慶二十三年（1818年）。

重建西林懺院碑記

(清嘉慶二十三年·1818年)

西林懺院,宋淳熙年,僧文逸建。有咸淳間碑,見《西林雜記》。院内有慈悲閣,崇奉大士像。國朝康熙十一年僧元徹募,里人張文魁等重修,已載縣志,更有閣中梁椽各表善信姓氏。至嘉慶十三年,圍牆内潰,僧道安鳴魚叩募,文魁元孫德基同合鎮士商捐資修理。因需費頗繁,遷延數載,未及興工。十二年牆坍北堵,護法各善信陸續樂輸,重興土木,趙士傑(奎璧次子,學僉之長子,字芑蕃)等領匠鳩工,告成於二十三年秋月。幸得牆桓堅固,堂宇重新。例如工費捐數,以徵信於同人,而斯德斯功亦當勒石不朽矣。

嘉慶二十三年十一月穀旦敬立。

里人王廷銓謹書。

住持僧心禪。

勸捐各司事姓氏:李景山、陳克昌、胡士英、陳方賢、陳全忠、孫在新、孫大生、湯禹廷

督建各司事姓氏:張元錞、趙學淮、蔡元坤、趙學溥、張世求、張德基、趙士傑、王貽穀

按:碑文錄自民國《三林鄉志殘稿》卷六《寺觀》,撰者不詳。

重建川沙東嶽廟碑記

（清嘉慶二十四年·1819年　伍有庸）

重建東嶽廟記[一]

東方泰山，《虞書》尊爲岱宗。岱，昭也；宗，長也。萬物之始，陰陽之交，故獨長羣嶽。考《禮記》祇言[二]五嶽，視《三公》、《管子》、《韓詩》、《封禪》諸書，俱不詳其稱。自《風俗通》有四嶽，皆王同禮之文。其後或稱天帝孫，或稱天齊聖，或稱聖帝，散見於《博物志》、《郊祀志》、《封禪頌》諸書。至明洪武三年，詔謂「畏不敢效」，可知以禮祀神原不在尊名顯號也。然進香已見於《鹽鐵論》，篤命請命已見於《後漢書》。況我朝祭告特隆，民間之被神庥者，立廟所以昭敬，夫豈惑於讖緯百家與長人士伯、爛土雷淵之變相哉？鐵沙之東嶽廟，向在小演武場西北隅，雍正壬子，潮颶突至，蕩然無存。癸丑之秋，里中故老勸捐絕買延陵舊宅，量加整頓，妥帝像於正殿，附妥忠顯王、明封忠顯公劉公於左殿。六七十年中，雖有修葺，不少傾欹。嘉慶丁卯，衿耆孟有仁偕同志諸君勸捐鳩工。正殿方竣，而有仁棄世，其哲嗣思恭隨於壬申、癸酉間，創建左殿之後殿，重建左殿之中殿。於是巍乎煥乎，都非曩日之舊規矣。惟正殿宮門以乙亥停捐，爲住持衲慧明募建。予承乏鐵沙[三]時，思恭曾請爲文勒石，未果。茲己卯夏，思恭長嗣兆奎寓書於予，云將獨建左宮門三間，以成一例完美，並請踐先人之請。予惟讀禮家居，方以未獲觀厥成爲憾，然念向者與思恭爲忘年交，今雖

[一] 重建東嶽廟記：光緒《川沙廳志》題作「伍有庸重建東嶽廟記」。
[二] 考《禮記》祇言：光緒《川沙廳志》作「考礼祀祇言」。
[三] 鐵沙：光緒《川沙廳志》作「川沙」。

雲散風流，可負夙諾乎？不辭固陋，爲志始末如此。嘉慶乙卯新會伍有庸撰〔一〕。一在二十二保，明萬歷間建，乾隆〔二〕三十八年，沈朝鼎重修，徐長發有記。

按：碑文録自道光《川沙撫民廳志》卷三《建置・祠廟》。光緒《川沙廳志》卷三《祠祀・私祀》亦録此文。

〔一〕嘉慶乙卯新會伍有庸撰：光緒《川沙廳志》作「時在嘉慶二十四年月日。」

〔二〕乾隆：光緒《川沙廳志》作「國朝乾隆」。

重建除瘧廟碑記

（清道光元年・1821年　榮機）

《禮》：「有功扵民，以死勤事，並□祀典，萬古為昭。」松江府知府周郡侯祠在上海縣吳淞江陳家渡口，雍正六年建，邑志載之。別祠之在浦東十三啚者，先建扵雍正四年，則志畧焉。按侯姓周氏，諱中鋐，康熙初蒞治松郡乡，德政十年，濬吳淞時，沒扵水，有功勤事，二者兼之。廟食扵茲土也，固宜余竊怪俗以除瘧廟祀之，亟不□□。詢其故，相傳十三啚民黃依敬嘗□聽訟時，適瘧作，語顛復侯□□□之病良已，訟就理。今黃依敬子孫猶有存者，非誣也，侯虽神矣哉。別祠之建，治職比之。由嘉慶戊寅，復濬吳淞，鄉之人范超工者，咸禱扵侯，願無淫雨已。而果然不□，而工遂竣。前此之禱者紛前然□辦□來踵相接於道，牲醴之獻，祠無隙地，乃益□謀曰：「是不足以報吾侯也。請即祠宇而式廓之，庶有以妥神靈，崇廟貌，传諸久遠不衰。」經董事等募捐人悉踴躍，爰新前祠三楹，復增傍屋三楹，顏其門曰除瘧廟，昭敬也，亦從俗也。祠重建于已卯十月，落成扵庚辰十二月。董其事者□其籍備□捐輸之姓氏、數目書之扵版。余更為記以泐石，謹述其顛末如右。

道光元年仲春穀旦，知上海縣事荣機拜撰敬書。

董事嚴華章、蔡似山，司事黃蘭谷、仲廷□、嚴鎰萬、嚴廷三、沈藍田仝敬立。

祠基坐落十三啚，蔡善信捐。

按：碑文錄自原碑。該碑现嵌於三元宮坤道院（浦東高科西路 2119 號）前殿東墻内側。碑為青石質，總高 207 釐米，寬 61 釐米，其中碑額高 45 釐米，碑座高 33 釐米，碑座寬 73 釐米。碑額刻有仙鶴和雲紋圖案，碑座刻有水紋圖案。碑文共16行，滿行31字，行書。柴志光先生曾於2005年8月從原碑上抄得碑文，部分有缺。編者於2014年2月實地再訪，所見刻字有描摹墨跡，致原刻痕難辨。

重建除虐廟碑

于世燦墓志銘

（清道光三年·1823年[一]　李林松）

朝議大夫、候補轉鹽運使司副使、東巖于丈墓誌銘

豐亨豫大之世，民生其間，滲漉元氣，聲生勢長，身名俱泰，其目未嘗見愁苦狀，耳未嘗聞惋歎聲，其居處服食，擬於五侯七貴，四方賓客之造門謁者，咄嗟辦供帳如歸其家，蓋當時幾以爲固有之爾。及夫時移物換，門巷蕭然，過客亦遂倀倀無所投止，則感慨係之矣。我邑在雍正初析置南匯縣，其聚落最鉅者曰周浦鎮。鎮有長者爲于丈，當其時客無不知于丈，亦無不過于丈者。于氏始自河南，移雲中，元初徙薊，至九世有爲杭州路總管者始家于杭。總管生三子，長溱，遷金壇，爲金壇支；次渭，居新安，爲新安支；而錢塘一支則名澤，四世爲明忠肅公，又八世爲宏濤公，丈之祖也，始來周浦。生子名公祺，號根齋，公生丈，故丈三世爲南匯人。祖若父俱以丈貴，贈貤如其官。丈諱世燦，字日宣，東巖其自號也。初讀書通大義，席先世業益擴而大之，入貲授州同知，晉鹽運使副使，於銓曹有名籍矣。然不仕，獨爲善甚力，不吝其所有，以周其族鄰親串，唯恐弗備也。地方吏有修浚大役暨育嬰漏澤諸議，輒就而謀之丈，丈肩之不懈。歲率鄉子弟角藝課殿飲食之，有策名者則先期儲峙其衣服道里費矣。吾邑牡丹甲於洛，丈購其佳種百餘，花時置酒延客，歌舞以樂之。其他老桂叢菊錯置奇礓怪石間，殆徧一時知名士過從無虛日。嗣君元圃挺挺有丈夫氣，尤能先意承志，百計以爲之娱。嘉慶間，丈之貲蓋已折閱殆盡，而嗣君輒巧爲彌縫之，終丈之身不使知其貧也。噫！此雖元圃賢，庸詎非丈之福耶？丈生以乾隆二年十月十三日，歿以道光二年正月十七日，年八十有六。娶恭人葉氏，有婦德，先丈

[一] 據文，于世燦葬於清道光三年十二月，其子于元圃請李林松撰寫墓志銘，故推測銘文撰於此時。

十二年歿。子一，士俊，布政使理問，即元圃，娶候補員外郎李君煥女。女三，長適宿遷丞喬冠賢，次適李應堃，次適朱文煜，俱候補中書科中書。孫四，祐賢、祐良、祐方、祐正。女孫三，予未親。丈杖履先辱以所作詩郵示，體近白傅，不作鉤棘語，喜而序之。既與元圃交，乃益稔其家世，兹以狀來云，以道光三年十二月八日，祔丈於祖墓昭位，命爲辭以勒諸石。不獲辭，乃係以銘。其辭曰：

稟粹彌厚，氣盛斯充。雖時際夫隕獲，曾不傷夫道盅。蓋其天也全，故忻戚不能動；其觀也達，斯枯菀不足移。士貴有養，翁其庶幾。施不望報，義以仁行。曰唯清白，以貽我後昆。海風滔滔，佳城鬱鬱。幽宫有鐙，貞珉有述。他日有過其里者，曾不得斯人，髣髴然後涕下，如綆縻中，忽忽誠有所失也。

按：碑文錄自民國李右之輯《上海李氏易園三代清芬集·易園集》卷四。

岳飛詩文碑記

（清道光十二年・1832年　岳飛）

學士高僧醉似泥，玉山頹倒甕頭低；酒杯不是功名具，入手緣何只自迷。商丘狂學士李夢龍索余書□□大梁之舞劍閣，岳飛草。（兩鈐印）。

咸豐辛酉寇擾川城，寺□扵□〔一〕，此碑遂委棄扵榛莽間，十有餘□〔二〕矣，近□□□〔三〕，□□憮然〔四〕，亟舁寘扵觀瀾書院〔五〕池畔□〔六〕亭，同治癸酉冬日，海□□□□〔七〕敬識。

川□〔八〕北門外□德寺〔九〕，舊有宋岳忠武王所書詩幀，歷世既遠，字畫漫漶，恐前賢遺蹟久而遂泯，因亟付裝潢珍藏什襲。夫王之忠義貫日月，□名〔一〇〕垂宇宙，固不必以書重，然後之人慕王之烈，千載而下，得見王之書，覺王之英風奕奕，生氣猶存，輒徘徊瞻仰而不忍去。所謂書以人重者，□□〔一一〕勒上石，樹之寺中，以與此邦人士世世共寶之。時道光

〔一〕寺□扵□：碑石上「寺」後一字已不清，「扵」後一字僅識「人」部，民國《川沙縣志》作「寺燬於火」。

〔二〕□：民國《川沙縣志》作「載」。

〔三〕近□□□：民國《川沙縣志》作「近涖是邦」。

〔四〕□□憮然：民國《川沙縣志》作「聞之憮然」。

〔五〕觀瀾書院：民國《川沙縣志》作「觀瀾」。

〔六〕□：民國《川沙縣志》作「之」。

〔七〕海□□□□：民國《川沙縣志》作「海鹽陳方瀛」。

〔八〕川□：民國《川沙縣志》作「川沙」。

〔九〕□德寺：民國《川沙縣志》作「種德寺」。

〔一〇〕□名：民國《川沙縣志》作「聲名」。

〔一一〕□□：碑石此處似無字跡，民國《川沙縣志》作「爰摹」。

十二年六月,黔南鄭其忠謹識(兩鈐印)。

按:碑文錄自原碑。因詩文為岳飛所作,故撰者作岳飛。碑現存觀瀾小學旁明代川沙城墻遺址(川沙鎮新川路171號),建有碑亭,碑身護有玻璃罩。編者於2013年11月實地錄校。碑高163釐米,寬80釐米,厚15釐米。碑石背面為《岳碑亭記事》。光緒《川沙廳志》卷一二《藝文志·金石類》收錄此碑,名「岳武穆王行書石刻」,未録碑文。民國《川沙縣志》卷一五《書畫類》中收錄該詩稿墨跡,后附鄭其中跋、張應濟跋、陳方瀛跋、汪克壎跋、黄炎培跋。

岳飛詩文碑

重建仰德祠碑記

（清道光十四年・1834年[一]　何士祁）

重建仰德祠碑記[二]

川沙故有仰德祠，祀明潞安同知喬公諱鏜，而以其子福建參政公諱木者祔，創於明萬歷間。蓋公以太學生建奇策禦倭，開濠築城，歷著勞勣。而參政公克紹先志，歸田後，濬川沙渠二十里，里人德之，故祠之而祔祀之。閱世寥遠，基阯陊剝，廢不復修。士祁下車之初，於榛莽中得明人所撰《仰德祠碑》，詢之鄉耆，至不能識其處。嗚呼！祭法不云乎：能禦大災，能捍大患，則祀之。公濬海塘外濠，爲備倭計。既成，而大浦之水由諸港達濠，溉田數萬，無旱潦之虞，非所謂能禦大災者乎？當倭難熾時，發練兵議，部署徒衆，馘賊無竿[三]，築川沙城堡，不以蜚語中怠，身殞而城屹然。倭船東西行海中，不再擾川沙尺寸地，非所謂能捍大患者乎？則公之有祀於川沙甚宜，而川沙之人所以答靈貺者，僅僅春一盂，秋一粟，而猶或有所廢焉，甚非報本追源之義矣。參政公居官有政聲，崇祀上海鄉賢祠，濬渠之役，爲德鄉里尤力。公既有祠，不別立。祠則固非一家之俎豆，而一境之所尸祝也。我國家定鼎以來，百九十年於兹矣。聲靈光被，迄於遐邇，薄海内外，罔不震讋。而川沙百里間，戶口日繁，財賦所自出秔稻木棉之利，與他縣等。於是大府建議於朝，分上海、南匯兩縣所轄，改設撫民同知官，亦幾三十年矣。士祁承乏於此，顧念蕞爾地，明之中葉當倭之衝，蹂躪奔突，卒能深溝固壘，保其人民生聚，總總林林，至於今日得同受聖天子休養蓄息之恩者，非公父子之功而誰功？祠廢

[一] 道光《川沙撫民廳志》載：「仰德祠，道光十四年，同知何士祁重建今祠」，推測碑文約撰於此時。

[二] 重建仰德祠碑記：光緒《川沙廳志》題作「同知何士祁重建仰德祠碑記」。

[三] 竿：光緒《川沙廳志》作「筭」。

不修，何以爲治？乃擇舊天后宫基地，使紳士莊行忠等董其事，鳩工庀材，復公舊祀，移明人所撰之碑立廳事之壁，而置天后宫舊碑於廡後，仍題曰「仰德祠」，川沙之民之志也。落成之日，與喬氏後裔、境之父老子弟，執爵奠斝而侑以樂章，其辭曰：

睇高城之嵯峩兮，疇築之以拒[一]倭；歷太平之蕃庶兮，錯廛舍以星羅；俯濠水之澄波兮，隄屹障而徙鯨鼉；溉良田以萬頃兮，宜木棉兮宜稻禾。城之業業，倚公之力；海之不溢，氓食公澤。公之靈兮在天，颯下降兮有几筵；有子從公兮兩旃，福我惠我兮屢豐年！

賜進士出身、川沙撫民同知、浙江山陰何士祁撰并書[二]。

按：碑文録自道光《川沙撫民廳志》卷三《建置·祠廟》。光緒《川沙廳志》卷五《祠祀·官祀》亦録此文。

[一] 拒：光緒《川沙廳志》作「禦」。

[二] 賜進士出身川沙撫民同知浙江山陰何士祁撰并書：光緒《川沙廳志》無。

新建川沙同善堂碑記

（清道光十四年・1834年〔一〕 何士祁）

新建同善堂記〔二〕

哀莫大於送死，事莫急於卹貧。今夫斂形以棺，有喪者首務也，而或遲之數日，不能備物，豈孝慈之道，彼獨有未至歟？勢窘於無所告則惘惘然，拊心摽擗而莫知所從，此其最可憫者。而薰蒸穢雜之氣散於四時，實足戾陰陽之和，召旱乾水溢之患，是故《周禮》有族共喪器之文。而死者賜棺，著於元嘉之史，非布惠澤之謂，賙振窮乏，宜如是也。今自直省都會及一郡一邑之地，莫不有公堂之設，松江所轄七縣，各有同善堂，施棺助葬，規畫井然。而川沙自改撫民同知以來，三十年矣，猶未有議及此者，豈此鄉之民皆足自給，不煩官中經理歟？抑創始之難非一朝夕歟？聖天子在上，方欲使萬物盡得其所，而大吏掩骼埋胔之令歲有所頒，獨川沙一隅地，猶或有窮民無告之事，是則守土者所大懼也。予下車之日，怦焉於心，乃與鄉之紳士莊行忠等議創斯舉，擇於仰德祠之右，闢地爲堂。經始於春初，至五月而規模粗備，仿上海同仁堂之例，詳議條約，揭之於壁，俾董其事者有所率循。聞之語曰：匪始之難，終之難。毋競虛名，毋私小利，毋託非其人以致侵蠹。庶斯堂之設，歷久不敝，是所望於後君子矣。

賜進士出身、知川沙撫民同知事、山陰何士祁撰并書〔三〕。

〔一〕道光《川沙撫民廳志》載：「同善堂，在西門內仰德祠右，道光十四年同知何士祁建。」推測碑文約撰於此時。

〔二〕新建同善堂記：光緒《川沙廳志》作「何士祁建同善堂記」。

〔三〕賜進士出身知川沙撫民同知事山陰何士祁撰并書：光緒《川沙廳志》無。

附同善堂施棺章程[一]：

一、川沙分上、南兩縣地，其舊隸上海二十二保各啚，仍由高行鎮清暉閣局中捐施。本城所設凡舊隸南滙縣之十七、二十保[二]各啚及八、九兩團，其[三]有路斃病故不能棺殮者，無論有主無主，俱准到堂請領。

一、堂中立司總一人，以司出入銀錢等事。立司月六人，輪月經理收捐、給領等事，年終彙報，立案備查。

一、城廂衆姓共捐一百十四願，每願二十文，計錢二千二百八十文。凡施去一棺，卽由司月董事收捐一次。置棺補數，挨號刊刻字樣，其有每年願捐若干具者，亦編入號內，刻某人捐字樣。一切會議等費用各出已[四]資，不得開銷公項。

一、由廳先捐底棺五十具，編號存貯堂中。平時卽著城隍廟住持照管，以後挨號施給，不得紊越抽揀。每具議價一千六百文，高寬厚薄悉照底棺尺寸，如有短小板薄，著董事匠工另賠。

一、收捐用聯單小票，一給捐戶，一存根備查。其每願置棺餘錢，按月交總董歸入總數，不得挪移侵空。積有成數，發典生息。其存貯底棺，立簿存堂，挨號登載，隨施隨銷，隨添隨載。

一、領棺須由啚保或親鄰到堂報明，由本月司董塡寫號簿，註明保人，查看實係無力，方准給領。其路斃無主之屍，由地保到堂報明，請官相驗，給棺收殮。書役、隨從由廳給發飯食錢，擡夫、土工由堂酌給錢五百文。

一、既領棺木必須掩埋[五]。本境義塚共一十八[六]處，每年三、九月掩埋[七]一次。卽將每願置棺餘剩錢文積交總

[一] 附同善堂施棺章程：光緒《川沙廳志》作「施棺章程」。
[二] 本城所設凡舊隸南滙縣之十七二十保：光緒《川沙廳志》作「本城所設十七二十保」。
[三] 其：光緒《川沙廳志》無。
[四] 已：光緒《川沙廳志》作「己」。
[五] 埋：光緒《川沙廳志》作「理」。
[六] 一十八：光緒《川沙廳志》作「二十餘」。
[七] 埋：同[五]。

董，作爲掩埋〔二〕經費，另立章程妥爲經理。

一、每年捐輸姓名、錢數、施棺若干，逐一載明。底簿存堂備查，仍即造冊呈官，分別曉示，以昭核實。

按：碑文錄自道光《川沙撫民廳志》卷三《建置・祠廟》。光緒《川沙廳志》卷二《建置・善堂》亦錄此文。光緒《松江府續志》卷九《建置志・公建》錄其記略。

〔二〕埋：同上頁〔五〕。

觀瀾書院落成示諸生詩刻石

（清道光十四年・1834年　何士祁[一]）

觀瀾書院落成示諸生詩

淵珍采始奇，巖璞琢彌秀。甄材亦多途，程學必有彀。聘茲海上城，氓風夙淳厚。地無膠庠設，士或聞見陋。峩峩文昌宮，牆宇煥前構。講堂數楹闢，匠肆衆材湊。匪日振儒鐸，庶能廣文囿。何田無良苗，成之在耘耨。學以行爲根，文章盡枝葉。根豐枝葉茂，跗萼相銜接。祇[二]此日用間，動靜求自慊。動驗心所成，靜察身所立。爲儒豈異能，有恥非義襲。光輝本篤實，深造與周浹。請看古賢達，理明辭乃輯。要當務沈潛，且勿誇涉獵。百家說繁興，六籍墮雲霧。漢宋爭齗齗，學子自歧誤。幼儀習灑埽，義足通訓詁。必有格致功，庶使名物具。窮經得經旨，臨文不枝梧。上可輔箋疏，次亦善章句。辭賦餘波能，敷宣本原裕。願言勗羣彥，心力戒旁騖。國家制科文，取士覘學識。淺深異中藏，文能肖之出。庸者竊緒餘，僥倖冀一得。得亦無所成，遇合況難必。士生重有用，恃此入朝籍。潛居昧理要，曷以措官職。下吏愧謭陋，志欲名教翼。海濱富瓌材，努力勵華實。

按：碑文錄自道光《川沙撫民廳志》卷二《建置・書院》。光緒《川沙廳志》卷二《建置・書院》亦錄此文。

[一] 道光《川沙撫民廳志》卷二《建置・書院》載：「觀瀾書院，在城東南隅十五啚文昌宮右，道光十四年同知何士祁捐廉建。」故推測碑文由何士祁撰於此時。

[二] 祇：光緒《川沙廳志》作「祗」。

建川沙節孝祠碑記

（清道光十四年・1834年　何士祁）

新建節孝祠記

江以南爲禮教邦，承國家重熙累洽之會，閭閻婦女咸能以貞順自持，節孝之旌，雖小縣，歲可十〔一〕百計。而窮櫚蓽屋之嫠，或子孫微弱，不能上聞，鄉搢〔二〕紳采其氏係入志乘。上海曹諤庭先生往有節孝祠祔祀之議，所云製大木牌二，細書姓名，一顔之曰「旌表節孝」，供堂之正中；一顔之曰「志載節孝」，供正中之左右，誠欲功令之有所激揚，而孤芳之不至湮没也。然則節孝之有祠，顧不重哉！川沙故分上海及〔三〕南滙縣地，其婦女習勤而勞苦〔四〕，終歲紡織，無女紅組繡之華，風俗樸淳〔五〕，敦行易美，而何以節孝請旌者轉不如他邑之多？則其沈埋於荒烟蔓草之中，莫爲表彰，以慰其茹蘗飲冰之志。而春秋祀事，有司闕焉，何以安幽貞之魂魄，發閨襜之觀感，且使爲子若孫者不得與相梪之役，溯清馨〔六〕而揚彤史，非守土者之責而誰責歟？今擇地建祠於文昌宮之後，使紳士莊行忠等董其事，略仿上海節孝祠之法，祀節孝之已旌者。而待旌之節孝，年例符合，許紳士列事狀書姓名於木牌。川沙向未有志，此舉兼可備他日采訪張本。庶泉壤幽光不終淪閟，而海濱一隅多共姜、陶嬰之行，其足以宏聖化而植彝倫者，豈細故哉！祠既成，敘其緣起如此。

〔一〕十：光緒《川沙廳志》作「以」。
〔二〕搢：光緒《川沙廳志》作「縉」。
〔三〕及：光緒《川沙廳志》無。
〔四〕習勤而勞苦：光緒《川沙廳志》作「習勤苦」。
〔五〕樸淳：光緒《川沙廳志》作「樸純」。
〔六〕清馨：光緒《川沙廳志》作「清芬」。

道光十四年月日，賜進士出身、川沙撫民同知、浙江山陰何士祁撰并書〔一〕。

按：碑文錄自道光《川沙撫民廳志》卷三《建置·祠廟》。光緒《川沙廳志》卷五《祠祀·官祀》亦錄此文，光緒《松江府續志》卷一〇《建置志·壇廟》錄其記略。

〔一〕道光十四年月日，賜進士出身、川沙撫民同知、浙江山陰何士祁撰并書：光緒《川沙廳志》作「時在道光十四年月日」。

新建川沙觀瀾書院碑記

（清道光十四年·1834年　何士祁）

新建觀瀾書院記[一]

川沙分上、南兩縣地，上海有敬業書院，南滙有惠南書院，人文蒸蒸，擅東南竹箭之美。而川沙延袤數十里，士風樸淳，時聞絃誦，獨未有書院之設。將管子所云「羣萃州處其心安焉，不見異物而遷焉」者，其道莫由。予承乏於茲，竊自念牧民之官有父師責，而風俗之厚端由士始。語曰：「五步之內，必生芝蘭。」不敢謂海濱一隅，文教可緩。乃於沈氏所捐之地，在城南文昌宫側，鳩工庀材，規之度之。爲門三楹，門後有屏，屏後爲堂三楹，翼以長廊，爲講習之地。堂後爲室五楹，左右皆有廂，爲藏修之地。院之東鑿池建橋，植花樹竹木，爲息游之地。捐俸銀一千兩，經始於三月上巳，至五月下浣落成。取孟子有本之義，顔曰「觀瀾書院」，而進生徒訓之。曰古者鄉遂皆有學，簡率人材至嚴也。今制郡縣皆設學宫，而隸其博士弟子，朝廷命儒官諭導之，造士之法至備也。顧士有終歲不入學宫者，儒官月課季考之法勢漸積輕，不復行。而書院之設，每以文藝優絀爲進退，士之肄業於斯者，轉得鼓舞淬勵，以親於有司。川沙向未有學，著博士弟子籍者，分隸上、南，未著籍者，亦分上、南兩縣試，而遠或數十里，近亦十里外。上、南故有書院，士不得以時修業於中。今夫卉木之性無不榮也，雨露之濡有及有不及，則榮與菀半矣。雨露之澤無不及者也，而或委之荊榛，或登之圃樹，則榮與菀又異矣。士之向學，猶卉木也，有教士之責者，雨露也，設書院以振勵之，卉木之圃樹也。余所願爲多士勉者，又不僅爲圃樹之卉木，且將鼎俎卉之實，榱櫨木之材，則所以長養而培植之者，不敢不善爲之

[一] 新建觀瀾書院記：光緒《川沙廳志》題作「何士祁新建觀瀾書院記」。

所也。且多士知觀瀾之義乎？水必有其源，而瀾者，水之湍急者也。源之不清，瀾亦不大。若夫混淪磅礴，一縱千里，汎羽觴於崑崙，合歸墟於渤尾，則固風霆之所鼓盪，蛟龍之所羣游也。故曰觀水者有術也。江以南地大物博，人材如林，匹諸於水，喻觀海矣。川沙蕞爾地，猶小水也，然誠能由瀾溯源，則盈科而行，成章而達。溪澗之小，有原有委，由是沃泉懸出，氿泉穴出，涓涓不息，流爲江河，滔滔焉，汩汩焉，放乎長流以注乎渤澥，沐日月而產璣貝、珊瑚、木難、明珠，瑟瑟之瓌寶采掇而不窮，是所厚爲多士望也。抑更有進者，國家以制舉文取士，士不工此，無以爲致身之階。顧所以求工於文者，求之於文乎？抑求之所以爲文者乎？求之於文，無源之水也。求之所以爲文者，孝弟忠信，立身之源也。辭章之華，則其瀾也；四子五經，立言之源也；子史百家，駢枝儷葉，皆瀾之蕩潏者也。未有源之不清而其流不至潰洇者，未有源之既清而大波小波不自然貫通於脈絡者。尤願與多士惇勉之矣。是爲記。

道光十四年甲午夏五月，任川沙撫民廳事何士祁撰并書〔一〕。

按：碑文錄自道光《川沙撫民廳志》卷二《建置·書院》。光緒《川沙廳志》卷二《建置·書院》亦錄此文。

〔一〕道光十四年甲午夏五月，任川沙撫民廳事何士祁撰并書：光緒《川沙廳志》無。

新建川沙觀瀾書院麗澤舫碑記

(清道光十五年・1835年[一])　何士祁

觀瀾書院第二記

觀瀾書院之建，余既爲之記矣。顧經費不充則膏火易竭，由官營辦可暫不可久也。屋宇狹隘則棲息無所，勤惰之功又不能以時察也。余自書院落成卽有都門之役，既返任，思所以拓之。邦之人樂與有成也，咸以興教育才爲急，有捐屋者、田畝者、竈蕩灘地歲徵草息者。時方有事，白蓮涇水利工覈錢得贏，紳士又請歸入書院，允之。雖置產不多，猶不足以給資用，而固有其本矣。夫本[二]以漸而盛，道如水然，盈科後進非朝夕之故，余與邦之人勉之而已。初士之肄業者，試期集院中爲詩文，竟散去，僅以一日之短長第高下。雖欲進以經史之學，其道無由。夫經史，本也，有本者弗壞，自涓流至滄海，非一時之積也。乃於東偏隙地建房五楹、廚兩楹，前所有□舍[三]並移易改置，俾庋篋笥設几榻，有棲息角藝之所。夫爲學不專則不精，不羣則不博。多士之來院中，謝紛擾以壹思慮，澹嗜欲以通神明，資討論以擴見聞，證同異以定向背。《易・兌》之象辭「朋友講習」，講習在朋友，而折衷集益者在己，麗澤之義也。所建之屋臨水而似舫，故卽名之。爲多士勗而向之，竟委窮源，所以闡觀瀾之義者，願多士共勉之矣。後之涖斯土者，體國家養士作人之意，偕邦之士庶擴充之而增益之，將見成章必達，如水之波瀾流灌，利澤霑溉於無窮。所謂巨川舟楫之才，未必不基於瀠洄一舫間也，故重爲之記，而書其田畝、竈蕩數目、字號於左，俾有所考焉。

[一] 清道光十五年：據碑文「十五年開浚長浜等河餘捐置田歸入觀瀾書院」推測。
[二] 本：光緒《川沙廳志》作「木」。
[三] □舍：光緒《川沙廳志》作「號舍」。

書院原捐及契買田數〔一〕：

同知何士祁捐買黄振環基地三分。

基地四畝，坐落十七保十五啚六百六十八號，儒童沈光珣捐。

增生丁爾光捐田四畝九分六釐四毫，坐落二十保二十五啚內，四百八十六號田，二畝九分六釐四毫； 四百六十九號田，二畝。

民人潘尚華、萬明瑞、馮啟勳捐瓦平房三間二頁，坐落十七保十二啚七十九號，基地二畝二分一釐四毫。

舉人蔡雲桂等捐七、八兩團承糧執業蕩三十五畝，又接漲蕩地九百八十八畝有奇。

道光十三年撥賑餘銀契，買田二十六畝六分一釐二毫： 內坐二十保九啚元字圩三十四號田二畝，七啚洪字圩四百十號田一畝二毫，七啚洪字圩四百二十七號田二畝，七啚四百二十號田一畝，七啚四百八號田二畝，二十五啚閏字圩號田六分四釐六毫，二百六十七號田一畝六釐九毫，十七保十二啚一千三百二十號田三畝一分六釐六毫，十二啚一千三百三十二號田一畝五分，十七保南滙縣三十七啚九十六號田十畝，八團南五甲二百四十一號田二畝二分二釐九毫。

十五年開浚長浜等河餘捐置田歸入觀瀾書院。二十保七啚四十一號三畝，一百五十四號一畝，四十七號二畝零，一百三號二畝，四啚田三畝八分，八團二百三十九號三畝五分，一百九十號七分零，一百八十八號三畝零，一百八十號四畝零，南邑二十保八啚八號四畝七分六釐，九號二畝四分零，十一號一畝二分四釐，十號八分零，二十二保十二啚二百四號九分零，十九保四十八啚四百五十二號六畝四分零，十四啚一千二百六十四號田四分，同號二畝八分零，一千二百七十九號三畝六分零，一千二百八十號四畝三分零，一千四百八十六號一分八釐，四百七十號八分七釐，一千二

〔一〕書院原捐及契買田數：光緒《川沙廳志》未録「書院原捐及契買田數」及之後部分。

百九十一號四畝零，一千二百九十號三畝零，十五啚一百六號二分二釐，一百二十九號二分五釐，十七保八啚七百三十一號一畝五分，十啚六百七號三畝。

按：碑文錄自道光《川沙撫民廳志》卷二《建置・書院》。光緒《川沙廳志》卷二《建置・書院》亦錄此文。

浚白蓮涇諸河碑記

（清道光十六年・1836年　何士祁）

開浚白蓮涇諸河碑記[一]

道光十二年秋，大中丞侯官林公由東河河督移撫江蘇，適今江西中丞江夏陳公爲方伯，憫江南頻年潦溢，其高者又旱患，農民並受其害，而罔克享其利也。於是繼吳淞江、泖湖之役，浚孟瀆、浚白茆、浚劉家河。大幹既通，復檄諭蘇松太倉各屬境内支河，審其地勢高下，或疏或瀹，俾各興水利。而川沙、南滙比連之白蓮涇、長浜、呂家浜、小腰涇亦得同時告成。蓋川沙東捍海塘，潮汐不通，賴黄浦爲宣洩。其北境水道由孫家溝、趙家溝、蘆九溝達上海之漩河潭，南境水道由長浜、呂家浜達南滙之白蓮涇，則皆通黄浦者也。譬諸堂室，川沙其閫奥，而上海乃蔽障於外之門戶也。趙家溝諸河開浚未久，白蓮涇浚於乾隆三十九年，長浜諸河淤墊成平陸，近且百年矣，旱潦莫備，舟楫鮮通，商農交病，且地界兩邑，屢議屢梗，守土者亦不常厥居，迄未用成。士祁於道光十五年來蒞是邦，顧念東南水大治，不可使海濱一隅地獨受病，於是陳牒屬請大府，報曰可。與南滙朱大令會集紳士議。僉曰茲土[二]之利民私籲久，無慮資也，然猶恐累吾民。久之議始定，乃與南滙分工並舉，均田均役，以給土方。其諸費或官捐，或民自給之。令夫頭率散夫，地保率夫頭，啚董率地保，叚董率啚董，總董率叚董，官爲經理，稽察吏胥，無所容其奸。凡四閲月而工竣。其西壩外停沙淤阻，復仿混江龍之制，置密齒鐵鈀十，用船隨潮疏刷之，水勢暢注，數十年闔門墐戶一朝啓闢，俾堂奥豁如，何快如之。大

[一] 開浚白蓮涇諸河碑記：光緒《川沙廳志》卷三《水道・諸水》題作「同知何士祁濬白蓮涇諸河碑記」。
[二] 土：光緒《川沙廳志》作「士」。

府臨視，核其工，彙奏以聞。夫民難於慮始，懼害也，知去其害又益以利，則必不敢自偷其安，以貽事後患，此不待知者可以再計決。方事之殷也，民懽且忭，卽曩之、阻之、抑之者，譬以法，喻以理，卒如約竟事，故財不殫而工易成，今而後爲吾民慶矣。旱潦備則歲登，歲登則物阜。士祁且將盡浚諸河以盡守土者之責已耳。是役也，工程財用若干，官紳姓氏例得書，故詳記之，俾後之人有所考焉。

道光十六年丙申，川沙撫民同知山陰何士祁記〔一〕。

工程〔二〕：

白蓮涇東，自長浜三林浦起，西至徐家橋西箬帽港止，長二千六百七十四丈，面寬七丈至九丈，底減十之五，浚深四尺至六尺，以三十二畐及兩半畐額田十四萬八千四百六十畝，挑土八萬七千一百八方。

長浜，東自張家浜口起，西至三林浦，接白蓮涇止，長一千四十一丈五尺，面寬五丈至八丈，底減十之五，浚深四尺至六尺，以七畐及兩半畐額田五萬三千九百十九畝，挑土三萬二百二十九方三分。

呂家浜，東自松筠橋起，西至東牛角尖，接白蓮涇止，長一千四百四十七丈五尺，面寬四丈至五丈，底減十之五，浚深四尺至六尺，以九畐額田三萬九千八百三十畝，挑土二萬四千五百二十方。

小腰涇，南自御駕橋起，北至石橋口，接白蓮涇止，長一千三百六十一丈五尺，面寬四丈，底減十之五，浚深四尺至六尺，以八畐額田四萬五千七十三畝，挑土二萬五千二百八十八方。

捐欵〔三〕：

〔一〕道光十六年丙申川沙撫民同知山陰何士祁記：光緒《川沙廳志》無。

〔二〕工程：光緒《川沙廳志》「工程」內容收錄在何士祁碑記之前，「十五年同知何士祁會同南滙知縣詳濬白蓮涇、呂家浜、長浜、小腰涇，十月三日興工，十六年二月五日工竣」之后。

〔三〕捐欵：光緒《川沙廳志》作「壖捐細數」，收錄在何士祁碑記之前。

川沙同知〔一〕何士祁，捐錢一千千零十九千四百文。署上海縣〔二〕知縣黃冕，捐錢四百千文。署南滙縣〔三〕知縣朱清耀，捐錢一千三百三十一千一百文。二三場鹽大使王鶴年，捐錢三十千文。各典商捐錢三千三百八十千文，各紳士捐錢七千八百十九千二百零四文〔四〕。

兩次入告〔五〕：

江蘇巡撫林則徐，署江蘇巡撫布政使司陳鑾。

督催〔六〕：

蘇松太倉分巡道陽金城。

會議〔七〕：

候補理問吴廷榕。

查驗〔八〕：

前署松江府知府周岱齡，松江府經歷錢家驥，華亭縣縣丞孫琬。

工次督辦〔九〕：

川沙同知何士祁，南滙縣知縣朱清耀，川沙廳司獄沈炳，南滙縣典史劉蘭，川沙營外委顧振龍。

〔一〕川沙同知：光緒《川沙廳志》作「同知」。
〔二〕上海縣：光緒《川沙廳志》作「上海」。
〔三〕南滙縣：光緒《川沙廳志》作「南滙」。
〔四〕各典商捐錢三千三百八十千文，各紳士捐錢七千八百十九千二百零四文：光緒《川沙廳志》作「各紳士捐錢七千八百十九千二百零四文，各典商共捐錢三千三百八十千文」。
〔五〕兩次入告：光緒《川沙廳志》無。
〔六〕督催：光緒《川沙廳志》此部分無。
〔七〕會議：光緒《川沙廳志》此部分無。
〔八〕查驗：光緒《川沙廳志》此部分無。
〔九〕工次督辦：光緒《川沙廳志》此部分無。

董事〔一〕：

候選教諭蔡雲桂、朱南枝，訓教胡景熊、朱鳳笙，貢生姚煒琛、韓培禮，職員賈國炘，生員沈昌穀、姜佑昌，監生莊行忠、于佑安、陸文浩，武生羅士杰，工房書朱樹森。

道光十五年乙未十一月初七日興工，十六年丙申三月初五日工竣〔二〕。

按：碑文錄自道光《川沙撫民廳志》卷五《水利·開濬》。光緒《川沙廳志》卷三《水道·諸水》亦錄此文。《川沙縣續志·附錄·文獻輯存》收錄此何士祁碑記簡體標點版，其餘未及。

〔一〕董事：光緒《川沙廳志》此部分無。

〔二〕道光十五年乙未十一月初七日興工，十六年丙申三月初五日工竣：光緒《川沙廳志》作「十五年同知何士祁會同南滙知縣詳濬白蓮涇、呂家浜、長浜、小腰涇，十月三日興工，十六年二月五日工竣」，收錄在何士祁碑記之前。

高橋鄉會試卷資路費碑

（清道光十六年・1836年）

署理江南蘇州等處承宣佈政使司江蘇按察使裕，爲據詳給示事。據寶山縣詳稱：奉飭勸捐鄉會試卷資路費，遵即傳請閤邑紳士會議。茲據界境高橋鎮紳士沈希轍等具稟：「鄉會試公費，曾集同人稍裒公項行之。一鎮已歷兩科，第以寥寥。資助未敢稟呈。遵奉再加裒集，得七串錢八百兩，分存稅典，歲計息銀。但八都遠隔浦東，往來未便，請就一鎮之中量為攤給等情。」查高橋一鎮，坐落東南隅，中隔黃浦大江。設遇風汛，往來非便，現據該職等議捐鄉會試公費七折錢八百兩，存典生息。請止就浦東八都應試士子分給。事屬可行，似應俯順輿情，先行給示，勒碑遵守等情前來，並奉撫督二憲批司核明給示。查該紳士等公捐鄉會試路費，分存稅典生息，止就浦東八都應試士子分給，固屬誼[一]篤桑梓；但究為一鄉之計，不足以示公溥。惟據稱，該鎮遠隔黃浦，風汛靡常，姑准俯如所請，就近經理，合行給示[二]。為此示仰該紳士等知悉：嗣後每屆鄉會試年分，將收存典息銀兩查昭，詳定規條，分別發給。仍將給過數目[三]隨時報司查考。此係培養人材盛舉，切勿始勤終怠，是為至要。切切特示。

道光拾陸年玖月日示。

申江石夏勒。

[一] 誼：1998年6月柴志光先生照原碑抄錄作此字，2013年12月編者再校原碑，此處已模糊。

[二] 就近經理，合行給示：1998年6月柴志光先生照原碑抄錄如此，2013年12月編者再校原碑，「近經理合行給」六字已模糊。

[三] 分別發給。仍將給過數目：1998年6月柴志光先生照原碑抄錄如此，2013年12月編者再校原碑，「發給仍將給過數」七字已模糊。

按：碑文錄自原碑，撰者不詳。該碑現存浦東新區高橋鎮高橋中學，立於永樂御碑亭旁。碑身外罩玻璃。碑身寬 48 釐米，高 101 釐米，厚 20 釐米，青石質。碑文 11 行，滿行 42 字。柴志光先生於 1998 年 6 月照原碑錄下碑文，編者於 2013 年 12 月實地再訪，碑刻文字已較難識別。

高橋鄉會試卷資路費碑

新建川沙義倉碑記

（清道光十七年・1837年　何士祁）

新建川沙義倉記〔一〕

考《周禮》，遺人掌委積以備凶荒，司稼以年之上下出斂法，使有荒歲而無荒民，爲後世置倉積穀所自昉。顧常平、社倉在漢宋間已不能無弊，蓋常平掌於官，社倉掌於民。掌於官者，朱子所謂爲法太密，避事畏法則弊生；掌於民者，朱子所謂里社不皆可任之人，聽其所爲則計私以害公，謹其出入則上下相遁，其害又甚。然則言積貯於今日，必與常平、社倉相爲表裏而有備無患者，莫善於義倉。蓋義倉輸之於民，而守之以官，樂歲資其狼頼〔二〕，故集事易；官民互爲稽察，故防弊周，誠良法也。道光十三年〔三〕，制府安化陶公通飭各屬，建設豐備義倉，中丞侯官林公復於院署後建廒積穀，以爲之倡，於是各屬吏仰承德意，而民之急公好義者咸踴躍從事。川沙地瀕海，人民僻處，無富商巨室，創始較難，因各就圖團舉董事，勸令量力輸穀。本城北門内向有封抵官房一所，因以道光三年賑餘錢八百千文劃抵原價，續又於其後購平房七間，改建義倉。前後三進，計廒房、客座一十五間，外周以垣。經始於十六年八月，閲月而工竣，共用經費錢七百餘千文。是時捐輸已有成數，諭令監生孟兆奎、文生沈昌周任收納監守之責，爲啚二十有五，爲團二，共捐穀若干石。復與各董事條定章程，互爲稽察，以禁侵耗。是舉也，動支存項，改建廒房，故無集捐之擾；穀石悉量力而

〔一〕新建川沙義倉記：光緒《川沙廳志》題作「何士祁新建義倉記」。
〔二〕頼：光緒《川沙廳志》作「戾」。
〔三〕道光十三年：光緒《川沙廳志》作「道光十四年」。

輸，故勸者勿勒〔一〕而捐者勿吝；不假胥吏之手，故無虞侵蝕；官爲督〔二〕勸稽核，故下無浮冒短缺，不糶貴糴賤；春借秋還，以權之〔三〕息，故無折耗虧空。積餘三餘一之資，爲十年九年之備，利興而弊除，可久亦可大，惟冀大有屢登歲，常捐積，則不難以其盈餘爲卹嫠育嬰諸善舉。士祁尤願後之君子同體斯意，勿蹈移借諸弊，致名存而實亡，則所謂有備無患，與常平、社倉相表裏者，其在斯乎！爰刊條約如左，其經勸各啚衿董於例得書。

道光十七年正月日，山陰何士祁記〔四〕。

附義倉條約〔五〕：

一、穀石須逐年捐積，聚少成多。今於道光十六年秋成爲始，按啚選董，勸令量力捐輸。其新建義倉計廒房十間，各編字號。十七、二十保各啚所捐穀貯履字、泰字、豫字廒内，八、九團貯晉字、萃字、豐字、升字廒内，二十二保各啚貯恒字、益字、觀字廒内。俟續捐盈滿，再於空地添建廒房。

一、倉夫一名，由總董事雇覓保充，住倉看管，每月由廳捐給工食錢一千二百文。常川在倉巡查看守，倘有廒漏板損，告知董事禀官修補。

一、義倉積穀係民捐民辦，無容書役涉手，遴選本城監生孟兆奎、文生沈昌周爲總董事，給予圖記，專司收納堅守。又選文生丁時濟、徐咸池，監生徐本仁、蔡霑爲啚團總董事，凡收放穀石，須會同經理以專責成。

一、收繳穀石須一律乾潔。每石用較準公秤一百觔，每觔重十六兩爲率，由總董事在倉驗收給照，於捐戶以爲收據。仍立廒口冊二本，一存官署，一存董事，核實登註備查。其應用鋪墊及紙張筆墨、雇夫、曬晾折耗等費，均由廳捐給，不得開銷穀石。

〔一〕勒：光緒《川沙廳志》作「勤」。
〔二〕督：光緒《川沙廳志》作「董」。
〔三〕之：光緒《川沙廳志》作「子」。
〔四〕道光十七年正月日，山陰何士祁記：光緒《川沙廳志》作「道光十七年正月書以勒石。」
〔五〕光緒《川沙廳志》中附義倉條約和衿董姓名略。

一、士民捐穀多至數十百石、千石者，悉照憲定章程照例詳請獎敘。

一、貯穀厫房官發印封，逐厫封鎖，外加董事圖記封條，其匙鑰交董事收管。凡遇盤查、曬晾、散放等事，須本城及啚團董事會同啟閉。

一、穀石積至厫滿，只需添建厫房存貯，不必議及推陳易新、春借秋還，以杜流弊。每年於十二月盤量一次，遇官交代，亦聲請盤查。其董事經管無誤，亦照憲定章程請獎。

一、設遇災荒，由地方官查明，先儘各啚團鰥寡孤獨，次極貧，再及次貧，分別散給。如收成較爲歉薄，尚不致於成災，亦不得率請動支。

一、豐年易於捐集，每秋成後察看收成，在八分以上者，卽詳明勸捐。俟積有盈餘，再照憲定章程略爲通變，添設衈嫠育嬰等事。

一、義穀係民捐民辦，地方官惟有督勸、盤查、收放之責，不得假公挪移。該董事亦無許狥私、挪借、通融、侵蝕。如有前項情弊，無論紳衿士庶，准其具控究追先行，詳憲立案。

十七二十保各啚董事：王克緒，沈昌穀，莊行忠，顧維則，姜佑昌，以上十二啚；陸景辰，十三啚；殷錫祚，沈昌緒，以上十五啚；曹汝德，四啚；姚泉，五啚；馬大昕，七啚；唐銓，九啚；劉文敘，十八啚；顧心輿，十六啚；吳成裕，十六啚；奚錫元，袁成華，以上二十五啚；蔡廷楷，顧廼德，徐坤元，以上八九團。

二十二保各啚董事：徐本仁，孫汝瑚，黄淳源，吳鑅，顧榮，朱士賢，曹文祿，秦𠕇臣。

按：碑文錄自道光《川沙撫民廳志》卷二《建置·倉厫》。光緒《川沙廳志》卷二《建置·倉庚》亦錄此文，但未録「義倉條約」和衿董姓名。光緒《松江府續志》卷一〇《建置·倉廩》錄其記略。

張家浜分中廟碑記略

（清道光二十一年·1841年　王承基）

王承基記略

廟曷以分中名也？勝國隆慶二年，巡撫林奏請設官丈田清糧。三年，湖廣按察司僉事鄭允韶奏敕履畝清丈我邑。自黄浦東至海蓋六十里，而廟中界之，故曰分中，免廟基之科，廟由是得名。又曰廟在張家浜上，浜東連大海，西受歇浦潮汐，都臺浦、馬家浜諸水於此匯而中分焉，故曰分中。其祀土地何也？爵之侯封曰「福德」，爲其能福有德之人也。是祠舊隸吾邑，今分南匯，實跨兩邑之中。自國朝以來，屢有修葺。嘉慶庚申九月二十八日，一山太夫子之尊人午亭公卒於廟西倪氏館舍。時夜將半，廟側居人聞音樂作，漸近，又見燈光中若有旌幢輿狀，至廟而息，廟中亦終夜有聲，繼亦公歸殯路出於廟，人於是神公。公姓張，諱兆炎，字仲華，籍上海，補增廣生員。性謹愨，敦孝友，博學工楷書，載《上海縣志》。公之門下士趙君起淵偕堂弟洪振倡助於廟，善信等傾銀置膏腴田又若干畝。康君士元經理有年，將集募興工，重新廟貌，請余爲文記其事。余稔知午亭公之德足以庇賴羣生，尤幸其里樂其歲物之豐盛而勤於報賽也，於是乎書。時道光二十一年。

按：碑文錄自民國《南匯縣續志》卷八《祠祀志·雜祀廟宇補遺》。

烏泥涇廟遷移浦東緣始記略石刻

（清道光二十五年・1845年）

烏泥涇廟遷移浦東緣始記略

烏泥涇廟向在賓賢里烏泥涇鎮，中有社神、佛祖及黄婆原像焉。明萬曆間，鎮毁於倭，而廟遷濱浦。本朝康熙間，復因潮患，而里甲孫姓創遷於今所，惜無碑記，故年月姓氏失傳。厥後隨修，僅蔽風雨。邇來牆垣圮壞，風雨難蔽矣。以致遊觀者頓無生色，而奉神者坐視不安。乃集里人俱各行善，或解橐佈施，或募捐工料，從心所發，俾廟焕然一新，豈特一方所庇蔭哉。至黄婆像已失真，今日重而塑之，使吾鄉紡織爲生者知祖述而酬答也。是以吾里善人徐盛崗、鳴崗與寶善王□、本廟上人廣達及諸善人，隨緣樂助，福愿同登。工程告竣，故勒碑以志。世世善人，感且不朽，須知碑記者。道光二十五年，歲次乙巳，三月吉日刻石。

按：碑記錄自民國《三林鄉志殘稿》卷六《寺觀》，撰者不詳。

重整川沙營規碑記

（清咸豐二年・1852年）

重整營規

稽古設官分職，文以治內，武以治外，蓋武所以禦外侮而防寇盜者也。夫官有尊卑，兵分首領□及衙門項款，各□其事，未便紊雜，辦事藉端舞弊。今吾川沙恐蹈舊習，是以重整營規，勒石垂久。因時制宜，條列于左。

計開：

一、書領百總隊目，宜各專各責也。近因紊□[一]無章，間有一身兩役，當于重整營規，不准混充并。百總由城守選保，隊目由百總選保，新兵由隊目募保，禀憲轉禀立案，今即勒石，以杜淆混。

一、新兵進營，宜除積習也。蓋積習不脱乎募保，今于重整營規，案內禀明，嗣後察出，即將原保一體逐出不收，義舉什伍銀兩一半充公，新兵另補，茲復，勒石杜弊。

一、兵丁出缺，什伍宜增價也。近來諸物□長，今議戰兵什伍增足七千文，守兵什伍增足一十四千文。如遇裁兵，朋付每裁十名，議加守缺什伍一千文，二十名二□文，不滿十名不加。

一、戰守義舉宜重人情也。蓋戰隊義舉未經照額，全朋今或樂□，一并入朋年分，出入仍照舊議匾額。小義舉舊議通朋十四文，今議各朋二十文，以重離羣情分。

一、官場送往迎來，兵家弔喪問疾，宜分交也，未便以官場之事，兵當□□。至出進坐船，官坐者官當，兵坐者兵

[一] □：碑石上字跡已不完整，只剩左邊偏旁「糸」。

當。修造戰哨十船，按年駕驗。國家奉給往回口糧銀二十三日，今每船越日往回，兵貼差錢不下數十千文，□□不下數百千文。窮兵獨力難支，設此官兵戰船，應官兵各□捐貼。

一、各隊值月辦事，宜諒力也。夫兵祇能聽差辦事，未能硬借隣佑噐用，家□□□。嗣後聽差之外，務免私借公用。

咸豐貳年，歲在壬子，小春十月日，通營稿科馬步百總宣令。

隊目：

顧玉□　朱承宗　楊萬清　楊浩然　王瞻雲　金祥貴

陸秉鈞　徐大鏞　沙承恩　顧定國　劉哉恩　吳兆奎

楊榮奎　邛春堂　□□□　□□□　□□亮　□世英

王上□　姚振環　陸鳳章　於寳鏞　陳秀華　王萬□

黃國□　徐昌宗　陸兆偉　宋得榮　顧　善　張大鵬

戚兆祥　倪耀陞　顧善常　丁長泰　陸振揚　沈　榮

方攀鳳　吳　亮　張斐鳳　陳秀□　朱効□　王雲高

陳茂堂　賈永秀　陳沾恩　趙德仁　黃敬忠　姚瑞階

丁大忠　顧得芳　周茂榮　沈清路　丁載揚　周向榮

□得成　嚴岳鳴　王茂生　張近忠　顧信如　劉錦堂

□學勳　朱茂春　唐洪文　沙大春　曹大春　陸士周

陳瑞周　費全勝　□國恩　魏文□　陸全裕　沈堯年

曹克明　方得和　顧長春　顧勝華　張炎春　趙文采

陸學源　朱順常　潘義成　陳啟瑞　顧裕芳　奚朝俊

陳向榮 劉廷玉 嚴茂華 陳秀章 陳茂芳 連煥章

曹得宗 薛叙林 劉世昌 秦良玉 奚茂玉 蔡良玉

董士□ □□德 胡學盛 陳得勝 金裕成 檀大倫

陳裕芳 陳效芳 王元順 顧掌英 蔡玉章 倪茂榮

奚振國 程廷秀 王大全 王廷棟 顧萬安 王世昌

方秀昌 歸成佐 葉宗望 吳敬宗 周策章 王國陞

張仲芳 凌高千 張廷銓 徐煥榮 □□□ 張□□

張德榮 張洽林 顧士成 張雲千 周榮福 陸大忠

曹瑞賢 聞紹奎 凌發順 朱雲山 □□雄 □省山

□□□ □□□

立

按：碑文錄自原碑，撰者不詳。該碑現存浦東新區川沙鎮西市街原關帝廟庭園內，為青石質，碑身高 167 釐米，寬 82 釐米，厚 27 釐米；碑額高 56 釐米，寬 82 釐米，厚 27 釐米，碑額篆書「重整營規」，並雕刻有雙龍圖案；碑座已失。1998 年 9 月柴志光先生照原碑抄得碑文，2013 年 4 月編者實地再訪，照原碑再次錄校。

重整川沙營規碑（局部）

重整川沙營規碑

捐修南匯縣南都臺浦廣善橋碑記

（清咸豐八年·1858年[一]　朱作霖）

邑有舉之而無關計典，廢之亦無與考功者，長吏於此殆皆置弗顧。其間，某縣治某里某邑築某塘，郡功曹之月彙其籍者，或不盡闕如而名實又殊焉，如之何其可紀也。若我邑南都臺浦廣善橋之重修則不然，蓋嘗觀於橋之所以圮者，而知之也。攷是橋之建，歷年雖久，猶不至傾。戊午春邑侯以濟旱浚河，力倍塈深，故旱濟而橋亦圮，而其鄉之民方且慶有秋頌更生，雖涉，不以爲病，獨侯歆然若有所歉，又爲之捐俸重修，以占利涉此，無論今之塗行而舟濟，皆資侯德。要其所以勤施於民者，爲何如也，且如是橋者，其舉其廢正所謂無關計典者也。溯橋之所以圮，於民又有功，民且不以爲意，侯復何所迫而必爲？然惟無所迫而爲之，然後知侯直以民事爲家事也。侯既以民事爲家事，而民顧置不論焉。夫豈人情世非無好名之吏，所在置碑，諛詞盈山骨，然既無所徵實，即苦其不可久。若侯之實心實政，且未可以指數，則即無片語爲之紀，而口碑林立，固已稱道弗衰，蓋是橋之葺猶其小焉者也。小焉者曷，紀曰：在侯爲小民，固未忍小之也，德其大而愈不肯沒其小也。然則後之涉是橋而摩挲碑石者，謂紀其勤施於民，不以橋記讀之也，可謂即小以知大，而仍以橋記讀之也，亦無不可。橋建於某時，圮於某時，修於某時，修廣凡幾，工料凡幾，石工某，董其事者某，助捐者某，例得備書。邑侯爲誰？南海筱雲、馮司馬名樹勳者也。記者爲誰？侯之門下士、本邑部民南匯朱作霖也。

按：碑文錄自民國《朱雨蒼先生遺稿輯存》卷四《文稿輯存》。

[一] 據光緒《南匯縣志》卷一〇《官司志》，馮樹勳於咸豐四年（1854年）至咸豐八年（1858年）任南匯知縣。另文中有言「戊午春邑侯以濟旱浚河……又爲之捐俸重修」，「戊午」即咸豐八年（1858年），故此推測碑文當作於此年。

重建南匯水火神廟碑記略

（清同治五年・1866年〔一〕 徐本立）

知縣徐本立重建水火神廟碑略

水火之神，有功於民，奉載祀典。余以同治二年九月來任縣事，縣人士因廟被匪毁，祀祭無所，乃於三年七月鳩工重建，迄五年四月工竣，而余已於四年調任去，因以書來乞碑文示來者。噫！余豈有造於斯邑哉！江蘇州縣自遭匪擾，民力已竭，民氣未舒，有牧民之責者求副其實，蓋戛戛乎難之。今歲幸有秋，民皆樂業，固由聖人軫念民生，感召祥和所致，抑茲水火之神實嘉賴焉。記曰：有功德於民，則報之水火神，爲功已久。以余任事才二年，縣人士猶不余咎。余其敢沒神貺。謹列於石，以永保障之靈，俾無水旱。將小民之受福，方自今始。

按：碑文録自光緒《南匯縣志》卷八《祠祀志・廟》。

〔一〕據文，清同治五年四月水火神廟工竣，鄉人乞文於徐本立，故推測碑文撰於此時。

裁革過鎮陋規告示碑

（清同治六年・1867年）

欽加同知銜署理江蘇太倉直隸州寶山縣正堂加十級紀錄十次□

勒石永禁事。據高橋鎮紳商淩貞一、郭慶恩、黄應甲、淩友尚、瞿用賓、張熙春、周家楨、蔣國華、厲裕春、趙恒泰、蔣長豐、郭協隆、趙豐泰、張鼎盛、陸萬記、周恒豐、張恒茂、周裕記、朱德裕、黄同茂等稟稱：竊職等前因憲駕下鄉過鎮一款，籲請定章，蒙曲體民艱，當蒙出示禁□，恐難永守，叩請給示勒石等情到縣。據此查本縣因公下鄉，一切均係自備。從前高橋鎮過站陋規，即經出示，裁革淨盡，不准需□□高在案。據稟前情，合行給示，在於通衢勒石永禁。為此示仰該鎮紳商居民人等知悉。爾等□□□□陋規，本縣早經裁革淨盡。設遇因公到鎮，夫役飯食均係自行給發。自禁之後，如有隨從轎役人等再敢索分文，許即扭解來縣，以憑究辦。爾等亦不得私自擅給，並幹查究。先將碑摹送案，毋違特示。

同治陸年伍月初九

告示

發

按：碑文錄自原碑，撰者不詳。該碑現存浦東新區高橋鎮高橋中學，立於永樂御碑亭旁。碑為青石質，碑身高95釐米，寬47釐米，厚20釐米。碑文7行，每行37—42字不等。1998年9月柴志光先生照原碑錄下碑文，2013年12月編者實地再訪，該碑字跡已經模糊，校核困難。

裁革過鎮陋規告示碑

南匯提標牧馬廠告示碑

（清同治七年·1868年）

簡放總鎮署江南提標中鎮參府花為

勒石曉諭，以杜隱匿事。照得□……□牧馬廠地在欽塘十餘[一]里□……□生□……□南匯縣一團□……□二三□□地方□□□年。既久，營中冊檔遺失無稽，致有以多報少，隱匿私墾，當經□……□欽命總統水陸全軍江南提督軍門李□檄□……□府陳□並由本府□委□……□人守□……□南匯營縣履畝堪丈，得牧馬廠地三萬三千三百四十五畝六分六厘，核道光十二年分前參府曹會縣勘丈數目相符□……□查□各戶花名畝數，分別上中下三等田地四址清冊申送提憲，並本府衙門備查，按戶發給執照，以杜日後隱匿。合再勒石曉諭，為此示仰承種營地□……□一□……□遵丈見田畝，各要管業所有，每年應繳租息遵奉執□……□數，秋□呈□以備完賦元公不得觀□……□多報少，隱匿私墾，察出定于究辦。特諭。

同治七年拾月日示。

按：碑文錄自原碑，撰者不詳。此碑現藏南匯博物館。2014年2月編者實地尋訪，所見碑為青石質，高67.5釐米，寬31.5釐米，厚9釐米。碑石表面磨損嚴重，字跡多有不清。博物館庫房中另有一「南匯提標牧馬廠地界碑」，時間不明，據其所述內容、碑文所指地址「南匯縣欽塘外十餘里」及碑石材质形狀，應與此碑為同一時期。

[一] 餘：原字在碑石上左半邊偏旁不清晰，右半邊為「余」，而另一「南匯提標牧馬廠地界碑」文有「南匯縣一團欽塘十餘里之外」句，故錄作「餘」。

南匯提標牧馬廠告示碑

重修長壽里秦公墓祠碑記

（清同治十三年·1874年　沈秉成）

重修长壽里秦公墓祠记，巡道沈秉成撰〔一〕。

癸酉秋，长壽里秦公祠落成，门下士秦端奉公事实求为记，余既应之矣，嗣来谒谢，拜述公墓之在长壽里，与公祠之所以建者甚详，復求補敘始末，以示將来。谨按，公墓在上海之二十一保二十八图，中祔葬故元国子监学錄、浙西摧鹾使、公父良顯墓之左，其右〔二〕祔公弟亨伯，为公上辞聘书者也，公子世隆又於其側另葬焉。前《上海县志》误以西门外淡井庙后故元中书省儤直使、公祖父知柔墓为公墓，而长壽里〔三〕之墓自明迄今未有议修之者。辛未秋，端偕族人以修墓請於前署上海县知县陈君其元。陈君甚韪之，拜许倡捐，建祠以守墓。时余奉命观察斯土，方下車，陈君亦为之請，比其去任，葉君廷眷继之。乃蒇事计構祠宇三楹，益以门房廚廄八楹，中奉公位。左側追奉公父、祔公弟、公子。墓前立神道、墓阡，復得旧翁仲像於土中，並建立如例。公墓田二畝四分，明嘉靖间免科，今增置祠田二十七畝八分，東西界路，南北界河，凡糜金錢六千餘緡。上海自官及绅商皆踴躍捐助，创建者〔四〕陈、葉兩令也。総理者邑绅賈履上、江承桂、葉茂春、梅益奎也。始而请修，继而督工者，端率族人国佐、樑〔五〕及诵莪、繡彝、榮光、乃歌也。例得具书其捐

〔一〕巡道沈秉成撰：《秦裕伯研究·附錄》無。
〔二〕右：《秦裕伯研究·附錄》作「后」。
〔三〕长壽里：《秦裕伯研究·附錄》作「长寿寺」。
〔四〕创建者：《秦裕伯研究·附錄》作「创建有」。
〔五〕樑：《秦裕伯研究·附錄》作「梁」。

输〔一〕姓氏，备载他石。是役也，非兩令之慕古好义則未必应端之请，非诸绅商〔二〕之協力則未必⿰飠去速成事。固有相得益彰者，端不肯隱人之賜，诚不可无记，故復敘之如此。同治十有三年三月穀旦，苏松太兵备道、归安沈秉成補记，婁县沈铦頓首拜书。

按：碑文錄自《上海陳行秦氏支譜》卷二《初稿·傳志門》，該版本文字繁簡交錯，本文按實照録。張乃清著《秦裕伯研究·附錄》中摘錄此篇碑記，為簡體版本，兩版對校時，文字繁簡不作注釋。民國《上海縣續志》卷一二《祠祀》及光緒《松江府續志》卷一〇《建置》錄其記略。

〔一〕捐输：《秦裕伯研究·附錄》作「捐翰」。

〔二〕诸绅商：《秦裕伯研究·附錄》作「绅商」。

卜費二公碑記〔一〕

（清同治十三年・1874年　錢楠）

江南督辦上南川奉團練兼管帶西兵、賞戴花翎、中憲大夫錢楠撰并書〔二〕。

從來忠勇之節不以今昔殊也，義憤之氣不以疆域分也。奮不顧身以殉難，固忠臣義士所優為也，而以外邦俊彥殉難中土，此利西泰所云我迎難難自亡者，即卜、費二公之所以不朽也。皇帝御極之元年，西海各國統兵助剿粵逆。法提軍卜公奧斯定諱羅德，法司鐸費公都羅諱致和，先後捐軀。皇帝感卜公萬里客卿，殉難中土，是用〔三〕破格褒忠，為中外臣工勸。先是道光己酉，洪楊諸逆起粵西，咸豐壬子竄兩湖，癸丑踞金陵，蔓延皖豫。庚申張帥、徐中丞殉難，常、蘇、松、太相繼失守。賊復由常玉山竄嘉湖，辛酉三月連陷平湖、乍浦，逼金山。金山為滬之門戶，金失則上城有東顧憂矣。楠集團在滬，奉憲諭籌捐備餉迎剿。十二月，杭賊分隊麇至。吾軍力戰數日，卒以兵弱不能守。時〔四〕法提軍卜公同英美諸國彙防滬壘駐洋涇，法司鐸費公偕呂宋勇駐張江柵。楠會同上、南、川紳士，請大司鐸梅公轉請卜公撥兵助剿。遂於壬戌正月剿清北高橋。二月呂勇暨民團克沔鎮、孫小橋等處，俘馘無算。楠兄柏偕費公鼓勵士卒圍賊壘。後大股至，團勇突圍，轉戰擒梅酋〔五〕，俘四十八人，斃者千百。明日復至，公遇賊於途，被重傷，亡於楠宅之左、天主堂前。三月卜公平周浦，四月復嘉定，

〔一〕光緒《南匯縣志》題作「邑紳錢楠撰卜費二公碑記」。
〔二〕江南督辦上南川奉團練兼管帶西兵賞戴花翎中憲大夫錢楠撰并書：光緒《南匯縣志》和1990年修《川沙縣志》無。
〔三〕用：1990年修《川沙縣志》作「以」。
〔四〕時：1990年修《川沙縣志》無。
〔五〕酋：1990年修《川沙縣志》作「酉」。

旋克青、奉、南、川等邑。兵次南橋，決意殲賊，塞其歸路。公首登賊壘，中鎗死。賊果盡殪，而劉、吳諸降將於五月率衆投順。浦東於是肅清，卜公之力也。大憲奏聞朝廷[一]，皇帝降旨，特頒貂皮百張、綠絨四端，用彰恤典。厥後楠同上、南、川紳士請梅公轉請法國哥大臣移咨軍機大臣、議政王允准建堂，永彰二公忠義。嗚呼，二公厲[二]壯氣成義死。夫奮力死敵，固食毛踐土之常，而以外邦傑士殉難中土，尤臣工所難焉者。楠稟大憲籌款集捐，鳩工興築。既竣，即父老愛戴之忱作[三]為斯文，嘉外臣死難之忠，亦以□[四]我朝德化之遠，不復飾辭紀實也。爰勒諸石而為之銘。銘曰：

在昔塗山，遐哉神禹。大會羣侯，策勳盟府。宏維我朝，海邦協輔。有卜有費，澤流千古。申江湯湯，擊鼓其鏜。異域同憤，忠勇相望。曷報功德，用建斯堂。于萬斯年，亮節永彰。

天主降生一千八百七十四年三月，即同治十三年[五]，歲次甲戌，正月穀旦立石[六]。

按：碑文錄自原碑。該碑現存浦東新區川沙新鎮中市街 42 弄 15 號天主堂庭院内，立於大門左側。2013 年 11 月編者前往踏看，所見碑高 168 釐米，寬 83 釐米，厚 20 釐米，碑額上書「卜費二公碑記」；碑石下有一大理石底座，為近年新修；因常年處在室外環境，碑上部分文字已模糊不清。光緒《南匯縣志》卷二一《方外志·天主堂記》、《川沙縣志》第二十七卷第五章第一節《歷史古跡》亦錄此文，後者為簡體字。光緒《松江府續志》卷三八《名績志·寺觀附教堂》錄其記略。

[一] 朝廷：1990 年修《川沙縣志》作「朝臣」。

[二] 厲：1990 年修《川沙縣志》無。

[三] 作：1990 年修《川沙縣志》作「徵」。

[四] □：光緒《南匯縣志》和 1990 年修《川沙縣志》無。

[五] 同治十三年：光緒《南匯縣志》載立碑時間爲「同治六年」，1990 年版《川沙縣志·第二十七卷》作「同治十四年」。

[六] 天主降生一千八百七十四年三月即同治十三年歲次甲戌正月穀旦立石：光緒《南匯縣志》無此句。1990 年修《川沙縣志》無「石」字。

卜費二公碑

卜費二公碑（局部）

重建南滙文昌宫碑記

（清同治十三年·1874年　金福曾）

知縣金福曾重建文昌宫碑記

《太史公書》文昌宫有六星，而《周官·大宗伯》司中、司命獨預槱燎之祀，天府所掌則有司祿焉。今世崇祀文昌，謂主人科名祿命、賞善罰惡，是卽司中、司命、司祿之職，而魁星每附焉，則奉爲戴匡之星明甚。道書乃有十七世化身始末，儒者釋之，則比於維嶽降神及五人帝爲帝座星之類，幽明之理難以臆決，有其舉之，不可廢矣。國朝嘉慶六年文昌之神列於羣祀，咸豐六年升中祀，有加禮焉。南邑文昌宫創自乾隆二十九年，在惠南書院之左。道光九年，徙置水東。咸豐末，毁於寇。越十三年，福曾既承乏茲土，咨於邑諸君子，権工二百六十萬餘錢，爰倡蠲廉率錢五之一，都人士皆踴躍出資，經始是冬，不三月而竣。大門内前聽事中殿皆有東西廂，殿左右廊各五，後殿奉神先世，上有樓，東西有房，如故制，其魁星閣則將以繼事焉。歲二月，與諸君子行禮於此，福曾舉靈皋方氏之言曰，人受天地之中以生，既生而有形氣，又必有制其死生脩短之數者。王者相協，生民之中，欲登之於仁壽而消其疵厲夭札，故特立神號以祀之。大哉言乎！惟神賞善罰惡，與國家崇德右文之典實相表裏。然則凡承祀於庭者，當體司中、司命之旨，以修身立命，斯學焉而祿在其中。《傳》曰禮不虚行，固非徒餼牲酒醴之備、衣冠跪拜之節云爾。此福曾所急欲與都人士講明而共勉之者也。諸君子皆以爲然，請勒諸石，乃不辭而爲之記。

同治十三年夏五月。

按：碑文錄自光緒《南匯縣志》卷八《祠祀志·廟》。

重建南滙縣學碑記

（清光緒五年・1879年　顧思賢）

知縣顧思賢重建南滙縣學記

同治五年，前南滙縣令葉廷眷以畝捐錢重建學宫，正月興工，至八年十二月工竣，更歷數宰，未遑碑記其事。自思賢來兹亦五年矣，邑人士以爲請，念兹事體大，非譾薄所克任，然記事載言以詔來者，有司所不敢辭也。考南滙自雍正四年析上海東南境爲縣，縣令欽連經始建學。厥後乾隆十三年至咸豐元年重修、增建者凡六，皆邑人樂輸，閒亦官爲之倡。惟髮逆之亂，祠廟壇宇燔毁殆盡，將謀重建，則工作繁鉅。邑中紳士富商轉徙衰落，力有所絀，權宜之計，取之田畝，蓋不得已也。畝捐者，按畝賦錢，隨地丁條銀同輸邑中。有司田畝賦錢十，鹽司竈蕩則額銀一兩，賦錢二百，蘆洲五百，惟隸川沙廳者僅納錢三百千，餘悉如則，四年而止，通計用錢四萬二千七百三十三千有奇。宫牆堂廡煥還舊觀，而校官衙齋、惠南、芸香書院及先農壇之工，咸取給焉。蓋嘗論教與養之相爲用也，凡厥庶民，既富方穀。《管子》曰倉廩實而知禮節，衣食足而知榮辱，聖賢論治富先於教養之道，誠重且亟矣，然終不可徒養而無教，蓋教即所以終其養之事也。我國家取民有制，深仁厚澤，邁於前古。康熙中，平定三藩，討除叛貳，用兵半天下，度支屢空，轉饟絶艱。聖祖愛育元元，未嘗加賦以濟國用，惟是重農務本，稽古右文，敦尚樸儉，務在與民休息。世宗纘序，知小人之依，保惠於庶民，田野日闢，學校日盛，大縣多建分治。至乾隆中葉，人戶益蕃，上下饒足，八極嚮風，蠲租緩徵之恩更歲而普施，偶請而立沛，民氣和樂，人文益鬱然以興。爰暨嘉慶、道光，累洽重熙，文思光被。即咸、同之間，徵軍議饟，籌策萬端，百司秏竭，終無敢於田賦之中建言取益。蓋二百年來，涵濡亭育養民之生以爲敷教之原者，如此其深且久矣。今以亂略既遏，教學爲先，率作興事，暫取於民，亦且兢兢焉。慮吾民之弗堪，而乃創焉而不驚，徵焉而畢至，豈吾民之果寬哉。亦惟列聖之教思容保入人至深，雖在流離蕩析之餘，蚩蚩之氓知樂利之可懷，思文明之復覩，久道化成，非所謂小人學道則易使也與。南滙土物沃良，人文秀茂，明代浮糧之困亦既少紓，髮逆既平，復被詔書，普減賦額，凡茲食毛踐土，胥遂其生。上執公功，以稱國家樂育賢才之意，則髦士與氓庶更相親睦，海濱小邑，將彬然追鄒魯之風不難矣。夫教與養皆有司之責也，思賢與邑人士躬際休明。載筆及此，亦惟交相慶，各相勉而已。凡承修官爵、里姓氏暨有勞者，謹稽故牘，具書碑陰。

光緒五年己卯閏三月記。

按：碑文錄自光緒《南匯縣志》卷七《學校志·學宮》。

王公塘碑記略

（清光緒十年・1884年〔一〕 儲學洙）

儲學洙記略

地方大工作，功不邁前人，不足言功；利不溥萬民，不足言利；有功利而不垂久遠，亦不足言功利。南邑析自上海，其地窄於西北，寬於東南，狀如船柁，聳出海面者曰南匯嘴，俗呼匯角。地之接漲也易，潮之爲患也巨。治城東偏，南北委蛇如帶者曰老護塘，唐開元元年築。外有小護塘，原名□〔二〕塘，明萬曆三年，上海知縣鄒炳起創築，修於清順治乙酉、庚寅，康熙戊午，雍正甲辰、戊申。壬子秋海隘，知縣欽璉奏請發帑加築，保障東南，曰欽工塘。民感欽璉發起之德，曰欽公塘。其時塘之東，柴草而已。迄今二百年餘，地之生漲日闊，民之生聚日繁，滄海焉而桑田之也，地較多老護塘至小護塘。光緒五年後，潮患迭生，水性鹹苦，知縣王椿蔭、邑人蘇學海借積穀款興築，相地度勢，自一團泥城南角起，至七團撐塘止，塘東留地三丈，塘西留地六丈，正月開工，四月蕆事，自南至北，立石編自「海鹹河淡」至「言詞安定」止。每字長五十丈，計一萬一千三百八十八丈八尺，築高六尺，面一丈，底三丈，塘河面三丈八尺，底一丈，深五尺。卽以開河之土築塘，計土十三萬六千六百六十五方六分，工價每方一百四十文。開河築塘相輔而成，較欽公塘之有塘無河，似勝一籌矣。各團另鑿支河廿條，有堰埰者造板橋一百三十餘座，使北達川境白龍港、老洪窪二海口，其口

〔一〕據《二區舊五團鄉志》載：「王公塘在欽公塘外，光緒十年甲申知縣王椿蔭創築。光緒三十一年乙巳工振修築。」對照碑文內容實為描述知縣王椿蔭創築過程，且文中提到「學洙追隨從事」，故推斷此碑形成時間為清光緒十年，即 1884 年。

〔二〕□：《中國地方志集成鄉鎮志專輯①》（上海書店 1992 年版）所收《二區舊五團鄉志》中該字模糊，《上海鄉志舊志叢書》（上海社科院出版社 2006 年版）所收《二區舊五團鄉志》（據民國二十五年鉛印本點校）中，該字作「備」。

形勢屈曲，潮不直衝，挹長江淡水，引東海源流。又於各團欽公塘上鑿水洞，設遇河水陡漲，北達不暇，復向西流，蓄洩得宜。功程雖大，歷日不過三閱月，實用錢三萬二千五百十九千零八十文。噫！是塘與欽塘，如長虹盤亙，各隨地勢潮流，其洞相距數里或一二十里不等，以里計田，約二十萬畝有奇，以里計民，不下數萬戶。學洙追隨從事，非敢謂無忝厥職也，惟願後人之飲其水者而思其源爾。爰濡筆而爲記。

按：碑文錄自民國《二區舊五團鄉志》卷二《水利·海塘》。

胡祖基墓志銘

（清光緒十三年・1887年[一]　符慶增）

清故儒童胡祖基壙誌

祖基，字立山，浦東陳行鎮人，余姻家胡君達卿次子也。胡君名汝，璋州同銜。兄祖德，邑庠生，為余忝任上海時門下士。祖基幼好讀書，稍長，執筆為帖括即清楚有理，年十六遭母朱宜人喪，哀毀踰禮，繼患瘰癧，四載不痊，遂以光緒八年六月十八寅時殤，距生扵同治元年四月十七亥時，年二十有一。胡君以年已逾冠，不忍以殤，禮之一切並從成人例，旋為求南邑朋壽園西萃樓錢公三女為配。女以光緒十三年十一月初七亥時故，距生扵同治十年七月初六巳時，得年十七，遂合塟扵廿八啚六百三十九號田內，命祖德次子尚權為之嗣。嗚呼，祖基長殤也，胡君禮之似過，然禮緣情生，如祖基之⿰飠去讀書、能作文，年又已過冠，雖不殤之可也，昔人有行之者，已君子不非焉。故誌之如右。

姻世弟寶山符慶增撰，武進莊閑書。

按：碑文錄自民國胡祖德編纂《胡氏家乘》卷二《墓誌》。

[一] 清光緒十三年為入塟時間，據碑文「女以光緒十三年十一月初七亥時故，距生扵同治十年七月初六巳時，得年十七，遂合塟扵廿八啚六百三十九號田內」推測。

張文虎墓志銘

（清光緒十四年至十七年·1888—1891年[一]）　繆荃孫

州判銜、候選訓導張先生墓志銘

先生姓張氏，諱文虎，字孟彪，又字嘯山，江蘇南匯人。幼穎異，見書籍輒自翻閱。嘗讀元和惠氏、歙江氏、休甯戴氏、嘉定錢氏諸家書，慨然歎爲學自有本，馳騖枝葉無益也，則取漢唐宋人注疏若說經諸書，由形聲以通其字，由訓詁以會其義，由度數名物以辨其制作，由言語事蹟以窺古聖賢精義，旁及子史，是非得失、源流異同，以參古今風會之變。壬辰大比，戚友强之行，試卷墨汙，題詩號舍而出，自是不復應試。金山錢雪枝通守熙祚輯《守山閣叢書》，屬先生校訂，館錢氏三十年。所校書若《守山閣叢書》、《指海》、《珠叢別錄》及鼎卿學博熙輔續輯《藝海珠塵》、《壬癸集》，子馨少尹培名輯《小萬卷樓叢書》，無慮數百種，時稱善本。嘗三詣杭州文瀾閣，縱觀四庫書，手自校錄。績溪胡竹村培翬、元和陳碩甫奂時同寓西湖，過從商榷甚歡。中間西游天目、南登會稽，尤愛天目之勝，因自號曰天目山樵。年二十八，始就婚於金山姚氏。越四年，舉一子，曰錫卣。癸卯，偕錢通守游京師。通守卒於邸，先生載其柩南歸。時輯《指海》未竟，其嗣偉甫培杰、子馨培名請畢之，先生力任不辭。海甯李壬叔善蘭與先生讀算契合，咸豐初，李先生從英吉利士人艾約瑟、偉力烈、亞力新譯《重學》及《幾何原本》後九卷，而艾約瑟輩深明算理格致之學，聞先生名，數數造訪，質疑問難，咸大折服，歎爲彼國專家勿能及。丙辰，移家張涇堰，蓋贅於姚二十有二年，至是始有家也。粵匪之亂，轉輾避難，曾文正公聘赴安慶。李文忠公繼督兩江，議刻經史，因與先生商定條例，文忠稱善，遂留書局。八年癸酉，先生以老固請，始得旋

[一] 據文，繆荃孫主南菁書院講席期内受請撰張文虎墓志銘，時為清光緒十四年至十七年（1888—1891年），銘文當撰於此間。

里。蘇撫檄各屬修志乘，邑令金福曾造門敦請，奉賢韓令佩金、華亭楊令開第亦相繼以志事來聘，勉應之。錢子馨議輯先世書目，留先生於郡城復園。丙子秋，子馨歿，遺孤幼，先生傷之，爲處分其喪事。再聞姚孺人之訃，悲慟不能已，自是神氣稍衰矣。癸未，學使瑞安黄公體芳創建南菁書院於江陰，按臨松江，躬延先生主講席。時先生足艱於行，再三辭不獲。秋七月赴江陰，冬十一月旋里，足疾加甚，乃具書請退。甲申長至，得類中疾。乙酉下月卒於復園，年七十有八。先生於書無所不覽，過目輒記。尤長於比勘，遇疑義必反覆窮究，廣證旁引，以匯於通，往往發前任所未發。所著各書曰《校刊史記集解索引正義札記》五卷、《舒藝室隨筆》六卷、《續筆》一卷、《餘筆》三卷、《雜著》甲編二卷、乙編二卷、《賸稿》一卷、《詩存》七卷、《索笑詞》二卷。又嘗以漢魏以來古樂失傳，而古書之存於今者祇滋後人聚訟，乃因端以考其器數，審其聲氣，以究古今之變異，作《古今樂律攷》一書。顧尚之先生作《殷厤攷》，申鄭氏一家之言，先生證之經傳，謂鄭氏誤執緯書及大傳之文，致《召誥》注破經從厤，而劉歆又損夏益周，移前五十七算，以求密合經文，爲作《周初歲朔攷》以疏通之。先生之學博大宏達，既以經學、小學、厤算、樂律立其本，泛濫以及其他，莫不洞悉源流，獨見幽隱，實事求是，由博返約，勿苟於著述，勿囿於門戶，溯自惠、江、戴、錢諸家而後，可謂集大成也已。然先生豐於學而嗇於遇，少時疊遭大故，家屢空，殆人所難堪，自是客游日多。垂白歸來，又抱伯道之戚，而先生不以是廢學，手一卷外無他嗜好，老而彌篤。顧尚之爲先生石交，著作等身，先生爲謀於上海令獨山莫公祥芝，俾爲刊布。婁朱虞卿先生大韶邃於經術，先生選錄其經義若干篇。今李勉林中丞校付梓人，海内迺知有朱、顧之學，先生力也。曩以諸生從文正公軍營，保以訓導選用，光緒初援例加州判銜。錫卣遺腹有一女，贅同邑附貢生王保如，生外曾孫孝曾，歸爲先生後。孝曾殤，復以慰曾來歸焉。荃孫幼罹兵燹，避地楚蜀，未曾捧手受教。後先生四年來主南菁講席，華亭張錫恭出此狀來求銘，爰作銘曰：

東南諸老，首推潛研。先生繼之，名滿垓埏。六書九數，如日中天。和朔周初，協律宫縣。微言克紹，絶學能專。少絶仕進，青紫無緣。晚爲賓客，戇直自全。校讐最工，几席丹鉛。更生子固，輝映後先。明湖之湄，冶城之巔。大名不滅，遺事獨傳。龍蛇歲厄，牛斗星懸。隻雞斗酒，誰過新阡。

按：銘文錄自民國繆荃孫編《續碑傳集》卷七五一，見《儒藏·史部·儒林碑傳》。

南滙周浦塘河工經費碑記

（清光緒十七年・1891年　吴觀樂）

十七年知縣吴勒石示文

爲給示勒石事。據紳董朱紫綬、姚有林、馬元德、王應銓、張鑫、于邕等稟稱，周浦塘河向屬運糧，通縣均役，今雖漕倉未復，仍照舊章，車埧局費通縣均攤，按畝帶徵在案。此次局費分外撙節開支，外餘錢九百三十二千九百七十二文，除留備撈挖埧基淺處及勒碑立石工費等錢一百三十二千九百七十二文外，餘錢八百千文，同上邑移來協浚上邑七啚存本洋四百元，一併發典生息，當經詳定，不准別項挪移。俟下届開浚周浦塘，八百千之本息提充局費，按畝攤征亦可酌減。上邑移存之四百元歷年轉息，提作協浚上邑七啚之夫價，其本仍存典生息，以備下届支用。但逐年轉息，必得一人經理，是因公同商議，搢由司年典商經管，轉息交替，不准將搢私相典押，將錢擅自挪用，如有上項情弊，察出稟究。下届開浚卽由輪管司年典商交董，由縣具領。平時不經董手，以專責成。周浦塘河局公館向係臨時租借，今届分設巽龍庵、萬緣堂兩處，開支房金卉錢一百二十千文。經辦堂董以善堂經費不敷，復勸河局除房金外，再捐錢一百千文。自後凡遇開浚，周浦塘河局常設萬緣，不取房租，亦應立案，以備將來查考等情，到縣。據此，除批立案外，合行給示勒石。爲此示仰闔邑居民、保甲、業、佃人等，一體遵照毋違。特示！

按：碑文錄自民國《南匯縣續志》卷二《水利・開濬》。

上邑七圖免役周浦塘碑記

(清光緒十七年・1891年〔一〕　秦榮光)

上邑七圖免役周浦塘記(光緒辛卯)

周浦塘，本南匯漕河也。雍正二年，析上海東南境置南匯縣，廿一保在浦東者轄圖十有五，撥南三圖、北五圖隸〔二〕南匯，七圖居其中，獨仍舊貫，承邑諸役。雖坐落周浦塘兩岸，而役不與焉。光緒庚寅夏，我陸侯由江甯任來權縣篆。先一年，南匯移協周浦塘，七圖稟蒙藩司衙門、水利總局飭議未覆，會侯來，榮光偕諸生耆謁訴曰：上海通縣派工者有吳淞江、蒲匯塘、肇嘉濱〔三〕、劉河、海塘五役，役重於他邑。若七圖增周浦塘，役獨有六，此以本邑相形見偏重矣。南匯通縣派工者唯周浦塘、吳淞江、海塘三役，較上海本輕，泊〔四〕稟免吳淞，厥役倍輕，今復將周浦塘派七圖，役外增役，此以南民相形倍見偏重矣。查雍正四年，南匯初次濬周浦塘，壩築上境題橋市，七圖無役，見《南匯縣志》。其證一。乾隆四十四年，嘉慶三年、十三年、廿一年，南匯四次續挑，一遵成案。其證二。至嘉慶念五年，南邑移壩陳行市，變章派役，七圖控奉府飭南匯完濬。其證三。後道光五年、廿三年，南邑迭次牽扯，七圖被累實深，然迄未協。其證四。又查嘉慶廿一年，南董周國蕃，稟免吳淞派役案內，聲叙南匯周浦塘，上海獲沾水利，因分界已久，本境情愿獨辦，並不派

〔一〕據碑照，碑文有「光緒□有七年歲在辛卯□……□乙未夏六月，誥授中憲大夫四品銜、河南道監察御史、郡人宋承庫補書。賜同進士出身、翰林院庶吉士、邑人秦錫圭篆額」語。據此，秦榮光撰碑文當在光緒十七年，書并刻碑於光緒二十一年。

〔二〕據碑照，「隸」似應為「入」。

〔三〕據碑照，「濱」似應為「浜」。

〔四〕據碑照，「泊」似應為「洎」。

協，經南令通詳立案。其證五。迨同治十一年，南邑詳准永免吳淞案內，仍鈔嘉慶間獨辦周浦塘原案援請。此證六。夫一周浦塘也，南邑圖免吳淞，則愿獨辦之。既免吳淞，即飛派焉。七圖不受派，許以協還吳淞，誑得貼費，便責七圖永協，且同一成案也。南邑於吳淞，准鈔援之，獨七圖於周浦塘，必概抹之，矛盾多端，難稱信讞。再查南境百五十六圖，前派七圖周浦塘土三千四百餘方，以此項土攤令南境均挑，圖不過廿方有奇，實屬衆擎易舉，顧責七圖於五重役外，圖增土五百方。南邑並非獨力不支也，特欲拖累七圖，使民不聊生，供其快意耳。水利總局燭南董逐層取巧之奸，鑒七圖役重苦累之實，批免周浦塘，公允之論，良宜尊奉，竝由榮光繪圖貼說曰：以同保論，南三北五圖，頂濬周浦塘者，免派吳淞。今七圖頂濬吳淞，則周浦塘一當免。以同縣論，浦東廿四保，承濬三林塘、楊淄溇者，准免蒲肇。今七圖仍復遠道赴役蒲肇，則周浦塘二當免。南匯額田六千五百七十頃，同治至今，一濬周浦塘土八萬九千方，除派七圖三千四百餘方，實挑八萬五千數百方耳。上海額田六千八百五十頃，卅年中，兩濬吳淞土卅萬方，兩濬蒲肇廿五萬方，劉河、海塘各費在外。現徵吳淞工費六萬八千五百千，上役特重，則周浦塘三當免。上海未分南匯前，凡蒲肇劉三役，係全境三百七十圖均派。自分南匯，撥去百五十六圖，此三役者遂歸現轄二百十四圖獨頂，厥役倍增。自南匯借獨辦周浦塘名，規卸吳淞，邑役頓增二倍。若七圖再協周浦塘，獨增三倍役矣。一優免愈多，一苦累愈重，則周浦塘四當免。侯閱稟圖，覆檢檔卷，概七圖受屈深也，准予據稟各憲，并申請曰：自雍正迄同治，凡百數十年中，八濬周浦塘，皆南匯獨任。有兵燹前，府署印卷可憑。同治五年，七圖協貼周浦塘洋銀八百四十圓，時王前令與南葉令將董秦繡彝衣頂詳革押辦，又給七圖印諭，許以南邑將來照數協還吳淞，後竟背之，是始驅以刑，繼馭以術，不得謂應行協濬正宗。同治六年，葉令調任上海，自會南匯羅令，詳派七圖永協，雖奉各憲照准，七圖未具甘結，相持廿餘年，訟根不斷者，職是故也。夫以百數十年未經派役之河，一朝令協，必須情理兼至，庶使勞苦無怨，原詳但據沾利而言，亦思前此百數十年中，同一沾利，何未派役，緣七圖與南匯同在浦東，南匯已分，凡不沾利之劉淞蒲肇，無須與上海同役。七圖仍舊，雖不沾利之劉淞肇蒲，均須與本境同役，南役獨輕，七圖偏重，周浦塘關南匯全局，向章歸其獨辦，實藉稍均勞逸。現在七圖役重如故，忽改百數十年舊章，令協周浦塘，輿情難洽，且吳淞江與周浦塘今年並濬，欲七圖獨趨兩役，力更未逮。

水利總局批免七圖協濬，尤未便拘執原詳，仰祈鑒核定斷，旋奉局批，上海七圖不應協濬南匯周浦塘，人所共知，唯昧於事情獨逞己見者，不能辨是非曲直。該令反覆申論，理正詞嚴，而又不自矜張，洵屬無愧民牧。撫批云：該縣七圖既在周浦塘下游，又非南匯所屬之地，從前詳令協濬周浦塘，本屬非是。督批云：該七圖有吳淞江、蒲匯塘、肇家浜，役務不為不重，以前議令協挑周浦塘，本非持平而論，應照舊章，歸南匯獨辦。七圖聞知，恍撥雲霧而睹日星，出水火而登衽席，感激涕零，萬口同頌，而侯慮七圖邀免於今後仍拖累也。甘屈己以睦鄰，議准由官捐協，稟奉水利總局褒稱煞費苦心，為今賢牧令。明年春，侯將回任江甯，復墊洋銀四百圓，移南發典生息，充日後挑費，并會南衙，給示勒石遵守。由是從前訐訟之根絕，後此派累之憂免，計周慮遠，信乎賢矣。榮光溯曩者七圖被屈之由，一由李前府銘皖批稱今昔情事不同，沿革因時而變也；一由王前縣宗濂不檢舊章，誤准南匯主稿詳協也；一由楊前府永杰袒南匯而譎七圖，勒令貼費也，及葉羅兩令會詳，藩司覆准，幾於鐵案如山矣。是役也，向非各憲有從善轉圜之美，未必據允侯請，然非侯積為民請命之誠，豈易信孚各憲。榮光夙聞里父老言，當嘉慶季年，南邑頻借撓工礙漕，激怒大憲，壓制七圖，幾不得直矣。時則力援成案，頂詳以免七圖者，實維定海葉侯機焉。七圖實利賴之，侯今此舉，其利賴七圖也尤永，而方事之殷，凡南邑恫疑恐喝，謗誣七圖特甚，他人當之，鮮不張皇回惑，侯獨不動聲色，從容談笑以應之，卒摧其角距，俾就我範圍，厥功既衆著矣。而中彌退然，言彌呐呐然也。大勇出於至仁，成功居以謙德，方昔定海葉侯，僉曰過之。彼糊塗如王令，偏私若李楊二守，其居心何大相遠哉。侯名元鼎，號春江，浙江仁和人，甲戌進士，署縣朞未年，善政不勝枚舉，而免役周浦塘一事，尤侯之有大造於七圖者。榮光親歷其艱，稔悉原委，謹掇拾記之，藉送侯行，并刊諸石，期不朽云。

按：碑文錄自民國胡祖德編《胡氏雜鈔》。編者曾見碑照，不及全貌。

上邑七圖免役周浦塘碑

上邑七圖免役周浦塘碑（局部）

王蓉生繼室唐氏墓志銘

（清光緒十八年·1892年[一]　王蓉生）

期服夫南匯王蓉生撰

年姻姪華亭耿道冲書

繼室唐恭人墓誌銘

恭人唐氏，名佩珩，字湘皋，南匯丁酉拔貢祖藻公之孫女，增廣生曾璜公之女也。幼失怙恃，賴兄嫂撫育之。年二十六歸余，隨侍先奉政公涇川任所。及余司訓海州，恭人從往，閱十六年，從余歸。光緒十七年辛卯八月二十六日，終於家，春秋七十有三。子男五，長保建，光緒丁丑進士，内閣中書；次保衡，己卯優貢；次均，邑附生，俱前卒；次保如，附貢生；次保奭，庚寅進士，户部主事。女一，琴仙，適兩淮鹽知事蕭山孫振豫，亦前卒。孫男十三，曾懋、曾川、曾撰，保建出；曾蔭、曾澤、曾福、曾頤、曾憲，保衡出；曾杰，均出；曾沅、曾懷，保如出；曾傳、曾思，保奭出。恭人以余官訓導同知銜先封宜人，以子保奭官主事加四級晉封恭人。余以衰病餘生，命保如、保奭於明年壬辰正月十一日辛未，扶母櫬祔於本邑二十六圖祖塋夏恭人之次，書此志之，而係以銘曰：

溫溫恭人，德之基也。嘉耦曰妃，惟其宜也。時邁齒載，同安危也。夭與壽與，不可知也。唇亡齒寒，是可悲也。崇封四尺，奠攸居也。銘厥幽宮，永我思也。匪惟永思，示來茲也。

按：本文錄自民國王廣圻輯修《南匯王氏家譜》。

[一] 據文，唐氏於光緒十八年正月十一日辛未葬於本邑二十六圖祖塋，故推測銘文撰於此時。

重建崇福道院大殿碑記略

（清光緒二十二年・1896年　曹驤[一]）

光緒甲午[二]歲，中東啟釁，余當金陵、臺灣等處探報之役。某夕，夢至浦東楊師橋地方，見有一廟，旁人曰此前代倭寇來時所建。比入廟，闃無神像，醒而異之。越數日，有該鎮戚來，余告所夢，曰：「異哉，何神之靈也。鎮南里許有廟曰崇福道院，中奉真武帝像，前明頗著靈應。相傳倭寇不敢[三]近此廟，地方賴以安謐。讀明奚廉《訪良輔記》有云：『倭人作變，戕害海民，特茲一方，保障安甯。』其明徵也。今者大殿傾圮，神像已在淋炙中。子夢見廟中無像，殆神已舍此圮廟而去乎？」余曰：「有是哉，何夢之適相值於此時也。」今北方有警，帝為北方神，必有默為呵護，以遏敵氛者。是廟之修，蓋不容緩。次年春，和議成。於是邀集城鄉諸董，陸續募得捐款四千餘金，擇十月初二日開工。前一日，匠首運木八百株，由浦江入楊師橋港。橋以內，蜿蜒二三里至廟，久淤不通，因雇夫五六十名，候橋[四]浜備搬取。詎木到時，潮忽盛漲數尺，由是順流直至廟壖，遠近傳為異事。越明年，工竣。秦明經榮光撰聯，云：三百年廟貌聿新，海上靈潮，竟運到千章神木；一再劫兵災獨免，雲間福地，彌羨茲四野黎民。蓋紀實也。時光緒二十二年十月。

按：碑文錄自民國《上海縣續志》卷二九《雜記二》。民國《三林鄉志殘稿》卷六《寺觀》亦錄此文。

[一] 二志均有記載。
[二] 甲午：《三林鄉志殘稿》作「甲申」。
[三] 敢：《三林鄉志殘稿》無。
[四] 橋：《三林鄉志殘稿》作「廟」。

巽龍禪院敬塑大佛碑記

（清光緒二十三年·1897年　姚有林）

昔人言：立德、立功、立言三者備矣，是謂不朽。此功德之說所由昉也。吾鎮東南隅向有巽龍禪院，建立有年，香火稱盛，為一方保障，素著靈應。咸、同間，經兵燹，是廟巋然獨存，何莫非神靈之呵護乎！現今修葺，煥然一新，而佛祖聖像未之及也。光緒丙申，住持僧洪熙邀集董事沈維城、楊國治、王樹屏、王永熙、胡丙照及林等，擬恭塑如來佛祖金身，以答神庥，而所費不貲，爰為托鉢沿門之舉，適有同里金石者沈家祥敬繪佛圖，並許捐刊，又佛門弟子蕭覺梁虔心勸助，於是善男信女，各解囊金，共勸資助，期年而告成。謹擇丁酉四月初八，為開光吉日，行見百福雲蒸，千祥雨集，其為無量功德，放大光明者，意在斯歟。今同人議將收支各欵刻石，以垂永久，囑林撰記，以弁其首，從此功德圓滿。而所謂立德、立功、立言以為不朽者，事雖不同，其意豈有異耶。因不揣固陋，謹述緣起，以為之記。

光緒二十三年丁酉三月日。

里人姚有林謹撰，沈家祥鎸，子世善書。

今將各善信捐數開列於左：

胡三省捐洋二十元。

仁和典、楊晉昌、怡盛雲，以上各捐洋十二元。

信義昌、同順昌、義茂森、恒森公、姚聚和、萬豐源米行，以上各捐洋八元。

森和木行、萬新醬園、協和祥、仁發典，以上各捐洋六元。

顧恒泰、顧同茂，以上各捐洋五元。

姚合義、朱善慶堂、蔣繩祖堂、潘成記綢莊、賈恒福衣莊、松盛衣莊、昌泰衣莊、協泰行、萬源協記糟坊、湯聚昌水作坊，以上各捐洋四元。

良利堂捐洋三元五角。

鎮海衛正堂玉、汪同豐竹行、南合泰、陸三餘堂、陳協泰、張永泰、虞萬豐、姚南兆德興、張萬興、紡織新局、日章敬記、榮泰衣莊、萬隆衣莊，以上各捐洋三元。

浦萬興北行、趙裕興、曹貽燕堂〔一〕、張西記、謝立隆、藍順昌、鼎盛仁、許同泰、三陽泰、葛亦政堂、沈寶生、朱義記瓦宵墩、留餘堂奚兩房、元吉泰、祥茂、包永昌行、李德泰、喬本齋、姚吉菴、東新園、恒來泰、升和盛、萬昌行，以上各捐洋二元。

同順正、傅寶泰、同和泰煤炭號、義隆煤炭號、朱森順、程恒源、源泰、天茂仁、朱祥泰，以上各捐洋一元五角。

姚松記、養怡堂、湯順隆、唐省甫、奚留餘堂、王詠德堂、駱世華、正陽樓、薛維良、包永盛、陳彩卿、喬雲卿、徐才寶、華陽樓、丁其順堂、徐闕寶、許餘慶堂、錦芳園、喬桂珍、永記、姚源興、長泰豐、張桂堂、周長泰、全裕昌、顧泰和、張勝南，以上各捐洋一元。

以上洪熙仝諸董闔鎮敬勸，洋三百零七元。

敦五堂王，捐洋七元。

禮耕堂邵二房、普修、覺梁、堅修、夏覺淨、覺懷、胡氏、彬生、靜修居龔，以上各捐洋二元。

淨心庵、夏允麐、蕭德慶、龔裕昌、顧善修、冷妙宗、嚴趾麟、沈桂山、張雲卿、許慶麟仝朱氏、趙沈氏、沈妙行、張門周氏、覺體、覺行、覺根、沈妙貞、徐繆氏，以上各捐洋一元。

馮子明、張志鴻、曹素雲、曹必仙、沈妙德、張妙根、楊妙如、闕慶、祁文孫、沈妙泉、王吳氏、葉王氏、陳孫氏、錢汪氏、陸龔氏、潘秦氏、施妹姐、朱曹氏、葉黃氏、丁楊氏，以上各捐洋五角。

〔一〕曹貽燕堂：1998年5月柴志光先生錄作「曹貽燕堂」，2013年5月編者再訪時，中間「貽燕」二字已模糊。

以上蕭覺梁經勸洋五十三元。
沈燮廷，捐洋乙元。福建鄭史容、朱北大昌、南大昌、傅光祖、傅友龍、傅子礪，以上各捐洋五角。
以上傅少蘭經勸。
胡鶴羣、傅少簪、陳濟川、諸月樓，以上各捐洋一元。
不留名、傅瑾儕，以上各捐洋五角。
以上陳錫鏞經勸。
周明照，捐洋乙元。張村生、張洪生，捐洋五角。
以上王良貴經勸。
陳晉堃，仁壽堂曹，以上各捐洋六元。徐如舟、徐蘭舟、徐湘舟，捐洋四元。
吳甫田、丁蘇泉、潘怡田、蕚輝堂顧、朱夢棨、江載卿，以上各捐洋二元。陳墨齋、潘彩巖、貴鐘師、錫昌師、東泰森、勞兆奎、季雅周、汪麗春、浦牧舟、沈庶蕃、黃企山黃丙辛，徐黃氏、王春南、鄭玉祥、饒初亭、陳翰齋、奚氏、葉盛岐、王介福，以上各捐洋乙元。陸[一]敬全、蔡建文、顧湘樓、王秀松。
□共收捐洋五百六十一元三角錢三百文。
總共付用洋五百六十一元三角錢三百文。

按：碑文錄自原碑。該碑現立於浦東周浦鎮巽龍禪院（周浦鎮南八灶 159 號），嵌於大雄寶殿西外牆壁間。碑為青石質，寬 88 釐米，高 33 釐米。碑文共 70 行，滿行 18 字。1998 年 5 月柴志光先生照原碑錄得碑文，2013 年 5 月編者再訪周浦巽龍禪院，照原碑錄校。

[一] 陸：1998 年 5 月 21 日抄錄時，記作「陸」，2013 年 5 月再訪時，此字模糊。

巽龍禪院敬塑大佛碑

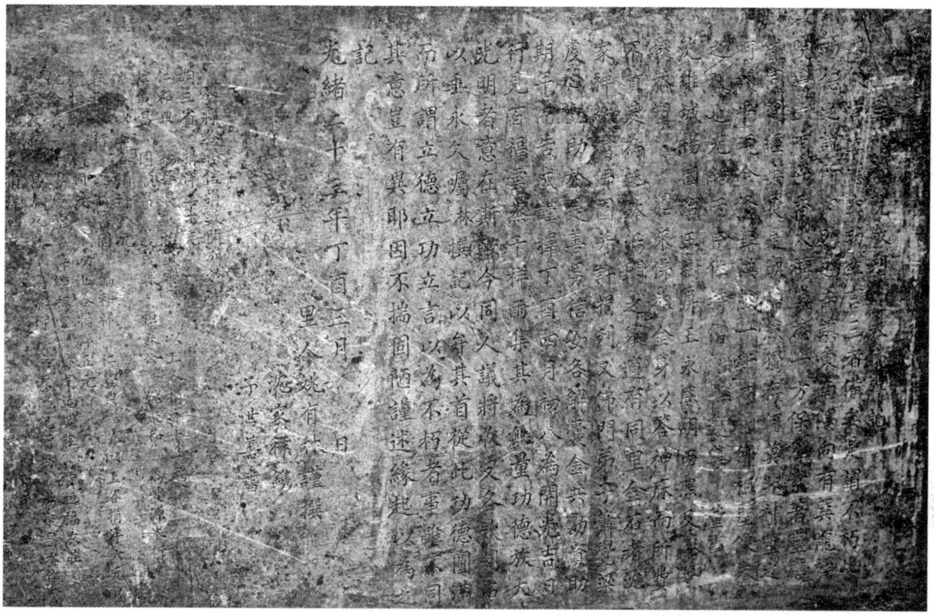

巽龍禪院敬塑大佛碑（局部）

秦錫籌墓志銘

（清光緒二十四年・1898年〔一〕　秦錫圭）

祝升公墓誌　兄锡圭撰

嗚呼，此吾四弟祝升之圹也。弟生於同治壬申七月，是年九月吾祖七十生辰，吾父因名弟锡籌，字祖慶，号祝孙。光绪甲午，吾偕伯兄会试留京，梦观出榜，榜首秦锡芷，信为即弟獲隽之瑞，遂禀吾父改弟名锡芷，号祝升，不幸试復不遇，病痼卒於乙未七月，年二十有四。娶筠西赵，遗孤之衔才半岁耳。弟聪慧胜吾，沉潛好读书勝吾，詩賦文字无一不胜吾，尤为父母钟爱。其病也，吾初入词林客京邸，迨假归，已不及見弟矣。越三年戊戌，吾改官山西，憑限有期，别家去。十二月，吾父为弟卜塟三十图小庙西北隅，又不克登穴一送甚矣，吾之薄於弟也，犹痛弟命之薄，遥倩伯兄锡田书纳弟圹，陵谷有改，此恨常在。

按：碑文錄自《上海陳行秦氏支譜》卷二《初稿・傳志門》。該版本文字繁簡交錯，本文照實抄錄。

〔一〕碑文言「越三年戊戌，吾改官山西，憑限有期，别家去。十二月，吾父为弟卜塟三十图小庙西北隅」，推測碑文約撰於此時。

新建川沙至元堂碑記

（清光緒二十四年・1898年[一]　朱源紹）

朱源紹新建至元堂記

嘗觀天下事，有由虚而實者，有由少而多者。由虚而實者，其情慰。由少而多者，其勢順。反是則五尺之童，莫知其可矣。吾川向有保節堂，肇於同治戊辰，專辦恤嫠之舉。顧恤資僅賴典捐，而堂猶未建。光緒壬辰，源紹與陸君蓉塘集數十金爲冬米之會，嘗懸擬其目曰「至元堂」。夫恤嫠而始基甫立，施米而假名於堂，固事之虚而且少者也。而至元之稱，實於此昉焉。比及三年，而屋舍儼然成矣。此固人情所大慰，而理勢之至順者也。乙未夏五，倭氛平靖，海防解嚴。丁君曉梅、潘君怡田就源紹而謀曰，吾川蕞爾邑，東濱滄海，西達滬江，民貧而地又瘠，幸獲免於兵燹，荷皇威而承天佑者至矣。城東北隅有公地一區，向以之隸保節堂者，因而建善堂也，不亦宜乎。衆議既洽，乃同具牘於廳尊錢塘陳公桓士。公聞而韙之，慨分鶴俸，以示奬勸。雪香陸先師亦慫慂之，願分集款任。於是潘君與丁君首捐二百金，陸君益卿、顧君筠坡續助之。再募城鄉殷實紳商，都千有八百餘金。遂於十月初吉，鳩工庀材，踴躍從事。屬勞君燮卿司捐資之出納，倪君砥垣視匠作之勤惰。越明年三月而工竣，堂宇翼然，垣墉歸然，向之蔓草荒煙、人蹤罕至者，一轉瞬而閈閎輪奐矣。定其名曰「至元」。舉向有之棉衣、冬米、平器、惜字等，增之以醫藥，輔之以埋葬，悉彙於堂，而次第行之。良以元者善之長也，今而後嚴章程，慎典守，綿綿延延，歷久弗替，是堂之所造也大矣，非所謂虚者以實，而少者以多乎。既落成，僉謂源紹宜記之，爰爲誌其崖略，並將輸金姓氏、支用款目備刻諸石，以徵諸君子好善之誠，

[一] 碑文落款時間為「光緒二十有二年丙申冬十月」，其後建堂捐資姓名及支用款目落款時間為「光緒二十四年九月」，應為不同時間刻石，此處取後一時間。

具有同心，積於中者久，故形於外者如是其速也夫。

光緒二十有二年丙申冬十月，里人朱源紹友梅謹譔書。

建堂捐資姓名及支用數目開列於左：

川沙廳陳家熊捐銀六十圓。二三場蕭詩言四十圓。司獄王侃二十圓。潘怡田、丁曉梅，以上兩戶各捐銀一百圓。宋餘慶堂捐銀八十圓。陶錦堂捐銀七十圓。陸益卿、東泰森、同泰典、公益泰典、奚一飛、楊錦春、丁子乾、陸鶴齡、樹德堂王、顧益齋、奚朗如、徐協昌、陶鳳山、效德堂王，以上十四戶各捐銀五十圓。葉永豐捐銀四十圓。公永興、顧雲莊，以上兩戶各捐銀三十圓。陸蘭伯捐銀二十五圓。顧筠坡、恆昌泰，以上兩戶各捐銀二十四圓。豫春瑞、丁蘇泉、隱名氏、隱名字衢，以上四戶各捐銀二十圓。王同和、周隱名，以上二戶各捐銀十六圓。宋文齋捐銀十五圓。恆豐仁、徐祥記、陶聚興（捐物件），以上三戶各捐銀十二圓。川南米船客捐銀十圓五角。丁永泰、同森泰、廣興隆、老萬森、和順昌、協成乾、洪盛、喬德春、陸文華、高源興、和盛、王瑞堂、江瑞梁、無名氏、朱麗記、饒初亭、仁記、曹協泰、厲裕春、三泰、善慶堂沈，以上二十一戶各捐銀十圓。謝立隆、董慶成、蔡德順，以上三戶各捐銀八圓。劉天成、生生堂，以上二戶各捐銀七圓。陸蓮溪、黃金甫、黃心甫、胡萬和、公和、天六堂、養仁堂、保和堂、金裕興、張禹泰、丁茂泰（三戶各捐物件），以上十戶各捐銀六圓。張子香、温清室、朱友梅、如松館、得意樓、顧萬源、寶書堂，以上七戶各捐銀五圓。恆源和、彬記莊、陳雨香，以上三戶各捐銀四元。顧隆昌、薛吉甫、張梅羹，以上三戶各捐銀三圓。季正昌、蔣恆興、顧協隆，以上三戶各捐銀二圓。統共收各戶善捐銀一千八百八十六圓五角。付匠頭包造工料共銀一千零四十圓。付添雇匠工購料銀一百四十圓一角三分七釐。付買張士昌基地價銀二十八圓。付堂中各屋裝修銀一百零二圓三角二分五釐。付置備物件用銀二百十五圓七角七分五釐。付雜項開銷支用銀五十六圓五角九分三釐。統共支付銀一千五百八十二圓八角三分。餘存銀三百零三圓六角七分移充堂中各項善舉。

光緒二十四年九月穀旦，本堂同人泐石。

按：碑文錄自民國《川沙縣志》卷一一《慈善志》。

王蓉生墓志銘

（清光緒二十四年·1898年[一]　葉壽祺）

皇清誥授奉政大夫、誥封中憲大夫、欽加同知銜、賞載藍翎、卓異侯陞知縣、海州訓導、己未舉人、南匯子勗王公墓誌銘

孫壻葉壽祺譔

年姪王宗毅書

公諱蓉生，字欽裳，號子勗。涇川教諭諱惟謙古春公長子。幼工詩古文詞，年二十二遊黌。咸豐癸丑，紅巾陷邑城，公規復之，敘功補海州訓導。己未，領鄉薦。捻寇州，公與州牧守禦有功，加同知銜，寇平，賜藍翎卓異侯陞知縣秉鐸。十六年乞養歸，主講惠南書院，嗣又長芸香社。著有《好古堂全集》。公生嘉慶二十四年己卯三月初六日，光緒二十三年丁酉十二月初三日易簀，享壽七十有九。前配夏恭人，吳邑章培公女，刊有《棲香閣遺稿》；繼配唐恭人，本邑增廣生曾璜公女；俱從葬兆次。子男五，長子保建，同治（圻按應爲光緒之誤）丁丑進士，內閣中書；次子保衡，光緒己卯優貢，考取八旗官學教習；三子均，邑附生；五子保奭，光緒庚寅進士，官戶部主事，俱前卒。惟四子附貢生保如終養。女一，適兩淮鹽知事、蕭山孫振豫，亦早卒。孫十三人，曾懋、曾川、曾撰，長房出；曾蔭、曾澤、曾福、曾頤、曾憲，次房出；曾杰，三房出；曾沅、曾懷，四房出；曾傳、曾思，五房出。曾懋、曾福、曾頤皆邑附生。曾懋以長孫例承重時。曾蔭、曾澤、曾傳前卒。長曾孫紹祖亦殤。公以訓導加同知銜，授奉政大夫，以子保奭主事封中憲大夫。明年

[一] 據碑文「光緒二十三年丁酉十二月初三日易簀」，「明年戊戌正月朔越八日壬辰，承重孫曾懋、四子保如扶櫬祔本邑二十六圖，誥贈奉政大夫，諱之佑愚溪公主塋之次昭位。」推測碑文約撰於此時。

戊戌正月朔越八日壬辰，承重孫曾懋、四子保如扶櫬祔本邑二十六圖，誥贈奉政大夫諱之佑愚溪公主塋之次昭位，志其略，而係以銘曰：

公之德粹，玉潤金良。公之勳偉，積厚流光。爲鄉先生，令聞斯皇。沒而祭社，名德馨香。佳城鞏固，長發其祥。松楸蓊蔚，子孫寖昌。勒之貞珉，百禩永芳。

按：碑文錄自民國王廣圻輯修《南匯王氏家譜》。

喬竹村墓志銘

（清光緒二十五年・1899年後〔一〕　康逢吉〔二〕）

喬本上海著姓，而君世籍浦東三林莊東南，與邑城之喬同源而異派，諱永修，竹村其號也。父諱成智，以勤儉起家。君少拓落，不事生産，與兄石泉游周浦，摴蒲一擲百萬，以豪邁名一時。洎石泉死粤匪難，君忽折節，一變而崇簡樸，衣必布素，却綢綾不一御。其生平務自矯厲其行，示人不測，往往類此。石泉有孤竹咸，君撫之，恩義周摯。稍長，出入挾與偕，隨事教導之。俾成立，并熟諳諸務，壯即以家政畀之，君第總其成。竹咸亦能率由舊章，一不敢改。歷今廿年，兩房未一析産，論者兩難之。族譜失脩，君延通才，博咨族衆，閲三年始成，費千金。性不喜僧道，雖名勝古剎，不捐一文。過橋樑坍毁者，輒建復之，或易木以石，期經久；低下者改高之，俾便舟行。凡經理二十餘處，費不下數千金，不分派一人也。三林塘河久淤，君偕湯、趙兩董大浚之，捐墊局費千緡。嗣稟免三林各圖蒲、肇兩河工役，立案勒石，君亦與焉。頃合浚三林、楊淄二河，君以衰老辭，仍捐歲修費三百千。光緒九年、十五年兩次秋災，君偕上南諸董迭往蘇松報勘，咸自備資斧，經發積穀三次，亦多所捐給。君姿學聰穎，雖不好讀，入耳輒領解，偶閲古今傳記，類能原原本本畢舉其詞。旁涉岐黄，亦多心得，然謂藥各偏勝，恒勸人勿輕服。綜理家産，精心而濟以大度，人多服之。業日擴充，顧君不屑以富名，嘗語人：「富非易處，不必過求。」亢爽，好直言，胸無城府，尤慕風雅。園林徧植花木，晨夕澆灌，不假人手。春秋佳日，邀二三故舊，嘯咏其間，有古逸士風。聞遠地有一花一木可觀者，跋涉不辭勞瘁，蓋一生

〔一〕碑文記事止於碑主卒之年，即光緒二十五年（1899年），未言葬期，故推測碑文當撰於卒年之後。
〔二〕《胡氏雜鈔》有載。

精力所注，此事為最云。暇率子女放浪於山巔水涯，如杭之西湖、蘇之靈岩鄧尉，游覽皆再三至，而於巴山石屋之奇，尤津津樂道不去口。此見君胸襟灑落，非復時下富翁習氣矣。君以光緒二十五年卒，年六十有七，節長君桐謂逢吉舊館君家，獲交君最久，知君梗概，來徵埋幽之文，遂不辭而誌之。銘曰：

夙抱奇骨，音若洪鐘。臨事善斷，成竹在胸。志趣却高尚，不自矜其素封。葬君百年而後，龜當生偃蹇之松。

按：碑文錄自民國胡祖德編《胡氏雜鈔（初編）》。

修周浦魁星閣碑記

（清光緒二十七年·1901年[一]　于鬯）

自黄浦水入周浦塘口迆邐東行三十餘里，過李將軍橋即抵魁星閣下，截分南北。閣建三層，聳立東岸，直射浦水，爲里中勝蹟。顧無碑記可考，邑志亦失載。相傳里有姚景陽者，字西樵，老儒也，在道光十三年創此。初募幣士林，工半資乏，乃廣謀於商衆，故閣之上中奉魁星文昌，於其下供財神，以悦商，且額其門曰「財庫府」。揆之斗魁戴匡六星，三曰「貴相」，六曰「司禄」，亦未失也。而至今人稱之皆曰「魁星閣」，無曰「財庫府」者。又聞閣西鄉而府背之東鄉，今則三層皆面水，不知何時何人改置。中歷六十餘年，又經兵燹，獨巋然猶存第，門檽榱桷剝落，已極殆將圮矣。於是里之人議修葺之。值金山衛漢軍鑲白旗玉侯將解官去，或勸留宦蹟於此，諾贈百金。乃復集士商從之，鳩工庀材，經始於光緒二十七年五月，告成於九月，凡五閲月復舊觀。鑑前之無記，數十年閒言者已或殊，故勒諸石以示久遠。創議是役者實朱君錫山，敦其事者王君竹南也。

按：碑文録自清于鬯《香草文鈔》。民國《南匯縣續志》卷八《雜祀廟宇補遺》録其記略。

[一] 據文，南匯魁星閣竣工於清光緒二十七年九月，故推測碑文約撰於此時或之後。

顧氏家祠碑記

（清光緒二十八年·1902年〔一〕　顧簡）

八世孫其義建碑記曰：國有廟，家有祠，皆報本之義也。吾宗自調元公始遷五團，至先大父萬賓公，代已數傳，族亦繁盛。宗祠之立，先輩早有志矣。同治壬申，季父潤齋公承先人業，慨然有志於建祠，爰偕同胞創捐集田於萬賓公墓隔河，拓基二畝，構堂數楹。光緒二十八年壬寅，其義復構門面川堂，東西兩垣，集捐祭田五十畝〇六分一釐八毫。悉經有司立案勒石，倘後有能者擴充，用以贍族可焉。謹抒數語以記之。

隸一甲下下則，萬賓公支公墓，四百八〇號，二二八一；四百八一號，五四二六；四百八四號，二四七〇。

隸二甲中則，五百一四號，一八二二，祠基；五百二六號，四〇三七，萬賓公墓；五百一六號，〇八六九，英士公墓；二百三二號，〇七二七，端木公墓。

隸二甲下下則，四百一四號，二八四九；四百一八號，六七八五；四百一五號、一三一一號、四百一六號，二三九二；四百一九號、六七〇六號、四百二三號，三〇三六；四百一七號，二一八〇；四百二四號，三三六〇；四百二八號，三三六七。

按：碑文錄自民國《二區舊五團鄉志》卷八《壇祀·祠》。據該志卷一〇《藝文·金石部》載，此碑文由顧簡撰鐫。

〔一〕據文，清光緒二十八年，八世孫顧其義集捐建祠，故推測碑文撰於此時。

潘昧鹽墓志銘

（清光緒二十九年・1903年[一]　秦錫田）

潘昧鹽墓誌銘，癸卯二月

曾祖考諱基熾，松江府學生員，妣氏某。

祖考諱鏞奕，南匯縣學生員，妣氏王。

考諱泰復，南匯縣學生員，妣氏于，旌表節孝。

本生父名泰增，南匯縣學生員，四品銜封中憲大夫，母氏趙，封恭人。

光緒二十八年八月十七日，南匯潘君昧鹽卒。其明年正月，君母趙恭人卒。君父中憲君以書謁曰：「吾婦傷悼長男，致隕厥生。今長男將以三月五日葬，能知男之生平與見吾家之盛衰者，宜莫如子，子不可以無文。」余辭不獲已。顧念趙恭人聰明倜儻，必不以無益之悲貽其子無涯之憾，不幸長逝或氣數之適然者耳。然趙恭人先已喪二男一女，其哀痛慘怛未嘗如喪君之甚者，則君之事其親者爲何如耶？嗚呼，是可觀君行矣。君名和鼎，韶秀穎慧，年八歲執茂才。君喪哀若成人事，于節母甚敬無違。中憲君喜交游，坐上客常滿，咸樂與君狎。嘗於夏夜觀書，蚊噆君臀，客爲撲殺之，君哀其貪以殉生也，戲爲挽歌一章，客大驚服。十四誦五經畢。十五始學舉子業，已循循有法度可觀。旋患咯血，然猶勤讀不怠。十八補博士弟子員，顧仍善病，遂絕意進取。出佐中憲君理肆事，暇則手一編，寒暑不輟。性端

[一] 據文，潘昧鹽卒於光緒二十八年八月十七日，其明年正月，潘君母趙恭人卒，潘君父中憲君於三月葬期前向秦錫田請銘，銘文當撰於此時，故文首「癸卯二月」應為光緒癸卯，即光緒二十九年。

謹而和易，平居無疾言遽色。淡名利，遇事無爭競心。與人交落落莫莫若無甚親疏者，而中分涇渭，介然有不屑不潔之槩。善飲工弈，兼能操縵，顧皆不甚嗜一。致力於書，當其幼時已喜爲詩賦，稍長益爲經史考据之學，又精疇人術，晚校《戰國策》，訂譌匡謬，曲證旁通，語多創獲，爲文章如閒雲出岫，意態容與如流泉瀉峽，聲韻鏗鏘，蓋能以度勝者。然君不自矜，衎中退然如不勝衣，言吶吶然如不出諸口，殆所謂有若無實若虛者耶。君既多病，中更諸弟妹喪，趙恭人病癥，君侍奉湯藥宛曲譬喻，趙恭人病間而于節母以暴疾卒，君哀毁哭泣得不寐。疾益以讀書自遣，夜坐一室，執卷就燈咿唔達旦，季弟養吾心憂之，時往省視，對坐良久，君若不見，喚之亦不應。疾轉劇，讀愈苦，既彌留命撤枕畔書曰：「吾坐此死矣，不忍使父母見此而傷心也。」卒年三十有四，配朱氏，繼顧氏，子炤。葬某原。嗚呼！余年二十有三，始以趙長姑命來主君家，君偕二弟澤民、寅孫從余讀。君舅祖梅甫王丈獨契愛君，時與君談詩文角棊酒。春秋佳日，王丈駕扁舟過從，中憲君支棊局，趙恭人進肴饌，飲已輒弈，弈已復飲，酒酣耳熱，王丈爲小詩與余酬唱，中憲君倚洞簫，君弄絃索以和之，澤民輩環坐，歡笑聲雜沓出戶外，趙長姑、趙恭人復伺。余課暇時共情話漏二三下，恆絮絮不休。自癸未迄丁亥，五載如一日也。已而余客滬上久之，官北平，走幷門，游渚宮，天涯羈旅，寂寥寡歡，求如曩日之游，邈不可得。而王丈、趙長姑、澤民、寅孫既先後凋謝，君與趙恭人復相繼淪亡，纔二十年，而向所親暱共歡聚者止余與中憲君二人在，而中憲君亦垂垂老矣。嗚呼，人生聚散存亡，昔人所爲臨文太息者，非以歡會之不可常、流光之大可惜者哉，而身家經歷之盛衰亦感慨係之焉。銘曰：

天賦君以聰明，何促君之年齡？著作未成，天何又靳？君名已矣，此生長夜。杳冥安君，佳城庇子孫兮書守鑿楹。

按：碑文錄自民國秦錫田《享帚錄》卷二。

華氏宗祠祠田號額碑記

（清光緒三十年・1904年）

祠田號額

四百七十九号：壹畝三分

壹百七号：式畝式分四厘五毫

九百九十壹号：式畝九分五毫

壹千念式号：式畝五分七毫

壹千念四号：壹畝六分四厘壹毫

壹千念三号：四畝四分壹厘四毫

九百八十八号：壹畝八分四厘

九百八十九号：七分八厘七毫

元号：壹分

式号：三厘

九十壹号：式畝五厘八毫

九百九十号：三畝四分三厘三毫

九百四十九号：四畝五分四毫

五百式十九号：壹畝壹厘三毫

六百六十八号：弍畝九分六厘七毫
三百八十弍号：三畝四分七厘
八十壹号：三畝四分三厘
七十五号：弍分壹厘弍毫
五百九十八号：壹畝七分八厘
六百零弍号：弍分

三十七啚

壹百三十九号：弍畝六分四厘七毫
四百七十九号：壹畝八分七厘七毫
五百三十八号：壹畝五分八厘六毫
五百四十六号：四畝九分九厘
五百三十七号：四分三厘
六百八十三号：四畝五厘
六百八十五号：弍畝七分六厘
十九号：三分壹厘三毫
五百三十六号：壹畝壹分三毫
五百三十七号：六畝三分弍厘壹毫
五百三十九号：五畝九分
五百四十号：五畝四厘八毫
五百四十壹号：五分八厘

五百四十二号：式畝六分式厘六毫
五百四十三号：壹畝五分八厘式毫
五百四十四号：六分七厘五毫
五百九十式号：壹分四厘八毫
五百九十四号：壹畝九分三厘
五百九十八号：五畝四分
三百零式号：四畝
六百七十三号：三畝五分
五百三十壹号：三畝三分八厘五毫
五百三十六号：七厘五毫
五百式十式号：三分八毫
五百式十九号：九分壹厘
式十□号：式畝四分六厘三毫
六百四十号：式畝式分九厘
四百七十四號：七畝式分五厘七毫
四百八十三號：式畝七分壹厘六毫
五百三十六號：壹厘三毫
五百三十七號：六分七厘
五百八十壹號：壹畝五分七厘七毫
五百八十壹號：七分八厘九毫

五百三十壹號：五畝
五百八十壹號：七分八厘九毫
十三號：　　四分三厘七毫
五百三十四號：壹畝八分四厘三毫
四百八十四號：四分壹厘
六百六十壹號：八畝六分六厘
四百八十六號：三畝壹分八厘五毫
五百三十五號：一畝八分式厘九毫
五百三十六號：五分三厘五毫
五百三十六號：五分三厘四毫
三百三十壹號：三畝八分八厘六毫
三百六十號：　三分
卅式啚
五百七十五號：　三畝三分五厘四毫
卅六啚
五百三十九號：八畝七分
光緒三十年歲次甲辰荷月，二十七世孫錫珍月鋤氏謹立（兩鈐印）葉仲平鐫（一鈐印）。

按：碑文錄自原碑，撰者不詳。碑原在浦東新區黄樓鎮杜浦亭華氏宗祠内，1998年8月浦東新區檔案館征集入館，現藏於該館川沙點庫房内。碑為青石質，高130釐米，寬50釐米，厚21釐米，上半部分已碎裂成四塊，下半部分完整，字跡清晰。1998年9月柴志光先生據碑錄下碑文，2013年4月編者據碑再校。

祠田號額

華氏宗祠祠田號額碑

華氏宗祠祠田號額碑（局部）

秦錫圭妻顧氏墓志銘

（清光緒三十年·1904年[一]　秦錫田）

弟婦顧宜人墓，甲辰十二月[二]

宜人氏顧，南匯五品封職諱繼昌季女，早失怙恃，鞠於兄嫂，卽能婉娩聽從。年二十歸吾仲弟錫圭，順舅姑，和娣姒，溫恭淑慎，戚鄙無間言。越十有四年，仲弟由詞林令山右壽陽，宜人隨之任所，卻華麗，屏奴婢，服食操作若農家媪。居二年，拳匪召釁，固關戒嚴，洋兵外偪，潰勇內掠，邑民咸驚徙。僕從吏役悉急裝待，有請避居鄉者，宜人力拒之，人心賴以定。州牧密君丹階上其狀於行省，曰夫婦齊志效死危城。嗚呼！是已足傳宜人矣。性儉約尤惜物，茵席几案日數拂拭，殘縑斷綫亦安置妥帖，不令染纖埃，其喜潔蓋天性也。體弱善病，生子之梁，殤女不育，居恆悒悒寡懽。光緒辛丑冬，仲弟坐教案戍涼州，宜人病不能從。壬寅囘里益抑鬱，病轉劇，十月五日丑時竟卒，距生同治乙丑四月十二日寅時，春秋三十有八。踰二年，甲辰[三]十二月十一日葬三十圖楊家圈新塋。嗚呼！如宜人之賢淑，不獲終相夫子，其命也夫，其命也夫。

按：碑文錄自民國秦錫田《享帚録》卷二，該版本文字繁簡交錯，校對時繁簡不作注釋。《上海陳行秦氏支譜》卷二《初稿·傳志門》亦錄此文。

[一] 據文，秦錫圭妻顧氏，卒於清光緒壬寅，即光緒二十八年，故文首所載甲辰應為光緒甲辰，即光緒三十年。

[二] 弟婦顧宜人墓志，甲辰十二月：《上海陳行秦氏支譜》作「顧宜人墓志，夫兄錫田撰」。

[三] 甲辰：《上海陳行秦氏支譜》作「甲辰年」。

秦榮光墓志銘

（清光緒三十年·1904年〔一〕　秦錫田）

顯考炳如府君墓誌，甲辰十二月〔二〕

吾秦氏自牐港徙陳行，累世力田。吾高祖考羽卿公諱夢鶴，始以讀書成名，補府學增廣生員。曾祖考贊堂公諱廷夔，篤志苦學，補佾早卒。王考蓼園公諱誦莪，幼孤失學，納粟為胄監，則拳拳望子孫讀書。吾顯考府君年十七入縣學，五十有四始以歲貢就職訓導，不獲大施，益發憤，督子孫讀書。王考卒后十八年，錫田與弟錫圭同登癸巳鄉榜，先後官館閣，兩遇覃恩，得封贈如例。府君溫恭〔三〕廉慎，端重寡言，勇於赴義，樂於為善。嘗詔錫田輩曰：「吾少年時泛濫詞章，研究經史，務為鉤深致遠之學，既壯則思學貴實踐，不尚空言，於是激濁揚清，興利除弊，求裨益吾一方之民。夫士大夫者，一方之表率也，自私自利之念不可有，畏勞畏怨之見不可存。」壬午以後，歲屢歉收，民力大困。吾請於官禁賽會，發積穀，廣開支。港興，復水利，七圖浚周浦塘，非舊章也，吾奔走控訴歷十餘年，僅得免役，貧嫠力難自贍，故蟻媒易於熒惑，吾創保節會以拯之，士人不知，學童蒙不知，教非所以端風俗美人才也，吾建書院，設義塾，以培養之。鼇卡，居〔四〕民之蠹也；鹽捕營，吾民之賊也。吾歷訴大吏不應，則為文以示來者。士君子立言，固有見棄於當時

〔一〕據文，文首「甲辰十二月」應為「清光緒甲辰十二月」，即光緒三十年。
〔二〕顯考炳如府君墓志，甲辰十二月：《上海陳行秦氏支譜》作「温毅公墓志，男錫田撰」。
〔三〕溫恭：《上海陳行秦氏支譜》作「恭溫」。
〔四〕居：《上海陳行秦氏支譜》作「吾」。

而施行於數十百年後者矣。捨藥施衣，賒棺代葬，恤嫠贍老，除道成梁，量〔一〕吾力所能施，不以善小而弗爲也。昔晏平仲澣衣濯冠一裘三十年，而待舉火者七百家；范文正爲秀才時，斷齏劃粥而先憂后樂，常〔二〕以天下為己任。吾末之逮也，而竊有志焉。願汝曹慕之效之食焉，而怠其事必有天殃，吾明而動，晦而休，手一編，上闡先芬，下風敝俗，旁采鄉先正之遺著軼事，吾豈博著作名哉？誠不敢飽食安坐招天殃也。既而經庚子之變，吾鄉廣蛋〔三〕肆擾，官不顧〔四〕問，兵不往討，府君慨然曰：「上不能保全吾民，吾民不亟自謀保全，小覆族大滅種矣。謀保全在務自強，務自強在結團體，吾呼籲吾同志聯絡吾父兄子弟，相與廣教育、習武備、課工藝，行之十年，庶幾民智可開，富强可圖，而外侮可禁歟。」府君既負鄉里重望，言爲法行爲則。而府君言王考言，行王考行，居恆稱述王考之嘉言懿行往復詳盡，淚涔涔下，哀不成聲，追維王考平生之心，令子孫半耕半讀，以儒素自守。吾秦氏今少衰矣，而府君之子若孫仍得列名黌籍，蓋府君繼志述事之一端也。府君諱榮光，號炳如，初諱載瞻，字止甫，號月汀，道光二十一年六月十七日子時生，光緒三十年七月十一日酉時卒，春秋六十有四。是年十二月十日甲寅葬南匯縣二十一保二十四圖一百八十七號田內，吾六世祖考雲章公墓左壬山丙向，蓋府君志也。

按：此文錄自民國秦錫田《享帚録》卷二。《上海陳行秦氏支譜》卷二《初稿・傳志門》亦錄此文，該版本文字繁簡交錯，校對時繁簡不作注釋。

〔一〕量：《上海陳行秦氏支譜》作「另」。
〔二〕常：《上海陳行秦氏支譜》作「嘗」。
〔三〕蛋：《上海陳行秦氏支譜》作「蜑」。
〔四〕顧：《上海陳行秦氏支譜》作「近」。

川沙至元堂田產碑記

（清光緒三十一年·1905年　王應照）

至元堂田產記

今上御極之二十有一年乙未，川沙始建至元堂，凡醫藥、助葬、接嬰、義塾、洋龍諸善舉，及舊有之棉衣、冬米、賒棺、惜字等，均實力奉行。四境之内，惸獨鰥寡、貧困無告者，靡不熙熙然如登春臺，當自建城以來三百餘年未有之盛事也。第堂中尚無恆產，惟義塾一舉，得楊君錦春捐金六百，置本城市房四間，以其租爲脩脯資，餘均隨事勸捐，輒形支絀。夫本不固而求木之茂，源不浚而欲流之長，夫人而知其不可矣。越二十七年辛丑，張君子香與陸君益卿爲茲堂商榷久長之策，因約同人分任捐納，聞者壯之，多樂從者。丁君聽濤、潘君敏齋仰承先志，亦從而和之。於是並得圖團田一百十一畝有奇，義塚三十畝有奇，城鄉市樓平房一十五間。川沙蕞爾邑，向鮮世家大族，得此亦足多矣。抑古人有云，富貴者衆人之傳舍也，良田華屋，寶玉金珠，當其境者孰不據爲己有。不知桑田滄海，遷變無常，財無積而不散之理，不善用之，則文繡膏粱，卽埋沒英雄之窟宅，特非有大眼力者，不悟也。張、陸諸君，未有不貲之家者也，而能見義勇爲，倡此美舉，蓋其所見不僅在尺寸間也。自今以往，歲收田租若干金，房租若干金，以補善資之足，俾一堂善舉，可以綿綿延延，久而勿替。且使後之來者，乘此基礎擴而充之。視手無斧柯者，當亦有間矣。是誠無異於木之有本，水之有源，則諸君子之造福於桑梓也，詎有涯哉。經理諸君，既開捐戶數目，存之有司之案，勒之貞珉，以垂久遠，因樂而爲之記。

光緒三十有一年乙巳孟冬，南沙王應照譔。

按：碑文錄自民國《川沙縣志》卷一一《慈善志·至元堂》。

重修法雲堂碑記

（清光緒三十二年·1906年[一]　朱善麟）

重修法雲堂記

歲丙午夏，四月之吉，重修法雲堂成。胡君等僉謀伐石，以諗永永，索予為文，以記其事。自慚弇陋，而於誼則勿容辭，爰握管之而為記曰：夫曰鄉曰肆，皆本合羣主義，今之公所，殆權輿於此。吾鎮巽龍菴之法雲堂，花米業之公所也，創建於乾隆壬子歲。至道光辛丣，各行曾裒集捐欵，與文昌閣並修之，洎今七十餘載矣。風霜剝蝕，又漸傾頹，該業同人不忍坐視，於是解囊金，徵土木，進匠者而斧斤之、髹漆之，進圬者而塼埴之、赭堊之。經營締搆，氣象一新，越歲餘而功竣焉，美哉！斯舉其即商家合羣之機乎？我中國商務不振久矣，推厥原因，蓋由弱者競於錐刀之末，以攘奪為得計；而強有力者復專己妬人，排擠甚撓，不遺餘力，以致其勢散、其情離、其羣涣，其衰敗乃達拎極點。今花米各行能深明合羣之義，以斯堂為同業交通之樞紐，葺而新之，以復舊制，而今而後，凡所以結團體、集同胞、謀公益者，胥在乎此。吾知本鎮商務之發達，商情之聯絡，未始不於斯堂起點也。是役也，欵由花米行籌集，不另募外捐。惟帶修庵之梵宇石梁，兼及文昌閣，工繁費鉅不下六百餘緡。當時發起員則有楊君景橋、胡君明甫、石君子餘，贊成員則有顧君炳卿、姚君嘉生，監督工程員則有錢君挹清。諸君子始終蕆事之功，例得連類書之，而諸施財者亦附著之碑，俾與斯堂並垂不朽云。朱善麟撰。

[一] 據文，法雲堂於清光緒丙午，即光緒三十二年，工竣，鄉人乞文於朱善麟，故推測碑文撰於此時。

按：碑文錄自原碑。該碑原在浦東周浦鎮巽龍庵内，1998年12月浦東新區檔案館征集入館。碑係青石質，完好。碑高35釐米，寬86釐米，碑文共32行，滿行16字，字跡清晰。1998年5月柴志光先生據石碑抄錄此碑文。2013年8月編者據碑再校。

重修法雲堂碑拓片

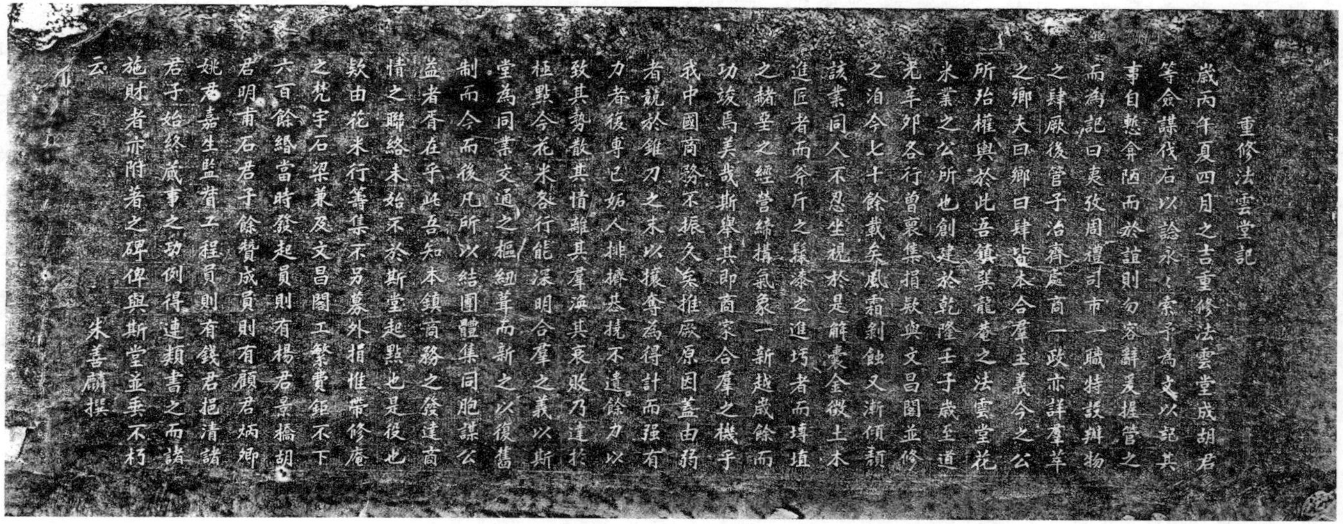
重修法雲堂記
歲丙午夏四月之吉重修法雲堂成胡君
等僉謀伐石以誌永久索予為文以記其
事自慚弇陋而於誼則勿容辭爰援管之
而為記曰夷攷周禮司市一職特設辨物
之肆廠後管子治齊定商一政亦詳羣萃
之鄉夫曰鄉曰肆皆本合羣主義今之公
所殆權輿於此吾鎮巽龍庵之法雲堂花
米業之公所也創建於乾隆壬子歲至道
光辛丣各行曾裒集捐款與文昌閣並修
之洎今七十餘載矣風霜剝蝕又漸傾頹
該業同人不忍坐視於是解囊僉徵土木
進匠者而斧斤之髹漆之進巧者而塼埴
之赭堊之經營締構氣象一新越歲餘而
功竣焉美哉斯舉其即商家合羣之機乎
我中國商務不振久矣推原原因蓋由弱
者競於錐刀之末以攘奪為得計而强有
力者復專己妬人排擠甚技不遺餘力以
致其勢散其情離其羣渙其衰敗乃達於
極點今花米各行能深明合羣之義以斯
堂為同業交通之樞紐葺而新之以復舊
制而今而後凡所以結團體集同胞謀公
益者胥在乎此吾知本鎮商務之發達商
情之聯絡未始不於斯堂起點也是役也
款由花米行籌集不另募外捐惟帶修庵
之梵宇石梁兼及文昌閣工繁費鉅不下
六百餘緡當時發起員則有楊君景橋胡
君明甫石君子餘贊成員則有顧君炳卿
姚君嘉生監督工程員則有錢君梔清諸
君子始終蕆事之功例得連類書之而諸
施財者亦附著之碑俾與斯堂並垂不朽
云 朱善麟撰

秦乃歌原配康氏墓志銘

（清光緒三十二年·1906年[一]　秦錫圭）

康宜人墓志　夫姪錫圭撰

嗚呼，我叔母康宜人既卒之四十年，我叔父自營生圹於周浦圹南，即安葬我兩叔母，命錫圭誌之。按，宜人氏康，考讳中义，南庠增广生，妣氏秦，即我再從叔曾祖讳惟蓉女。宜人年二十三归我叔父，恪恭柔順，戚鄙称之兰質蕙心。忽焉徂谢，以同治五年丙寅七月二十三日酉時棄世，距生於道光二十二年壬寅九月三十日辰時，年三十有五。無出，以我兄锡田官内閣中書，貤贈宜人，從弟锡祺请補江西吉水县丞。光緒三十二年丙子春三月戊辰朔越十有一日戊寅酉時，葬於南邑二十一保二十四图二百三十七号庚山甲向实我叔父生圹之左穴。

按：碑文錄自《上海陳行秦氏支譜》卷二《初稿·傳志門》。該版本文字繁簡交錯，本文按實照録。

[一] 據文，康宜人葬於光緒三十二年丙子春三月，故推測銘文撰於此時或之後。

秦乃歌繼配朱氏墓志銘

（清光緒三十二年·1906年〔一〕　秦錫圭）

朱宜人墓誌　　夫姪锡圭撰

嗚呼，戊戌之冬，锡圭由庶常改官，將之山西壽阳任，拜别吾叔母朱宜人，犹昨日也。七年始归，而我从弟锡祺已除服矣，痛哉！宜人氏朱，考讳文焕，南邑监生；妣氏張。年二十三归我叔父为继室，操持井臼三十餘年，未嘗一日安也。光緒二十九年癸卯秋，锡祺補江西吉水县丞，方擬迎養之官，遽以九月初四日巳時卒於里第，距生於道光二十五年乙巳六月十九日子時，年五十有九。子一，即锡祺，女一，字川沙职监潘守勤，宜人既卒之明年始遣嫁云。又二年，与前叔母康宜人同时葬於叔父生圹之左右穴，其年月日葬地詳康宜人志，不復贅。

按：碑文錄自《上海陳行秦氏支譜》卷二《初稿·傳志門》。該版本文字繁簡交错，本文按實照録。

〔一〕碑文言「其年月日葬地詳康宜人志」，《康宜人墓志銘》曰：「光緒三十二年丙子春三月戊辰朔越十有一日戊寅酉時，葬於南邑二十一保二十四图二百三十七号庚山甲向实我叔父生圹之左穴。」故推測銘文撰於此時。

南滙縣城隍廟東屋碑記

（清光緒三十二年至宣統元年・1906—1909年[一]　于鬯）

邑城隍廟東屋記又補記一則

南邑城中，佳景推香光樓。樓在城隍廟右，而廟之左舊有餘地，其東北臨水，南爲軒，曰「問心處」。咸豐初，有人建屋於其北，屋東以長廊通諸軒，亦遊息地也。髮逆竄踞，軒屋悉毁，廟僅存，存者方待修整，毁者不遑及矣。逮光緒庚子，司其事者始議興復。乃先於水上砌石岸，南鄉建一廳事，次營齋室，後繚以垣，左右爲兩亭翼對，周接以廊，又築方平臺；北鄉與廳事相照爲宴神奏樂之所，卽問心處也。閱數年，功始竣。蓋不外募錢，僅支錢漕辛工存公欵，以廟歲入租積補不足，故其成不能速如此。然位置得宜，庭宇寬廠，四圍通轉，點綴尤工，視向之軒屋蓋過之矣。於是，歲時享祀之外，遠客來者寓於斯，宴飲於斯，歌詠於斯，議邑事者集於斯，冠蓋恆去來其間，一時羣目爲勝地，幾幾駕香光樓而上之。歲己亥，鬯因事至城，陳望三明經偕予遊，時初落成，明經嘗請爲記，辭之，因贈柱銘曰：「小遊四面亭臺渾不辨東西南北；大好一年風月更何論春夏秋冬。」至於今又首尾八年矣。沈君穎叔介予子昱以節略來復乞文記諸石，且曰盛雲屏翁遺意也，始諾其請，嘗試論之。香光樓者如離騷，而此其漢賦也；香光樓者如太白古風，而此其杜律也。香光樓託名董文敏，而沈君來節略稱煙霞閣黃氏讀書處，若然，豈黃承司與。又謂樓外荷塢爲沈萬芳舊業，並志書所不及，當附記以備參考，使昱叩所本於沈曰盛翁云。初，是屋未有名也，予記既成，有請名於顧綠天茂才者，茂才

〔一〕碑文曰「逮光緒庚子，司其事者始議興復」，「歲己亥，鬯因事至城……至於今又首尾八年矣」。光緒己亥為光緒二十五年，再據文中「首尾八年」語，則可能為光緒三十二年，即 1906 年。此碑文錄自《香草文鈔》，此書出版於清宣統元年，即 1909 年。故此處時間推測為 1906—1909 年間。

名其堂曰「海鏡」，書來報我，曰取環海鏡清與照膽鏡之義也，且謂香光樓先屬於董，董鬻入黄，如此則兩説可通，而黄必非承司，蓋其裔矣。又謂黄病劇，卜獲罪於神，遂納樓於廟。問所自來，亦不能答，則仍聞疑載疑而已。又今之議復是屋，顧左廉、盛嘉昆、夏紹虞、唐廷槐四人皆司廟事者，合并補書之，嘉昆即雲屏翁也。

按：碑文錄自清于鬯《香草文鈔》。民國《南匯縣續志》卷八《祠祀志・廟》錄其記略。

新建新场黄氏宗祠碑記

（清光緒三十三年・1907年　黄協塤）

我黄氏先代盖汴人，宋高宗時有諱彦者以侍衛扈蹕南渡，遂家於南厥，後累世潛德弗耀名位，幾無可攷。其卜宅上海高家行者，自文明公以下，皆以耕讀世其家。迨協塤高高祖煦亭公昆季四人，以經商大其業，子姓繁衍，葉布枝分，族中人遂分居南滙縣境所城及一團三灶瓦屑村、周浦横沔暨川沙廳治，而在新場者最多。新場，南邑所轄鎮也，居此者皆煦亭公後，歷百餘年營宅七丁口，常以百十計。其宗祠之在上邑者咸同間遭赭寇毁，後雖修復，而每值春秋合祭，子孫或適館，或行商，或爲家事羈絆，有不克襄駿奔而執豆籩者，心恒恫焉。協塤從叔父筱瀛，名祖庚，久思在新場别建一祠，而力未逮。光緒二十甲午，從叔祖雨佳公圽於滬上，族人咸集視殓，始當衆倡其議。至二十八年壬寅，從叔父子欣與其弟苑春析遺産，願各輸貲備立祠欵，從弟觀禮、觀樂亦奉母命出私錢資之。族人無貧富，聞有是舉，各量力傾其囊。叔父筱瀛迺召工師度基址，徵聚瓦木鐵石，以經以營，風雨暑寒，罔攸休憩。洎己酉年，爲堂爲夾室爲大門以次告成，遂請於家督舒園，從叔父名樹泰者筮告。九月日，集同族，奉煦亭公以下栗主入祠。會静園、季純兩叔父在滬，與聞某姓購産事，得酹金悉舉以充公用，觀禮又附益之，得籌建東西廂爲承祭者致齋之所，欵猶不足則闔族人爲一會，而歲入先後歸還。又擬就祠側隙地築殯房，俾同族有喪未葬者暫得厝匱於此。是役也，閱時至五六載，心力交悴，始潰於成抑，何勞也。叔父曰勞，我曷敢辭。我凡事稟家督之命而行，惟略效一手足之烈而已。然協塤已微窺其容顔，曰損髯鬢如絲矣。或謂古者宗廟之制，大夫三適士二官師一。煦亭公以五品銜膺天子寵，命錫之誥封是大夫也，傳至我從父行已四世，于禮宜祧。協塤曰不然，稽之《會典》，品官皆得立家廟，自禰以上皆得祀，及高祖。抑程子有言，高祖自有服不祭，甚非。今之祠堂，盖適合家廟之制，與古宗廟之有寢有室者不同，而又何嫌僭越乎？抑協塤更有幸焉。自海外平權自由之説浸淫及於中國，子弟血氣未定，往往溺惑異學，凌躐父兄，地義天經，洎陳殆盡。其尤甚者，冠服容止亦復背典章而效奇衺。今得瞻拜崇祠，僾然如見我祖考之德容道貌，而又從諸長者之後，是彝是訓，無俾妄行。則是祠也，匪特祖宗靈爽實式憑之，卽不肖如協塤亦得藉與羣從及昆弟子正路，率循同獲免於罪戾。我叔父剏建之功德，其能一日或忘耶！爰不辭不文，謹拜手稽首書其事於石，若夫經始之月日、基址之坐落、屋宇之規制、工作之費用，以及某房率錢若干、某房輸恒產若干，應遵漢人石刻例具書碑陰，茲故不著云。

時清光緒三十三年，歲次丁未，十月，裔孫協塤敬撰。

按：碑文錄自民國黃士煥等修《黃氏雪谷公支譜》卷八。

秦溫毅先生銅像碑記

（清宣統二年·1910年　胡祖德）

秦溫毅先生銅像記，吳江陸恢書

光緒三十一季，甲辰秋七月十有一日甲子，吾師秦溫毅先生卒於陳行市里第。門弟子思慕功德，與父兄子弟謀，所以永其遺愛，孔君祥百議範銅爲像，咸贊成之。乃色甬匠鎔金而監鑄之，儀表容顏一準最近之攝影，治三易而像成。身衫足鞾，左手垂，右執書，科頭傴僂立。於時，三林學校之師若生以校為師所創也，謂像立于校後天池為宜。祖悳則曰：「陳行市，師之故居在焉。市西百餘武澧溪自西南來，斜折而東，上有康莊，左亘石梁，右接闤闠，高木森立，繁陰交暎，風景如畫，位置允宜。」衆咸韙之，命祖悳庀工。適聞南滙公學有𤷍石，擬購為像之座，南滙士绅曰：「吾邑沾先生澤深矣，區者烏足言值，願納之，以襄盛舉。」於是買櫂運石，鳩工樹基。先鑿地，深廣一丈，下築三和土，上蓋巨石，層纍而高之，出平地丈許，像立其巔，巋然岸然，外繚以垣，行者咸識之曰：「此秦溫毅先生銅像也。」於戲，祖悳少受師教，長佐治公益，親炙最久，信仰最深，自維才德涼薄，無以粜揮心傳，所願後人瞻拜遺像，肅然景仰，紹述前嶶，益廣大而廓張之。吾師有靈，當亦囅然笑矣。像成，門人川沙黃炎培為贊，道州何君維樸書，浦西錢君桐又為乞言于掌古喀喇沁親王，王手撰事略，書以八分，周子岐鳳刻之石，咸陷於壁。歷時五年，用錢千貫，捐貲姓氏、工費、項目勒於他石，以期不朽云。

宣統二季冬，同里弟子胡祖悳記。

按：碑文錄自民國《陳行鄉土志》第六十課《古蹟九·冢墓二》。

楊斯盛墓志銘

（清宣統二年・1910年〔一〕　沈恩孚）

清故川沙楊君墓誌銘

吳縣沈恩孚撰并篆盖，吳縣汪克壎書丹〔二〕。

君諱斯盛，字錦春，楊姓，江蘇之川沙人，業工扵上海。曾祖開苐，祖裕安，父德昌。君早失怙恃，窘扵學費，乃習圬。自故里青墩鎮轉徙入上海境。時為人鮮紛難，所至魁其曺。年三十餘，少少有所蓄，即醉心慈善業。晚年累金約三十萬，念徒斂不如教，毅然割家財三之二，延當代通人規画鄉土教育事，以弥少季失學之憾。光緒甲辰，設廣明小斆扵上海公共租界。其明年，增設廣朙師範講習所。又明年，在六里橋建浦東中學及坿属高等小學苐一坿属初等小學，開校之日，揭「勤樸」二字為校訓。戒子孫毋許涉校務，舉校董十人主之。或訾為狂為中蠱，而君志弥篤不少却。嘗謂吾〔三〕國患貧弱極矣，惟教育為捄國苐一義。吾起家□〔四〕微，辛勞所儲，差足溫飽，顧亦國民之一也，此區區貲產，以貽子孫，則賢者損智，愚者益過，以建學培才，□□〔五〕衆食其福，而子孫與被澤焉。烏乎〔六〕！吾數千年來盲晦之中國錮

〔一〕據文，楊斯盛葬於清宣統二年，故推測銘文作於此時或之後。

〔二〕吳縣沈恩孚撰并篆盖，吳縣汪克壎書丹：《沈信卿先生文集》無。

〔三〕吾：《沈信卿先生文集・》作「我」。

〔四〕□：《沈信卿先生文集》作「寒」。

〔五〕□□：《沈信卿先生文集》作「則公」。

〔六〕烏乎：《沈信卿先生文集》作「於虖」。

扵家族主義，寖成慳吝褊小之風俗，所保存者厶財之豪末，而大墜[一]菁華坐睬列強之水陸輪轉以去，其利害固灼然。君獨目天資敏鋭，一躍而入國家主義，斯真人傑戝。君皃癯若不勝衣，與人交恂恂如也，而勇扵赴義，心雄萬夫。乙巳之秋，濱海大風潮，淹㞒民无算，君議修築海塘，叺工代賑[二]，既倡捐巨金，則持冊諷同業曰：「輸金多者例首列，雅不願公等名後予也。」不且力迫募集者又敉萬。一日大醵，同業籌立土木業公所，勵叺設學，會喘疾劇，且喘且語且嘔血，同業感奮，開辦金立亼。丙午冬，浦東紳董設路政局，抽渡捐目築路，眾怒騰沸，聚數千人毀捐局，波及諸董屋，官瞀兵至，則破官輿，將抗兵。君自六里橋別墅聞警飛輿往，登高阜揮眾使退。眾謂楊君命我矣，夫何言？閧而㪙。翌日，君開宣講所，大櫜鄉民，責以無狀，議止渡捐，而自築洋涇、陸家渡諸路，叺恵行人，衆意大觧。其誠能動物類如此。所成就公益事，若䇘南碼頭至艾家墳石道，若改造嚴家橋，若助建上海南市醫院，若叺横沙田納題橋市課勤院，皆其著者。置宗祠田，以租入備族子弟就斆。嫂二弟一，咸給養尟金，付子孫者才十一。訓以無男女必入學而巳[三]。君不多識字，僅諳淺近文義而眩英語，博交歐美人，善英人阿摩尔思阿，有道人[四]也。君交阿二十九年，事之大者无不咨目行。其摯友黄君炎培云然，以為君輕財尚公悳，盖善師西人之長焉。黄君又云，君無疾言遽色，出入進退有常，屌衣履必整潔，論事先沉思，思之則斷，無少凝滯，富記憶力，道數十年前事不爽。善綜核扵企業之計画，精碻無倫比。囊無儲錢，日有所需，取之守藏者，一一筆之。与人約不失旹，從善如流，疾惡如仇，遇士流敬禮倍至。多曲恕又夌才，或商或工，有一蓺[五]長輒投之資，俾有所營叺自，見故人樂為用。君目咸豐元年辛亥十月[六]十二日生，以光緒三十四年戊

[一] 墜：《沈信卿先生文集》作「地」。
[二] 賑：《沈信卿先生文集》作「賬」。
[三] 巳：《沈信卿先生文集》作「已」。
[四] 阿摩尔思阿有道人：《沈信卿先生文集》作「阿爾摩思阿有道人」。
[五] 蓺：《沈信卿先生文集·中集》作「藝」。
[六] 十月：《沈信卿先生文集》作「十二月」。

申四月三十日歿,秊五十有八。妻趙,繼妻張,子一,鑫。孫三,新、永、順[一],順早殤。以宣統二年庚戌[二]十二月二十日吉時,葬君於上海高昌鄉二十四保十四圖某字圩[三]。方君之毀家興學也,今學部尚書唐公景崇任江蘇學政,莅校大歎賞,亡何,或自京師馳書索行歷,謂將請於朝給優獎,君啞然曰:「吾興學㠯市獎乎?」不之應。而唐公卒奏獎之。塟之前數月,江蘇巡撫程公德全奏請付國史館立傳。其葬也,吳縣沈恩孚志其墓而為之銘。銘曰:

窅乎楊君之藏,如君者十而八九,何孱國之不可强,吁㝁寥其寘儔兮,浙之葉兮蘇之楊。

按:碑文錄自台北浦東同鄉會編《浦東》雜志(第七期)所刊碑拓照片。民國《沈信卿先生文集·中集》亦錄此文。

[一] 新、永、順:《沈信卿先生文集》作「永、新、順」。
[二] 庚戌:《沈信卿先生文集》作「庚戌」。
[三] 圩:《沈信卿先生文集》作「圩」。

楊斯盛墓志銘

陸雪香墓志銘

（清宣統二年・1910年　于鬯）

于鬯陸雪香先生墓志銘，宣統二年五月

先生諱應梅，字寶枝，號雪香，江蘇川沙廳人。川沙陸氏，卽華亭陸氏之支裔也，一遷至上海馬橋，再遷至浦東洋涇，三遷至沙橋。自先生之曾祖配蒼府君後，乃世居川沙。祖曰筠溪，諱錦章，恩貢生。考曰嘯村，諱濬淵，增廣生。嘯村府君有兄曰芳渚，諱原泉，國學生，爲時名醫，無子，故先生嗣芳渚府君後，兼祧本生。幼承嘯村府君庭訓，讀書卽能得間，年十六，出應試，南匯縣高侯長紳奇賞之，拔第三，院試卽補縣學生員。川沙，本南匯、上海兩邑分地，廳不設學，故士人試籍，仍分隸兩邑，先生則吾邑籍也。旋食廩餼。鬯初應試，其時爲同治己巳，前輩廩膳生都二十餘人，嘖嘖者，獨陸雪香、顧秋巖兩人。蓋兩先生試皆輒一等，多門弟子，每試藝出，後學爭誦。然秋巖先生尚奧博，爲文奇峭，而先生則以輕靈淺易之筆勝之。凡執業於兩先生門者，無不文理清析，小試輒售，遊庠食餼之士至以百計。顧兩先生秋闈皆屢躓。先生年將五十，遂絕意進取，不復赴省試，以恩貢生就職直隸州州判終。同治之末，議修廳志，陳司馬方瀛任先生與廳人士董其事。每采訪至，觀訪稿，謬者必爲正之，疑者考之，蕪者刪之，忠義節孝之挂漏者補之，日與參校諸君殫心商榷，五稔始蕆事。司馬見其遇事不苟如此，委以積穀、書院、河工、布捐、瘞埋、保甲諸務，堅辭不獲。任事閱載餘，仍次第辭得遂。先是遭粵匪之亂，播遷不遑，亂後積櫬三世，念祖塋地狹，無所營葬，謀地久之，後乃一一告窆，歷歲至光緒辛巳而始畢，曰：「我一生大慼惟是已，今乃完之。」方其居嗣母張太孺人暨嘯村府君之喪，每一飲一食，未嘗不淚涔涔下也。北鄉有徐某，貧不能葬其親，先生念友誼，貸以貲得葬，徐感激踵門謝，笑曰：「此常事耳。」其於族黨戚友間，有所苦，不待其告，恆量力資助。廳之人議於城東北隅建至元善堂，先生曰：「吾志也。」慫慂助其成，惜堂成而先生已亡。同事諸人念斯堂之賴有先生以成，故設主於西楹。先生性靈敏，間涉風趣，身小便捷，然絶無儇薄之態。鄉中後進或且敬而憚之，然先生未嘗以言色加諸人，至老與人語，猶若童子然，其爲文與其少年爲者無異。嘗自顔所居曰「居易」。黎明起，洒掃畢，校文披書史以爲常。處館授徒，前後四十年，課餘必手一編，每至夜分猶不釋。間爲詩亦清婉如其文也。其卒也，端坐而逝。時光緒丙申三月三十日，距生於道光乙未十二月二十六日，春秋六十有二。卒之後七年，配潘孺人亦卒，乃合葬於廳治西南十七保十五圖喬家圈嘯村府君之穆位。葬之後，至今又七年矣。子三，炳麟，歲貢生；椿元，早世；炳彪，廩膳生。女一人，適國學生姚家駒。孫八，培恩、培榮、培福、培亮、培祉、培慶、培德、培基，皆濟濟文士。科舉既廢，惟培榮爲縣學生。曾孫二，孫女二人，曾孫女三人。炳麟以葬之日，未有以銘其幽，故請補爲之銘。銘曰：

佳城崇崇，七載於斯。上溯華宗，機雲之支。明有文裕，東隱其叔。東隱之後，厥傳清淑。鐵沙海涘，惟陸馳聲。世有佳士，挺生先生。其德靉靉，其文洋洋。嗟哉老輩，靈光隱藏。老輩云亡，新才嗣音。師範名彰，給貢奨銜。方今未艾，競起努力。槃槃才大，表揚前德。嗚呼先生，志潔行廉。吾懷先生，又懷秋巖。

宣統二年夏五月後學于鬯。

按：碑文錄自民國《川沙縣志》卷一六《人物志·統傳》。

葉中樞墓碑記

（清[一]　趙椿[二]）

葉孝子墓　墓碑記

公姓葉，諱中樞，字朝陽，號省菴。先世居浙之龍游，五世祖少峯公遷於邑之石筍里，與前明萬歷進士諱有聲並行也。公之祖杏林公移家川沙，精岐黄，有盛名，著書二十一種，唯《女幼科指掌》、《疫癘脈鏡》等書梓行於世。父蕉村公世其業，著有《女幼科醫案》、《醫餘小草》等集。公秉性敦篤，耿介自持，吟誦之外無他好。及長，承家學，著《斯人正命》一書，惜未刊行。事母至孝，家雖貧，甘旨未嘗缺。太夫人病亟時，公年已三十有一，衣不解帶，常侍牀褥，藥石無效，割股以進。其至性至情，真可以格天矣。享年七十有八。贊曰：

敦行不貸，樂善不忘。以孝以友，爲邦家光。是宜享大壽，而留餘芳。

按：碑文錄自道光《川沙撫民廳志》卷一二《墟墓》。

[一] 據光緒《川沙廳志》卷一三《名蹟志·冢墓》，葉孝子墓歸入清代，具體時間無考。

[二] 道光《川沙撫民廳志》卷一二《雜志·藝文類》載：「葉孝子墓碑，南匯趙椿撰書。」

南匯提標牧馬廠地界碑

（清〔一〕）

提標牧馬廠地坐□南匯縣一團欽塘十餘里之外，分為一二三四□共計五號內，一號地一萬九千九百九十六畝四□□□□絲，二□□九千四十三畝八分一厘三絲□忽五微，三號地二千一百四十六畝六分八厘三□□三□□，四□地一千畝四分六厘三毫九忽二微，五號地一千一百五□□□□□厘一毫六絲三忽四微，通共地三萬三千三百四十五畝□□六厘八毫九絲三忽五微，其北面自六號□□□□□面□□□□□□□□□千六百九十九步，其西面□□□□□□□□□□□兩堂地□□□中□□□三千三百九十九□□□□□□□□□百四□□□□文武委員會大明確 □□□□□□□□□□□ 為記，並建造牧馬官廠，整理圈馬屯地以備棲止出□□□□□□□□□□杜絕訟□，各安管業，用勒貞珉，以垂不朽云爾。

□……□四月日

□……□李成林 李殿楹 □奎光 陳振□ □……□

五營千把總：

甘鴻泰 馬得芳 李慶林 葉秀海 契□□ 孫□□ □……□ 趙□□ 張□□ □□□ 錢□□ □□□ □林□ 計春□ 葉長清 朱□金 □……□ 張□□ 耿宗□ □□春 □……□〔二〕

〔一〕 因石碑磨損嚴重，年份無考，有鑒於南匯博物館內另一形制相同的「南匯提標馬廠告示碑」為同治七年所撰，故此碑記作「清」。

〔二〕 此處為人名，因石碑磨損嚴重，多數不清。

按：碑文錄自原碑，撰者不詳。此碑現藏南匯博物館。2014 年 2 月編者實地尋訪，所見碑石表面磨損嚴重，字跡多有不清。博物館中另有一「南匯提標牧馬廠告示碑」為清同治七年所立，此二碑形制相同，據其所述內容、碑文所指地址「南匯縣欽塘外十餘里」推測二碑形成于同一時期。

南匯提標牧馬廠地界碑

陳行度民橋創建碑記

（民國元年・1912年　秦錫田）

創建度民橋記

橋舊無名，支以木，俗呼大橋。清光緒三十四年，里人謀易以石〔一〕，市商月各輸錢，積二千四百餘緡。鄉董胡雲翹君毅然擔任，召匠度工，不足則募〔二〕以公捐，又不足則傾〔三〕以私囊。宣統三年三月興工，於是石山積，匠雲集，邪許聲達里外。胡君短衣草笠，奔走赤日中，與匠共瘁。功未及半，而沈家灣之禍作。先是邑令田寶榮徵糧拒銅幣而納銀幣〔四〕，抑〔五〕其價二百文，合邑大譁，推錫田訴大府，田令銜之刺骨。沈家灣者，五十餘年之老賊窟，雪冰又作賊廿餘載〔六〕，時以窃橋樁木，拘課勤院，憫其病〔七〕，歸之家而死。賊黨誣胡君勒捐，兇歐朦請檢驗。田令思假以傾錫田，一再票傳，勢張甚。胡君抗辭申辯，仍督工不輟。踰月，民國成立，民賊潛形，而橋得於是冬工竣，名曰度民。凡廣一丈二尺，長十六丈，高五丈五尺。糜錢萬貫。甚哉，成事之難也。吾里之籌建石橋者百年，於茲矣，再徵捐而再以訟終，然

〔一〕里人謀易以石：《亨帚錄》作「里人謀改石橋」。
〔二〕募：《亨帚錄》作「濟」。
〔三〕傾：《亨帚錄》中為「補」。
〔四〕銀幣：《亨帚錄》作「銀幣元」。
〔五〕抑：《亨帚錄》作「各抑」。
〔六〕雪冰又作賊廿餘載：《亨帚錄》作「沈雪冰作賊廿餘載」。
〔七〕憫其病：《亨帚錄》作「院憫其病」。

猶曰輿情未洽，經理未善，固自有取敗之道也。若夫衆人一心，銖積寸累，曆四年如一日，主其事者又出其財力精力，以期速成，宜若無它慮矣。乃官與賊合，創千古未有之奇局，符檄之急如火如風，吏役之威如狼如虎，奸宄之協謀如鬼如蜮。合上南川三邑之士紳，力持正論，猶不能解圍。橋盖幾乎功敗垂成焉。且夫邪正之不兩立也，公私之不並存也。天生一正人，以圖謀公益，必又生無數奸邪，日環伺其側，蹈隙抵瑕，以圖破壞。爲正人者，泰然處羣小之間，宰以定識，持以定力。泰山崩於前而不變，迅雷震於後而不驚；魑魅魍魎磨牙吮血於左右而不懼，談笑指揮，百邪消滅，而公益之成就者，利溥而澤長。盖動心忍性，增益其所不能[一]，古來成大事、建大功、立大名者，罔弗如是橋其小焉者耳。錫田恐後之人忘其創造之難也。故爲之記而勒諸石。

民國元年冬月，秦錫田撰。

奉賢朱聲樹書(鈐一印：朱績辰金石文字之印記)。

按：碑文錄自民國《陳行鄉土志》。民國秦錫田《享帚錄》卷一亦錄此文。

[一]《享帚錄》中後有「盤根錯節方足以見利器」一句。

三友橋碑記

（民國三年·1914年[一]　瞿鑫[二]）

癸丑冬，鎮北鑿水洞，以便交通，顧洞之上必覆以橋。橋以石砌者為上，而費寶不貲，乃愛橋等獨經營于此焉。豈好名哉，亦以見彼三人形體不同，境遇不同，生死前後不同，而心之堅也與石蓋無異耳。爰為之頌曰：

車笠之盟，膠漆之融，何以紀念，留此長虹。歲寒三友，松竹與梅，天長地久，相與徘徊。吁嗟乎！斯橋萬古，人與斯橋幷萬古。

按：碑文錄自民國《二區舊五團鄉志》卷二《水利·橋梁》。

[一]《二區舊五團鄉志》卷二《水利·橋梁》載：「民國三年，儲愛橋、陳禹垂、傅祥百建，瞿鑫題碑。」
[二]《二區舊五團鄉志》卷一〇《藝文·金石部》載：「三友橋碑記，瞿鑫撰。」

歇涼亭碑記略

（民國三年・1914年〔一〕　傅夢予）

傅夢予記略

古賢人君子，闢地以為亭者甚夥。黄州快哉亭，張夢得建之；姑蘇滄浪亭，蘇子美築之。有時率從僚佐聚歌伎，觥籌交錯，酣飲于其中；有時風月清和，或明月如晝，彈琴歌嘯，消遣世慮，洵足樂也，然去利民濟世之旨也遠矣。鄉先輩顧公挺秀，宅畔有塘焉。塘為前知縣欽璉所築，南北綿亘數百里，往來行人踵相接也。中無休息所，因建亭於上。公歿已十餘年矣，而斯亭聳然獨立，則以猶子其義，歲歲修葺之也。民國三年甲寅，姪孫莘臣來求文以為記，且言宜名何亭，予作而歎曰：夫南北塘上，先公而起，後公而興者，豈無其人哉。乃曾幾何時而荊棘也，坵墟也，彌望寒煙蔓草矣。則斯亭賴其義而存，公不以斯亭而永其名乎？而夢得之快哉亭、子美之滄浪亭，不過為游觀之所，歌詠呼嘯之地耳。若以其當日點綴之美備，結構之精勝，與夫地位之秀潔，景色之古雅，與斯亭較，當必什百倍於斯亭也無疑。顧斯亭獨得利民濟世之旨，視彼自樂其樂，蓋有間焉，迄於今凡四方人士遨遊而過其地者，猶瞻望唏嘘，緬懷公之德於未已也。爰名之曰「懷德亭」云。

按：碑文録自民國《二區舊五團鄉志》卷三《建設》。據志載，歇涼亭為清同治十二年顧挺秀建，一名懷德亭。

〔一〕據文，民國三年甲寅，姪孫莘臣求文於傅夢予，故推測碑文作於此時。

川沙同本堂義莊碑記

（民國三年·1914年[一]　黃炎培）

黃炎培同本堂義莊記

同本堂者，陸君清澤、張君國模合建以祀其先人，而教養其族裔者也。兩君故兄弟，清澤後外家陸氏，故合兩姓而命名「同本」焉。炎培既獲登其堂，讀其所訂章程，觀其所爲事業，則作而嘆曰：「此可以風世而垂後也已。」昔之爲祠，限於祭；其立莊置田也，限於養。夫爲子孫者，親承其父若祖之謦欬，則霜露之感油然而生。顧曾不數傳，俎豆委於塵蒿，墓木飽於樵斧，乃至鵠面鶉衣，環祠而訴其無告者，比比焉。此無他，百世而後，祭有時衰，而養有時窮也。二君鑒於此，其立法也，設評議、理事兩部，任職者不惟其長，惟其賢。事前預算，事後決算，一切設施本之衆意，著爲定章。而其施教也，族兒滿七歲，無力資之使受義務教育，其秀者資之升學。陸君且就堂之旁，設蓮溪學校，學生不限於二姓。春秋節日，以時演講。俟積金多，更設習藝所，資助高等教育。夫不教而養，曷若教之使自養。能自養，則子姓愈繁，其生產以互助而愈大。倉廪既足，門閭斯光，相與永永無忘先澤焉。世之人方盛詆家族主義爲不適於時，若此者其又奚病歟。而況二君者，本友愛以建堂，則四海兄弟之誼，後世子孫，感念先訓，充實而光輝之，雖廣斯堂於天下可也。堂在江蘇川沙縣城北門外，成於民國三年三月。二君合捐田如干畝，屋如干所，現金如干，泐如石。

按：碑文錄自民國《川沙縣志》卷一二《祠祀志》。

[一] 據文，同本堂義莊建成於民國三年三月，故推測碑文撰於此時。

川沙縣知事方鴻鎧德政碑

（民國三年·1914年　黄炎培〔一〕）

江蘇川沙縣知事兼領軍務司軍法科職務、執行檢察事、清鄉長、吳縣方公德政碑

有清道光十二年，知川沙廳事者，山陰何公士祁捐建觀瀾書院，人文蔚起，民到於今稱之。越八十年，天祚民國，改廳為縣。首知縣事者，吳縣方公鴻鎧，吾民欣欣然，以何公復生，相告慰焉。猶憶紀元前一年九月間，公初下車，就觀瀾舊址建設之兩等小學改為高等小學。積基金，擴校舍，資助肄業師範、農業、水產諸生，倡立城東小學，推廣五鄉各小學，慨捐俸給，三年如一日。其他固海防、興水利、清賦税、肅警紀、修農政、恤獄囚、蠲徭役、治津梁、奬漁業、勸掩埋、組織商團贊助慈善業。以軍法治盜魁而不為猛，以私財賙孤貧而不傷惠。去歲，淞滬戒嚴，軍隊取道白龍港登岸，謠言四起，民咸駴走，公冒暑往，拊循調護，衆大安。公在任三年，不攜眷屬，不御肩輿，不蓄僮僕，遇父老詢疾苦，與胥史均勞逸，無弊不革，有利必興，蓋興學愛民與何公同，而其勤政殆有過之。吾民方望公久於其位，而省令遽調取送部，試驗以去。雖能如何公再任未可知，而今固已舍吾民去，吾民其能忘乎。敢獻輿人之誦曰：

我有田疇，公整闢之；我有子弟，公教掖之。强者抑之，弱者植之；寒者衣之，飢者食之。經之營之，誰其賡之；生之成之，何日忘之。此時王喬，鳧舄送之；異時郭伋，竹馬迎之。

中華民國三年三月，川沙縣士民黄炎培、張志鶴、丁祖意、顧家曾、吳大本、陸家驥、艾曾恪、王文澄、蔡宗嶔、艾文煜、黄嘉苐、黄洪培、倪曉廉、胡慎璇、倪思學、陸炳麟、黄琮、華月桂、莊以湓、陳惟善、周祖文、顧燕鎬、丁逢源、陸清澤、

〔一〕民國《川沙縣志》卷一五《藝文·金石類》載：「縣知事方公鴻鎧德政碑，黄炎培譔，民國三年三月士民公立縣署大堂。」

蔡汝川、張復菴、龔焕、陳有恆、孫鷗、吴寶義、曹國俊、徐昭瑩、沈曾謨、何式穀、袁允昌、徐成章、王鐸、潘繩武、沈錡、顧乃璜、陸培亮、徐宗美、包志澄、蔡宗漢、周祖武、張炳瀛、祝思濬、鳳怡庭、包乙青、張嘉藩、楊承震、黄楨棟、宋鴻業、劉振聲、張文明、九桂芬、宋家樹、顧良、朱榮增、張守禮、李文海、蔡景芳、潘宗海、施惠、徐文俊、張嘉譽、張思義、李長安、蔡友于、孫文彬、連錦堂、艾容莊、陶士傑、陳維屏、孫其恢、陸培祉、顧元襄、汪聖修、曹儒寬、李鵬飛、王思鴻敬立。

按：碑文錄自民國劉鴻鈔本，藏於浦東新區檔案館。民國《川沙縣志》卷一五《藝文·金石類》著錄此碑。

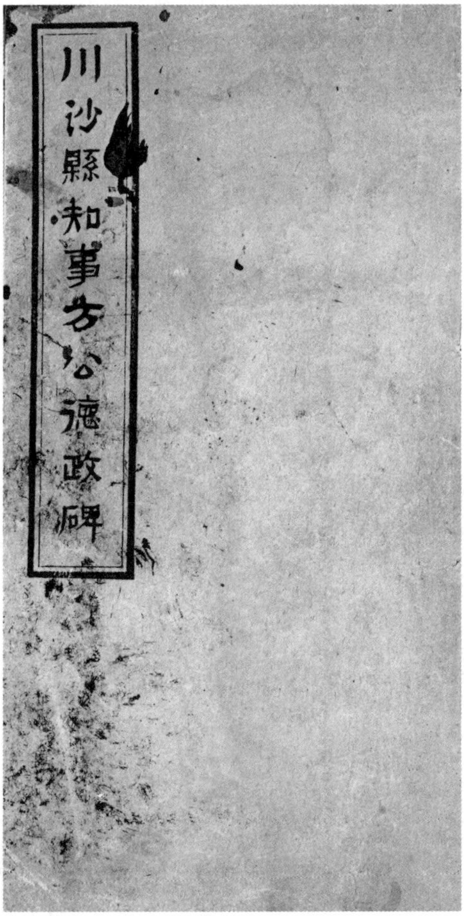
川沙縣知事方公德政碑

川沙縣知事方鴻鎧德政碑鈔本封面

江蘇川沙縣知
事兼領軍務司
軍法科職務執

川沙縣知事方鴻鎧德政碑鈔本内頁

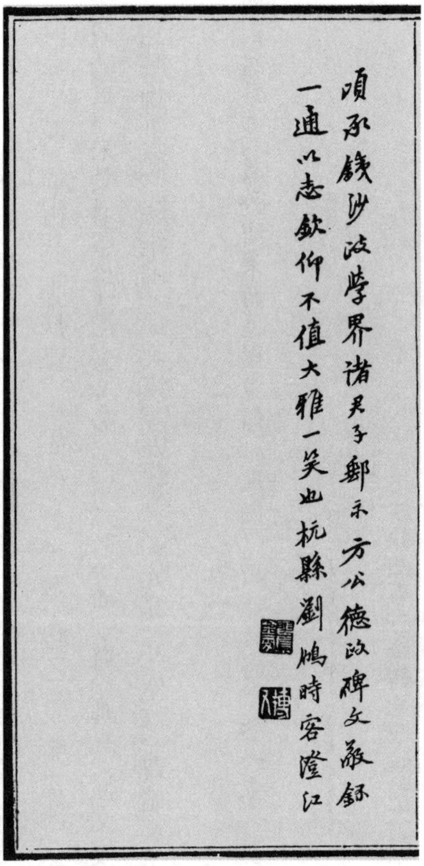
頃承錢沙政學界諸君子郵示 方公德政碑文敬錄
一通以志欽仰不值大雅一笑也 杭縣劉鳩時客澄江

川沙縣知事方鴻鎧德政碑鈔本内頁

八團鄉水門町橋碑記

（民國三年·1914年　顧家曾）

顧家曾水門汀橋碑記

竊維吾浦左橋梁惟用木石二者而已，從未有以水門町制者。有之，自楊氏錦春嚴家橋始。家曾心豔之，而未嘗有所建築。適是處[一]木橋毁，同里倪君曉廉、族弟冬梅來商重建，家曾因是請於方知事仰儒，得蒙贊成給示。爰倣楊氏成法，易木植以礦[二]質，款由各人分擔，工則家曾獨任。計費工料銀五百五十六圓。用贅數語以記事實。民國三年，顧家曾識。

按：碑文錄自民國《川沙縣志》卷七《交通志·橋梁》，據該志記載：水門町橋舊名張家木橋，民國三年（1914年），顧家曾、倪曉廉、顧冬梅捐建并立碑爲志。《合慶鎮志》第六篇《基礎設施建設》第二章《交通》第三節《橋樑·百年老橋》及柴志光撰《浦東民國時期的石墩水泥橋》（見《浦東石建築踏訪記》一書）亦收錄此文，兩版本文字皆為簡體字。

[一] 處：《浦東石建築踏訪記》作「此」。
[二] 礦：《合慶鎮志》作「塘」。

楊斯盛造像記

（民國五年·1916年）

楊故校主造像記

楊公斯盛，字錦春，江蘇之川沙人也。早失父母，窘於學費，乃習圬。自故里青墩鎮轉徙入上海，時為人解紛難，所至魁其群。年三十餘稍稍有所蓄，醉心慈善業。晚年累金約三十萬，一意興教育。清光緒甲辰，設廣明小學於上海公共租界，其明年增設廣明師範講習所，又明年在六里橋建浦東中學及附屬高等小學、第一初等小學，以故里先設之初小學為第一。開校之日，揭「勤樸」二字為校訓。委校董十人主之，增中學基本銀為十二萬兩，計先後捐充學費者三十餘萬圓。公不多識字，僅諳淺近文義而能英語。無疾言遽色，出入進退有常，衣服必整潔。論事先沉思，思定則斷，無少凝滯。富記憶力，道數十年前事不爽。善綜核於企業，計畫精確無倫比。與人約不失時，從善如流，嫉惡如仇。絕愛才，遇士流敬禮尤至。公以清咸豐元年辛亥十月十二日（公元一八五一年十二月四日）生，以光緒三十四年戊申四月三十日（公元一九〇八年五月二十九日）歿，年五十有八，生平行誼別為傳。中華民國五年八月造像成，記大略如右。

按：碑文錄自原碑，撰者不詳。該碑現嵌砌於浦東中學校園（浦東高科西路1105號）内楊斯盛墓碑間。碑為漢白玉石質，高70釐米，寬100釐米，碑文26行，滿行15字。

楊故校主造像記
楊公斯盛字錦春江蘇之川沙人也早
失父母窘於學費乃習圬自故里青墩
鎮轉徙入上海時為人解紛難所至魁
其群年三十餘稍稍有所蓄醉心慈善
業晚年罄金約三十萬一意興教育清
光緒甲辰設廣明小學於上海公共租
界其明年增設廣明師範講習所又明
年在六里橋建浦東中學及附屬高等
小學第一初等小學以故里先設之初
等小學為第一開校之日揭勤樸二字
為校訓每校董十人主之增中學基本
銀為十二萬兩許先後
捐充學費者三十餘萬
圓公不多識字僅諳淺
近文義而雅寡語無疾
言遽色出入進退有常衣履之整潔論
事先沉思思定則斷無少擬滯富記憶
力道數十年前事不爽善綜核於金書
計畫精確無倫比與人約不失時從善
如流疾惡如仇絕愛才遇士流敬禮尤
至公以清咸豐元年辛亥十月十二日
（公元一八五一年十二月四日）生
以光緒三十四年戊申四月三十日（
公元一九〇八年五月二十九日）歿
年五十有八生平行誼別為傳中華民
國五年八月造像咸記大略如右

楊斯盛造像記碑

陸應梅墓表

（民國五年・1916年[一]　秦錫田）

川沙陸府君墓表

君諱應梅，字寶枝，號雪香，姓陸氏。先世自華亭遷上海。曾祖配蒼始居川沙，遂爲川沙廳人。祖錦章，恩貢生。父濬淵，增廣生。世父原泉無子，君爲之嗣而兼祧本生。君幼承庭訓，嗜讀能文，年十六補南匯縣儒學生員，於時科舉帖括之學爭以華靡相尚，房書墨卷如塗塗附盡無根柢。君遠規廬陵，近法桐城，格律謹嚴而出以清圓流利之筆，故歲科試輒前列，從君學者游庠食餼易於拾芥，一時富室殷商樂主君於家督課其子弟，執贄門墻者羔雁成羣，數以百計顧。君淡於榮利，五十以後絕意進取，僅以恩貢生注選直隸州州判，樂道安貧，終其身無慍色。少執嗣母及本生父喪，戚而易，儉而恭，鄉里翕然稱其孝。會浦東遭寇亂，三世遺櫬厝而未葬，君勞身焦思，經營拮据，歷二十年始各獲吉壤以安窀穸，而君恆以遷延自咎。嘗貸徐某金以勸勉其葬親，徐踵門謝君，泫然曰：「吾負吾親，吾助若葬，吾補吾過也。」性坦白和易，與人晉接無少長貴賤，一出以誠言，煦煦然若恐傷之。喜急人之急，恆不待人之乞求而陰爲補助，曰：「吾非以市恩第行，吾心之所安而已。」同治季年，海鹽陳司馬方瀛修廳志，委君董其事，君校閱訪稿，正訛補缺，而又博訪周諮，實事求是。陳司馬甚器之，委董書院、河工、保甲、積穀、布捐諸務，君悉心規劃，釐然秩然，使各有成法可遵，始以次分授賢者而奉身告退，絕無幾微繫戀之心。居恆黎明起盥濯洒掃，即端坐觀書，至夜分不釋，所爲詩古文詞清新俊逸、風致翩翩，不以老而減其度也。光緒二十二年三月某日晦，感微疾坐逝，春秋六十有二。配潘孺人，溫恭淑

[一] 墓表有言：「光緒二十二年三月某日，晦感微疾坐逝」，「君卒後二十年，炳麟屬錫田補爲墓表」，當撰於民國五年。

愼，與君同志，後君七年卒。葬廳境十七保十五圖喬家圈增廣君之穆位。子三，長炳麟，季炳彲，皆歲貢生，次椿元，殤。孫八，曾孫十三，皆能奮跡學界，無忝家聲。君卒後二十年，炳麟屬錫田補爲墓表，錫田於君爲父執，於炳麟爲畏友，誼不能辭，爰詮次其行義，勒之貞珉，并繫以銘曰：

名父之子，名子之父，家傳一經，澤流千古。

按：碑文錄自民國秦錫田《享帚録》卷二。

秦乃歌墓志銘

（民國五年·1916年[一]　秦錫圭）

又词公墓誌　姪錫圭撰

我從父又词府君喪，踰月而葬，從弟锡祺语余曰：「我母之葬，兄实誌之，我父悦兄文，霾幽之辞，惟兄宜。」嗚呼！锡圭胡忍誌府君哉！君气体素弱櫻肝病，才逾四十，蒼然如老翁。顾自江西归，年已六十餘，精神转矍铄，飲啖如恆人，而健步耐勞苦。私心窃喜謂可享大年。今年九月，余往川沙潘氏助從妹锡慧葬，驟見君憔悴異平时，入夜询疾苦，曰无他，特胃滞耳，因寬慰之。适傲雪村奚克家君同坐助余言，君愀然曰：「我性落落，頗能作达观，惟潘外孙之殤，暨在萬安殤一孙女，均所钟爱不能忘怀，及辄不寐。茲绪我女之病，病而覩其死，子謂我何如也。嗚呼，傷哉。」余与奚君无以解也，然猶強振作为葉子戏，夜继日无勌色，要其中有不自聊者，而竟因以致病而逝耶。嗚呼！当余戊戌之山西，我父犹健在，洎乙巳归，我父前棄養，君为言病狀甚詳，茲十年耳。而君又逝，我父同胞七人，惟天水吾姑存耳，能无痛欤？君篤於情孝友，得我大父母欢，恭事我父老而不懈，悼我叔母康宜人著於诗词，慈爱我兄弟妹暨姪孙男女均如子女。君精於医，凡有疾病必诊視之，料昦汤药旦夕時至，而君病乃不及一日侍。嗚呼，痛哉！君讳乃歌，号笛桥，又词其别号也，上海人宋淮海先生二十五世孙，納粟補太学生。我兄锡田官內閣，貤封奉政大夫。以乙卯十二月七日甲子卒，距生於道光乙巳五月廿五日甲子，年七十有一，平生行谊詳锡田所为家传，茲不贅。特誌我痛云。丙辰

[一] 據文「距生於道光乙巳五月廿五日甲子年，七十有一」，「丙辰正月十二甲子葬南汇廿一保廿四图某号田内庚山甲向」推斷，丙辰年為民國五年，即1916年，墓志銘應撰於此時或之後。

正月十二甲子葬南汇廿一保廿四图某号田内庚山甲向。聚康繼朱，均封宜人，已先葬。子锡祺，萬安县丞；女锡慧，适川沙潘守勤；孫之濟、之萬，孫女之葆。銘曰：

歇浦之東，佳城鬱蔥，骨肉化於土，惟神遊兮太空，卜云吉兮安所宅，福后嗣兮无终。

按：碑文錄自《上海陳行秦氏支譜》卷二《初稿·傳志門》。該版本文字繁簡交錯，本文按實照録。

李公塘碑記略

（民國五年・1916年[一]　儲學洙）

儲學洙記略

吾邑於清雍正四年析自上海，恃有老護塘保障東南。十年，知縣欽璉加築小護塘。光緒十年，知縣王椿蔭另築王公塘後，沙灘日漲，遷種日多，塘外尚無捍衛。三十一年乙巳八月初三夜，海潮沖壞王公塘，知縣李超瓊趕修，奏請發帑銀一萬兩，並籌款以工代振，再築外塘，會同黄炳奎等、委員洪鼎芬，於三十三年正月開工。越月李調上海，王念祖繼之，閱二三四五月告竣。塘身高七尺，面一丈，底三丈，以塘西六丈外，開河面四丈一尺，底二丈九尺，深四尺之土築之。自南一團南育嬰撐塘起，至北七團川沙縣撐塘止，一團一千五百五十丈，二團二千三百八十丈，三團一千二百八十丈，四團一千一百八十丈，五團一千一百五十丈，六團一千四百七十丈，七團一千零四十丈，共長一萬零七百四十丈。每丈築土十四方，每方工價錢二百四十文，建木橋三十有六，建木閘一十有五，共用錢三萬六千千零零八百六十四文。驗收委員秦錫鎮。從此海潮永捍，沙民感德，猶欽王二塘也。是皆李王二縣長之功，而李實首定辦法，故以李公塘名焉。民國四年，風災奇荒，知事馮成、葉樹維，邑人張景陶等，以塘身屢被潮沖，日形低狹，詳奉省撥洋六千元，並籌款以工代振，傍闊八尺，加高三尺，每丈加土八方，每方工價錢二百四十文，共用錢二萬零六百二十四千五百六十三文。五年一月開工，四月告竣，學洙雖才拙力衰，身必步塵從事，爰將塘身修築，略記以備參考云。

按：碑文錄自民國《二區舊五團鄉志》卷二《水利・海塘》。

[一] 據文，李公塘開工於民國五年一月，四月告竣，碑文應為儲學洙撰於工竣之後。

沈維楨墓志銘

（民國八年·1919年[一]　秦錫田）

清故上舍生、外舅南匯沈府君墓誌銘，己未

府君諱維楨，字邦榮，號澄江，姓沈氏。其先燕薊望族，宋時扈蹕南渡，隱居海濱之周浦，今隸江蘇之南匯縣。曾祖諱碧天，祖諱學海，本生祖諱學詩，父諱士安，贈承德郎。君生三歲而孤，母陳太安人撫之成立。太安人晚病風痺，君時其寢處調護，其衣食日具，果餌聚中，外孫男女繞榻嬉戲，天日晴和則舁游門外，或至庭階招集鄰舊共話家常以娛樂，太夫人之心志五載如一日焉。事長兄欣齋先生誠敬篤愛至老不衰，欣齋先生使酒罵坐，君笑受之，未嘗反脣稽也。周浦商業首推穀米，市場面水，長二里許，歲七、八月間，新穀登場，農民以舟載穀，泊岸求售者首尾相銜接，岸上列炬如晝，漏二下，主者高聲唱籌，以貨之優劣判價之高下，糶者糴者咸奉命維謹，無譁辨者，月落星稀，交易始畢，各運以歸。礱之春之，竭一日之力卽成白粲，販售滬市號曰「東新」，恆得善價，君故世其業，獲利頗厚。性慎默，寡交游。余舅氏張秋丞先生最與君暱，日必數相見，見則相對寂坐，各垂首至臆若有深長思者。家故貧，中歲稍寬裕，然戚友有所干求，必竭心力以應之，雖重有負者終不悔。喜靜愛潔，掃地焚香，終日默坐。通釋氏經典，嘗注淨水一盂，對之持大悲呪數十徧以飲，病者雖沈痾必立起，夏秋之交，求者尤衆，君四鼓起誦呪，聞鳥雀聲卽止，曰此不費錢功德也。喜蒔花木，尤嗜菊，聞有佳種，多方購求，必得之而後快。近十里內，名園佳卉時往賞玩，流連不忍去云。君以道光十四年二月二十六日生，以宣統三年十二月初四日卒，壽七十有八。配張氏，勤儉恭慎，輔君成家，以道光十五年二月二十二

[一] 據文，沈維楨葬於民國八年，故推測文首「己未」為民國八年，銘文當撰於此時。

日生,光緒十九年九月十七日卒,年五十有九。中華民國八年三月,合葬本邑十七保十圖新塋主穴。子三,錫元、錫光、錫充。女二,長卽余婦,次適同里程善福。嗚呼,余年十九始以半子禮謁君,當是時家門鼎盛,君兄弟三人皆皓首齊眉、康强安樂,羣從子弟八人年少氣盛,善飲好勝,每值宴會輒鍵户留賓,分曹鬭酒,拇戰聲震屋瓦,非達旦不息。越十五年而外姑先逝,又十八年而君歿,而君之兄嫂已先後殂謝,比來會葬,則君之子若姪又皆蘭摧蕙折無一存者。嗚呼,日月不居,滄桑易變,此四十年内余歷見其盛衰,則余亦老將至矣。悲夫!銘曰:

不儒而雅,亦禪而寂。庸德庸行,有典有則。題有道碑,表滕公宅。念舊傷懷,灑涕霑臆。

按:碑文錄自民國秦錫田《享帚録》卷二。

祝橋陳氏家祠碑記

（民國八年·1919年[一]　顧忠宣）

顧忠宣碑記曰：

一家猶一國也，《禮》：凡建國，宗廟爲先，宮室爲後。蓋木本水源有追溯焉，而斷難緩者，家祠之重所由來也。吾邑五團陳氏，以耕讀世其家，至吉甫樂善好施，于公益無所惜，念家祠不具，非所以妥先祖也。迺倡捐款產，復得賢姪禹垂繼續落成之，并將家譜搜載詳實。茲祠既為之圖，又請於縣，與祭田及規條一併勒石，用垂久遠，斯真能敬宗而收族者矣。宣不文，何敢任碑記之作，重以同學弟禹垂之敦懇，而又欽斯舉為諸務首也，爰書此以志景仰焉。

按：碑文錄自民國《二區舊五團鄉志》卷八《壇祀·祠》。

[一] 據《二區舊五團鄉志》載，陳氏家祠，民國八年建，故推測碑文約作於此時。

齊耀琳塘工紀念碑記

（民國八年・1919年　錢塗）

江蘇省長齊公耀琳塘工紀念碑

寶邑三面環海，外亙長江，内貫黄浦，颶風時作，復日受潮汐頂衝，故塘工之奇險夙為全省最。清宣統而降，濬浦局為涮深海口入浦，計畫南石塘坿近建築石梗二道，横截海□，遂致潮流易向，迴擊塘身，西塘既被其殃，東塘益蒙影響。險工迭出倍蓰，曩時幾□，無歲不役。□□鉅是決非民力所能勝也。征請前清檔案，或以鳌帑開支，或以攤征彌補，其時國家經費與地方經費界限本未畫分，又以税額較輕，國款不敷，猶得稍增地方擔負。迨民國革政，正税坿税顯別用途，以正税屬國家支出，以坿税屬地方支出，而是項海塘工費仍未有確定之來。會民國三年，伊通齊公移節我蘇，親巡寶邑，目覩海塘危狀，即於行次電請前袁大總統准予援照成案，動支國庫飭部籌發的款，以資應用。旋復呈准中央，先就本省驗契收入項下陸續墊撥銀三十五萬元，東西塘危工始獲以次脩築。迄於今八年之夏，續撥者復達十萬元有奇，而内務部主管項下之江南水利經費十六萬元，且提其半充海塘□之需，永著為例比。更力陳於財部增列為二十萬元。其間雖經紳會議曾有一部分之攤征，而公獨以海塘關係國家工程，為國庫之支出，一再為民請命，不欲苛擾閭閻，其惠愛之深，訏謨之遠，有如此者。今江南水利局總辦沈公佺益仰承德意，軫念民艱，既以編入國□算。塘工經費八十萬元，請於省，復於内務部河務會議之際，派員代表提出是案為正確之主張。賴以公決通過，於是有分年撥款籌備□議。省議會又以同樣之提案，建議於長官，為入告中央之後盾。尤荷公嘉納令行所屬詳擬預算以聞，蓋公至是而對於我蘇之塘工謂心力交瘁矣。夫以我蘇財賦之重，人民已盡相當之義務，苟於此國家應辦之工程，仍復取給於攤征，不啻以海塘為民有，而一任民之出其財力自謀其安寧，必不知有所感戴。維我公之賢且明，不獨為蘇民保其安寧，並為蘇民紓其財力，此誠非尋常德政所能喻，而尤人之所馨香禱祀，沒世不忘者也。《詩》曰蔽芾甘棠，勿翦勿伐，召伯所茇。斯碑之建，以娩甘棠，且永為將來從事塘工者楷法。

民國八年九月前翰林院編脩，記名遇缺題奏，邑人錢淦謹撰，邑人金其源謹書。

立石者：闔邑市鄉經董錢潤、錢允利、陸顯周、趙光第、錢衡同、陳典煌、金瑞書、楊逢時、龔熾昌、趙家棟、金人鑑、姜文蔚、孫大勳、李文浦、朱治、戴清瑞、陳克襄、張承祜、陸積誠、嚴恩棻、顧鴻儒、淩企曾、彭慰宗、王爾益、俞惟玨、甘元楨、李坒鵬、張曾榮、沈仁麟。

按：碑文錄自該碑拓片。拓片現存高橋曆史陳列室。碑文共 21 行，滿行 53 字。柴志光先生於 2006 年在浦東凌橋三岔港村楊家宅一民房墻間發現該碑，後編者尋而未得。

南匯縣公署布告第壹百號

（民國九年・1920 年）

南滙縣公署布告第壹百號

案據上海商民姚松泉呈稱，竊民高祖公康公墳墓在周浦鎮十七保八圖，向無祠屋，春秋祭祀，偶遇風雨，狼狽不堪。三十年來，民恒以建築宗祠為己任，縮衣節食，積有餘費，乃於民國七年購得墳臺二十、二十一號田三畝九分餘，創造宗祠一座並看祠人住屋及祠後走路八尺、砌設河埠等，自七年秋至八年春告竣，共用銀五千餘元，皆由民一人擔任，族人不費分文。伏念敬宗睦族，支流不論親疏，善始圖終，管理必專，責任所有。春秋二祀，公肅公直下子孫皆得與祭。至完賦修葺，備辦祭品等事，歸民本支子孫永遠經管，旁族概免預聞。惟該處地居鄉僻，民遠在上海，照顧殊難，祠中雇有看管工人，猶恐有等無意識之人擅入祠內，或以寄堆雜物為詞，甚至聚飲賭博，等等，任意糟塌喧擾不堪，請于給示禁止等情到縣，據此，除批示外，合行給示布告。為此仰該處坍近人等一體知悉，爾等須知該商獨力積資建築宗祠，係為報本。邊遠起見，凡爾居民不得籍名遊玩，任意擅入，或寄堆雜物，或聚飲賭博。如敢玩违，有干未便，其各遵照，特此布告。

中華民國九年五月廿三日布告

縣知事朱寶璇

按：碑文錄自原碑，撰者不詳。此碑現藏南匯博物館。2014 年 2 月編者實地尋訪，所見碑為花崗岩質，高 66 釐米，寬 76 釐米，厚 13 釐米。碑文 18 行，每行字數不等。碑面完好，字跡清晰。

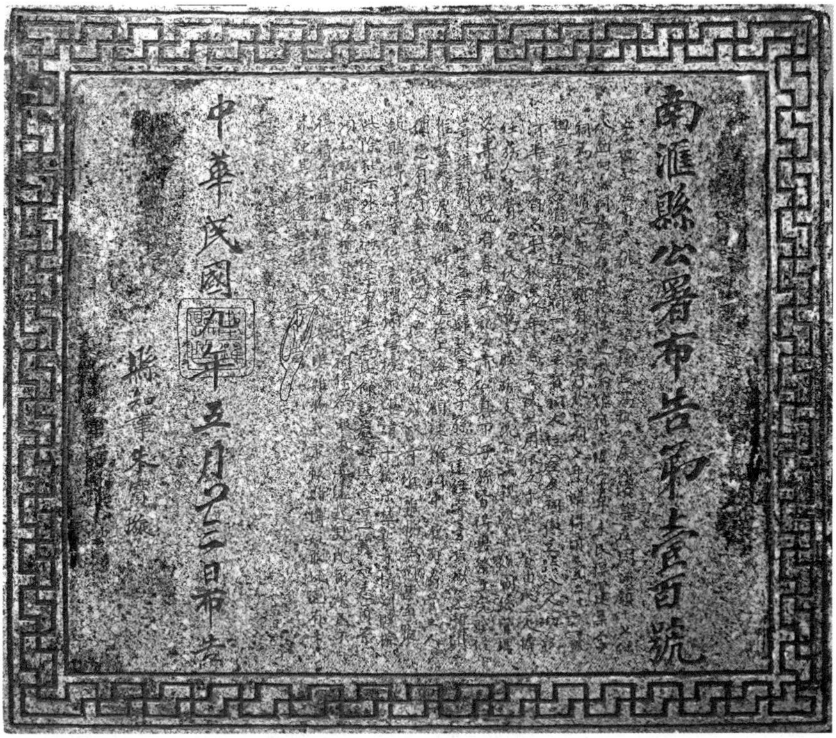
南滙縣公署布告第壹百號

南匯縣公署布告第一百號碑

重建烏泥涇廟碑記

(民國十一年·1922年　陸受昌)

重建烏泥涇廟記

明朝年間,上海浦西有一烏泥涇廟,曾經敕賜,載在縣志。地名烏泥涇鎮,造一城隍廟,稱謂烏泥涇廟者,香煙繚繞,殿宇崇宏,有感斯通,無誠不格。釋迦濟世情深,恩同救蟻;猛將利民志切,績著驅蝗。延齡素仰三官,卻病全憑大士。劉升任功高一邑,施正神澤被羣黎。惜乎代遠年湮,榱崩棟折。嗣有浦東地保名孫明海者,見此廟荒蕪,心甚憫焉,私將該縣錢糧扣而不解,移建是廟於浦東紫竹庵傍,甘受囹圄之苦。既而屢顯神靈,香火極盛,足以見該地保之虔信,有以致此焉。迄今已逾數百載,歷久失修,不堪目睹,獨力重建,將紫竹庵合而爲一。內有城隍、東嶽、關帝以及天妃、財神、法護等佛,從此佛力超昇,永登仁壽。民國十一年夏歷九月上澣立石。壬戌秋長洲陸受昌撰,林鉞書。

按：碑文錄自民國《三林鄉志殘稿》卷六《寺觀》。

秦榮光妻張維靜墓志銘

（民國十年・1921年[一]　秦錫田）

先妣張太夫人墓誌銘[二]

先妣氏張諱維靜，南匯歲貢惠簃先生諱兆熙季女，最鍾愛。先生門下極盛，獨器先君子，故遣來歸。前後事先王父十七年、先王母二十五年，馨饍潔羞，必誠必敬。先君子同產弟妹七人，先妣親之如手足，恩情繾綣，至老弗衰。先君子抱用世才，連試不得志，則小用於鄉里，扶弱鋤强，兼營慈善事業，尤注重教育，創設學校，割田以爲之倡。先妣亦節衣縮食助之。清季政穨，土棍鹽梟白晝讐殺，戚友有遷避滬上者，輒勸先妣偕往，先妣屹然不爲動。地方恃以無恐。先君子晚歲多病，先妣昕夕侍奉，心力交瘁。先君子病後賦詩至比之孟德曜焉。育錫田等五男二女，咸躬親乳哺，珍愛逾恆。稍長卽閑以禮法，善則喜，過則怒，無幾微之假借。錫田兄弟叨竊名位，忝列議席，幸不見棄於賢士大夫者，固奉先君子教者深，亦得諸慈訓多也。性剛卞，治事極敏捷，治家務勤儉，兒孫冠履未嘗假手於人，非甚疾病，無日不躬入廚下。近三十年來，鄉閭風俗日靡，生活程度亦日高，錫田等同流合污，未能有所矯正，先妣恆引爲大慼，此則錫田等所日夜負疚者也。先妣以道光二十一年辛丑正月十一日生，先立春三日，日者屬之庚子，其歿也在民國十年七月三十日，卽夏曆六月二十六日，壽八十有二歲。越二月，祔葬於南匯縣[三]二十一保二十四圖一百八十七號先君子新

[一] 據文，張維靜葬於民國十年，故推測銘文應作於此時或之後。
[二] 先妣張太夫人墓志銘：《上海陳行秦氏支譜》作「張宜人墓志，男錫田撰」。
[三] 南匯縣：《上海陳行秦氏支譜》作「南匯」。

塋。先君子姓秦氏諱榮光，字炳如，江蘇上海縣人，清光緒戊子歲貢，注選訓導。丙申，錫圭官翰林院庶吉[一]；壬寅，錫田官內閣中書，兩遇覃恩封奉政大夫。甲辰七月卒，私謚溫毅。明年商約大臣呂海寰，以興學事蹟入奏，傳旨嘉獎。先妣封宜人。生男五，錫田、錫圭、錫芝、錫芷、錫齡，錫芷早故；女二，適南匯奚在茲、松江吳葆誼；孫男十，孫女十一；曾孫男二。銘曰：

嗚呼，是慈母之安宅，勒貞珉兮志母德，子子孫孫奉儀式。

按：碑文錄自民國秦錫田《享帚録》卷二。《上海陳行秦氏支譜》卷二《初稿·傳志門》亦錄此文，但該版本文字繁簡交錯，校對時繁簡不作注釋。

[一] 庶吉：《上海陳行秦氏支譜》作「庶吉士」。

秦錫籌妻趙氏墓志銘

（民國十年・1921年[一]　秦錫田）

四弟婦趙孺人墓誌銘，辛酉[二]

孺人姓趙氏，係出筠溪望族，父諱淇，字詞甫，別自號竹窗詞客，母氏秦，先王父奉政府君之第四女也。光緒癸未，詞客作古，孺人甫十一齡[三]耳。甲午正月，歸我四弟祝升。乙未七月，四弟歿，遺孤之衡生纔半歲，孺人哀痛之餘，一以撫孤爲職志。甲辰孟秋，先君子溫毅府君棄養。丙午孟春，余兄弟始析產，孺人始理家事。閱八載，之衡畢業松江中學，明年為之娶婦朱。之衡供職省教育會，能以俸入養孺人，又連舉二男，而孺人已病，病五載而增劇，民國十年四月十五日卒，春秋四十有九。踰月合葬於四弟之塋。之衡屬余銘之。嗚呼！孺人少而孤，長而寡，未老而病，病且久而歿，歿且棄其慈母邁姑愛子[四]稚孫，斯極人世之傷心者矣。吾姑以道光己酉生，至同治癸酉而生孺人，余先孺人十二年生，爲咸豐辛酉，余子之望後孺人十二年生，爲光緒乙酉。三世四人適生四朝之酉歲，吾姑常引爲談助。乃之望先夭，孺人繼逝，姑與余遂長抱無涯之痛，此其中殆有命耶。抑余少客筠溪，日過竹窗詞館，與詞客煮茗焚香品詩讀畫，孺人雙鬟低亞日婆娑於吟榻之旁，此景此情如昨如夢而忍爲銘乎？而可無銘乎？銘曰：

兒襁褓母保抱，兒讀書母倚閭，兒負米母甘旨，兒生孫母歡欣，兒溫凊母抱病，病日深悲兒心，完苦節卜同穴，佑孫

[一] 據文，趙氏卒於民國十年，故文首「辛酉」應為「民國十年」，銘文應撰於此時。
[二] 四弟婦趙孺人墓志銘，辛酉：《上海陳行秦氏支譜》作「趙孺人墓志，夫兄錫田撰」。
[三] 齡：《上海陳行秦氏支譜》作「岺」。
[四] 子：《上海陳行秦氏支譜》作「之」。

曾啓雲仍〔一〕，銘母德永無極。

按：碑文錄自民國秦錫田《享帚録》卷二。《上海陳行秦氏支譜》卷二《初稿·傳志門》亦錄此文，但該版本文字繁簡交錯，校對時繁簡不作注釋。

〔一〕仍：《上海陳行秦氏支譜》作「礽」。

秦錫田篋室包昭墓志銘

（民國十一年・1922年[一] 秦錫田）

篋室包姬壙誌，戊壬

姬姓包氏，名昭，故江北產，其父駕海舟常往來津滬間，故旅滬時多。姬早孤，與寡母弱妹賃張氏屋以女紅自給。張氏重姬之慎默，又憐其貧無所依，恆加周恤。會媒以姬名來告，張氏勸余納之。丁未六月來歸。姬苦憶母，百端慰譬，意終不釋。八月其母來省，相持哭，皆失聲。未幾，其母中蜚語訟張氏於官。張氏憤甚，逐之出門，音問遂隔絕。而姬未之知也，日夜思母不置，竟以成疾，光緒三十三年戊申十二月十二日歿，年二十歲。姬性厚重，寡言笑，自來余家閱時一年有半，雖家有喜燕，市有賽會，未嘗闚大門，烹飪、浣濯、縫紉，雖甚猥瑣，未嘗以勞倦辭殆，古所謂柔而正者乎。顧心愚而顓，氣拘而不化，卒以憂傷哭泣，夭其天年，悲夫。民國十一年一月四日，葬本邑廿一保十七圖，余爲之志，書丹以納之壙中，又繫以詩曰：

孀姝掌上擎雙珠，一珠的歷紅氍毹。別母遠嫁淚霑襦，思母不見殉以軀。淒涼埋玉墳不孤，北瞻故里魂歸乎。墳旁有樹棲慈烏，朝朝暮暮烏哺雛。女兒花瘦黃欲枯，益母草心紅未蘇。對景傷懷負負呼，地下愁魂知也無。

按：碑文錄自民國秦錫田《享帚録》卷二。

[一] 據文，包昭葬於民國十一年，故文首「戊壬」一詞應為「壬戌」，即民國十一年，銘文應作於此時。

秦錫田篋室李壬林墓志銘

（民國十一年·1922年[一]　秦錫田）

篋室李姬壙誌

姬姓李氏，名壬林，世居邑城之夢花樓。李故邑名族，至其父而家已落矣。姬上有一兄，其母愛之篤，恆奪其乳以乳之，故姬賦稟羸弱。年未及笄，其父其母相繼歿，其妹又夭。姬貨其廬以營喪葬，不足則稱貸以益之，而隻身寄居鄰嫗家。顧其兄騃魯，姬十指所入不能清宿。逋居數年，境益困，遂發憤誓自鬻以償債。庚戌七月七日，余納之於滬寓，姬欣然慶得所，謂同居女伴曰此前生緣也。性和順恭慎，勤於操作，嗇於衣食，遇事能忍耐，處物必整潔，帷榻几案淨無纖塵。是年冬病，姬以爲妊也，私心竊自喜。明年三月病劇，余徬徨不忍别，姬泫然曰：「君以妾故滯跡他鄉，妾心奚安？僥倖病痛，隨君渡浦歸矣。」既彌留，又嗚咽曰：「妾蒙君愛，身不能報，又以累君，殆君前生債乎？願君載妾骨歸，妾魂魄猶依戀君也。」姬以光緒十六年庚寅三月十七日生，宣統三年三月十四日歿，年二十有二歲。民國十一年一月，與包姬同葬於廿一保之十七圖，亦爲之詞曰：

債積成緣，緣結成債，緣債牽纏，貪癡嗔愛。是薄命花，歸極樂界，緣盡債清，兩無罣礙。

按：碑文錄自民國秦錫田《享帚録》卷二。

[一] 據文，李壬林葬於民國十一年，故此推測銘文應作於此時。

南匯王保衡暨妻黄氏墓表

（民國十二年・1923年　王廣圻）

清誥贈通議大夫、南匯王公暨配誥封淑人黄淑人墓表

宋歐陽公之表瀧岡阡也，有待者垂六十年，今廣圻遲四十餘年而卽表其先壟者，非敢亟也，蓋有故也。廣圻生八歲而孤，於府君志行未能窺見一二，所歷歷印於心目間者，太淑人苦節懿德耳。駪駪征夫于役恆數萬里外，人事不可測，長此有待或竟泯滅，誰之咎也歟，誰之咎也歟？小子更何敢焉！謹泣而志之曰：先府君諱保衡，號仲平，爲先王父（諱蓉生，號子勗）次子，清光緒乙卯優貢生，八旗官學漢教習，生於清道光己酉閏四月二十一日未時，歿於清光緒壬午九月四日巳時，享年三十有四。先太淑人爲上海黄公（諱鴻勳）次女，生於清道光己酉閏四月十一日寅時，歿於中華民國四年六月十二日寅時，享年六十有七。聞諸王父謂府君天資超越，幼卽嶄然露頭角。隨侍海州學舍，一日，石室書院課士，有童子多人與焉，王父試之聯曰：「童子六七人何以謂之文也？」咸瞠目無以應，府君聞而前曰：「蒼生億萬戶其如示諸斯乎。」時年纔十一二耳。好學能文，每一藝出，士林傳誦。今家藏有《盲左類編》、《經史類編》，府君所手輯也。《抱膝吟廬稿》，府君之遺草也。不幸數奇，賫志以歿。又嘗念家累重，無恆產非計，稍稍舉債，以經營濱海蘆葦地，亦未竟其志。小子幼，未知痛也，而太淑人忍痛撫孤，以教以育以清理積負，饔飧之事、浣滌之任、洒掃之役，一一躬親之，操作女紅昏夜不息，未至隆冬，兩手皸瘃，猶恐兒女啼號重傷王父母心焉。嗚呼，其一生經歷之艱辛，蓋有甚於歐母者。溯自府君歿，而廣圻兄弟八人令原多難，長兄曾蔭癸巳冬卒；次兄曾澤甲午春卒；三兄曾福出嗣從堂伯樑棟公後，癸卯秋卒；長嫂葉、三嫂虞亦於壬辰、辛亥先後卒；女兄寶琛適同邑金氏，卒；女弟寶蓮、寶琮，未笄而殤；相依爲命者，僅廣圻與季弟曾憲二人耳。試爲太淑人思之此情此景，其何以堪且也。府君同懷六人，適蕭山

孫氏姑母及四叔父（諱均）既先府君而卒，丁亥秋，世父（諱保建）又歿於京邸，所幸五叔父（諱保如）色養承歡，六叔父（諱保奭）公車繼捷，藉慰王父母晚境。乃自辛卯秋，王母唐太淑人棄養，未逾年，六叔父又以憂卒，時王父年近八旬，不良於行者且十載，家人相率不敢以聞，我太淑人深憂之。丁酉冬，王父易簀，太淑人哀毁尤逾，恒其經歷之苦爲如何耶。府君之歿也，停櫬於家者六載，會堪輿家言二灶十一世祖墓隙地可祔，太淑人乃請於王父母而葬焉。墓既封，哭之慟，詔廣圻曰：「此非汝父志。汝父生平篤志自立，我今且不能置尺土爲安窀穸，拂汝父心多矣。」蓋自壬午而後家境迍邅，蘆葦地未墾，所入不足以供饘粥，太淑人茹苦含辛、節衣縮食，有時疾病相繼至，無以爲醫藥，典質既空，尚無以卒歲，如是者，幾二十有餘年。迨丙午冬，廣圻隨使赴和，始得祿養，然太淑人儉勤如故。戊申夏，壽六十，力戒稱觴。是秋，廣圻署駐和參贊兼有事於南洋，太淑人病甫愈，見廣圻逡巡不敢遽行，乃曰：「汝苟能宣力於國，可稍慰汝父在天之靈，勿以我爲念。」明年，且命廣圻婦袁率孫男念祖赴歐，自率曾憲婦朱等赴日本，由是居東者二年。今曾憲幸得成專門之學，爲世效用，念祖亦學成一業，供職外交，蓋非無自也。民國初元，廣圻入長樞祕，不能苟合於權貴，旋出使駐比，太淑人曰：「共和肇造，國際承認，方賴周旋勤宣於外，何殊吁咈於内，其勉哉。」無何權貴籍故中傷，謠諑朋興。太淑人馳諭曰：「止謗莫如自修其益，修而德積而誠可也。」其後廣圻回京，太淑人就養入都，方謂自兹可稍修子職，孰知入都之日即永訣之辰。嗚呼！痛已。是年十月奉櫬歸葬。嗣廣圻又奉使羅馬，越五載，移節海牙。以廣圻之德薄能鮮而幸免貽隕越羞者，豈偶然也哉。太淑人嘗遺言以蕩田十六畝有奇，捐於新塲達明女校。民國無褒榮先代之典，今稱淑人者，清宣統初所推封也，府君同時贈通議大夫。其時廣圻官二等參贊，例得封贈二代，王父中憲公亦晉贈通議大夫，王妣夏太恭人、唐太恭人均晉贈淑人。臯魚有言，樹欲靜而風不息，瞻望松楸，愴懷曷極，不敢有待，敬就追憶所及，誌之於石，言雖不文，要亦使後世子孫得知廕庇之所由，并知潛德之發皇，不於其身則於其子孫，今亦不異於古所云爾。

民國十二年歲次癸亥三月十二日，男駐和蘭特命全權公使、歷任駐比利時國特命全權公使、駐義大利國特命全權公使廣圻（原名曾頤）百拜表，篆額并填諱。

按：碑文錄自民國王廣圻輯修《南匯王氏家譜》。

秦錫圭墓志銘

（民國十三年·1924年[一]） 秦錫田

仲弟介侯秦君墓誌銘[二]

吾弟介侯卒后七月，其孤之甘等將營窀穸，而乞余誌其墓。嗚呼！弟之行誼，余已狀之矣，又何辭以誌弟墓哉？顧念弟婦之墓，余曾誌之，弟之墓余忍無言哉？弟少余三歲，與余同嬉戲，同讀書，同應試。戊戌之冬，始別余赴晉。庚子六月，余省之壽陽，相與共患難同憂苦者一年而別。越四年，弟歸自涼州才半載，弟又奉母西游，更四年而歸。民國建設，弟奔走國會北燕南粤，相見之日益少。每見輒道及人心之日壞，國事之日非，覆亡之無日，則汍瀾相對，謂生不如死之樂也。嗚呼！孰知弟竟踐斯言而與余長別耶！弟志氣豪邁，學問淹博，詩文皆雅健可傳。宦晉三年，建奇勳而負奇冤，卒不獲再用，於世有才無命，悲夫。弟諱錫圭，字鎮國，號介侯，江蘇上海縣人。吾先考溫毅府君之次子，清光緒乙未進士，官翰林院庶吉士、山西壽陽縣知縣，民國第一屆國會參議院議員、一等大綬嘉禾章。同治十二年二月二十三日生，民國十三年四月二十一日卒，年六十有一。葬本鄉三十圖楊家圈。娶顧氏，先歿，生子一，之梁，殤；戚氏[三]，生子三，之甘、之晉、之昌，女二，皆幼。銘曰：

謂弟爲不遇耶，何以登玉堂綰墨綬？謂弟爲遇耶，何又戍窮邊含恥垢？豈才大之難用，實數奇而不偶，唯勳業與

[一] 據文，秦錫圭卒於民國十三年四月，「卒后七月乞余志其墓」，墓志當撰於民國十三年十一月。

[二] 仲弟介侯秦君墓誌銘：《上海陳行秦氏支譜》作「介侯公墓誌，兄錫田撰」。

[三] 戚氏：《上海陳行秦氏支譜》作「納戚氏」。

文章亘千秋而不朽。鬱鬱佳城,面川背阜,悲玉樹兮長埋,遺楹書兮永守。

按:碑文錄自民國秦錫田《享帚録》卷二。《上海陳行秦氏支譜》卷二《初稿·傳志門》亦錄此文,但該版本文字繁簡交錯,校對時繁簡不作注釋。

倪藴山紀念碑記

（民國十三年·1924年　陸徵祥）

倪牧師藴山公紀念碑

寰球無無教之國，即寰球無不信教之人。我國夙以崇尚道德著稱，雖未顯立國教，然儒釋道三教大化彌綸流傳罔替。洎乎互市，外來傳教者接踵而興，其儀式信條容與我國習尚微有不同，而與人為善之心固無古今中外，其揆一也。先大夫雲峰府君早年崇奉耶教，每所闡發，鄉人咸目為有道君子。而倪藴山先生實為先大夫摯友，前清戊午受洗於慕威廉牧師，旋被任為天安堂牧師，在會達三十二年，立身行事與先大夫志同道合，且持躬正直，秉性慈祥，尤以扶危濟困引為己任，惜局拎一隅，未竟厥志，良可慨矣。今距先生之歿歘已卅有五年，令嗣錫純會長屬為詮次厓略，勒諸貞珉。徵祥不文，且久歷外邦，於先生之嘉言懿行親炙日淺，未能道其萬一，輒舉其犖犖大者以詔當世，並垂不朽云。先生諱嘉珍，江蘇川沙人，生於清道光丙申十二月初八日，歿於光緒己丑三月初九日，春秋五十有四。

基督降世一千九百二十四年，世愚姪上海陸徵祥謹撰。

中華民國十三年甲子十一月，涇縣包希蘭書丹。

按：碑文錄自原碑。碑現存於上海宋慶齡陵園。編者於2014年7月訪得此碑。碑為漢白玉石質，高200釐米，寬94釐米，厚20釐米。碑文14行，滿行30字，每字以鉛鑲嵌。

倪牧師蘊山公紀念碑
寰球無無教之國即寰球無不信教之人我國風以崇尚道德著稱歸來顯立
國教然儒釋道三教大化彌綸流傳罔替洎乎互市外來傳教者接踵而興其
儀式信條容與我國習尚微有不同而與人為善之心固無古今中外其揆一
也　先大夫雲峰府君早年崇奉耶教每所聞發鄉人咸目為有道君子而
倪蘊山先生實為　先大夫摯友前清戊午受洗於慕維廉牧師旋被任為天
安堂牧師在會達三十二年立身行事與　先大夫志同道合且篤解正直秉
性慈祥尤以扶危濟困引為己任惜局於一隅未竟厥志良可慨焉今距　先
生之殁已卅有五年令嗣錫純會長屬為詮次厓略勒諸貞珉微祥不文且
久處外邦於　先生之嘉言懿行親炙日淺未能道其萬一輒舉其犖犖大者
以詒當世並垂不朽云。先生諱嘉珍江蘇川沙人生於清道光丙申十二月
初八日歿於光緒己丑三月初九日春秋五十有四
基督降世一千九百二十四年　世愚姪上海陸徵祥謹撰
中華民國十三年甲子十一月　澧縣包希蘭書丹

倪蘊山紀念碑

朱惟壽墓志銘

（民國十三年・1924年〔一〕 朱惟傑）

四弟覺遲墓誌銘

弟諱惟壽，字覺遲，江蘇南匯縣人也。係出紫陽，派承沛國，族媲毛聃魯衛，家傳禮樂詩書，三槐行馬之榮，遜其名德；七葉珥貂之盛，慚此清華。幼屢破車，長能折節。忽厭一身兩役，轉耽百氏羣經，遂能倚馬千言，銜官屈宋，換鵝一紙；僕隸歐虞，嘗擁皋比。不施夏楚，春風風物，時雨雨人。而以開府多哀，文園善病，不遑用世，遂復居家。平生器量深沈，風神清遠，孝友出乎天性，溫恭洽甚人情。失怙童年，毁能過禮，律身蚤歲，謙以自光，及辭爲師，尤殷將母。慈闈侍藥，有甚於蔡邕；子舍澣帬，更多乎石建。游先白母，言必舉親。吾母嘗言，雖女不如，無男可及，足以徵矣。尤敦信義，最好布施。贈麥助喪，每空乎舟櫂；分金濟急，屢匱乎橐囊。吾母心契佛機，性耽禪悅。弟以□衆生即佛，要在乎達真；孝子事親，莫先於養志，遂亦皈依三寶，信受一乘，於是悟迹本之二門，入法華之三昧，是真精進，非中止於化城；無怠修持，蘄直登乎果海。不但鄙四禪之上品，抑且陋十地之勝流。將以破無明而現元明。圓明朗照，起始覺而交本覺。妙覺淨光，斷有漏習，因得無生法忍。亡何畢陵身痛，舍利頭風，非果縛之猶存，將涅槃之是證，遂以民國十三年甲子夏歷正月二十八日示寂，世壽三十，視肇公之滅度尚少一年，比護法之歸真猶差二歲。嗚呼哀哉。弟未娶，今循世例，嗣以猶子學儀。惟傑久闕連牀忽喪，同氣猶羈薄宦。既媿曹全，未棄微官，有慚杜牧，而況黃腸。繐帳不無入夢之魂，白髮高堂甚有喪明之慟。縱信菩提，證果如如已別乎；塵凡最戀，常棣芳華，世世仍願爲兄弟。茲葬弟

〔一〕據文，朱惟壽卒於民國十三年，未言及葬期；又所載之《周浦朱氏家譜》刊行於民國十四年，故推測卒之年即安葬，碑文亦作於此時。

於縣之周浦鎮某鄉，將毋能所雙亡，即離兩遣，不生不滅，非有非空，而傷五色之香烟，僅留俄頃；痛三輪之寶燭，難駐須臾。未能四聖之忘情，猶是六凡之有念，爰明義相，遂造名言，爲之銘曰：

天高青蒼，地厚玄黃。純孝成佛，地久天長。

同產兄惟傑撰文并書丹篆蓋。

按：碑文錄自民國朱世傑編《周浦朱氏家譜》。

浦東中學增濤池刻石

（民國十五年·1926年　黄炎培）

增濤池

浦東中學創立二十周年，校董趙君增濤斥資鑿池，以為記念，爰以君名名之。

民國十五年十月

黄炎培

按：碑文錄自刻石。刻石現存浦東中學（浦東高科西路1105號），嵌於校園内增濤池壁。編者於2014年2月訪得此碑。碑石共四塊，為花崗岩質，前三塊分刻「增濤池」三字，50×50釐米見方；第四塊刻記文，高50釐米，寬70釐米。

增濤池
浦東中學創立
二十周年校董
趙君增濤斥資
鑿池以爲紀念
爰以君名名之
民國十五年一月
黄炎培

浦東中學增濤池刻石

遷橋築路碑記

（民國十七年·1928年　印星臺）

吾镇以高桥得名，有原可考。尝阅《江東志》，读顾调元先生《竣港建桥记》云：「高桥旧跨黄潼港上。相传港水東通海，西通浦，桥下可行巨舟，居民赖焉。自東西筑护塘，浦、海水不至港。惟界浜与清浦港通潮水，港日久淤塞〔一〕。乾隆五十年后，港与清浦港水又不复输灌。桥偃卧镇北，而港之西合袁家浜以接界浜者亦存一线。旱无从溉，水无从泄。旁田半芜，民以为病。于是同治戊辰秋，由陆君文钊、文镖昆弟等，倡捐请开。至己巳二月竣工。而桥之左右，東接清浦港者六十余丈，犹有待开浚。防廉周公以桥为镇所得名，更宜重建。因令俞君祖同，仍偕陆君文钊等，集资续举，竣港建桥，桥势耸起，气象一新，兴复旧观」云云。今岁又值戊辰，适岁星一周。而所谓桥之左右，東接清浦港六十余丈，又已淤塞成陆。居民以别有界浜，清浦港畅水利通舟楫，视此为不足重轻，遂不复思开浚。而桥亦徒供观瞻，反劳负载之登涉。此港此桥实均无存在之必要。同人等集思求益，询谋佥同，决将此六十余丈无关水利，且已久淤之河流，填筑马路，以利交通。而迁其桥于迤西之港口，以留旧名。至西合袁家浜水以出界浜者，循例开浚，俾旁田仍得溉泄。并于高桥原址开凿公井，饮料消防，咸资利赖。呈奉宝山县署批准备案，募款兴工，克期集事。居民咸以为便利。第恐后阅志书者，情势更易，事实湮没。爰志其涯略，镌立此碑以资稽考。将来沧桑变迁，倘以现在情况又为不适，则后之于今亦犹今之如昔，拓展而改善之，是所望于来者乎！

〔一〕浦、海水不至港。惟界浜与清浦港通潮水，港日久淤塞：據《江東志》卷八載顧調元《濬黄潼港修建高橋記》作「浦、海水不至，港惟与界浜及清浦港通。潮水挟泥，日久淤塞」。

中华民国十有七年岁次戊辰五月，里人印星台谨识，吴郡邹念生刻石。

按：碑文錄自1990年修《川沙縣志》第二十七卷，該志錄為簡體字，此處不變。據該志，該碑原立於浦東新區高橋鎮，毁於文革，拓片藏上海市文物保管委員會。

宋揞渠墓碑記

（民國十七年・1928年〔一〕 黃炎培〔二〕）

宋揞渠墓碑

君名如圭，號揞渠，江蘇川沙人。川沙瀕海宜農，以密邇滬市，故多棄農而商。商尚巧，顧自田間來，善以樸誠厭諸賈，因以建名而興家。君世於農，父律雲，始商於津沽。有子三，伯如金，季如璧，君其仲也。年十四，就學中西書院，翌年調廣方言館，五年畢其業。時外交需才亟，同舍生爭修法文，君獨占英文。既畢業，大府遣往英倫學，瀕行矣，母馮老，父先歿，有尼之者，乃止。設塾於滬，夜以英文課諸青年。時滬北有翹然負盛名之繅絲工場，曰瑞綸。主人吳氏，耳君之學之樸誠也，禮致之。三年，而吳氏別營海外貿易，即今傳瑞記洋行是也。吳既倚君不可一日無，乃以君從，無巨細，咸委之。遭時多故，主家易世，而君輔之忠，亙三十年如一日。初瑞記之商於海外也，實主德，歐戰作，德受厄甚。乃新其業曰安利，而以君長之。戰罷業復，而君輔吳之忠如故。歿前數日，猶力疾趨視所業，可謂有忠也已。君事母孝，自商於滬，歲時歸省，依依不忍去。築堂以奉晨昏，顏曰「培德」。時則迎母於滬，長日親色笑爲樂。培德堂之成也，奉母命，斥資分餘屋，立學校，以商業課後進。養親暇日，自以一生幼而學，壯而商，經歷甘苦，爲諸生演講，肫然無倦容，聞者化之。凡振災卹貧，作一切公益，咸以母命行。自奉菲絕，每食園蔬二簋，戒家人毋得無故殺生。民國十有一年秋八月，病，遂歿，年四十有九。君娶於馬，生子二，學禮，學義。女二，韻和，靜和，皆適袁。學禮嘗從予

〔一〕民國《川沙縣志》卷一二《祠祀志・墓》云：「民國宋揞渠墓，在九團大灣模範公墓園，民國十七年建。」碑文當撰於此時。

〔二〕民國《川沙縣志》卷一二《祠祀志・墓》錄碑文名作「黃炎培譔張一麐書《宋揞渠墓碑》」。

學，故知君稔。銘曰：

泯泯棼棼，鴞飛刺天，而孝於親。相攘以爲德，背主利得，未井先石，而忠厥職。烏乎，非今之人也歟。海風與號，海日與昭，十里勿樵。曰此宋先生之墓道也，以詒里髦。

按：碑文錄自民國《川沙縣志》卷一二《祠祀志》。

黄文毅墓表

（民國十九年至二十九年・1930—1940年〔一〕 秦錫田）

南匯黃文毅先生墓表

南匯故吾邑之東境也，清雍正三年始析為縣，建治所城。於時顧小厓侍講、葉恆齋中翰門第聲望焜耀一時，而與之頡頏者，唯煙霞閣（黃氏閣），建於元至正間，松江提舉莆田黃公承司退休處也。其子孫聚族居此，代有聞人，著作傳世者數十家，行誼載志乘者十餘輩。吾友文毅先生即公十八世孫也。先生諱報廷，字祉安，晚號退庵。曾祖諱山松，郡廩膳生。祖諱通理，劬學，早卒。考諱炳奎，歲貢生，縣議會議長，私謚莊介先生。幼承庭訓，慧穎勤讀。清光緒五年補諸生，十年食廩餼，肄業上海龍門書院，七戰棘闈薦而不售。三十一年登歲進士，籤選縣丞，歷任縣立城南兩校教務、觀濤學校校長。宣統元年，畢業江蘇法政講習所，被舉為城西鄉教育會會長、鄉議會議長、縣教育會會長。民國元年，長縣議事會任地方審判廳典簿，董市西鄉政，長勸學所事，他如䘏嫠、育嬰、普濟諸善舉，鬧港、沈莊塘、鹽鐵塘、白蓮涇、呂家浜之疏濬，李公塘之興築，凡屬地方公務，無役不從。而任事最久者唯本鄉鄉董，七載之中，籌教育費、給貧戶糧、埋無主棺，咸悉心擘劃，又節省經常費，益以籌募，得教養儲金二千餘元。其長縣會前後六七載，凡所建議皆興革要政。十六年任修志局主任，旁搜博采，分授同人編輯，閱一年書成。又議修民國志，而先生之心力瘁矣。先生性厚重，淡名利，寡言笑，內行敦篤，接物謙和，臧否不出於口，喜怒不形於色，而利義之辨、賢不肖之分咸瞭然於胸中，其

〔一〕 據文，黃文毅卒於民國十九年，其子黃邦式於其卒之後乞文於秦錫田，又考秦錫田生卒年（1861—1940），故推測此文應作於民國十九年至二十九年，即1930—1940年間。

處事也，不為矯激之行，而見義勇為亦不以畏難而中止。居恆喜讀書，尤注意鄉邦掌故，著《南沙雜志》行世，為詩文淵懿典贍，油然有經籍之光。又以餘力攻書畫，書學蘇米，畫學沈王，每見名蹟輒臨摹數過，必求其神似而後已。清同治三年八月二十日生，民國十九年二月二十六日以微疾卒，春秋六十有七，鄉人上私謚曰「文毅」。配唐氏，郡增生錫麒女，淑慎溫恭，勤儉仁厚，與先生倡隨相得，先一年卒。子二，邦式、邦直。女三，適曹、適張、適周。孫，男五、女三。葬本邑三團南三甲上則三百八十號新塋主穴。邦式以狀來乞余表墓之文。余讀《詩》至「彼都人士」而知詩人之思慕故家也，讀《春秋》至「仍叔之子」而知史臣之褒美勳舊也，蓋祖宗功德之留貽者厚，而清門碩望又足以維風化而正人心，故人皆敬而畏之，則而象之也。海濱斥鹵，地僻民愚，近復邪說橫行，公理湮滅，維先生與侍講之裔旬侯、明經內翰之裔貞柏茂才，提倡教育，勤求自治，為闔邑之先導，而納斯民於軌範之中。卒之學校林立，人才蔚起，二百餘年之文化不墜於地，則先生造福斯邑者大矣。今者明經作古，先生繼逝，人之云亡，邦國殄瘁，余不獨傷耆舊之淪亡，抑且懼世道之陵夷衰微而莫之挽救，表先生墓益感慨繫之矣。銘曰：

是太邱陳，是穎水荀，弈葉清芬，不墜不湮。其品純，其學醇乎，醇用以覺世牖民，佑啓其後人。

按：碑文錄自民國秦錫田《享帚續錄》卷二。

陳家廟碑記略

（民國二十年·1931年　儲學洙）

儲學洙記略

民國甲子歲，杖朝假歸，問俗至是廟。無廟宇飾，同陳君禹垂肅入，見供三神。禹垂曰：吾陳氏，自漢太邱長五十九世孫善士公，由鎮江金壇縣渡春申浦，卜居五團七甲。越五世，至廷章公，生有異相，秉性聰慧，持躬樸檢，不喜肉食。年二十八遘病危，神智昏迷，夕夢見三人立牀前，一診脈，一持藥，一捧茶，飲之醒，覺滿身鬆動，病去過半。回憶三人狀貌，恍忽間，東方已白。家人進粥，即起坐飲食，越三日病愈。客來問疾，公以夢告，客曰：「殆三官之神乎？由平日作事公正，熱心慈善，冥有援救，當建宇供之，俾留感念。」公於清乾隆五十二年，鳩工建佛宇三間。中供三官神像，凡元旦、元宵、中秋等節，虔奉香火，四鄰亦偕致敬。歷二百年再三重修，不藉他人資助。學洙聞之，肅然起敬，曰：廷章公建佛宇，報神貺也，義也。子孫世守，昭祖德也，孝也。孝義足爲社會式，迥異乎迷信家之借神斂錢者。記之以風厲晚近薄俗。時民國二十年辛未。

按：碑文錄自民國《二區舊五團鄉志》卷八《壇祀·廟》。

積骨塔碑記略

（民國二十年・1931年　儲省吾）

儲省吾記略

塔曷爲以積骨名？名以木有本、水有源，歷久無鹿馬之誤也。按縣志，清雍正十年、十一、二年，大饑大疫。遍野餓莩，甚有礙難行走者。義民張承義目擊之下，深恐陰慘之氣變爲疫厲，雇工收拾，捐地穴埋不敷，上砌土磚以盛。高七層，層五尺，圍六角，角六尺。頂給胡蘆形，故名是塔也。東挹大海洋洋，西吸長江滚滚，南仰匯角盤陀，北達川沙古嶺，鍾靈毓秀，並峙河山，恆以籌備失周，未分男、女塔爲憾。惟事關善舉，足爲社會垂型，應亦景仰其發起苦衷，不僅耗幣也已。同治、光緒間，張祥桂、傅恭弼先後修之。爰略敘事實如此。時民國二十年辛未。

按：碑文錄自民國《二區舊五團鄉志》卷八《壇祀・壇》。

慈雲壇碑記略

（民國二十年·1931年　儲省吾）

儲省吾記略

五團義塚不一，此獨以慈雲名者，何哉？原清同光間，義民張國安承母命，憐海溺浮屍多數被獸食，或葬魚腹，慷慨捐地，隨時收埋，永妥溺魂，故名。立有界石，並在三官堂存棺備殮。近以沿海分設救生巡船，溺屍已不多見。惟事關耗心耗幣，斷不可沒其苦衷，爰記事實，以風厲鄙吝財奴。時民國二十年辛未。

按：碑文錄自民國《二區舊五團鄉志》卷八《壇祀·壇》。

杜氏家祠落成頌

（民國二十年・1931年）

夫士夫廟寢之制，春秋礿嘗之禮，古有宆儀，世有恒俗，其事至常，無可紀述。然而禮以事成，事以人重，故表墓者衆，而歐陽獨傳；紀廟者繁，而顏氏特著。其事雖常，因人而異，今之杜氏家祠亦其例也。

杜月笙先生者，上海之名人，生長浦東，起家商旅，振其才略，遂樹英聲。奮迹扵海隅，馳譽扵江表，賦性豪俠，急公尚義，社會人士咸嚮往之。急難相投，靡不救濟，有求必應，有諾必踐。慈善事業倡導尤多，若學校，若醫院，若救貧，若賑災，其他事類罔不盡力，揮散鉅金以為先導。上海租界華洋雜處，事至繁賾。先生被舉為工部局華董事，地方行政匡助至多，中外官吏皆資倚重，每有糾紛，片言而解。而先生有德，不矜有功，不伐謙懷，自抑君子多之。且先生深知東西各國社會教育咸假助扵戲劇，吾華舊藝宜興改良，故先生暇則顧曲雅善歌詞，每因慈善集欵輒復身登舞場，因是伶界同人感其薰陶，得其贊助，莫不傾懷服茲雅量。

民國二十年五月，先生建杜氏家祠扵浦東。祠宇落成，各界慶頌，同人因先生博施濟衆之德，源於親親長長之懷，亦擬頌詞用彰美德，並為勒石垂諸永久。頌曰：

懿歟杜氏　夙號名宗　今有達人　振厥遺風

峩峩祠宇　建扵浦東　江山美矣　籩豆雍容

中華民國二十年五月　　穀旦

按：碑文錄自民國杜餘慶堂編《杜氏家祠落成紀念冊》，撰者不詳。

杜氏家祠落成頌

夫士夫廟寢之制春秋礿嘗之禮古有定儀世有恒俗其事至常無可紀述然而禮以事成事以人重故表墓者衆而歐陽獨傳紀廟者繁而顏氏特著其事雖常因人而異今之杜氏家祠亦其例也杜月笙先生者上海之名人生長浦東起家商旅振其才略遂樹英聲奮迹於海隅馳譽於江表賦性豪俠急公尚義社會人士咸嚮往之急難相投靡不救濟有求必應有諾必踐慈善事業倡導尤多若學校若醫院若救貧若賑災其他事類罔不盡力揮散鉅金以為先導上海租界華洋雜處事至繁賾先生被舉為工部局華董事地方行政匡助至多中外官吏皆資倚重每有糾紛片言而解而　先生有德不矜有功不伐謙懷自抑君子多之且　先生深知東西各國社會教育咸假助於戲劇吾華舊藝宜與改良故　先生暇則傾曲雅善歌詞每因慈善集款輒復身登舞場因是伶界同人感其薰陶得其賛助莫不傾懷服茲雅量民國二十年五月　先生建杜氏家祠於浦東祠宇落成各界慶頌同人因　先生博施濟衆之德源於親親長長之懷亦擬頌詞用彰美德並為勒石垂諸永久頌曰

懿歟杜氏　夙號名宗　今有達人　振厥遺風

峩峩祠宇　建於浦東　江山美矣　籩豆雍容

中華民國二十年五月　穀旦

杜氏家祠落成頌拓片（載《杜氏家祠落成紀念册》）

高橋杜氏家祠碑記

(民國二十年・1931年　汪兆銘)

高橋杜氏家祠記

中國之有家祠,其由来舊矣。洎乎最近,則有以為宗法社會之遺物而加以菲薄者。愚謂此未可以宗法社會之觀念囿之也。中國數千年来有一種民族精神,隨時隨地可以表現者,厥為報本。其大者,祭祀天地,以其覆育萬物也,乃至一羹一飯之微亦必先祭,始為飲食之人。此種風尚,窮鄉僻壤野老耆舊間猶往往遇之。夫人類之智慧與能力,乃無數心血所積累而成,故報本之義不僅繼往,尤在開来。文化之日進有賴扵是,而親親則報本之尤著者,庸可以宗法社會之觀念囿之歟?或又以為家族思想具量不弘不知忠恕之道,在推己及人,惟能老吾老以及人之老,幼吾幼以及人之幼,乃能使人不獨親其親,不獨子其子也。杜君月笙,今之任俠人也。平日見義勇為,能急人之急,重然諾,輕施與,扵慈善教育諸端尤多所致力,聲名藉甚大江南北。二十年夏建家祠扵黃浦江東之高橋鄉,附設家塾及圖書館,蓋扵報本反始之中,仍不忘樂育人才之意焉。此能以親親為基點,擴而充之,以及扵仁民愛物者也,是可以風矣。愚既畧知其始末,乃樂而為之記。

汪兆銘謹撰

中華民國二十年十一月二十六日

按:碑文錄自民國杜餘慶堂編《杜氏家祠落成紀念冊》。

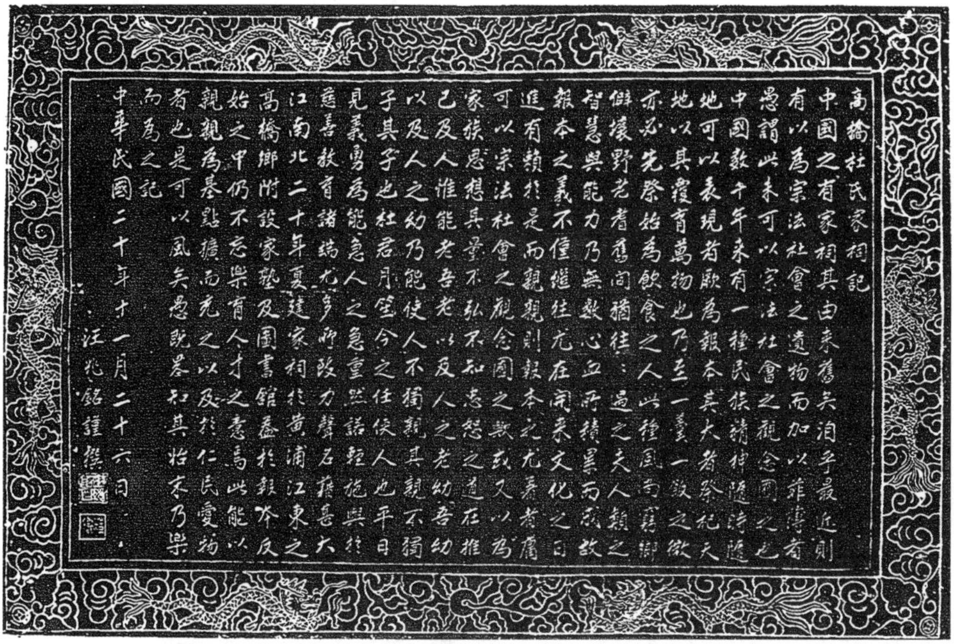
高橋杜氏家祠記

中國之有家祠其由來舊矣洎乎最近則有以爲宗法社會之遺物而加以菲薄者愚謂此未可以宗法社會之觀念概之也中國數千年來有一種民族精神隨時隨地可以表現者厥爲報本其大者祭祀天地以其覆育萬物也乃至一羹一飯之微亦必先祭始爲飲食之人此種風尚窮鄉僻壤野老耆舊問猶往往過之夫人類之智慧與能力乃無數心血所積累而成故報本之義不僅繼往尤在開來文化之日進有賴於是而親親則報本之尤要者庸可以宗法社會之觀念概之歟或又以爲家族思想其量不弘不知忠恕之道在推己及人惟能老吾老以及人之老幼吾幼以及人之幼乃能使人不獨親其親不獨子其子也杜君月笙今之任俠人也平日見義勇爲能急人之急重然諾輕施與於慈善教育諸端尤多所致力聲名籍甚大江南北二十年夏建家祠於黄浦江東之高橋鄉附設家塾及圖書館蓋於報本反始之中仍不忘樂育人才之意焉此能以親親爲基點擴而充之以及於仁民愛物者也是可以風矣愚既具知其始末乃樂而爲之記

中華民國二十年十一月二十六日　汪兆銘謹撰

高橋杜氏家祠碑記拓片（載《杜氏家祠落成紀念册》）

南匯葉貞柏先生教績碑記

（民國二十一年·1932年　秦錫田）

南匯葉貞柏先生教績碑

往余遊太原，見道旁穹碑林立，大書深刻，曰某老先生德教之碑，曰某老先生教澤之碑，心焉儀之。以爲魏晉名都，代生耆碩，爲世大師，其教化之入人者深，故其事蹟之傳世者久也。南匯石筍里，風俗敦厖，人才輩出。遜清光緒季年，謝儀笙明經創設[一]正明公學，延葉貞柏先生掌教務。雖[二]學程迭進，校名屢更，而先生竭智盡忠，視學校如家庭，視生徒如子弟，勤勤懇懇，歷十三載如一日。門下士感其德澤，爲立教績碑而徵文於余。余維上古之世神聖首出，作君作師，君即師也。史册之紀載君德即紀載師德也[三]。後世家天下，君之德不足爲師，於是建邦六典，一曰治典，二曰教典。教與治分，而黨正、州長、鄉大夫各掌其黨、其州、其鄉之教，以屬於大司徒。及周之衰司徒失其官，官不能教。而韋布之儒秉木鐸以行君相之權，曰師以賢得民，儒以道得民[四]，其得民也與君相同，則其豐功偉績被之金石者，奚不君相若哉。昔漢[五]蔡中郎有郭有道碑，有文範先生陳仲弓碑，降及清代，梅氏曾亮有葉先生教思碑，譚氏獻有唐

〔一〕創設：《亨帚續錄》作「創立」。
〔二〕雖：《亨帚續錄》無。
〔三〕史册之紀載君德即紀載師德也：《亨帚續錄》作「史册之紀君德即以紀師德也」。
〔四〕儒以道得民：《亨帚續錄》作「曰儒以道得民」。
〔五〕漢：《亨帚續錄》無。

先生教思碑，其表彰道範直與聖德神功竝垂不朽。先生爲清初忠節公之族裔〔一〕，胚胎家學，經明行脩。其任教務也，尊崇〔二〕六藝，於科學則實事求是，於國文則講讀兼重，竝令學生作日記、札記以淬勵其精神，濬揆其材智〔三〕，故其〔四〕成績斐然，爲南匯〔五〕諸校冠，學使者褒之曰「羣英領袖」。民國成立，學制變更，先生保存國粹，兼采新法，而施以適當之教材，其所造就奚啻千人。長勸學所一年〔六〕，即〔七〕退歸鄉里。後生小子有以學業就質者，輒因人施教，愷切詳明。訖〔八〕今年益高，學益進，氣度益謙而恭，人益尊之如泰山北斗〔九〕。《周易》曰〔一〇〕「教思無窮」，《魯論》曰「誨人不倦」，先生其庶幾與。碑立〔一一〕校内，以資觀感，千禩萬年，春風廣被。中華民國二十一年七月。上海秦錫田譔，同里吴宗瑗書〔一二〕。

按：碑文錄自原碑。碑原立於南匯新場鎮小學内，現存於南匯新場大街 367 號新場歷史文化陳列館内。編者於 2010 年 1 月錄得此碑。碑文共 17 行，滿行 36 字。民國秦錫田《享帚續錄》卷二亦錄此文。

〔一〕族裔：《享帚續錄》作「後裔」。
〔二〕尊崇：《享帚續錄》作「注重」。
〔三〕材智：《享帚續錄》作「才智」。
〔四〕其：《享帚續錄》作「其學生」。
〔五〕南匯：《享帚續錄》作「闔邑」。
〔六〕長勸學所一年：《享帚續錄》作「任勸學所所長一載」。
〔七〕即：《享帚續錄》作「旋即」。
〔八〕訖：《享帚續錄》作「迄」。
〔九〕人益尊之如泰山北斗：《享帚續錄》作「鄉之人尊之如泰山北斗」。
〔一〇〕曰：《享帚續錄》作「云」。
〔一一〕立：《享帚續錄》作「立於」。
〔一二〕以資觀感，千禩萬年，春風廣被。中華民國二十一年七月。上海秦錫田譔，同里吴宗瑗書：《享帚續錄》作「以志高山景行之慕，及門弟子之姓名附勒碑陰，遵漢碑例也」。

南匯葉貞柏先生教績碑

南匯葉貞柏先生教績碑

浦東高氏家祠碑記

（民國二十一年・1932年　秦錫田）

浦東高氏家祠記

共和建國之二十一年九月，浦東高君守智親建家祠。爰造余廬而語之曰：「吾家故貧賤，遠祖諱文觀公逃荒至浦左，以漁以耕以有家室，以長養子孫。今塘橋鎮南有同姓數十家，相傳皆公後，而譜牒無考，輩行不知，故此後亦屏之祠外。」余曰：「六世親竭載□禮經，况不知其輩行，何以序其昭穆，其不能入祠也宜哉。」高君曰：「吾父裕秋公，吾母曹夫人，勤於耕織，育吾昆仲，唯吾兄守仁身歿無後，余嗣以長男，維嶽同氣之親，子孫皆得世世入祠。」余曰：「一本之胤，合食一廟，固古禮也。」高君曰：「祠建於塘橋區南十七啚惟字圩一百十弍五號，北通故□，東即營余生壙可乎？」余曰：「廟在宮左，垂之古禮，祠堂之制創自有唐，惟沿習墓祭之舊俗，多在祖宗墳墓之旁。曲阜孔林其尤著也，祠之位置不背古制，又何疑哉？」高君曰：「祠為余所獨建，又提田四拾畝為祠田，歲取租息以供祭祀、修葺之用，為吾子孫世世共有之產，不得轉移產權。公推行尊品潔者管理之，三年一任，連舉連任，族人皆有監察權。此余私擬之善後法也。」余曰：「意美法良，自可經久而無弊也。」高君曰：「善。子其為吾記之。」余因詮次問答之語勒之祠壁，以昭示高君建祠之心，而使鄉里知所取法。其祠田之細數詳載他石，茲不贅云。同邑秦錫田謹撰。鄞縣陳德全敬書。

按：碑文錄自原碑。碑石現藏於上海地質科普館（即浦東淩空農藝大觀園）内设之曆代土燈館。碑由四塊方磚組合而成，被放置於一木質框内，另有高氏家祠石質匾額一塊嵌於土燈館西側外牆。四塊方磚形制如一，邊長38.5釐米，銘文正楷，共22行，滿行22字；三塊裂碎，所幸未損及文字。

浦東高氏家祠碑

高氏家祠

高氏家祠匾額

壬申修築江南海塘紀念碑記

（民國二十一年・1932年　黃炎培）

壬申脩築江南海塘纪念碑

揚子、錢唐二江之挾諸水並趋而東也，入海乃合。陸盡處有角曰南匯，平沙綿衍，歲有增積。迤北以西為川沙、為上海、為寶山、為太倉、為常熟，迤南以西為奉賢、為松江、為金山，以連浙江。前者被衝刷於揚子，後者被衝刷於錢塘，皆高岸壁立，危哉岌岌。而以前之上海、寶山、太倉、常熟、後之松江為尤甚，盖水勢使然也。民國紀元二十年秋八月二十五日，颶風作於海上，怒濤山傾。二十六夕，上海、寶山間塘瀕決矣，忽風力他向，獲保不者三百萬市人且果魚腹。上海浦東同鄉會危之，集議推員履勘得寔，以白江蘇省、上海市二政府。由二政府代表江蘇省建設廳、上海市工務局代表塘工所在地民人代表，合組江南塘工善後委員會，以鈕永建為委員長，穆藕初副之，葉楚傖、朱子橋、張公權、陳光甫、林康侯、吴莼齋、趙晉卿、杜月笙、王一亭、黄涵之、金其堡、沈昌、高爕、洪保曌、袁希洛、龐樹森、金體乾、徐驥、鐘人傑、唐承宗、羅經猷、許貫三、許秋颿、朱吟江、顧吉生、趙厚生、張效良、葉扶霄、唐壽民、許伯民、胡筆江、周象[illegible]、潘序倫、朱愷儔、金丹儀、施文冉、沈葆義、殷石笙、金慶章、黄瑞生為委員，沈昌為秘書長。設工程專門委員會司計畫審核，沈昌為主任，張效良、朱愷儔、施文冉、金丹儀為委員。督工事者，江蘇省建設廳廳長董修甲、上海市工務局局長沈怡也。委員長鈕永建方供職南京國民政府銓敘部部長，副委員長穆藕初寔主其事。初議根本脩築須銀二千萬圓，省、市庫力不能舉，則取其急者，猶不能，則取其尤急者。計既定，省以徐百揆長松江段工務，宛開甲長寶山段工務，邱錫爵長太倉、常熟段工務；市則以張丹如主高橋，戴尔競主吳淞，各立標招工。以二十一年六月十五日經始，計塘之長度，省合松江、寶山、太倉及常熟之施工部分凡七萬四千三百八十公尺，市之施工部分凡二萬二千五百四十四公尺，都凡九萬九千九百二十四公尺。析其工事，為一樁二石式，為二樁二石式，為二樁三石式，為三樁三石式，為攔水垻，為坦坡拋石，為填土，為排樁，為澆砌石墻。間有毀於軍事為之脩整者橋二，曰川沙鎮大馬橋，屬寶山；曰薛敬塘橋，屬太倉。凡所取法，不問中西新舊，一惟其遵。以九月十五日功成。會事告畢，方工事之初興也，省撥庫券七十萬圓，抵借四十萬圓；市則以收入碼頭捐月一萬圓，抵借二十五萬圓；鐵道部撥十五萬圓，賑災委員會助八千圓，中國紅十字會助二千圓，合八十一萬圓，功既竣，僅耗七十六萬六千六百五十圓有奇。廉己餘資悉購材物存儲，以供秋汛脩護用。是設也依通例，非經年不辦。茲乃以九十日告成，其地近抗日苦戰之場，其時則武漢淮揚大水告警於前，暴日窺伺淞滬恣意摧殘於後，而猶獲以劫餘物力奏不日之功。政府與人民合作之利，此非其明效大驗欤。雖然此所為工僅取其尤急者，設就继续致力，此袤延百里間三百萬市人命脈殆猶未可保也，後之人其無忽焉，是為記。

民國紀元二十一年十月，川沙黃炎培撰，金山陳陶遺書。

吳縣陳仲淵刻

樹碑地：松江金山嘴、寶山薛家灘、太倉閱兵台、上海市高橋

按：碑文錄自《北京大學圖書館藏徐國衛捐贈石刻拓本選編》所載拓片。據該書，碑文為正書，24行，滿行49字；拓片高163釐米，寬80.5釐米；碑一式四塊，分別立于松江金山嘴、寶山薛家灘、高橋、江蘇太倉閱兵台。

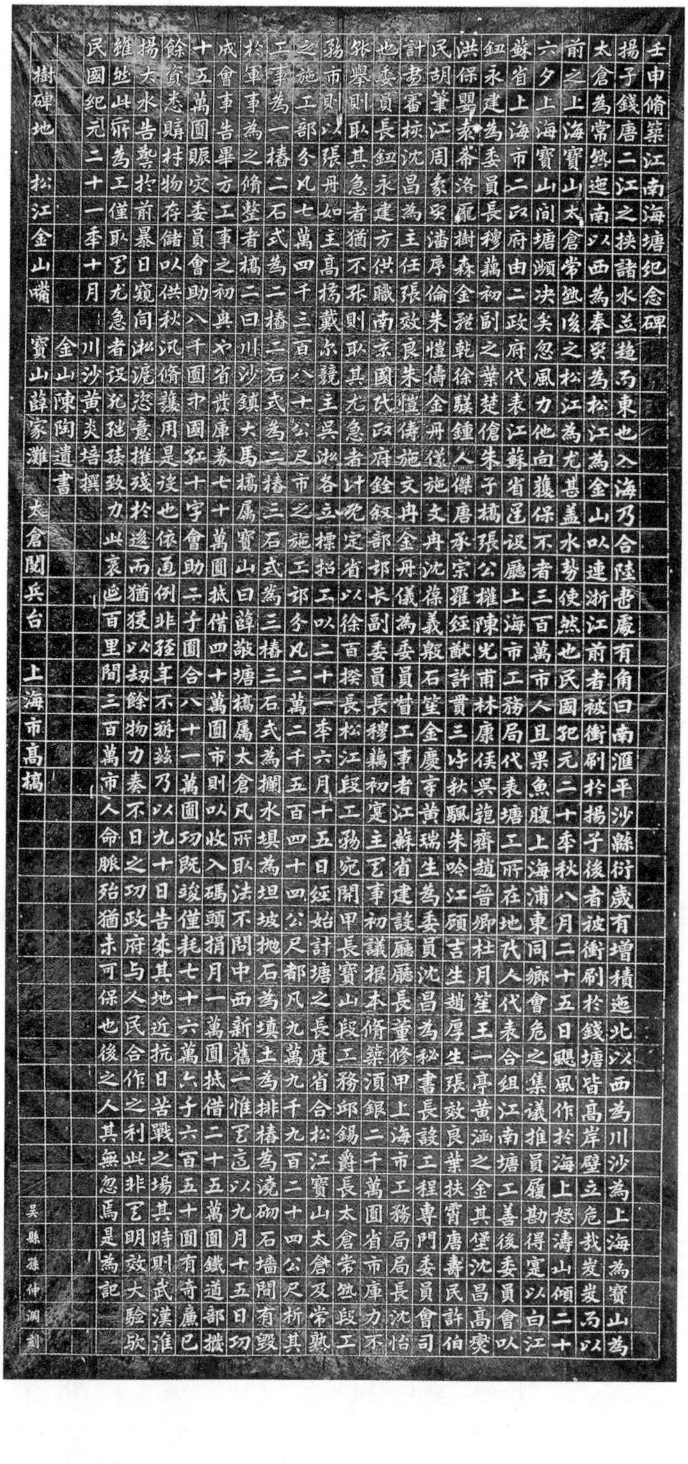

壬申脩築江南海塘紀念碑
揚子錢唐二江之挾諸水並趨而東也入海乃合陸者處有角曰南滙平沙縣衍歲有增積迤北以西為川沙為上海為寶山為
太倉為常熟迤南以西為奉賢為松江為金山以連浙江前者被衝刷於揚子後者被衝刷於錢塘皆高岸壁立危哉岌岌而以
前之上海寶山太倉常熟後之松江為尤甚蓋水勢使然也民國紀元二十秊秋八月二十五日颶風作於海上怒濤山傾二十
六夕上海寶山間塘潰決矣忽風力他向獲保不者三百萬市人且果魚腹上海浦東同鄉會危之集議推員履勘得寔以白江
蘇省上海市二政府由二政府代表江蘇省建設廳上海市工務局代表塘工所在地民人代表合組江南塘工善後委員會以
鈕永建為委員長穆藕初副之葉楚傖朱子橋張公權陳光甫林康侯吳蘊齋趙晉卿杜月笙王一亭黃涵之金其堡沈昌高燮
洪保嬰袁希洛龐樹森金鶴乾徐駿鍾人傑唐承宗羅經猷許貫三許秋颿朱吟江顧吉生趙厚生張效良葉扶霄唐壽民許伯
民胡筆江周象賢潘序倫朱愷儔金冊儀施文冉沈祿義殷石笙金慶章黃瑞生為委員沈昌為秘書長設工程專門委員會司
計畫審核沈昌為主任張效良朱愷儔施文冉金冊儀為委員皆工事者江蘇省建設廳廳長董修甲上海市工務局局長沈怡
也委員長鈕永建方供職南京國民政府銓敘部部長副委員長穆藕初寔主其事初議根本脩築須銀二千萬圓省市庫力不
敷舉則取其急者猶不敷則取其尤急者計既定省以徐百揆長松江段工務宛閘甲長寶山段工務邱錫爵長太倉常熟段工
務市則以張冊如主高橋戴爾競主吳淞各立標招工以二十一秊六月十五日經始計塘之長度省合松江寶山太倉及常熟
之施工部分凡七萬四千三百八十公尺市之施工部分凡二萬二千五百四十四公尺都凡九萬九千九百二十四公尺析其
工事為一樁二石式為二樁二石式為二樁三石式為三樁三石式為攔水壩為坦坡拋石為填土為排樁為澆砌石牆間有毀
於軍事為之脩整者橋二曰川沙鎮大馬橋屬寶山曰薛敬塘橋屬太倉凡所取法不問中西新舊一惟其適以九月十五日功
成會事告畢方工事之初興也省發庫券七十萬圓抵借四十萬圓市則以收入碼頭捐月一萬圓抵借二十五萬圓鐵道部撥
十五萬圓賑災委員會助八千圓中國紅十字會助二千圓合八十一萬圓功既竣僅耗七十六萬六千六百五十圓有奇廩已
餘資悉購材物存儲以供秋汛脩護用是役也依通例非經年不辦茲乃以九十日告成其地近抗日苦戰之場其時則武漢淮
揚大水告警於前暴日窺伺淞滬恣意摧殘於邊而猶獲以劫餘物力奏不日之功政府与人民合作之利此非其明效大驗歟
雖然此所為工僅取其尤急者設不繼續致力此袤迤百里間三百萬市人命脈殆猶未可保也後之人其無忽焉是為記
民國紀元二十一秊十月　川沙黃炎培撰
金山陳陶遺書
樹碑地　松江金山嘴　寶山薛家灘　太倉閱兵台　上海市高橋　吳縣孫仲淵刻

壬申修築江南海塘紀念碑拓片（《北京大學圖書館藏徐國衛捐贈石刻拓本選編》刊載）

秦再珣墓志銘

（民國二十一年・1932年[一]　秦錫貴）

水貞公墓誌　男锡貴撰

府君姓秦氏，讳再珣，字凤仪，号水貞，宋淮海二十五世孫。世居上海县之陈行鎮，至府君始迁南汇县之召稼楼。曾祖讳梦湘，祖讳惟蓉，本生祖讳惟梅，考讳黼彝，三世皆上海县学生員。本生父讳黼藻。府君嘗任地方公职，排难解纷，輿论翕服。性和易，与人交无圭角。善飲酒，一杯在手，陶然自得之乐。以清同治九年庚午九月初六日未时生，民国二十年辛未五月十七日未时卒，壽六十有二。原配姚氏，生子一，锡贵；孙六，之仁、之义、之礼、之智、之信、之吉；曾孙一，光鎮，之仁出。别配姚氏，生子二，锡富、锡兆；孙二，之濂、之谦。之濂，锡富出，之谦，錫兆出。府君卒后十一月，锡貴葬之於南汇县十九保十二图二百四十四号内，沈莊圹北申山寅向，并为原配姚夫人营生圹焉。

按：碑文錄自《上海陳行秦氏支譜》卷二《初稿・傳志門》。該版本文字繁簡交錯，本文按實照録。

[一] 據文，秦再珣卒於民國二十年，卒後十一月下葬，推測銘文應撰於葬后。

翊園碑記

（民國二十二年·1933年　夏壽田）

翊園記

壬申之春，余居滬上，戰後蕭瑟，為之邑鬱無歡。陳子文甫來訪，約長沙習叟及余臨觀其所築翊園，習叟辭以遠，余亦不樂獨游，且為後約。文甫出示園圖，媵以園名錄。錄曰：園在横沔，買地三十畝，為之六越年乃成，軒亭四起，曲廊縈帶，具竹樹邱阜引流疊石之勝。有曰承禮堂，有曰自然軒，有曰曲澗亭，有曰横溪小築。堂之後有湖心亭，亭之後小逕登山有嵩亭；亭之前石塔矗焉，又有半虹亭；亭之前種樹分行，曰梅林、曰桃林、曰桂林。其東有假山瀑布，其西有蓮池、有竹林、有銅塔。凡園中勝處皆有題牓，園雖小，盧鴻十志殆備之矣。陳氏世居南匯之五竈港，早為右族，文甫之祖萬增起業漕运，为商家先進，管會董者三十年。文甫之父子敬以谦厚承家，益之风雅，能歌诗，善奕棋，究心音樂，尤精琵琶，能以琴曲為之，合肥李文忠嘗称為康對山後，能手琵琶於樂，能通古今之變，奇險促絕處，七弦所不能到，余恨不及一聞之。文甫席豐厚而好賓客，重然諾，彬彬君子。又能鑑別古物。余嘗過其居，緗架斐几，逶迤繽紛，其論古玉，述諸浸色原始至精且要，俗人不辨也。文甫求習叟為書園碑，習叟命余為之文。習叟洞山宗子，余所師事，固不敢辭。且文甫厚余，嘗從假園居避暑，直諾無難色，則余之為此，亦樂於從事也。他日或作笠屐之游，翊园桂樹香聞十里，黃龍大師荅山谷道人之公案又當一番重提也，是為記。

中華民國二十二年一月，桂陽夏壽田撰，長沙鄭沅書。

按：碑文錄自原碑。碑存上海第二精神衛生中心（浦東康橋鎮川周公路2607號，原翊園），保存完好，大部分字跡清晰。編者於2013年4月前往該處錄得此碑記。碑為漢白玉石質，碑額高37釐米；碑體高178釐米，寬87釐米，厚10.5釐米；碑座高22釐米，寬106釐米，厚29釐米。碑文17行，滿行33字，每字以鉛鑲嵌。

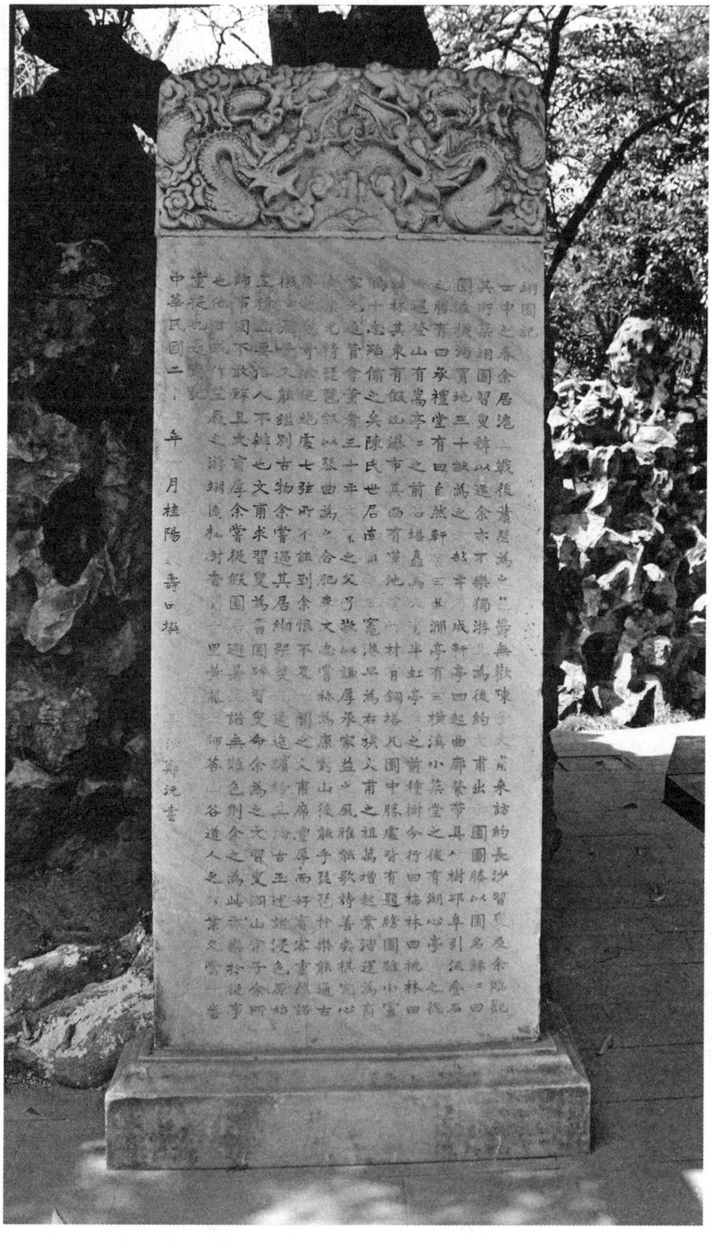

翊園記碑

陸遜墓碑記

（民國二十二年・1933年　顧廷楨）

陆先生，苏州人，书生拜大将，深有谋略，屡平暴敌。民国纪元前1665年，枭雄刘备，不听孔明、赵云苦劝，无理出兵七十五万，暴侵吴境，曰「削平江南，杀尽吴狗」，残害生灵。江南良民尽皆胆裂，日夜号哭。谋士阚泽保举陆公督军，大破刘兵，全军覆没，又破曹军三十万，救江南危亡，有功国民，立碑纪念。

民国廿二年夏日。

川沙顾廷桢敬立。

按：碑文錄自《王港志》第九編《文體》。該志錄爲簡體字，此處不變。據該志，陸遜墓座落於浦東王港鎮北約0.5公里處，曾用作川沙電鍍廠廠址，墓地有棵古銀杏樹，1959年底墓、樹被毀。

重慶橋記

（民國二十二年·1933年[一]）

此重庆桥起造雍正十年，由丁庆云仝室人夏氏，子仁官、书官，婿张天六独资捐建。今于民国廿二年，因原有桥面狭小，迁至沈沙港奚宅后面，另办新桥面，放㘰加长，需费七百余元。经办人张介娱。

按：碑文錄自柴志光主編《浦東石建築踏訪記》。該書錄作簡體字，此處不變。撰者不詳。重慶橋在小灣鎮北市，跨西運鹽河上，東西走向，記文刻於橋面向南一側橋名右方。

[一] 據文，重慶橋於民國二十二年遷建，橋記約作於此時。

育民初級小學碑記略

（民國二十三年·1934年[一]　楊介汀）

楊介汀記略

中國學校萌始於清光緒十一年乙酉，即西曆一千八百八十五年。孫總理肇興民國，志以學堂爲鼓吹之地。展拓於二十三年，開南洋、北洋公學，改革八股。擴大於三十一年，科舉廢，科學興。戊戌政變，日本始有中國留學生。南邑士紳時亦昌言教育。五團一鄉先後成立者共八校，我校即其一也。民國二年以後，雖有教育畝捐，而校多款少，不遑建築，校舍大半租貸，我校亦然，局促於鮑家廟中，何從發展。介汀等有鑒及此，乃於二十年籌購九甲中則欽字九百四十二號八分二釐、下則熟字元號一畝七分五釐、七號四分四釐七毫，共三畝零一釐七毫。至二十三年冬，建築新舍七間，經費悉由地方募集，於公款無涉也。考本校歷史，始名育才，繼改鄉立，今則爲縣立育民初級小學。其最初辦者爲鄧國楨，現長校者爲謝蓮清，而倡捐築費者爲楊勗莊、楊菊莊諸公。茲覩新宇之告成，旋嘉同仁之助力，以爲斯校斯事，不可令其久而湮没也。爰敍其始末泐石，以留紀念云。

按：碑文錄自民國《二區舊五團鄉志》卷六《學校》。

[一] 據《二區舊五團鄉志》卷六《學校》，民國二十三年築校舍於鮑家廟東南，該記敘其始末以留紀念，當作於此時。

縣立務敏小學創建碑記略

（民國二十三年·1934年　儲省吾）

儲省吾記略

吾國人民四萬萬，大半不識一字。即有學問優良，能解深文者，百無一二。所以新政厲行，首重學校。有大學、中學、小學、專科等名，以期教育之普及。師範生傅齡百有鑒於此，創設是校。取君子務本、君子敏事之意，名曰「務敏」。民國七年，承委助理教育。越歲開平權校於耕樂橋南，旋歸併於竹橋小學。而務敏教育則由嚴佩秋任之。惟以校舍僦居，雖課程完備，學生已達近百，不免恆嫌湫隘。民國二十年，儲用才、儲品文捐五團七甲一千四百八十六號上則田一畝五分六釐，傅恭弼代教育局籌一千元，募二百六十七元，建一教室。傅恭弼、傅恭安、傅夢禮、傅夢麒、陳福昌等借墊五百元，加一教室，爲鄉公所保衛團分部，日後由局還墊，仍爲教室等，募建校舍五間。課室操場，應有盡有。惟憾興學宗旨，推倒學閥、軍閥諸弊，尚易爲力，而養通民智，養成完全國民程度，則苦難以爲功也。所望規則盡周詳，力求進化，俾求學者魚貫而來，升學者蟬聯，達到大學、中學、完全民國之目的。不拔之基，河山並壽，不禁馨香祝之。

時民國二十三年甲戌。

按：碑文錄自民國《二區舊五圍鄉志》卷六《學校》。

袁公塘碑記略

(民國二十三年·1934年[一] 儲學洙)

儲學洙記略

天時寒暑有常，地利滄桑靡定。東海灘地日漲，潮患時聞，因有築塘捍海之舉。始於唐開元築老護塘，繼于清雍正築小護塘。光緒築王公塘、李公塘，後灘地復漲，民築外圩。民國二十二年癸酉八月十三、廿八日，颶潮決潰外圩暨李公塘。縣長袁希洛詳奉發帑工振，就在外圩傍闊加高，面寬一丈三尺，底寬三丈七尺，身高八尺，因離灘較近，故築土多於李公塘。十月開工，經五閱月告竣。每方工價洋四角，是時有力民人藉得工資而度日，零丁婦孺聊施捨力以延生，俾民困自此蘇，而潮患自此弭矣。種種工程浩大，似非得人不易爲力，人咸歸功於督辦者袁。袁曰不然，旋歸功於太空。太空冥冥，不可得而名。惟以木本水源，天良具在，爰援萬口之碑曰袁，故名曰袁公塘。

按：碑文錄自民國《二區舊五團鄉志》卷二《水利·海塘》。

[一] 據文，袁公塘竣工於民國二十三年(1934年)，碑文述其始末，當作於此時。

晉忠河碑記

（民國二十三年・1934年[一]　儲學洙[二]）

竹橋東市河，迤東南經大通橋達利濟橋之河，曰窰墩港，係明嘉靖間喬鏜倡開禦寇河之捷徑。迄逾四百年，交通稱便。近因迂淺欠通，在南來竹橋鎮者恆憾，外兜五團灣有三里之遥。馬義紳晉忠有鑒於斯，奮然捐浚，身長二百四十七丈，加深四尺，共土三千三百方，每方工洋四角，每角計錢三百四十文，督率躬親，費無吝色。二十三年春，工竣。二區長龔純忠、龔純正、傅振平、湯雨蒼等深爲嘉許，詳奉省獎曰「晉忠河」，取人河並傳之義。問河史於余，余曾扶杖參觀。藉稔工作之功利，不垂久遠者不足言。是河雖無工作大觀，確有久遠便利，造福地方實非淺鮮。爰敢歷敘付刊，聊備纂修家之鎔鑄云云。

按：碑文錄自民國《二區舊五團鄉志》卷二《水利・橋樑》。

[一] 據文，晉忠河竣工於民國二十三年春，是文述其始末，當撰於此時。

[二] 《二區舊五團鄉志》卷二《水利・橋梁》曰「儲學洙題碑」，卷一〇《藝文・金石部》曰《晉忠河碑記》，儲學洙撰。

報恩橋記

（民國二十三年·1934年[一]）

此桥乾隆二十五年张茂如等起造，自汽车通行后，来往行人车马众多，因原有桥面狭小，故于民国廿三年六月改建，加阔放大。经办人张介娱，发起人张丙怡、□品珍、张庆正、张庆涛，助捐人夏安邦、朱春山等。

按：記文錄自柴志光主編《浦東石建築踏訪記》，撰者不詳。該書錄作簡體字，此處不變。報恩橋在小灣鎮中市，跨東禦寇河上，為跨平板式石橋，東西走向，此記文刻於橋名旁。

[一] 據文，報恩橋擴建於民國二十三年，橋記當作於此時。

孫承模墓志銘

（民國二十三年・1934年〔一〕 秦錫田）

清故處士南匯孫君墓誌銘

君諱承模，字柳階，姓孫氏，江蘇南匯縣人，家世業醫。父諱月朋，字瞻雲，以鍼科得名，事載光緒《南匯縣志》。兄諱承階，字雨田，能傳家學，兼精内科，余纂民國《南匯縣志》稿，列《藝術傳》。君秉受家教，徧讀古今醫案，融會貫通，出而問世，羣推為幼科聖手。於時西法種痘尚未盛行，君審察嬰孩之體質，施以祛毒退熱之方，種苗成花，百不失一。晚知西法之精良簡易，倡導播種，收效最著。性和易仁慈，貧民求診者輒徒步往返，雖道遠不辭勞。晚年聲價漸高，仍不改其常度。於地方公益尤多贊助，嘗募建大木橋，鳩工庀材，必躬必親，始終弗懈，其處事之誠慤，大率類此。事親恭而率，教訓子嚴而有方，與人論醫學無門戶之見，無標榜之風，切理饜心，務求其是，蓋忠信誠篤，粹然有儒者氣象焉。君以清道光三十年九月二十九日生，宣統三年十月六日卒，春秋六十有二。娶同里朱鵬飛女，善操作，精女紅，與君倡隨相得，光緒三十三年九月十日歿，年五十有一，生子三，長次皆殤，三立夫，亦能傳其醫術；女三，適王、適儲、適馮。繼娶龔氏，生子二，錦源、錦鑅，女一，適徐。民國二十三年一月十九日，立夫奉君與朱夫人合葬於本邑十七保二圖四百二十四號田内，而乞余為銘幽之文。余讀楊氏《物理論》曰，醫者非仁愛不可托也，非聰明理達不可任也，非廉潔淳良不可信也。是以古之用醫必選名醫之後，蓋醫之為道，精深微奧，必祖若父闡發於前，子若孫繼述於後，綿綿延延，久而弗替，乃足以起膏盲而登仁壽。《禮》曰「醫不三世，不服其藥」，如君之食舊德

〔一〕 據文「民國二十三年一月十九日，立夫奉君與朱夫人合葬於本邑十七保二圖四百二十四號田内，而乞余為銘幽之文」推測，碑文當作於此時。

詒孫謀，誠無愧為世醫者矣。爰為之銘曰：

良醫之功比良相，疏鑰九竅清五臟，鬱鬱佳城此安葬，百川環繞生氣王，佑啓後人福無量。

按：碑文錄自民國秦錫田《享帚續錄》卷二。

川沙孔子廟碑記

（民國二十四年・1935年　陸炳麟）

川沙縣孔子廟建築始末記

我川係上南分邑，壤地褊小，舊為廳治，未建文廟。民國三年，孔教會分會成立，炳麟與吳紳大本、艾紳曾恪等，請縣援照清同治間南匯辦征畝捐〔一〕倡理文廟成例，本境圖團各田，從四年〔二〕起，每兩串銀帶征銀元兩角，限滿四載，可得萬元，以備建築。詎甫通詳立案〔三〕，當局以警費無出，遽稟上峯，移此濟彼，黌宮的款，盡付子虛。及五年，帝制取消，於是請呈省廳，暫以邑廟東廳萬壽宮改設文廟，舉行丁祭。六年春間，教育款產經理處總董黃洪培呈請酌提市鄉積聚金，向江蘇全省台營管理總局〔四〕，報買前清守備署廢址，實額六畝一分五厘，乞作廟基。八年五月，地方公益會議，在忙銀帶征項下，歲提二百四十元，由款產處轉儲上海中孚銀行，滿十六年〔五〕積有成數，藉以補助工程。惟為期太遠，緩不濟急，遂請於周知事〔六〕慶瑩，先從募捐入手。蒙表同情，親書捐冊，倡捐二百元，且偕炳麟暨邑紳吳大本、陸清澤、艾文煜等，訂期赴申，柬邀旅滬紳商，募得二千元〔七〕左右。是年九月，周公歸道山，捐銀二百，為其族人經手轉輾〔八〕，致成

〔一〕南匯辦征畝捐：民國《川沙縣志》作「南匯縣帶征畝捐」。
〔二〕四年：民國《川沙縣志》作「民國四年」。
〔三〕詎甫通詳立案：民國《川沙縣志》作「詎甫立案」。
〔四〕台營管理總局：民國《川沙縣志》作「台營官地總局」。
〔五〕十六年：民國《川沙縣志》作「十五年」。
〔六〕知事：民國《川沙縣志》作「縣長」。
〔七〕二千元：民國《川沙縣志》作「二千」。
〔八〕為其族人經手轉輾：民國《川沙縣志》作「為其族人吞賴」。

畫餅。顧其急公好義，一片熱誠，固自不可沒已。十五年春，議因廟基狹窄，添購廟界西連潘姓民田二畝一分，同前繳價備案，劃界立石，又請於嚴知事森，增印捐冊〔一〕，設席縣商會中，續為將伯之呼。即於是年奠基築牆〔二〕。十六年春，以經費未充，時局一變〔三〕，工作暫停。幸十七年冬，國府下令保存孔廟，經縣政府、教育局先後呈奉中央大學院、江蘇省政府指令，仰照原定計劃，繼續進行等因，各在案〔四〕。乃組文廟工程委員會，決議十八年十一月鳩工經始，款收仍絀。不得已，於十九年四月，邀同張君仰渠〔五〕、陸君問梅〔六〕等，重涖滬濱，宴集於大觀樓，黃任之、張伯初兩先生暨寓申諸同志〔七〕，聯翩戾止，盡力吹噓，款稍稍集。至二十年夏，工甫告竣，計成宮殿〔八〕樓房一埭，上下十間，下設正殿，內供神位，外為禮堂，上備藏書，以供參考〔九〕。殿前〔一〇〕謹遵〔一一〕部令高懸「孔子廟」三字直匾。牆外市河〔一二〕，清流激湍，宛同泮水。路旁桐柳成陰〔一三〕，頗饒風景。旋以工程潦草，於去夏重加脩理，俾臻鞏固。至若歷年捐款不繼，時先向中孚銀行存儲項下借提，以資挹注。〔一四〕嗚呼！閱時經二十一載〔一五〕，集款至一萬有奇。既荷政府保留，尤賴官民協助。況

〔一〕捐冊：民國《川沙縣志》作「簿冊」。
〔二〕即於是年奠基築牆：民國《川沙縣志》無。
〔三〕一變：民國《川沙縣志》作「不定」。
〔四〕各在案：民國《川沙縣志》無。
〔五〕張君仰渠：民國《川沙縣志》作「張君志鴻」。
〔六〕陸君問梅：民國《川沙縣志》作「陸君文信」。
〔七〕宴集於大觀樓，黃任之、張伯初兩先生暨寓申諸同志：民國《川沙縣志》作「於大觀樓偕黃君炎培、張君志鶴，宴寓申諸同志」。
〔八〕宮殿：民國《川沙縣志》作「中西合式」。
〔九〕以供參考：民國《川沙縣志》作「以資參考」。
〔一〇〕殿前：民國《川沙縣志》作「殿前額」。
〔一一〕謹遵：民國《川沙縣志》作「遵」。
〔一二〕牆外市河：民國《川沙縣志》作「圍牆之外，南有市河」。
〔一三〕路旁桐柳成陰：民國《川沙縣志》作「左爲中山紀念林，四周花柳成陰」。
〔一四〕旋以工程潦草，於去夏重加脩理，俾臻鞏固。至若歷年捐款不繼，時先向中孚銀行存儲項下借提，以資挹注：民國《川沙縣志》無。
〔一五〕二十一載：民國《川沙縣志》作「一十九載」。

值李縣長子韓〔一〕綰篆鐵沙，落成伊始，提倡文化，無日忘懷〔二〕。當此風教陵夷之際，不墜尼山〔三〕道德之傳，雖徼天幸，實賴〔四〕人謀。爰敘始末，用備紀載。然而宮牆雖具，美富未臻，瞻望前途，希俟來哲。至於捐助姓名，榮垂不朽，收支款項，徵信無遺，待付手民，鐫碑永峙，茲限篇幅，不復贅陳。

中華民國〔五〕二十四年夏六月，邑人重游泮水七十八叟陸炳麟謹譔，命次子培榮敬書。

按：碑文錄自原碑。該碑石現藏川沙中學（川沙孔子廟舊址，浦東新區川沙鎮新川路 324 號），嵌於行政樓底層北牆，保存完好。碑為青石質，額高 30 釐米，寬 54 釐米；碑身高 110 釐米，寬 54 釐米；碑座高 20 釐米，寬 54 釐米。碑文打格刻書，共 21 行，滿行 45 字。民國《川沙縣志》卷九《教育志》亦錄此文。

〔一〕李縣長子韓：民國《川沙縣志》作「子韓李縣長」。
〔二〕無日忘懷：民國《川沙縣志》作「不遺餘力」。
〔三〕尼山：民國《川沙縣志》作「宣聖」。
〔四〕賴：民國《川沙縣志》作「恃」。
〔五〕中華民國：民國《川沙縣志》作「民國」。

川沙孔子廟碑
川沙縣孔子廟建築始末記

川沙孔子廟碑

重修潮音庵碑記

（民國二十四年·1935年　萬墨林）

重修潮音庵記

川沙縣九團鄉潮音庵，建於清乾隆八年，中供觀世音菩薩，凡所祈求，無不靈應，一方資保障焉。神所憑依，斯成勝境。年久失修，傾圮殆盡，鄉人士思所以重新廟貌，複其舊觀，商於翰者再。翰生於斯，長於斯，竊以靈跡不可湮沒，香火不可中斷，發願募金，以舉其事。請於杜月笙先生，先生慨然斥資二千金，不足之數由翰任之。遂鳩工庀材，營造之式，悉如舊制，歷四月而工竣，工料共需一萬二千金。翰幸與其役，樂觀厥成，不可不有以志之。書云：敬神如神在。鄉之人，必能世世奉祀弗替焉。是為記。

中華民國二十四年元旦，墨林萬翰敬題。

按：碑文錄自原碑。該碑現藏浦東曹路鎮潮音庵，嵌於山門墻間。柴志光先生於1998年2月初訪得此碑，量取尺寸，並鈔錄碑文；2002年10月再訪，拍攝照片。本文按柴志光先生所攝照片校對。據柴志光先生所記，石碑爲青石質，碑額爲半圓形，刻有丹鳳朝陽圖案；碑身高154釐米，寬71釐米；碑座高32釐米，寬88釐米，刻有連枝花草圖案；行文13行，滿行18字。

重修潮音庵碑

巽龍禪院重建大雄寶殿碑記

（民國二十四年·1935年　朱惟公）

巽龍禪院重建大雄寶殿碑記

周浦南市之中，有徑折而東數□度石梁，巽龍禪院在焉。隱靜深秀，風景殊佳，雖接比闤闠賈區，而往來扵外者未之覺也。楊堤海眼為鎮八景之一，亦即在院右鹹塘中，鄉曰苾□住之。民國戊辰，有泥城比丘尼修性，法名華羣者，自沈莊關帝廟來主持，今已八載矣。俗姓火，百曲村人，母八產，祇賸一身。火氏奕葉耕讀，儒士輩出，華羣濡染詩禮，稟性狷介；壯歲，父母歿，矢志不嫁，披□於泥城浄心菴，皈依蓮文師為佛弟子。來院後，戒行清苦，酷節儉比，懲叔世嶮巇，斥其私橐，□新大殿並東廂樓兩楹，敦厥夙尚，留此勝因。經始七月八日，竣工於九月間，約貲千九百金。案姚其均《周浦紀畧後編》曰，倉署在鎮，宰迎春東郊，則憩於是。邑志自清雍正年後，大殿興廢悉□失考。子不信二氏，且疾緇俗之恒擾人，失本旨。嘉其獨持真覺，迥異庸常。感於文社地而莫徵於文，爰樂為記，以泐之，藉垂永久。

民國二十四年乙亥六月穀旦

里人朱惟公謹撰，唐剛敬書

按：碑文錄自原碑。該碑現存巽龍禪院（周浦鎮南八灶159號），嵌於大雄寶殿東外牆壁間。碑為青石質，寬102釐米，高34釐米，碑文29行，滿行12字。1998年5月柴志光先生照原碑錄得碑文。2013年3月編者再訪，石碑碑面已有磨損，部分刻字已難辨識。

巽龍禪院重建大雄寶殿碑

節母橋記

（民國二十四年・1935年〔一〕　儲學洙〔二〕）

嘗觀天下之名山大川，其名不外以地傳或人傳，此春申君鑿黃浦曰申浦，欽知縣筑海塘曰欽塘，實至名歸，歷千百年猶膾炙人口也。吾鄉傅節母，係清諸生傅以康先生之德配。年三十，傅先生捐館，節母撫子佐衡，以耕織餘金延師課讀，親見佐衡長大成名，創建地方公益百般，名盈中外，至九十春秋無疾坐化。奉大總統褒題曰「抱淑守貞」，里鄰莫不稱慶。復獲孝子以母遺撙節金，購石架於宅前大河，便熙來攘往，以節母名其橋。始稔節母守節之志堅，孝子報恩之情摯，母節子孝，彙萃一門，望重德隆，可與申浦、欽塘之名並垂不朽矣。爰題楹聯，左曰：架石報娘恩，驅馬高車，往來利便；登橋瞻國獎，守貞抱淑，旌表堂皇。右曰：南通瀾港長流，恢復築園孚衆望；北近期儒表第，巍峨學校育羣英。並敍節母之事實而題於碑。

按：碑文錄自民國《二區舊五團鄉志》卷二《水利・橋樑》。節母橋在川沙六團小區新浜村傅家宅49號居民家前的一條東西向河道上，為三跨平板石橋，南北走向。在中跨橋石的東西兩側陽刻有橋名「節母橋」，橋名兩側刻有記文和建造時間，記文大部分無法識讀，可識文字與《二區舊五團鄉志》所錄大體相同，應為同一篇。建造時間為「中華民國貳拾四年岁次乙亥拾貳月貳拾九日」。

〔一〕橋上鐫刻時間為「中華民國貳拾四年岁次乙亥拾貳月貳拾九日」，記文當作此時。
〔二〕《二區舊五團鄉志》卷二《水利・橋樑》曰「儲學洙題碑」。

王應銓遺愛碑記

(民國二十四年・1935年[一]　秦錫田)

清故明經、鄉謚通穀、南匯鼐伯王公遺愛碑

南匯先哲鼐伯王公，學行著於一鄉，惠澤流之弈葉。作古三十五載，而士民之過公里者瞻仰徘徊，不勝高山景行之慕，蓋功德之入人心者深也。案縣續志列傳曰，王應銓，字鼐伯，晚號紹陶，晉堦子，諸生。咸豐末，粵寇陷浦東，練勇丁衛其鄉，以殺賊為己任。亂定，亟度地縣署之東建積穀倉，年豐則按畝徵捐糴穀儲倉，以備賑饑之用。又清釐賓興、觀濤、普濟諸公蕩，公款收入大增。尤善治河，開港、周浦塘、王家浜次第疏鑿，以利舟楫農田。款有贏餘則分浚支河，使脈絡貫通，頭頭是道。鄉里爭執，片言排解，立息訟端。時以鹽巡擾害地方，應銓聯合鄰邑紳董請禁緝私船入內港，歸途為風寒所襲，病未數日遽卒，濱海魚鹽各戶不知名而往弔者相屬於途。中年多病，遂習醫，有求治者輒應手愈。又精樹藝術，植果樹數十畝，暇則抱甕婆娑其下，有隱君子風，私謚「通穀」。考光緒縣志，同治十一年，公父醒初先生創建積穀倉，時公年三十有七，意必為父服勞，故人遂屬之公歟，然公於積穀固有保障之功者也。光緒十四年，藩司黃彭年勒提各縣穀息以留養鄭州難民，公依據定章再三申請，款卒歸還。此後連歲歉收，即舉以濟貧，民霑實惠。平日謹蓋藏，慎出納，鈎稽盈縮，辨析毫芒，二十年如一日。公性果毅，遇事逴厲奮發，百折不回。當公之清釐各公蕩也，革除總佃，佃戶納租得直達業主，總佃失其利藪，爭謀傾公，始誘以利，繼脅以威，終且合詞誣控，公夷然不為動。

[一] 據文，王應銓生於清道光十六年，卒於清光緒二十六年，卒后三十五年鄉人仰其功德，請託秦錫田為之記，時年又為王應銓百歲誕辰，按古人「九作十」的風俗，故推測此碑記當作於民國二十四年。

最後則煽惑愚民十百成羣，露刃狂譟，欲得公而甘心。公慨然曰：「吾抑强扶弱，為佃戶輕負擔，為公家增收入，吾無絲毫自利之心，豈惜此七尺軀哉。」衆咸翕服。迄今沿海農民樂其樂，利其利，歌頌公之威德者不衰。公疾惡如讎，常面折人過不少假借，然折節為善則奬勵而扶植之，又不遺餘力。官吏有措施失當者、法令有不便於民者，公侃侃爭辯，不屈不撓，必得當而後止。流氓、痞棍、蟻媒、鼠竊為害鄉里，毅然除之，如鷹鸇之逐鳥雀焉。故無賴宵小聞風懾服，奸胥猾吏亦斂手奉法度。一時士氣為之大振，良民相勸於為善，風俗因之而謹厚。《詩》曰「無縱詭隨，以儆罔極」，《書》曰「彰善癉惡，樹之風聲」，公其庶幾歟。公卒于光緒二十六年庚子二月四日。於時，鹽梟踞周浦鎮，四出騷擾，知縣汪以誠親往彈壓，梟舉槍抗拒，汪惶恐遁歸，梟勢益熾，遠近匪徒羣起響應。汪匿不上聞。公扶病晋省面謁撫軍陸元鼎，痛陳釀亂之源與夫弭亂之策，撫軍立撤汪職，檄太湖水師飛划營渡浦會剿，梟黨駭散，閭閻乂安。而《續志・雜志篇》誤作二十七年，又不載公晋省請剿事。《本傳》則稱公之晋省請禁鹽巡入港遂致庸吏之縱惡殃民，公之為民請命皆湮沒而不彰，豈信史哉。是年六月，拳匪亂京津。七月，聯軍入都門，鑾輿西狩，湘鄂票匪乘機蠢動，此正危急存亡之秋也。嗚呼！天下事成於明決，隳於畏葸。假使公阿附權勢，偷安旦夕，一任汪令之養癰成患，遷延半載，梟匪羽翼已成，竟與南票北拳聯合一氣，則星星之火可以燎原，東南治安何以互保。嗚呼！公之此行關繫於大局者甚鉅，豈僅一邑之安危哉。公歸二日，病遽不起。人之云亡，邦國殄瘁。此三十年來小人道長，君子道消，教化日即於陵夷，人心日陷於貪詐，政治日進於煩苛，民生日趨於顛頓，而人民柔懦噤若寒蟬，曾不敢仰首鳴號一陳疾苦，坐令吾民水益深，火益熱，而莫之拯救。嗚呼！此尤吾民所感公念公而不能自已者也。公以道光十六年丙申生，今年正值百齡，羣議立碑於公之里門，而屬錫田記以文。錫田辱荷公知，又見公之晚年與先君子研究地方之利弊，確定興革之方法，往返函商，精詳懇摯，故錫田之知公亦深，爰舉其犖犖大者，著之於篇，而繫之以銘。銘曰：

維天生才，維才造福。福我梓桑，為我公樸。公紹先徽，注重積穀。積久不散，貪人旁伏。嚴檄徵調，虎猛虺毒。公起抗爭，舊章回復。十萬貫錢，歸自寸牘。水利失修，川流成陸。公來疏瀹，功兼宣蓄。水到渠成，家給人足。鹽利久盡，鹽禍彌酷。手握兵符，與梟角逐。哀我窮黎，恣其屠戮。公據成法，騰書當軸。禁遏鹽巡，絕跡海曲。老幼晏安，含飴鼓腹。沙田膴膴，土豪魚肉。耕夫汗血，食無半菽。公革總佃，脫民桎梏。公家租增，貧農惠渥。蠢蠢亂民，紛爭蠻觸。恃强淩弱，殺人焚屋。公謁中丞，秦庭痛哭。天鑒公誠，王師神速。兵氣消除，匪黨傾覆。豈無伏莽，去其耳目。豈無莠民，摧其爪角。安我閭閻，左饘右粥。扶植良懦，半耕半讀。采納嘉謀，虚懷若谷。善氣熏蒸，五穀蕃熟。溝洫有志，公傳家學。樹藝有書，公推先覺。是衆人母，是豐年玉。瞻公節概，日星河嶽。讀公文章，布帛菽粟。公之生兮，衆心悅服。公之逝兮，百身莫贖。敬公慕公，馨香尸祝。勒公穹碑，為公實錄。

按：碑文錄自民國秦錫田《享帚續錄》卷二。

三林學校新建體育館記

（民國二十五年・1936年〔一〕　秦錫田）

今之言教育者，曰德、曰智、曰體尚矣。然德非體不立，智非體不長，體固德與智之質幹也。吾三林學校創立之初，先溫毅公慨民氣之衰弱，注重武備，請於官，得後膛槍八十枝，專聘名師課兵式操演戰陣法，暇則馳馬試劍習擊刺練游泳，技皆精熟。又購得毛瑟槍十二枝，晨習打靶，十中八九。光復之際，本地痞棍勾結外來匪徒蠢蠢欲動。吾校之師若生，日操兩小時，彈皆中的，聲若連珠，觀者咸駭服；夜則荷槍實彈，分隊梭巡，匪衆皆震懾，不敢動。此則吾校之效忠於社會，其功績已卓卓如此。已而部章嚴密，小學學生限以年齡，學科不得偏重一途，故尚武之風稍戢，然課外工作兼習柔術，歷年參預聯合運動會，常得甲等獎狀。民國二十三年，立校三十週，校董會議決募建體育館，以留紀念，顧工鉅費絀，未克實行。二十四年，康君錫濤奉其母王太夫人之命倡捐國幣二千圓，始於九月設計奠基，翌年十二月工始落成。館占地三千六百四十方尺，東西九十一尺，南北四十尺，高四十尺，中為球場，四圍架以樓，三層上則學生宿舍，中則來賓坐位，下則為講堂，為器械室，都縻國幣一萬圓。於是校長丁君冠顏曰：「先生再造吾校崢嶸，璀璨弁冕浦東。今斯館工竣，設備觕完，先生不可以無記。」嗚呼，余主持校務三十三年矣！當民國元年之秋，校舍灰燼，人心渙散，余力排衆議，召集師生繼續授課，復與湯丈蘊齋、趙丈志熙度地天池之北，籌築新校，空拳赤手辛苦經營。吾三鄉之士民冷眼旁觀，未嘗參一謀、置一喙焉。迨至規模觕具，經濟漸裕，誹謗之聲接踵而起，巧誣醜詆無所不至，

〔一〕據文「二十四年康君錫濤奉其母王太夫人之命倡捐國幣二千圓，始於九月設計奠基，翌年十二月工始落成」推測體育館落成於民國二十五年，碑文當作於此時。

余哀如充耳一不置辯，余豈頑鈍無恥哉？誠不忍使先人留遺之事業隳壞於一二纖兒之手也。故二十年來反對之風潮迭起迭伏，而余建設之工程孟晉不已，先後興築校舍樓屋三十二幢，平屋二十五間，市房六十餘幢，而工費之偉大以斯館為最。夫天下事創始匪難，成功為難，成功而能保其令名之為尤難。余任久權專，易招物議，唯見利必興，見害必去，無一毫自私自利之心，并無獨利本鄉之偏見，此尚可告無罪於鄉人，而鄉人之明達事理者不余瑕疵，余始得藉手以成事歟。近者強鄰窺伺，國難日亟，吾中央政府亦知民氣之柔弱不足與禦外侮也，始以軍事訓練民衆，故體育一科實為時勢所需要，而斯館適應時而產生。願後之人仰承先哲之遺規，各發熱誠，昕夕淬厲，俾精神日益活潑，筋骨日益堅強，耳目手足日益靈敏，而又薰陶以舊道德，灌輸以新術智，經文緯武，才學兼優。昔人有言，種瓜得瓜，種豆得豆。吾校體育造因於三十年前，食果於三十年後，當必有奇才異能之士上馬殺賊，下馬作露布，為國家宣猷，為吾校生色。免置之二章曰：赳赳武夫，公侯干城；赳赳武夫，公侯腹心。余雖衰朽，亦將拭目以觀其盛。

按：碑文錄自民國秦錫田《享帚續錄》卷二。

秦端毅清德碑記

（民國二十六年·1937年[一]　秦錫田）

南匯端毅秦先生清德碑

秦端毅先生辭世十六載，南匯士民謀臚陳其事實，勒之貞珉，以資矜式。古者紀事有碑，紀功有碑，紀德有碑。唐瘻、陶渭南二令之碑，皆題清德。近秀水朱彝尊氏亦撰顔君清德碑，蓋以一行該衆長也。先生清操拔俗，清名久而益彰，則碑名「清德」適合古制。按，先生諱始基，字亮臣，晚號閒漢。宋淮海學士之裔，家世儒素，年十八補縣學博士弟子員，以能文名，秋闈屢試不利，遂棄儒就賈。製造磚瓦，陳列南洋勸業會，得膺特奬。光緒二十四年浚王家浜，工長費鉅，議全縣糧田每畝徵錢一百三十文，先生覆丈核減逾半，而岸闊槽深爲闔邑幹河冠。當道知先生明習水利，每遇工役壹以諉諉，先生亦力任不辭，幹河若周浦塘、鹹塘、閘港、都臺浦，支河若川心河、廟涇、大祟涇、車路港、馬路港、肇瀝港，先生咸盡力經營，不辭勞瘁。而督浚周浦塘尤爲艱苦，於時天氣奇寒，朔風砭骨，先生日駐河干，登降跋涉，手足俱僵，冰綴鬚髯，纍纍如貫珠，迨至春回工竣，先生之精力已大憊矣。地方公産久不清理，先生請設總善公所，調齊案牘，次第勘丈，依據舊案收回侵地，給還租戶墾本，革除董佃中飽。於是弊竇一清，利歸農民，而公款收益大增。里有觀濤書院，院章日久廢弛，先生整理款産以裕經費，改設學校以尊功令，增建校舍以宏造就，又創設裏秦、長安、祟涇各校，平民咸知嚮學，絃誦之聲達於四境。先生精考核勤審察，邑有興作如習藝所、自新所等，皆推先生主持，故料省而工堅。近地橋梁一一集款興工，經年累月，僅底於成。鼎革之際，先生謝絕塵事，退老林泉，而公私敦促，義不容辭，

[一] 據文，秦端毅卒於民國十年，其辭世十六年後，南匯士民謀臚陳其事實勒之貞珉，故推測碑文約撰於民國二十六年。

民國二年任縣公署第二科科長，四年任教育款産處總董，七年任勸學所所長，越二載，以疾終於里第。非所謂鞠躬盡瘁者歟。性剛正，嚴於律己而寬於待人，嗇於自奉而豐於公益，猛於除惡而勤於嘉善，樂於容衆。鄉曲爭論必力為排解，評判曲直必當事理。有以財物酬謝者，先生堅卻之曰：「吾之直汝，汝理直也，非市汝惠也。直者德我，曲者將怨我。我不任受怨，又奚任受德哉。」有置金而去者，先生必追而與之曰：「若遺金於我室，若何健忘也。」輒擲其金於道，故人皆不敢干以私。居恆嘗詔諸子曰：「吾經理公事，銀錢出入詳載簿册，隨時可以揭示。吾自省平生未嘗受暮夜之金及一切非法弋取之財。吾豈不念子孫哉，蓋欲以清白貽子孫耳。汝曹其謹識之。」當先生之整理蕩産也，錫田徇戚好之請為董佃緩頰，先生不答而相與縱談時事，既而曰：「吾與子以名節相砥礪者二十餘年，子何信貪夫之言，而欲隳余晚節耶。」嗚呼！先生之嚴氣正性概可見矣。昔孟子以伯夷為清聖、伊尹為任聖、柳下惠為和聖。然尹則非道義不取與任亦清也，惠則不以三公易其介和亦清也。先生以毅力視事，以虛心接物，而性耽風雅，邑中詩酒之會，若比玉堂之淡社，香光樓之餕餘歡宴，先生即席賦詩，闔座歎服。農婦被匪誘鬻，先生攝回團聚，邑人為作後還珠曲，先生亦有和章。此雖一節之微，而溫柔敦厚之風已堪想見。蓋先生清如伯夷，而任如伊尹、和如柳惠。愛憎以善惡為衡，故清而不刻；取舍以義理為辨，故清而不激。亮節高風，千秋不朽。爰繫之以頌曰：

無欲斯剛，不貪為寶。事求實在，弊杜中飽。甯樸毋華，甯拙毋巧。俗改澆漓，災弭旱潦。民生熙熙，川流浩浩。利可百年，恩同再造。星斗羅胸，冰霜在抱。社會完人，鄉邦師表。

按：碑文錄自民國秦錫田《享帚續錄》卷二。

重建北蔡城隍廟碑記

（民國三十一年・1942年）

庙建于有清中叶，民国十七年秋，后埭毁于火。铁城等念神灵福佑地方，因发起重建，于三十年冬经始，翌年夏竣工。计所费十余万元，多数得地方善士之捐助，用是勒石，以垂永久。

中华民国三十一年七月。

按：碑文錄自《北蔡鎮志》第一卷《第八編文化》，撰者不詳。所錄為簡體字，此處照實抄錄。

章以蘭墓志銘

（民國三十五年・1946年〔一〕　秦之濟）

章孺人墓誌　　夫弟之濟撰

從嫂氏章，讳以蘭，字相如，松江五品衔士荃先生之长女也。幼承庭训，敦诗悦礼。母沈太夫人係出名门，知书督教，憐惜备至。先从伯父恭惠公闻其贤，为从兄又姜茂才聘焉。茂才東渡留学，抱病归，歿於途次。兇讯至，孺人痛不欲生，绝食誓殉，家人无计，索相片去粤，百日來归，抱主成婚，鄰里戚鄙无不嗟叹。时清光绪三十二年，孺人年僅二十也。既归吾家，荊钗布裙，日事操作，转欤愁容，人尤憐之。孺人性亢爽，善词令，而胸无城府，嘗执教鞭於各地，师生融洽，相率敬畏。民國二十六年中日战事起，蛰居沪上。三十三年四月归省，冒風得疾，遽以五月初五日歿於母家，距生於清光绪十三年三月二十七日，年五十有九，以夫弟之泉子曾肖为嗣。越二载，三十五年丙戌十月二十四日，合葬於茂才新茔。铭曰：

想芳烈守苦節，剪金为字香不滅。卅年世上未亡人，生不同衾死共穴。白楊蕭蕭松柏寒，貞宅宵宵月皎潔。

按：碑文錄自《上海陳行秦氏支譜》卷二《初稿・傳志門》。該版本文字繁簡交錯，本文按實照録。

〔一〕據文，章以蘭葬於民國三十五年，故推測銘文撰於此時。

重修聖堂碑記

（民國三十五年·1946年　朱天梵）

重修聖堂碑記

邑人朱天梵撰幷書

直上海市南，渡浦三里而近，有琳宇巍然橚矗，侔古宮苑，紅廧盤盓，黝糾龍遊，飛檐軒翥，翼如鳥舒，鴟尻拒鵲，矯出霄漢，崴嵬睄窕，赫共負具瞻之象者，則聖堂是已。堂之建殊古，西東有銀杏二，相傳植自趙宋，中奉北極真武之象，匊列張、鄧二將暨卅六天神，怪俥桀㔗，笑譆怒瞋，叵勿生連奕弈，具拏攫飛展之埶。他城隍、社神、閻摩羅、觀自在、酆部諸神咸奉別室。而崇福道院殿弖中經層劫，旋圮□□，一修於明嘉靖卅八年，再修於清光緒廿四年，迄今餘五十載，塑繢彫蝕，棟宇垂傾，屬倭寇內擾我鄉，遂被伊儿之痛。倭固視我為俎上肉，而叛吏土猾又假其焰以賊民，民不堪命，則僉疑廟祀之失修，神之勿叚易，以及此酷也。廼議鳩貲重葺，凡穨者起之，廢者易之，戶牆則垩漆以澤之，象設則蒸繢㠯渲之，後樓五楹圮久勿克□，則遴其瓴礎之完者，築女垣以環之。始三十二年六月，訖明年三月畢工，都為費三百二十萬八千有奇。越一載，倭敗，國土重光，民用安乂，廼礱石徵文記其事。或謂神權之說，早為科學所絀，今乃噓死灰而然之，□踵事以增之華，損貨財而耗醴牲，得不為方聞懋學之所詬病歟？不知圜輿戰㕘，莛苒八秊，伏屍數千萬，流血溢大瀛，迹其所恃以釀此恶者，胥資科學，無叚神權。審是則二者之导失，固未易遽加㠯定論矣。抑陸魯望之碑埜廟也，謂纓弁言語之土木，解民縣，清民暍，未嘗貯於匈。民之當奉者，一日懈則髹吏肆刑，敺之以就事，較神之禍福，孰為輕重，噫，魯望之言悲矣！顧以今較昝，則尤有甚者，不觀今日纓弁言語之土木乎，平尻吮民膏，剮民髓，惟恐不極，一旦壃場有警，則國亾種滅之不恤，迺媚敵為城社之馮，轉資㠯自賊同胞，而圖□其欲者，比比然也。則區區酒牲，神之饗也，亦鼽云其非哉！予故不辭而為之記，俾後之人視吾之碑，知有甚於魯望氏之悲。若夫是堂搆築之瑰偉，艁像之奇古，為我鄉有數之劇蹟，允宜時旹維護而保存之者，《北山》之什曰「予子孫孫勿替引之」，是尤所望於審美篤古之君子。是役也，奔走募貲督工始終其事者為里人任兆千，例㝵坿書。

中華民國三十五秊歲次丙戌十月日立石。海鹽蔣士英鐫字，里人孫迪同鐫。

按：碑文錄自拓片。拓片藏三林崇福道院（浦東新區楊南路555號）文中有部分字不識，用「□」代替。

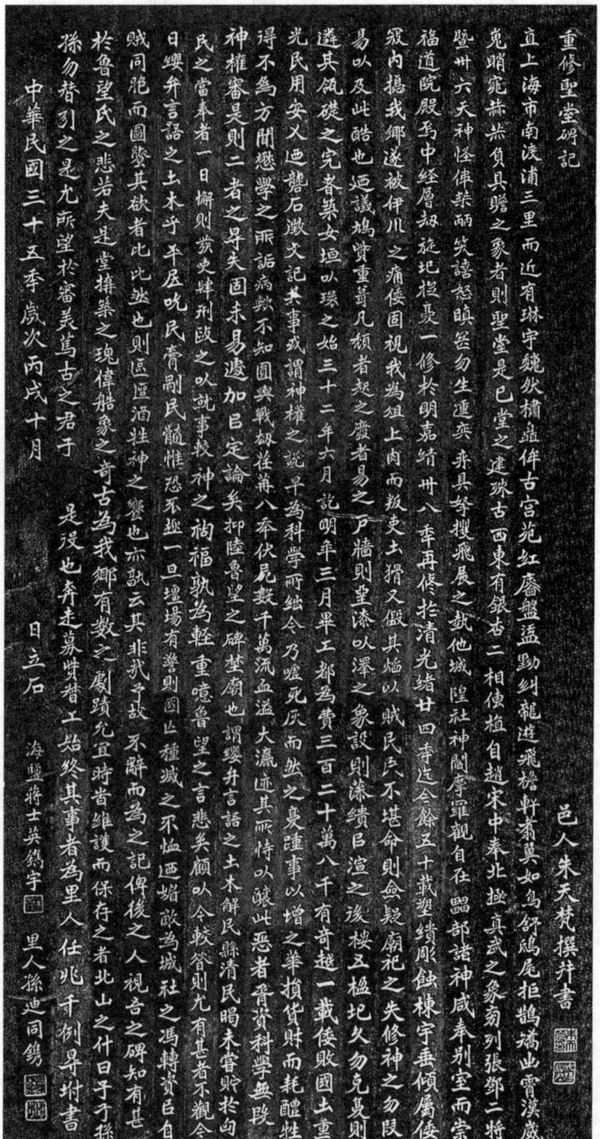
重修聖堂碑記

邑人朱天梵撰并書

直上海市南滙浦三里而近有琳宇巍然構峙侔古宮苑紅簷盤盂勳糾龍遊飛檐軒翥翼如鳥舒鴟尾拒鵲矯出霄漢崴嵬睥睨恭崇負具瞻之象者則聖堂是已堂之建疏古西東有銀杏二相傳植自趙宋中奉北極真武之象旁列張鄧二將暨卅六天神怪偉柴爾笑譆怒瞋皆勿生蓮奕奕具夸攫飛晨之概他域隍社神閻摩羅觀自在酆都諸神咸奉別室而崇福道院殿焉中經屢劫旋圮旋葺一修於明嘉靖卅八年再修於清光緒廿四年迄今餘五十載塑繢彫蝕棟宇垂傾屬倭寇內犯我鄉遂被伊川之痛倭固視我為俎上肉而叛吏土猾又假其焰以賊民民不堪命則僉疑廟祀之失修神之勿陰易以及此酷也迺議鳩貲重葺凡頹者起之廢者易之戶牖則塗漆以澤之象設則藻繢以渲之後樓五楹圮久勿克葺則遴其飢礎之完者築女垣以環之始三十二年六月訖明年三月畢工都為費三百二十萬八千有奇越一載倭敗國土重光民用安乂迺礱石徵文記其事或謂神權之說早為科學所絀今乃噓死灰而然之是踵事以增之華損貨財而耗醴牲得不為方聞學之所詬病歟不知圜輿戰劫洊再八年伏屍數千萬流血溢大瀛迹其所恃以釀此惡者胥資科學無殷神權審是則二者之得失固未易遽加以定論矣抑陸魯望之碑埜廟也謂嬰弁言語之土木解民懸清民暘未嘗貽於匈民之當奉者一日懈則發吏肆刑毆之以就事較神之禍福孰為輕重噫魯望之言悲矣顧以今較昔則尤有甚者不觀今日嬰弁言語之土木乎平居吮民膏剮民髓惟恐不極一旦疆埸有警則國亡種滅之不恤迺媚敵為城社之馮轉資以自賊同胞而圖饜其欲者比比然也則區區酒牲神之饗也亦孰云其非我予故不辭而為之記俾後之人視吾之碑知有甚於魯望氏之悲若夫是堂搆築之瑰偉艁象之奇古為我鄉有數之劇蹟允宜時旹維護而保存之者北山之什曰子子孫孫勿替引之是尤所望於審美篤古之君子 是役也奔走募貲督工始終其事者為里人任兆千例㝵坿書

中華民國三十五季歲次丙戌十月 日立石 海鹽蔣士英鐫字 里人孫迪同鐫

重修聖堂碑拓片

重修川沙魁星閣碑記

（民國三十六年·1947年　余紹宋）

重修魁星閣碑記

川沙城東南有文昌宫之隅□魁星閣，清道光二十九年所建者也。其右有觀瀾書院，光緒季年改為小學。民國初元，複將文昌宫充作校舍。十四年，拆城以校舍故，僅留東南一角未毁，故魁星閣遺制猶存。顧歲久失修，又經八年戰亂，棟折榱崩，□□勝覽。校長□君□□與張君文魁，幼時同肄業斯校，為高材生。今張君德建名立，有聲于時，而其名又適與斯閣相合，張君因商請其葺治，張君慨然承之，無所吝。複得教育局長張君志鶴之贊助，而其尊人應麟先生□躬親監修之役，不辭辛勞，尤足稱道。夫文昌魁星之説，訖始於《史記》天□書，而其不足據。□□□顧氏□知録不必論，在昔以為主人問禄籍，固不必信，而亦□□□非□□□勝跡。春秋佳日，足以遊目騁懷，又烏廢而不治耶。是役也，經始於三十六年六月，閲五十日而工竣。予雖未履其地，而與張君文魁。時相□□□，聞其事，嘉其慷慨，爰為記之。

中華民國三十有六年季秋之日勒石

龍游余紹宋

吴縣劉鈞仲刻

按：碑文録自原碑。碑立於川沙鎮171號川沙古城牆公園内魁星閣旁。柴志光先生於1998年9月初訪得該碑，量取尺寸，并録下碑文。編者又於2013年11月再訪，此碑文字已多有不清，且外有玻璃護罩，辨識更難，故碑文仍多依照柴所鈔錄。據柴志光先生所記，碑身為青石質，高 112 釐米，寬 52 釐米，厚 17 釐米，碑文共 15 行，滿行 27 字；碑座為花崗岩，高 20 釐米，寬 83 釐米，厚 36 釐米。

重修川沙魁星閣碑（2013 年）

重修川沙魁星閣碑（1998 年）

陳悦周像亭碑記

（民國三十六年·1947年　季國器）

陳公悦周像亭記

本校前為私立豢生中學。剏辦人陳君子馨昆仲紀念其先德悦周公，公諱豢生，因以名校焉。越一年，校歸上海市立，遵章以所在地為名，爰改今名。陳君復獎起募建新舍，並斥鉅貲為□。既蕆事，同人僉謂悦周公教子豢方，而子馨先生孝思不匱。以校紀念先德，老吾老以及人之老也；宏開廣廈樂育英才，幼吾幼以及人之幼也。偉矣哉，公議立像建亭，俾資景仰，是為記。

上海市立楊思中學校長季國器謹識，上海秦伯未書

中華民國三十六年十月

按：碑文錄自原碑。該碑現藏上海市楊思中學（浦東海陽路555號）。碑為漢白玉石質，破裂為二，但字跡清晰。碑高91.5釐米，寬46釐米，厚6.5釐米，碑文共8行，滿行24字。2013年11月編者於楊思中學訪得此碑，拓取文字，量取尺寸，抄錄碑文，并拍攝照片。

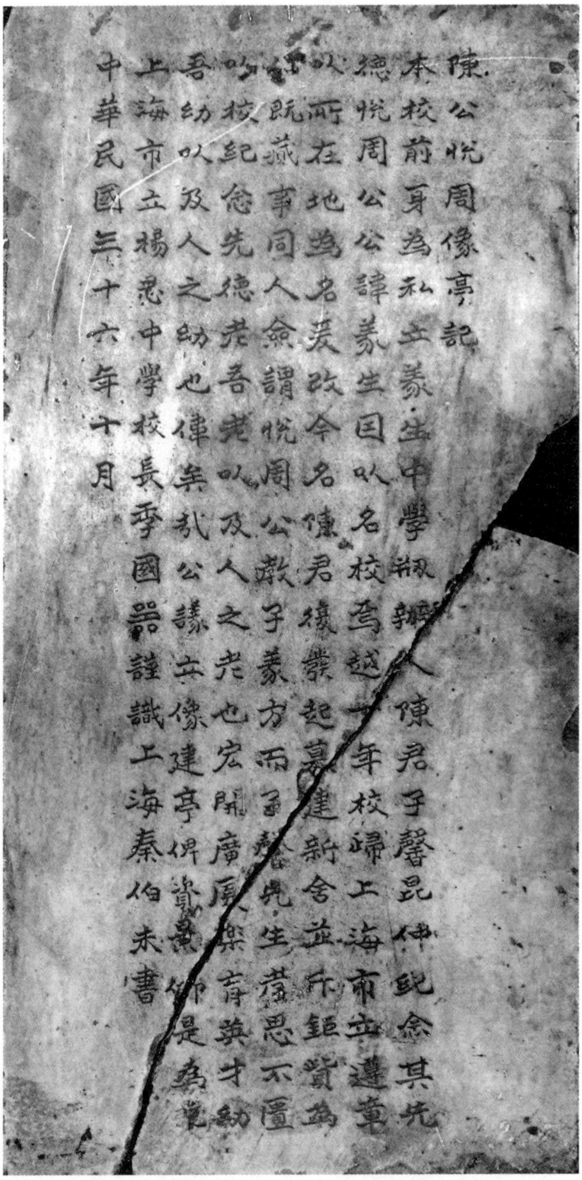
陳公悦周像亭記
上海市立楊思中學校長季國器謹識上海秦伯未書
中華民國三十六年十月

陳悦周像亭記碑

顧志廉墓碑記

（民國三十六年·1947年　黄炎培）

顧志廉先生墓碑

吾友顧志廉先生，名漣清，以清光緒二年生於江蘇之川沙，世奉天主教，幼而好學，肄業徐匯公學，旋就業米賈，業餘自力研究理化，通其理以致於用，手不釋卷，夜守倉，篝鐙讀，無倦容。先後與余共事浦東中學、中華職業學校，以與學校設科有連，從事於琺瑯工業，前後逾二十年，業大昌，舶來品絶跡。日寇發難，支拄至艱苦。民國紀元三十四年八月，敵降訊甫至，先生遽於二十四日歿，年七十。病革時自憾生平所學未竟，遺囑以僅有之投入實業公司資金大部分捐設教育基金，以奬子弟暨戚族鄉鄙子弟之就學。元配沈，繼配張，生女佩瑜，適錢宗建；繼配楊，生男万時殤，久聲，幼讀，女佩瑾□賈石山。黄炎培撰并書，民紀三十六年三月。

按：碑文録自拓片。2003年1月該碑發現於浦東國際機場一塊建築預留地，現藏上海歷史博物館。《浦東新區周報》於2003年1月21日刊登此則新聞，并描述石碑尺寸：碑高122.5釐米，寬62釐米，厚13釐米。2014年3月編者從上海歷史博物館處獲得石碑拓片照片，據此抄録碑文。碑文共12行，滿行23字。

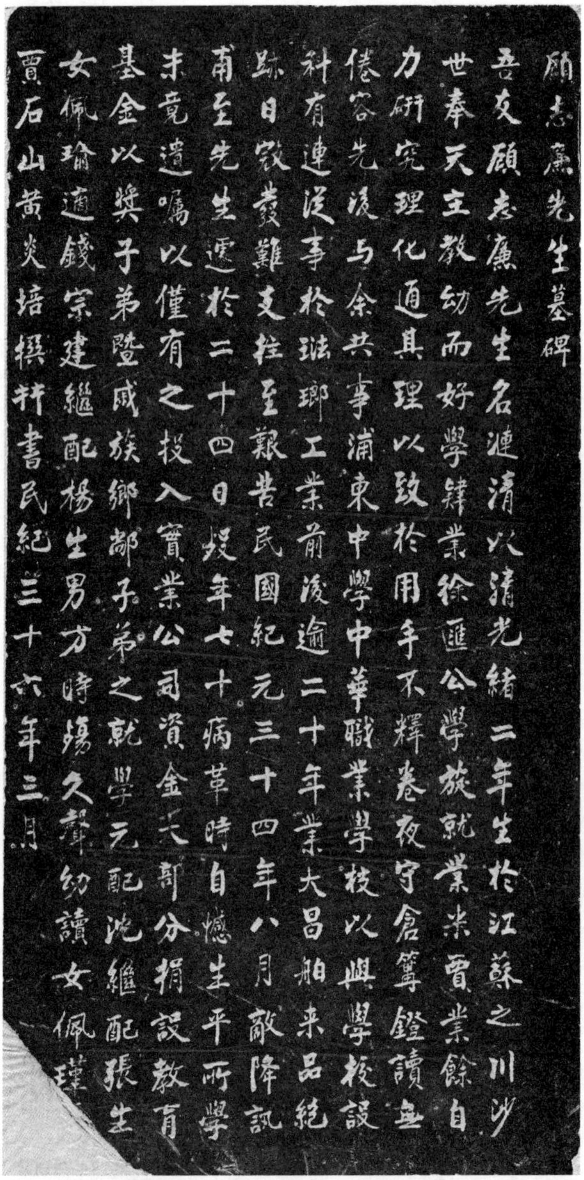

顧志廉先生墓碑

吾友顧志廉先生名漣清以清光緒二年生於江蘇之川沙世奉天主教幼而好學肄業徐匯公學旋就業米貫業餘自力研究理化通其理以致於用手不釋卷夜守倉篝鐙讀無倦容先後與余共事浦東中學中華職業學校以興學校設科有連從事於琺瑯工業前後逾二十年業大昌舶來品絕跡日穀艱難支柱至艱告民國紀元三十四年八月敵降訊甫至先生遽於二十四日歿年七十病革時自憾生平所學未竟遺囑以僅有之投入實業公司資金之部分捐設教育基金以獎子弟暨戚族鄉鄰子弟之就學元配沈繼配張生女佩瑜適錢宗建繼配楊生男方時殤久聲幼讀女佩瑾

賈石山黃炎培撰并書民紀三十六年三月

顧志廉墓碑拓片（由上海歷史博物館提供）

修建浦左十澤廟碑記

（民國三十七年·1948年）

修建浦左十澤廟碑

夫一地之盛衰，端視其建築之興廢為定焉。故入其鄉而可知其民之臧否，何則？人仁而後公益舉矣。十澤廟位於浦東六里橋南，乃二百年前之古剎也。昔者梵宇琳瑯，佛殿輝煌。鼎革以還，灾難頻臨，同歷塵刧，風雨侵蝕，庭院凋敝，棟樑摧折，堅像殘剝。同人等目擊此景，惄焉憂之，不勝滄桑，遂發願募脩。賴諸大護法、十方信士發菩提心，輸金輸粟，得於民國三十六年八月興工修築，至三十七年六月竣事。於是寶殿重光，法身常住，煥美莊嚴，功德圓滿。當路復建此重農亭，以為肩負擔荷跋跡於途者休息之所，夏祛烈日設茶水以解渴，冬避風雪可駐足以驅寒。體佛普濟之旨，力行方便，匪特肇地方之興象，寔亦謀行人之福也。功成之日，爰刻碑謹偈其始末，以示後之人能繼之而無廢焉。庶同人等之本願永垂不滅，意在斯耳。

發起人　楊季鹿　黃守常　趙梓琴　羅守賢

孫國卿　俞一培　陳琴聲　吳福生

沈秀芳　朱文元　張耀卿　□□□

嚴有義　奚杏生　徐秉元　楊偉欽

中華民國三十七年六月穀旦敬立

按：碑文錄自原碑，撰者不詳。該碑現藏十澤道院（浦東浦三路1234號），立於正门前東側小花园，碑體完好。柴志光先生於 2007 年 1 月前往十澤道院訪得此碑，并拍攝照片、量取尺寸，抄錄碑文。編者於 2014 年 2 月再訪時，發現石碑下部 5 字已埋入土中，碑文不全，故此處碑文多依照柴志光先生所抄錄。按柴志光先生所記，石碑全高 166 釐米，額高 21 釐米，寬 56 釐米，厚 33 釐米，碑文共 13 行，滿行 43 字。

修建浦左十澤廟碑
發起人
中華民國三十七年六月穀旦敬立

修建浦左十澤廟碑（移建前）

修建浦左十澤廟碑

修建浦左十澤廟碑（移建後）

南匯私立匯北中學校舍落成碑記

（民國三十七年·1948年　史贊人）

南匯私立匯北中學校舍落成記

南匯境土遼濶，其北鄙諸鄉去縣治七十餘里而遥，舟車迢遞，聲氣懸隔，故舊有遠北市之稱。比年地方教育漸次發達，諸鄉小學校相繼設立，而中學迄未創辦，學生自小學卒業後苦無升學進修之所，欲遠適他鄉，則覊旅膳宿費用浩繁，非父兄力之所及，以故淺嘗輒止，能受中等教育者十不得一二，識者憾焉。民國三十年秋，旅滬仕紳陳有虞、黄炳權先生等聯合邑人士創立張江中學，假張江栅區公所為學舍，委贊人承乏校長。抗戰勝利後，呈請當道立案，奉令改名匯北中學。三十七年春，校董龔培之、龔復三、陸杏生、錢顯平、孫照明、顧文生、龔匯百、沈錫初、朱銘松、楊紹元等倡議興建新校舍，詢謀僉同，踴躍捐輸，不一月而集資計米壹千五百石，迺購置校基九畝餘於張江栅西市關帝廟之北，鳩工庀材，由上海同昌營造公司承建，計樓房九幢，門房一楹，庖厨三楹，厠牏二楹，周以圍牆，由是講肄有堂，寢膳有室，廣厦峩峩，規模式擴，奠百年樹人不拔之基。經始於七月，汔十月工竣，爰謹紀其厓略，並另立匾列捐款諸公姓字，以資徵信而垂盛德于無既。

中華民國三十七年十月，匯北中學校長史贊人謹誌，胡小鶴謹書。

按：碑文錄自原碑。該碑原嵌於上海市張江中學（前身為「匯北中學」）一幢二層紅色老教學樓入口處的廊下牆上，後隨學校移藏紫薇路505號新址（現名為華東師范大學張江實驗中學），碑體完好。編者於2014年5月初訪張江實驗中學錄得此碑，并量取尺寸、拍攝照片。碑為花崗岩石質，高120釐米，寬61釐米，厚16釐米，碑文共15行，滿行29字。

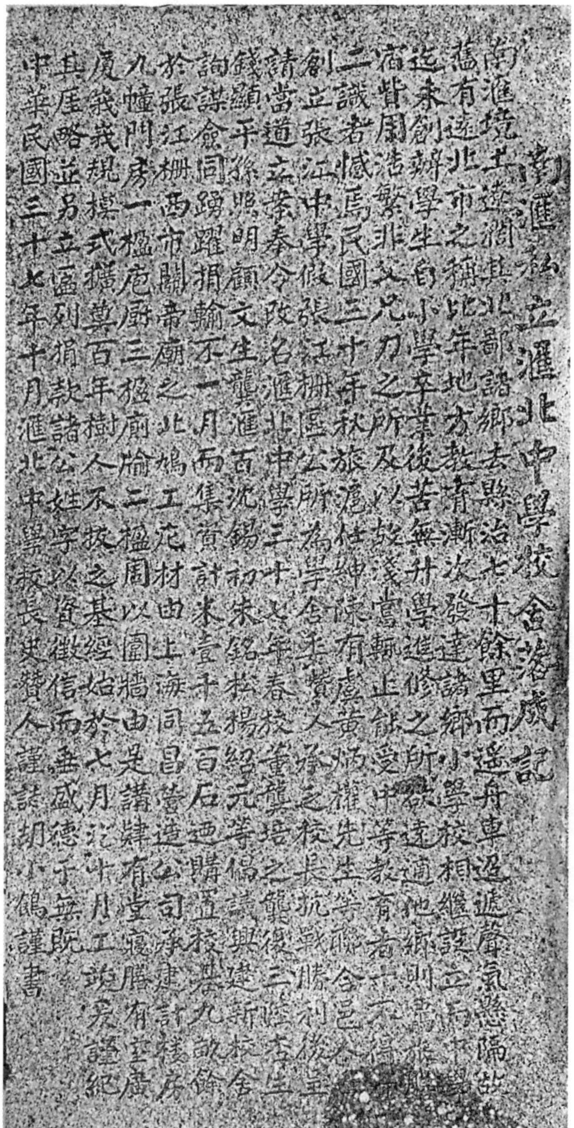
南匯私立匯北中學校舍落成記

南匯私立匯北中學校舍落成碑

莫念初墓志銘

（民國〔一〕　秦錫田）

上海莫女士墓誌銘

吾邑耆碩莫子經明經卒後一年，其孫本厚葬之於楊思鄉之某圖，祔以愛女念初女士，而屬余誌其墓。嗚呼，余獲交明經五十餘年，識女士者亦二十餘年。共和建國之明年，吾邑自治成立，余以縣參事員列席縣議事會時，明經為議長，會散請問曰：「吾女願見先生。」肅余入室，女士已亭亭立候，亟詢余猶女蒔芹之狀況，余告以蒔芹新被火災，則欷歔太息曰：「蒔芹能來滬，余必盡力援助之。」余心感其義，至今不能忘。嗚呼，是曷可以無辭。按狀，女士名潤珠，字念初，姓莫氏，世居上海南城，為邑望族。祖諱肇辰，邑諸生，以義行旌。父諱錫綸，光緒庚子恩貢。母朱夫人。女士有兄，幼殤，故明經視女如子，幼即課之讀，沈潛好學，能通曉經義。既長，修業務本女塾，任無錫女校教務者十年，後因父母年老無人侍奉，亟辭職歸養，晨昏定省，先意承志，得父母歡。明經尤鍾愛之。性剛果明決，尤喜讀書，善丹青，設色精研，獨饒風韻。後從邑名士楊東山先生學，尤落落有古趣。明經晚年多病，女士心恆憂之，遂得肺病，明經百計療治，病終不痊，竟於民國某年某月某日卒，春秋幾十有幾。明經哭之，慟檢其平生作品付之裝潢，時出省覽，以寫悲懷。閲一年，明經亦歸道山。嗚呼，女士以憂親而病，病亟且先親而亡，竟不獲終養其親，其命也夫，其命也夫。銘曰：

〔一〕據文，莫念初卒年「民國某年某月某日」，又考撰者秦錫田生卒年（1861—1940），銘文當作於1940年前，故撰文日期記作「民國」。

是今之北宫嬰兒，親年衰，兒心悲，念親不忍與親離，兒病危，張目視親雙淚垂，魂魄有知地下常追，隨洵巾幗而鬚眉，濡筆載續曹娥碑。

按：碑文録自民國秦錫田《享帚續録》卷二。

現代

太平天國烈士墓碑記

（1954 年）

在十九世紀五十年代，太平天国的英雄們，為反對封建統治和外國資本主義的侵略勢力，完成歷史所賦予他們的革命任務。曾作了英勇的鬥爭。一八六二年，忠王李秀成勝利進軍上海，在這裏有力地打擊了外國資本主義的侵略勢力，表現了崇高的愛國主義精神。犧牲在這一次反侵略戰鬥中的太平天国英雄們永垂不朽！

公元一九五四年上海市文物保管委員會立

公元一九八四年十二月重修

按：碑文錄自原碑，撰者不詳。該碑立於太平天國烈士墓園内（高橋鎮西北草高支路屯糧巷村南）。編者於 2013 年 12 月前往墓園，錄得此碑。碑為人造石質，碑身高 180 釐米，寬 80 釐米，厚 17.5 釐米；碑座高 18 釐米，寬 120 釐米，厚 35 釐米。碑文刻於「太平天國烈士墓」碑陰面，共 9 行，滿行 21 字。

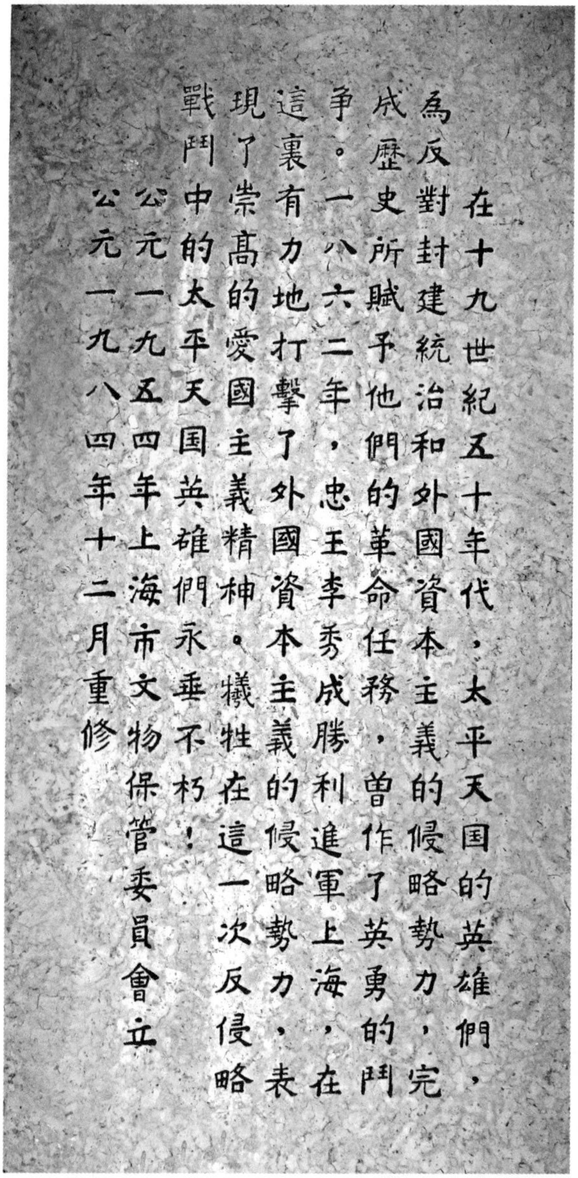
在十九世紀五十年代，太平天国的英雄們，
為反對封建統治和外國資本主義的侵略勢力，完
成歷史所賦予他們的革命任務，曾作了英勇的鬥
爭。一八六二年，忠王李秀成勝利進軍上海，在
這裏有力地打擊了外國資本主義的侵略勢力，表
現了崇高的愛國主義精神。犧牲在這一次反侵略
戰鬥中的太平天国英雄們永垂不朽！
公元一九五四年上海市文物保管委員會立
公元一九八四年十二月重修

太平天國烈士墓碑

黃競武烈士墓碑記

（1954年　胡厥文）

黃競武烈士墓碑

古瞟無筱胡厥文撰并書

烈士黃競武同志，一名敬武，江蘇川沙縣人。父炎培，本會總會主任委員。烈士生二十日，炎培同志以革命詆清帝后被捕，瀕殺獲救，出走日本。烈士之仗義敢為蓋有所傳也。兄弟姊妹十三人，烈士行二。年二十二，卒業清華大學，遊美入哈佛大學，獲經濟碩士。二十七歸國，服務鹽務機關，農助改正全部會計者，歷二年，精勤不懈；嗣在揚州、蚌埠、青口、沅陵等地負責地方鹽務稽核者三年，廉尚自守，在蚌埠時以拒与奸商合污舞弊被反誣受處分，調青口。青口僻處，海隅萑苻不靖。烈士以誠接物，并於青口板清間創班車制，以利交通，鄉人均擁護之，夷然無患。抗戰之半年，入蜀任偽中央銀行稽核，留滇越交界之宛町辦案者一年。烈士見義勇為，上海租界未收回時，見法捕毆人力車夫，仗義斥責，捕怒扭之入捕房，市民遙擁趨救獲釋。一九三九秋，在重慶公共汽車中，特務拒購票，毒毆售票員，市警干涉，雙方鳴鎗格鬥，烈士挺身據理，排解特務氣歛，事遂平息。烈士痛政治頹敗，人民陷於水火，中國民主同盟成立，即毅然加入，為盟員，任組織委員會及國外關係委員會委員。勝利返滬，仍任偽中央銀行稽核，加入本會為會員，時蔣匪搜捕共產黨員加以殘害，烈士多方掩護並協助其完成任務不遺餘力。上海政象惡化，炎培同志轉滬，烈士被推為本會臨時幹事，與諸同志共謀響應解放大業，每晚易地集會，不辭勞悴，時匪幫經濟特務竊運黃金美鈔出國，烈士百計擾阻，特務尤啣之，一九四九年五月十二日晨，烈士在偽中央銀行被捕失蹤，距上海解放纔十五日耳。六月二日於滬南偽保密局舊址掘得烈士遺骸，口目间穿，手雙殘斷，指甲俱脱，慘不忍覩，其受鞫時之耐刑不屈蓋可見矣。烈士誕生於一九零三年六月十日，被害於一九四九年五月十七日，存年四十七歲，以一九四九年六月公葬於川沙縣之樂鄉公墓。

愛人胡一鳴，本會同志，服務公私合營銀行。子二，長孟強，次子孟復。女三，長路珊，適吴；次雅營；幼烈雛。綜烈士一生明是非，重責任，為解放事業頑強奮鬥，以隕厥身，國家之光，亦本會之榮也。其成仁之五年，同志等篤念烈士壯烈犧牲有功革命，不可以無傳，因決議為之立石於墓之陰而為之贊曰：

成仁取義，式典遺馨。江河不腐，墓草青青。解放輝煌，摧彼朽枯。君目且瞑，民困已蘇。國憲公布，社會改造。以妥君靈，海日永照。

公元一九五四年十月，中國民主建國會上海市分會謹立。

按：碑文錄自原碑。該碑現存川沙烈士陵園（浦東川沙鎮華夏東路 2629 號），陳列於革命烈士紀念館內。編者於 2014 年 5 月前往陵園并錄得此碑。碑為花崗石質，高 153 釐米，寬 74.5 釐米，厚 16 釐米，字跡清晰，碑文共 21 行，滿行 45 字。

黄競武烈士墓碑　吉曉安林開明文撰并書
烈士黄競武同志一名敬武江蘇川沙縣人父炎培本會總會主任委員烈士生二十日炎培同志以革命詆清帝后
被捕預設藉赦出走日本烈士之仗義敢為蓋有所傳也兄弟姊妹十三人烈士行二年二十二卒業清華大學遊美
入哈佛大學獲經濟碩士二十七歸國服務鹽務稽核所襄助改正全部會計者歷二年精勤不懈調在揚州蚌埠青口
沅陵等地負責地方鹽務稽核者三年廉尚自守在蚌埠時以拒與浙商合污彈幹被反誣受處分調青口青口僻處
海隅萑苻不靖烈士以誠接物并於青口板浦獨創班車制以利交通鄉人均擁護之要然抗戰之年入蜀任
偽中央銀行稽核猶值越文界之寇町辨帚者一年烈士見義勇為上海租界未收回時見法捕痛毆人力車夫仗義
斥責捕探祖之入捕房市民擁護敵體釋一九三九年秋在重慶公共汽車中特務拒購票毒毆售票員市警干涉
要方憑鎗械鬥烈士挺身據理辨解特務氣餒事遂平息烈士痛政治頹敗人民陷於水火中國民主同盟成立即報
名加入為盟員任組織委員會及國外關係委員會委員勝利返滬仍任偽中央銀行稽核加入本會為會員時特匪
搜捕共產黨員加以殘害烈士多方掩護并協助其完成任務不遺餘力上海政家憲化炎培同志離滬烈士被推為
本會臨時幹事與諸同志共謀響應解放大業每晚易地集會不辭勞瘁時匪幫經濟特務竊運黃金美鈔出國烈士
百計稽阻特務尤銜之一九四九年五月十二日晨烈士在偽中央銀行被捕於距上海解放僅十五日耳六月二
日於滬南偽保密局舊址發現烈士遺骸口目洞穿手足殘斷指甲俱脫慘不忍視其受鞫時之酷刑不屈蓋可見矣
烈士誕生於一九零三年六月十日被害於一九四九年五月十七日存年四十七歲以一九四九年六月公葬於川
沙新之桑梓鄉公墓配葛人翊一為本會同志服務公私合營銀行子二長孟強次孟復女三長孤適吳次雅嫦幼剛
綜烈士一生明是非重責任為解放事業頑強奮鬥以須獻身國家之光亦本會之榮也其成仁之五年同志等篤念
烈士壯烈犧牲有功革命不可以無傳因決議為之立石於墓之陰而為之贊曰
成仁取義式與遺響江河不廢墓草青青解放輝煌犧彼杉柏君目且瞑民困已蘇國憲公布社會改造以安君靈海
日永照
公元一九五四年十月　中國民主建國會上海市分會謹立

黄競武烈士墓碑

泥城革命烈士英名碑記

(1986 年)

死难烈士永垂不朽

序言

泥城人民素有光荣革命传统,自第一次国内革命战争以来,为了推翻三座大山,反对帝国主义侵略,保卫祖国,建设社会主义,在中国共产党的领导下,进行了不屈不饶的斗争,许多烈士抛头颅,洒热血,献出了宝贵的生命,谱写了一曲曲壮丽的篇章,这是泥城人民的光荣,也是子孙后代学习的榜样。为了缅怀先烈,激励后代,振兴泥城,在社会主义现代化建设中。坚持「四项基本原则」,自力更生,艰苦奋斗,把泥城建设成为繁荣、富裕、文明的社会主义新农村,特立碑纪念。

列士英名

赵天鹏　沈千祥　周大根　朱凤根　陈荣华　金玉春　陈根福　潘根全

姜文光　姚镜人　刘伯祥　姜文焕　张连根　董金根　姜文奎　陆根兴

郭祥官　黄菊生　周火祥　周林龙　唐云龙　陈小荀　唐阿标　汪纪生

陈民生　黄根庆　邵三荀　王根福　刘龙生　孙国新　厉文官　邵金根

倪良郎　姚志清　潘志祥　朱文标　张新忠　徐来根　金文祥　刘章官

唐金龙　王保根　周翠香　陈来生

中共南汇县泥城乡委员会、南汇县泥城乡人民政府

一九八六年十月〔二〕

按：碑文録自原碑，撰者不詳。柴志光先生於 2010 年 3 月訪得此碑，記録碑文並攝影。編者未見實物。據柴志光先生所記，碑爲黑色大理石質，碑陽刻「死難烈士永垂不朽」八大字，碑陰刻序言和烈士英名。碑陰文字共 14 行，滿行 43 字。該碑原立於泥城暴動紀念碑廣場，2012 年廣場擴建後移别處，地址不詳。

序言
烈士英名

泥城革命烈士英名碑

〔二〕碑陰記文中無「中共南汇县泥城乡委员会、南汇县泥城乡人民政府，一九八六年十月」，應為柴志光先生 2010 年初訪時所抄録，而碑陽面無照片、拓片等實物可查，故此處仍做保留并存疑。

黄炎培傳略碑記

（1987 年）

黄炎培傳略

先生，上海川沙人，字任之，别號抱一。早年就學上海南洋公學。一九〇二年江南鄉試舉人。一九〇五年加入同盟會。一九〇六年應楊斯盛先生之請，創辦本校，任校長，成績斐然。旋參加辛亥革命及討伐袁世凱竊國運動。歷任江蘇省教育司司長、江蘇省教育會副會長、江蘇省議會議員。曾旅行國内十多个省及美國、日本、南洋等地，考察尋求教育改革途徑。倡導職業教育，以使無業者有業、有業者樂業、雙手萬能為幟志辦中華職業教育社，歷任辦事部主任、理事長。辦中華職業學校，以敬業樂群為校訓，在全國範圍内推廣職業教育。「九・一八」事变後，致力于抗日救亡運動。「七・七」抗戰後，積極奔走國事，任國民参政員，発起組織中國民主政團同盟，為首任主席，献身于民主運動。一九四五年訪問延安，著《延安歸來》。同年発起組織中國民主建國會，任中央常務委員會主任委員。建國後，歷任中央人民政府委員、政務院副総理兼輕工業部部長、人大常委會副委員長、政協全國委員會副主席。

浦東中學敬立于八十周年校慶日。

按：碑文錄自原碑，撰者不詳。該碑現置於浦東中學（浦東高科西路 1105 號）炎培亭内。編者於 2014 年 2 月在浦東中學訪得此碑。碑為汉白玉石質，高 70 釐米，寬 100 釐米，碑文 26 行，滿行 15 字，碑正中上部嵌有瓷質黄炎培小照一幅。

黃炎培傳略
先生上海川沙人字任之别號抱一早
年就學上海南洋公學一九〇二年江
南鄉試舉人一九〇五年加入同盟會
一九〇六年應楊斯盛先生之請創辦
本校任校長成績斐然旋參加辛亥革
命及討伐袁世凱竊國運動歷任江蘇
省教育司司長江蘇省教育會副會長
江蘇省議會議員曾旅行國內十多个
省及美國日本南洋等地考察尋求教
育改革途徑倡導職業教育以使無業
者有業有業者樂業雙手萬能為幟志
辦中華職業教育社歷
任辦事部主任理事長
辦中華職業學校以敬
業樂群為校訓在全國
範圍內推廣職業教育九一八事變後
致力于抗日救亡運動七七抗戰後積
極奔走國事任國民參政員發起組織
中國民主政團同盟為首任主席獻身
于民主運動一九四五年訪問延安著
延安歸來同年發起組織中國民主建
國會任中央常務委員會主任委員建
國後歷任中央人民政府委員政務院
副總理兼輕工業部部長人大常委會
副委員長政協全國委員會副主席
浦東中學敬立于八十周年校慶日

黃炎培傳略碑

浦東中學炎培亭

浦東中學五卅慘案紀念碑記

（1987年）

五卅慘案紀念碑

一九二五年五月，浦東中學師生積極參加反帝愛國運動，翌年立碑以志毋忘國耻。今重建永資紀念。

按：碑文錄自原碑，撰者不詳。該碑現立於浦東中學（浦東高科西路1105號）炎培樓前。編者於2014年2月在浦東中學訪得此碑。碑為不規則四面體，上窄下寬，碑身高265釐米，下部寬、厚均為40釐米，碑座高、寬均为116釐米。碑身正面刻「五卅慘案紀念碑」七字，碑座上刻碑文8行，每行5字。據該校網站《浦東中學校園十大人文景觀》一文所述，此紀念碑為校慶80週年（即1987年）前所建，并刻此短文。

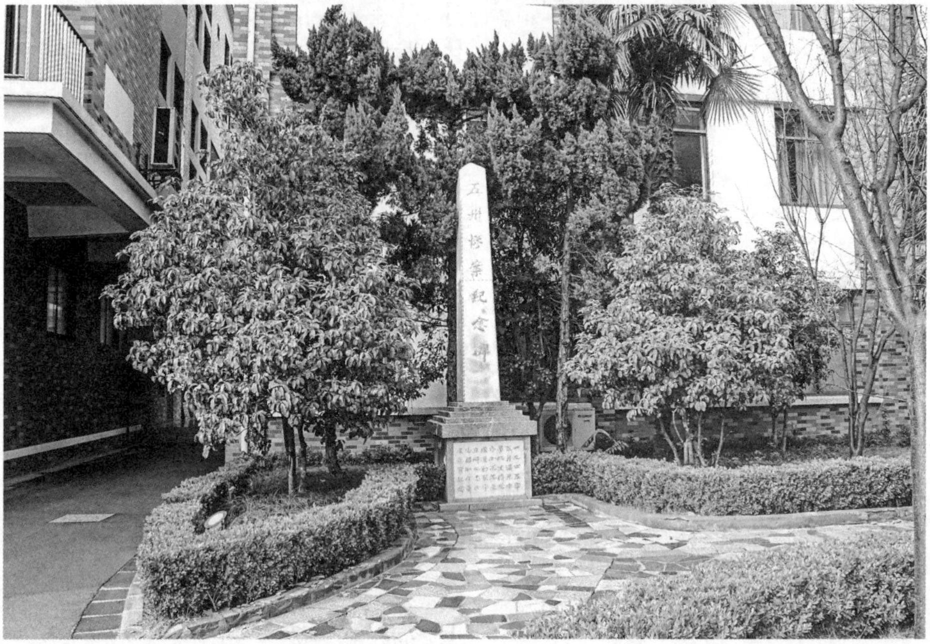
五卅慘案紀念碑

浦東中學五卅慘案紀念碑（全景）

一九二五年
五月浦東中
學師生積極
參加反帝愛
國運動翌年
立碑以志毋
忘國恥今重
建永資紀念

浦東中學五卅慘案紀念碑（碑座）

岳碑亭記事碑記

（1988年）

岳碑亭記事

南宋名將岳飛拎大梁（今開封）舞劍閣書詩贈狂學士李夢龍後，李到浙江天台山為僧。明嘉靖年間，墨迹由嗣僧了心携来川沙種德寺。清道光十二年，同知鄭其忠拎寺内勒石樹碑。咸豐十一年寺焚碑傾。同治十二年，移至觀瀾書院並建碑亭。宣統元年亭毁。民國二年碑移文昌宫。十八年，本校畢業生集資重建碑亭拎城頭。解放後，曾多次修葺。一九八二年，原副市長宋日昌親筆題額。一九八七，邑人陶伯育先生重建碑亭，古迹遂展新姿。

一九八八年九月

按：碑文録自原碑，撰者不詳。該碑現立於川沙古城牆公園（川沙鎮新川路171號，觀瀾小學旁）岳碑亭内，外有玻璃罩保護。編者於2013年11月訪得此碑。碑高163釐米，寬80釐米，厚15釐米。碑文刻於岳飛詩文碑背面，共10行，滿行25字。

岳碑亭記事
南宋名將岳飛於大梁（今開封）舞劍閣書詩贈狂學士李夢龍
後，李到浙江天台山為僧。明嘉靖年間，墨迹由嗣僧了心
攜來川沙種德寺。清道光十二年，同知鄭其忠於寺內勒石
樹碑。咸豐十一年寺焚碑傾。同治十二年，移至觀瀾書院
並建碑亭。宣統元年亭毀。民國二年碑移文昌宮。十八年，
本校畢業生集資重建碑亭於城頭。解放後，曾多次修葺。
一九八二年，原副市長宋日昌親筆題額。一九八七年，邑
人陶伯育先生重建碑亭，古迹遂展新姿
一九八八年九月

岳碑亭記事碑

重修川沙古城垣碑記

（1988年　朱鴻伯）

重修川沙古城垣记

川沙滨海之地，前明洪窪深阔，海舶易入，世宗失政，倭患頻年。嘉靖三十六年，倭寇初離，人情惴惴，朝廷應里人乔鏜、王潭之请，筑城备倭。自此，寇不再犯，境宇遂安。清嘉庆十五年後堞垣漸废，民国十四年获准拆除，僅留東南一角，并存有魁星阁、岳碑亭、笔塔等史迹。解放後视作文物不時整葺，然「文革」期间，倍遭損毀。

邑人陶伯育先生，緬懷鄉里桑梓情深，一九八七年偕夫人重游故地，為留先人筆迹，壮一方觀瞻，继创建僑光中学後，复資助港幣弍拾余萬元，以重修古城垣。现已事畢工成，縱目城頭，碑阁如故，校園一隅，景物更新，生童得課读於内，里人可游憩其中，此诚為一善舉也，故铭文以记。

朱鸿伯撰并書

川沙縣人民政府

一九八八年九月

按：碑文錄自原碑。該碑現貼裝於川沙古城牆公園（川沙鎮新川路171號）大門右側牆壁上。編者於2013年11月訪得此碑。碑係黑色大理石質，碑文共24行，滿行14字，字跡清晰。該碑左側有《川沙古城牆公園記》碑一塊。

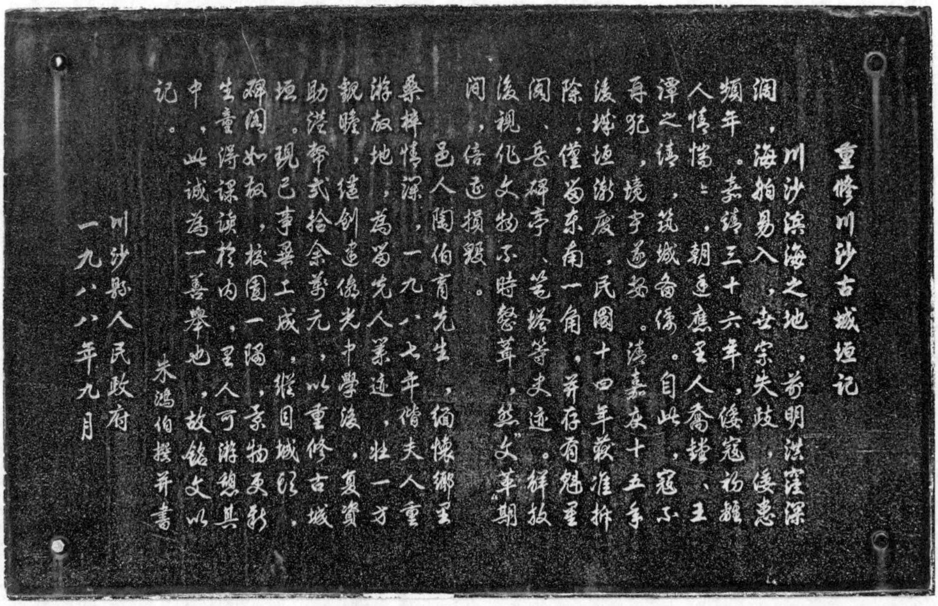
重修川沙古城垣記
川沙濱海之地，前明洪窪深
澗，海舶易入，世宗失政，倭患
頻年。嘉靖三十六年，倭寇初離
人情惴惴，朝廷應里人喬鏜、王
潭之請，築城備倭。自此，寇不
再犯，境宇遂安。清嘉慶十五年
後，城垣漸廢，民國十四年獲准拆
除，僅留東南一角，并存有魁星
閣、岳碑亭、筆塔等史迹。詳按
後，視化文物不時整葺，然"文革"期
間，倍遭損毀。
邑人陶伯育先生，緬懷鄉里
桑梓情深，一九八七年偕夫人重
游故地，爲留先人業迹，壯一方
觀瞻，繼創建偉光中學後，復資
助港幣式拾余萬元，以重修古城
垣。現已事畢工成，縱目城闕，
碑閣如故，校園一隅，景物更新
生童得課讀於內，里人可游憩其
中，此誠爲一善舉也，故銘文以
記。
朱鴻伯撰并書
川沙縣人民政府
一九八八年九月

重修川沙古城垣記碑

川沙城鶴鳴樓碑記

（1992年　顧炳權）

鶴鳴樓記

川沙公園建園五年，乃有增築鶴鳴樓之舉。隨浦東開發，川沙需踵事增華者，日維千端。是樓之建蓋其一也。川沙有城，始於明嘉靖卅六年；民國元年，改廳為縣。其初為海防衝要，而斥鹵之地經濟未見發達。洎上海開埠，亦未能與浦西比翼雙飛。鄉先輩黄炎培有言：川沙濱海，天時地利，人工物力，種種優勢，不後於人。迨至新中國建立之四十年，全縣上下羣策群力，以至遽然躋身全國壯縣之列。值此盛年，川沙將省入新區，重展宏猷，而此樓之建為其歷史之見證也。川沙建築業馳名中外，樓之設計、施工及臻於成皆我川沙人之智力，其形製規模與武昌黄鶴樓相彷，而樓東連接石橋，隔岸有仿古城墻，巍巍然一獨特之建築也。樓高五十四米，五塔七層，有翹角六十，各繫金鈴，風吹鈴動，錚錚有聲。上海，鶴之故鄉也，樓名取語《詩經》「鶴鳴於九皋，聲聞於天」。夫鶴者，吉祥之物，又奮進之化身也。《墨經》言：「蛤螟日夜鳴，口乾而不聽之。鶴雖時夜而鳴，天下振動。誠謂多言無益，惟實幹能興邦。」我川沙瀕海，風光旖旎，「海天旭日」為滬城八景之一。乾隆時李行南有竹枝詞狀云：「海日初升恰五更，紅光晃漾令人驚。須臾已見騰騰上，碧落分明掛似鎮。」此昔時護塘觀日出之景象也。如今結伴登樓，彌望吳淞口外，舳艫千里，疾馳揚波，穿梭破浪，此乃今日江東之妙境，海港之雄風哉。樓由川沙縣人民政府集資八百萬元興建，于一九九一年七月動工，歷時一年半告竣。中國佛教協會會長趙樸初為鶴鳴樓題字，匾額題字均由上海市著名書法家所書。

公元一九九二年冬，邑人顧柄權記，梁溪王聽浩書。

按：碑文錄自原碑。該碑現立於川沙公園（浦東新區川沙鎮城南路437號）鶴鳴樓底層大廳中。編者於2014年4月錄得此碑。碑為黑色大理石質，高79釐米，寬160釐米，厚1.8釐米。碑文共30行，滿行19字。

鶴鳴樓記

川沙城鶴鳴樓記碑

川沙公園碑記

（1992年　朱鴻伯）

川沙公園記

川沙公園為一座江南古典式園林，一九八五年建成開放。一九九一年，又闢東園游樂場，增建鶴鳴樓、園外樓、仿古城牆等景點，總面積八十餘畝。

全園首景鶴鳴樓，高五十四米，既有古樓之雄姿，别具新樓之異趣。八十擎柱，頂七層高塔；四边翹角，繫六十金鐘，金色琉璃脊面，五彩畫棟迴廊。上懸名人匾額，下砌玉石平臺，拾級登临，舉目望遠，浦賓羣樓蓋地，江海波浪連天。

園中圍繞清波湖，樓臺相伴，亭閣相間，花團錦簇，松柏常青。芳洲景亭耸立，白漾水榭迎風。面水扇亭，芙蓉拾趣。環碧樓前觀魚躍，流鶯橋下駕輕舟，春曉亭中聞鳥語，獅子山下聽泉聲。西南翠竹成林，綠茵一片。千个橋頭，引風亭吟詩奏曲；綠漪池畔，龍泉室煮酒烹茶。偏好觀瀾園內，盆景集天地自然靈氣；苞桑廳前，庭院聚江南典雅遺風。走過雙誼橋步入東園，飛船游艇，激浪湧進，空中地上，尽情歡樂。

川沙公園園中有園，景中有景，樓外有樓，是上海浦東觀光旅游的良好處所。

朱鴻伯撰并書

川沙公園一九九三年春立

按：碑文錄自原碑。碑該碑現貼裝於川沙公園（浦東川沙鎮城南路 437 號）南門入口處東側牆上。編者於 2014 年 4 月訪得此碑。碑為白色大理石質，122 釐米見方，碑文共 20 行。

川沙公園記
朱鴻伯撰并書
川沙公園一九九三年春立

川沙公園記碑

林達烈士墓碑記

（1996年　中共南匯縣委黨史辦公室）

林达烈士生平

中国共产党的优秀党员，中国人民解放军的杰出的团级指挥员，革命烈士林达，原名林有璋，1914年生，本县老港乡人。1933年林达于上海市立新陆师范毕业后，即任职于上海江南造船所，1937年「八一三」抗战爆发，他满怀爱国激情，毅然弃职回乡。在中共浦東工委领导下，1938年和同乡连柏生、王才林等一道创建抗日武装，先后任南汇县「保卫四中」特务长兼长沟乡乡长，「抗卫二大」军需兼特务区队长、中队副兼教导队长，淞沪「五支四大」大队副。多次率部袭击驻浦東的日伪军，尤以1941年4月全歼驻青墩镇的一个日伪军警分队，在浦東地区影响很大。1941年6月，林达和蔡群帆根据中共路南特委决定，率「五支四大」南渡浙東，沿途军纪严明，在余姚登陆后，即于相公殿伏击日军，打得敌人弃尸而逃，首战告捷，极大地鼓舞了浙東军民抗日斗志。在浙東，历任淞沪游击队第三支队长、新四军浙東纵队第三、第四支队长和政委。在长溪岭、西成桥、洪桥、许岙、鄞江桥等重要战斗中，多次立功受奖。他创造性地执行党的统战政策，团结各界人民，抗击日伪军，对开辟浙東根据地作出了重大贡献。

解放战争时期，先后任新四军第一纵队第三旅和华東野战军第一纵队第三师第九团政委、团长，转战齐鲁，先后参加解放泰安和鲁南、宿北、莱芜、孟良崮等重大战役。多次担任阻击，以少胜多，抗击了蒋军步、炮、坦克、飞机联合进攻，守住阵地，出色完成任务。尤其在震惊中外的孟良崮战役中，林达率领九团担负阻击蒋军整编二十五师的增援。在人数和装备都处于劣势的情况下，林达亲临前沿，浴血奋战，完成了阻击任务，为主攻部队赢得了时间，对孟良崮战役的彻底胜利作出了巨大贡献。上述战役中，林达屡立战功，荣获鲁南前线指挥部通令嘉奖。1947年7月，林达奉命率部渡沙河时，在蒋军飞机狂轰滥炸中，不幸中弹牺牲，时年33岁。

林达戎马一生，抱爱国之热忱，怀救民之赤心，呕心沥血育劲旅，英勇顽强战敌虏，军政兼优，战功累累。他以「捐躯赴国难，视死忽如归」自励，多次负伤，无私无畏，献身于人民的解放事业。烈士业迹光照乾坤，烈士精神永垂不朽！

中共南汇县委党史办公室撰文
南汇县老港镇党委、镇政府建造
1996年4月27日

按：碑文錄自原碑。林達烈士墓座落於浦東新區老港鎮牛肚村的老港公墓堂内。編者於2014年5月訪得此碑。墓碑為紅色大理石質，碑石上鐫有葉飛題寫的「林達同志永垂不朽」。碑石前立嵌有林達烈士照、譚啟龍題寫「革命烈士林達之墓」墓碑，其左右兩邊各立有題詞碑一塊。金闕龍編《林達紀念文集》亦錄此文。

林达同志永垂不朽
林达烈士生平
英雄烈士
浩气长存

林達烈士墓

林达同志永垂不朽
林达烈士生平

林達烈士墓碑

雪英小學碑記

（1996 年）

雪英小学誌

本校荷承美籍侨胞王广量、顾雪英夫妇爱国爱乡之热忱，慨捐人民币壹佰万元，将座落在三王庙旁的三灶小学迁址桥弄村三灶生产队，现改名为雪英小学。经由上海市浦東新区江東设计所设计，城镇工程公司承建，于一九九六年八月落成。总面积为二千一百九十六平方米。具见热爱祖国振兴教育泽被桑梓，堪为乡侨之楷模。

谨誌

孙桥镇人民政府

一九九六年八月

按：碑文錄自碑照，撰者不詳。《浦東新區年鑒 1997》刊載此照。碑文共 10 行，滿行 22 字。

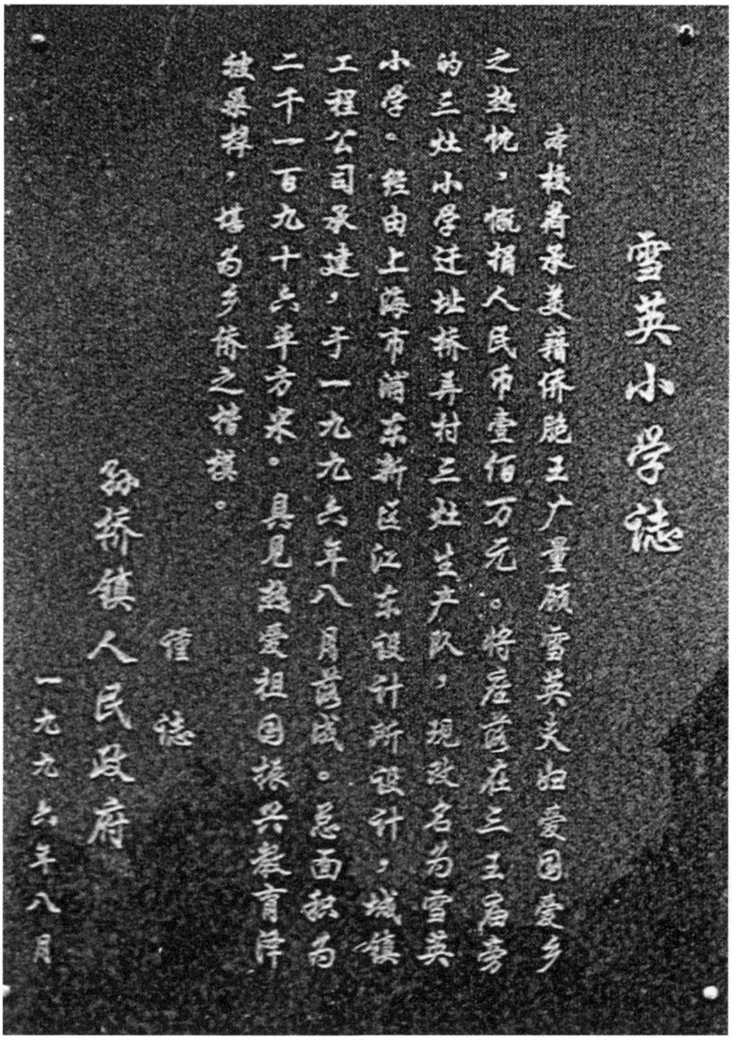
雪英小学志
本校为承美籍侨胞王广量颇雪英夫妇爱国爱乡
之热忱，慨捐人民币壹佰万元。将座落在三王宕旁
的三灶小学迁址桥弄村三灶生产队，现改名为雪英
小学。经由上海市浦东新区江东设计所设计，城镇
工程公司承建，于一九九六年八月落成。总面积为
二千一百九十六平方米。具见热爱祖国振兴教育事
业豪举，堪为乡侨之楷模。
谨志
孙桥镇人民政府
一九九六年八月

雪英小學碑（《浦東新區年鑒 1997》刊載）

重建楊斯盛造像碑記

（1997年）

杨公斯盛造像

杨公斯盛毁家兴学，于一九〇七年创办浦東中学。一九一七年，名流百姓捐建杨公造像，一九六六年被毁。一九八七年，川沙县政府及社会各界集资重建造像，以缅怀杨公功绩。一九九七年，迁造像于兹。浦東中学，一九九七年十二月四日，敬立。

按：碑文錄自原碑，撰者不詳。楊斯盛銅像現立於浦東中學校園內（浦東高科西路1105號）。編者於2014年2月訪得此碑。銅像基座為漢白玉石質，高118釐米，寬92釐米。碑文刻於基座陰面，共12行，滿行8字。銅像基座陽面刻「楊公斯盛造像」六字。

重建楊斯盛造像全貌

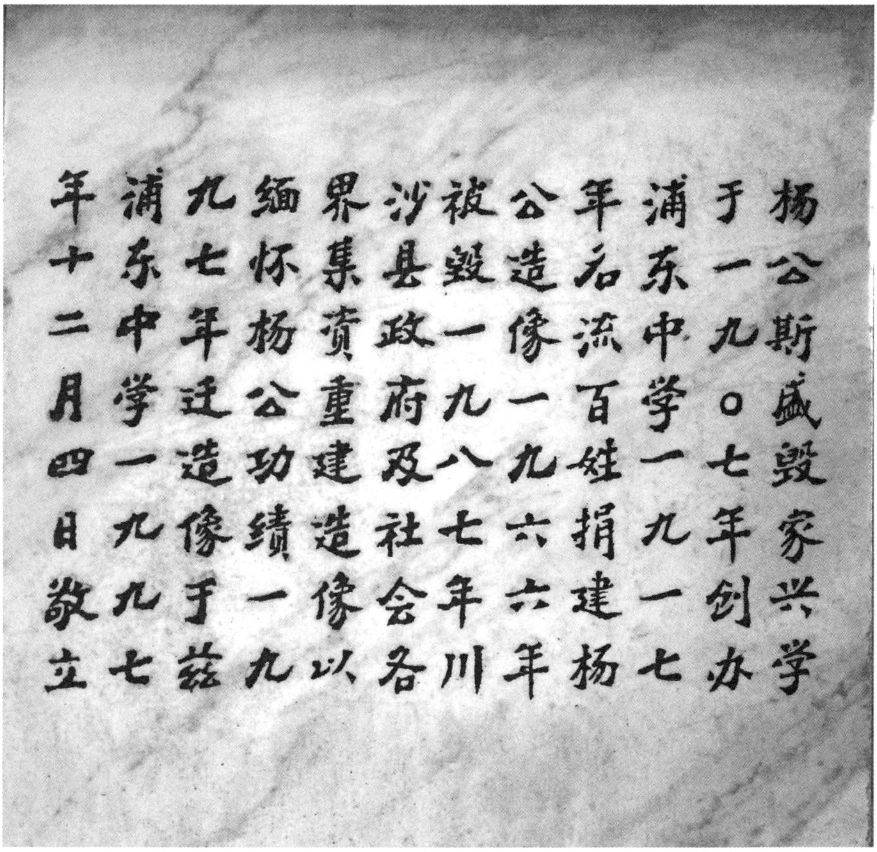

杨公斯盛毁家兴学
于一九〇七年创办
浦东中学一九一七
年名流百姓捐建杨
公造像一九六六年
被毁一九八七年川
沙县政府及社会各
界集资重建造像以
缅怀杨公功绩一九
九七年迁造像于兹
浦东中学一九九七
年十二月四日敬立

重建楊斯盛造像碑

李嘉誠先生捐資興學紀念碑記

（1997 年）

香港和記黃埔有限公司主席李嘉誠先生為吾校籌建慨捐巨資，興學浦東新區，造福莘莘學子，百年樹人，惠及後世。舉校上下，銘篆于心。當恪遵進德修業校訓，培育英才以報之。爰勒茲碑，永久垂範。

上海外國語大學附屬浦東外國語學校謹立

公元一九九七年三月

按：碑文錄自碑照，撰者不詳。《浦東新區年鑒 1997》刊載此照。該碑現立於上海外國語學校附屬浦東外國語學校校內（浦東張江達爾文路 91 號）。

香港和記黃埔有
限公司主席李嘉誠先
生爲吾校籌建慨捐巨
資，興學浦東新區，
造福莘莘學子，百年
樹人，惠及後世。舉
校上下，銘篆于心。
當恪遵進德修業校訓，
培育英才以報之。爰
勒茲碑，永久無
上海外國語大學附屬
浦東外國語學校謹立
公元一九九七年三月

李嘉誠先生捐資興學紀念碑（《浦東新區年鑒 1997》刊載）

移「古高橋舊址」碑記

（1999年）

移碑记

浦東名镇高桥，因桥得名，桥係石筑，昔跨黄澮港，今海高路北街口，港東通海，西通浦，可行巨舟，港水久淤，桥亦徒供观瞻，公元1928年，经里人集议，决筑路迁桥，以利交通，印园主人印星台撰《迁桥筑路记》文，勒石立碑于桥原址；并凿「保安公井」两口，饮料消防。「双井」地名由是来。平康会（慈善机构）又立《古高桥旧址》石碑树「双井」北侧。《迁桥筑路记》碑毁于文革，有拓片存市文管会。《古高桥旧址》碑断成二截，埋于镇北仓库地下，1984年挖掘修复树于旧址。公元1998年，拓宽海高路，乃東移《古高桥旧址》碑及「保安公井」数丈，籍以纪念。

高桥镇人民政府

公元一九九九年仲秋

按：碑文錄自原碑，撰者不詳。柴志光主編《浦東石建築踏訪記》刊登此照，并記錄此文。該碑現立於花山路943号（原海高路1054號），即古高橋舊址。

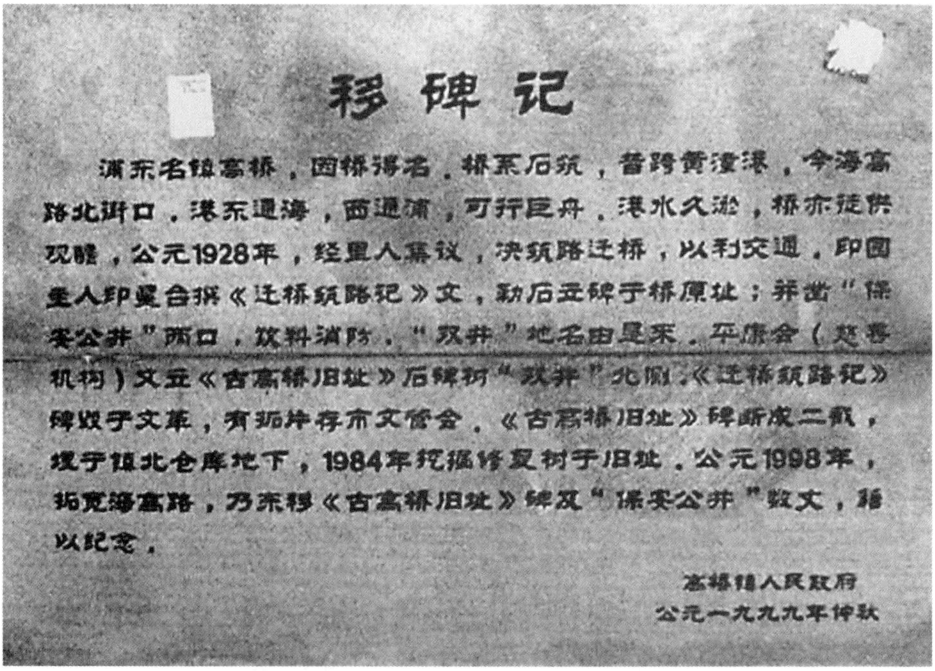
移碑记
浦东名镇高桥，因桥得名。桥系石筑，昔跨黄浦港，今海高路北街口。港东通海，西通浦，可行巨舟。港水久淤，桥亦徒供观瞻。公元1928年，经里人集议，决筑路迁桥，以利交通。印国生人印燮合撰《迁桥筑路记》文，勒石立碑于桥原址；并凿"保安公井"两口，饮料消防。"双井"地名由是来。平康会（慈善机构）又立《古高桥旧址》石碑于"双井"北侧。《迁桥筑路记》碑毁于文革，有拓片存市文管会。《古高桥旧址》碑断成二截，埋于镇北仓库地下，1984年挖掘修复树于旧址。公元1998年，拓宽海高路，乃东移《古高桥旧址》碑及"保安公井"数文，籍以纪念。
高桥镇人民政府
公元一九九九年仲秋

移「古高橋舊址」碑（《浦東石建築踏訪記》刊載）

壽萱橋記

（2001年）

寿萱桥建于公元一九二九年五月，乃开明士绅陈有恒先生（字久余，公元一八七七——一九五二年）用为其母祝寿之筵资所造，造福乡里七十余年，功不可没。公元二〇〇〇年十一月，高東镇人民政府斥资数万余元交徐路村重建新桥。惟叨前辈功德，特重镌新石以昭后人。浦東新区高東镇徐路村。公元二〇〇一年二月立。杨园市政建筑工程公司承建。

按：碑文錄自原碑，柴志光主編《浦東石建築踏訪記》亦錄此文。

南匯會龍講寺地藏殿碑記

（2002年）

地藏殿缘起

衆生度盡方證菩提，地獄未空誓不成佛。

在党的宗教政策指引下，及佛协的关心、各级领导的支持，地藏殿于二〇〇二年三月动工。在建期间，蒙国内外诸山大德、善男信女乐善好施，以及得力于全寺上下四众弟子、护法居士四处奔走，历经劳累，积功累德，使地藏殿建得高大雄伟，四面飞檐，外貌仿古，设施现代，既美观又实用，殿内佛像慈祥庄严，并于本年十月廿四日举行隆重的开光仪式，参加人数近三千人，盛况空前。

地藏王菩萨之威力不可思议，慈悲不可思议，智慧不可思议，辩才不可思议，正是十方诸佛如来赞叹，宣说地藏王菩萨不思议事，千万劫中不能得尽。

若有弟子恭敬礼拜、赞叹、供养地藏王菩萨，即得十种利益。一者土地丰壤；二者家宅永安；三者先亡生天；四者现存益寿；五者所求遂意；六者无水火灾；七者虚耗辟除；八者杜绝恶梦；九者出入神护；十者多遇圣因。

种善因，得善果；种恶因，得恶果。人为善，福虽未至，祸已远离；人为恶，祸虽未至，福已远离。

颂曰：所未谓布施者，必获其利益，若谓乐故施，后必得安乐。

南无大愿地藏王菩萨

佛历二五四六年秋吉旦

上海南汇会龙讲寺住持释戒宝敬立

按：碑文録自原碑，撰者不詳。南匯會龍講寺位於浦東新區川沙新鎮六灶新興村101號，柴志光先生於2010年6月訪得此碑，編者未能親見，此文僅按柴先生所攝照片校對。

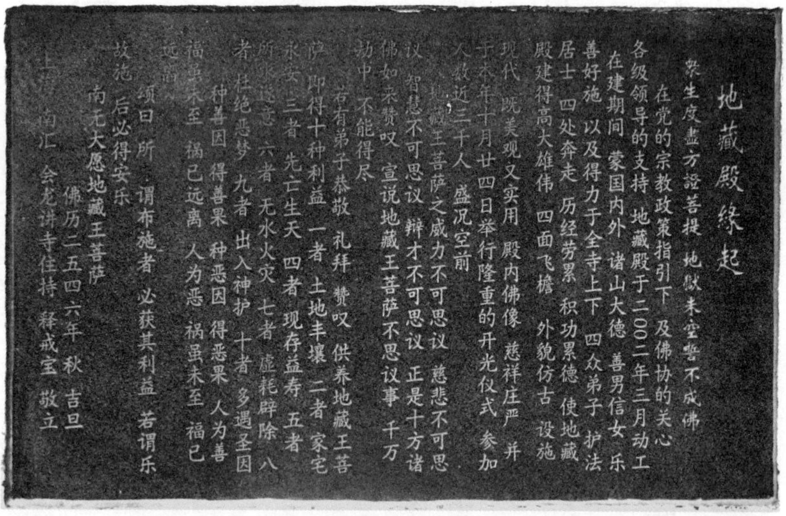
地藏殿缘起
众生度尽方證菩提 地狱未空誓不成佛
在党的宗教政策指引下 及佛协的关心
各级领导的支持 地藏殿于二00二年三月动工
在建期间 蒙国内外 诸山大德 善男信女 乐
善好施 以及得力于全寺上下 四众弟子 护法
居士 四处奔走 历经劳累 积功累德 使地藏
殿建得高大雄伟 四面飞檐 外貌仿古 设施
现代 既美观又实用 殿内佛像 慈祥庄严 并
于本年十月廿四日举行隆重的开光仪式 参加
人数近三千人 盛况空前
地藏王菩萨之威力不可思议 慈悲不可思
议 智慧不可思议 辩才不可思议 正是十方诸
佛如来赞叹 宣说地藏王菩萨不思议事 千万
劫中 不能得尽
若有弟子恭敬 礼拜 赞叹 供养地藏王菩
萨 即得十种利益 一者 土地丰壤 二者 家宅
永安 三者 先亡生天 四者 现存益寿 五者
所求遂意 六者 无水火灾 七者 虚耗辟除 八
者 杜绝恶梦 九者 出入神护 十者 多遇圣因
种善因 得善果 种恶因 得恶果 人为善
福虽未至 祸已远离 人为恶 祸虽未至 福已
远离
颂曰 所 谓布施者 必获其利益 若谓乐
故施 后必得安乐
南无大愿地藏王菩萨
佛历二五四六年 秋 吉旦
上海 南汇 会龙讲寺住持 释戒宝 敬立

南匯會龍講寺地藏殿碑

張大昶道長修復欽賜仰殿功德碑記

（2003年　丁常雲）

張大昶道長修復欽賜仰殿功德碑

欽賜仰殿，又名東嶽行宫，地處上海浦東，傳建于三國，史見於明。舊時占地二十余畝，殿堂恢宏，信眾鼎盛。近百年來，疊經興廢。十年動亂，移作他用。張公文希，應改革開放之時，自癸亥年起，總攝道侣，奔走複廟。二十年間，盡心竭力，重振東嶽行宫之香火，立山門，置鐘鼓，興修大殿，籌建經樓，興廢補闕，其績大成，名弘浦東。張公出身道門，本名文熙，生於一九二三年（癸亥），幼年習道，法號大昶。欽賜仰殿恢復開放後出任住持，歷任上海市道教協會第一、二、三屆副會長，中國道教協會第四、五屆理事，川沙縣道教協會會長、浦東新區道教協會籌委會主任。一九九九年（己卯）羽化。

道經曰：法由聖顯，道寄人弘。今日之欽賜仰殿金碧相輝，樓閣崔巍，廟貌焕發，香火旺盛，實賴張公文希及前輩道長之努力，矢志弘道。值此欽賜仰殿恢復開放二十周年之際，泐此碑文，永志紀念。

中國道教協會副會長、上海市道教協會副會長丁常雲敬撰。蒲溪道人王貴榮恭書。

公元二〇〇三年（癸未）十一月吉日，上海市浦東新區道教協會、上海欽賜仰殿道觀立。

按：碑文錄自原碑。該碑現存欽賜仰殿（浦東源深路476號）碑廊内。編者於2014年1月訪得此碑。碑高150釐米，寬70釐米。碑文共12行，滿行39字。

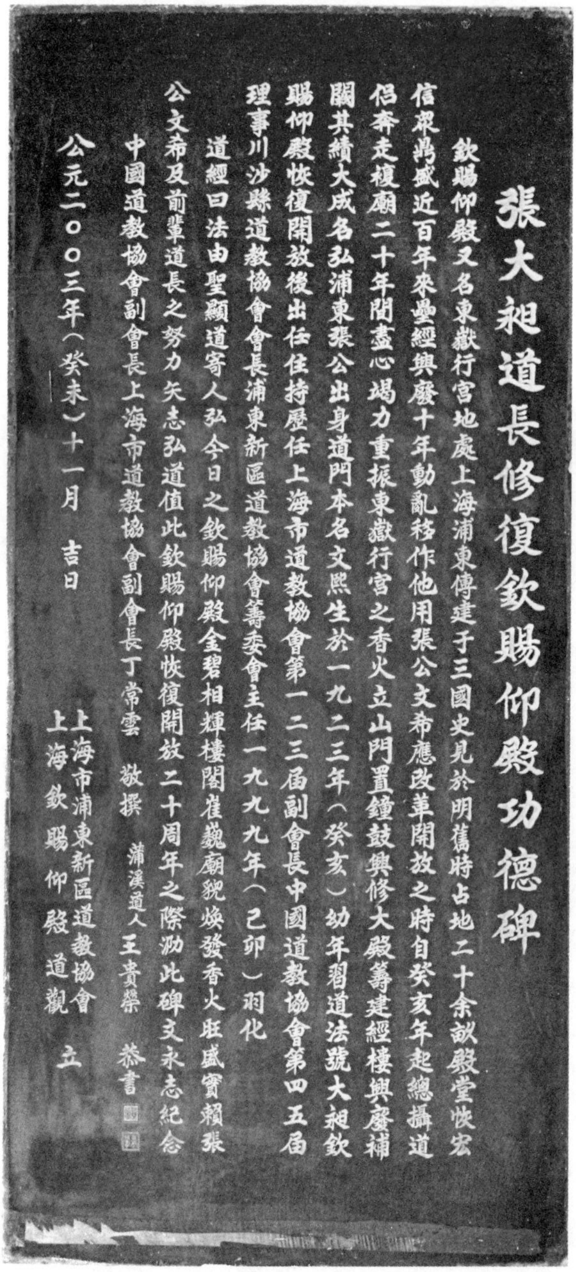

張大裀道長修復欽賜仰殿功德碑

欽賜仰殿又名東嶽行宮地處上海浦東傳建于三國史見於明舊時占地二十余畝殿堂恢宏
信衆鼎盛近百年來疊經興廢十年動亂移作他用張公文希應改革開放之時自癸亥年起總攝道
侶奔走複廟二十年間盡心竭力重振東嶽行宮之香火立山門置鐘鼓興修大殿籌建經樓興廢補
闕其績大成名弘浦東張公出身道門本名文熙生於一九二三年（癸亥）幼年習道法號大裀欽
賜仰殿恢復開放後出任住持歷任上海市道教協會第一二三屆副會長中國道教協會第四五屆
理事川沙縣道教協會會長浦東新區道教協會籌委會主任一九九九年（己卯）羽化
道經曰法由聖顯道寄人弘今日之欽賜仰殿金碧相輝樓閣崔巍廟貌煥發香火旺盛實賴張
公文希及前輩道長之努力矢志弘道值此欽賜仰殿恢復開放二十周年之際泐此碑文永志紀念
中國道教協會副會長上海市道教協會副會長丁常雲　敬撰　蒲溪道人王貴榮　恭書
公元二〇〇三年（癸未）十一月　吉日
上海市浦東新區道教協會
上海欽賜仰殿道觀　立

張大裀道長修復欽賜仰殿功德碑

浦東欽賜仰殿建碑廊記

（2003年）

欽賜仰殿古無碑廊，公元二零零三年癸未，恢復開放二十年際，仰道門内外之鼎力，依善信孫貼成、高國良等襄助，得以傍側壯麗，畢新廊宇。鐫勒靈章，期成規模。玉笈金箱，文以載道。俾存金石，以永增崇。

上海欽賜仰殿道觀立。王貴榮書，黄玉芬鎸。

按：碑文錄自原碑，撰者不詳。該碑現存欽賜仰殿（浦東源深路476號）碑廊内。編者於2014年1月訪得此碑。碑高92釐米，寬52釐米。外觀呈八邊形。碑文共14行，滿行7字。

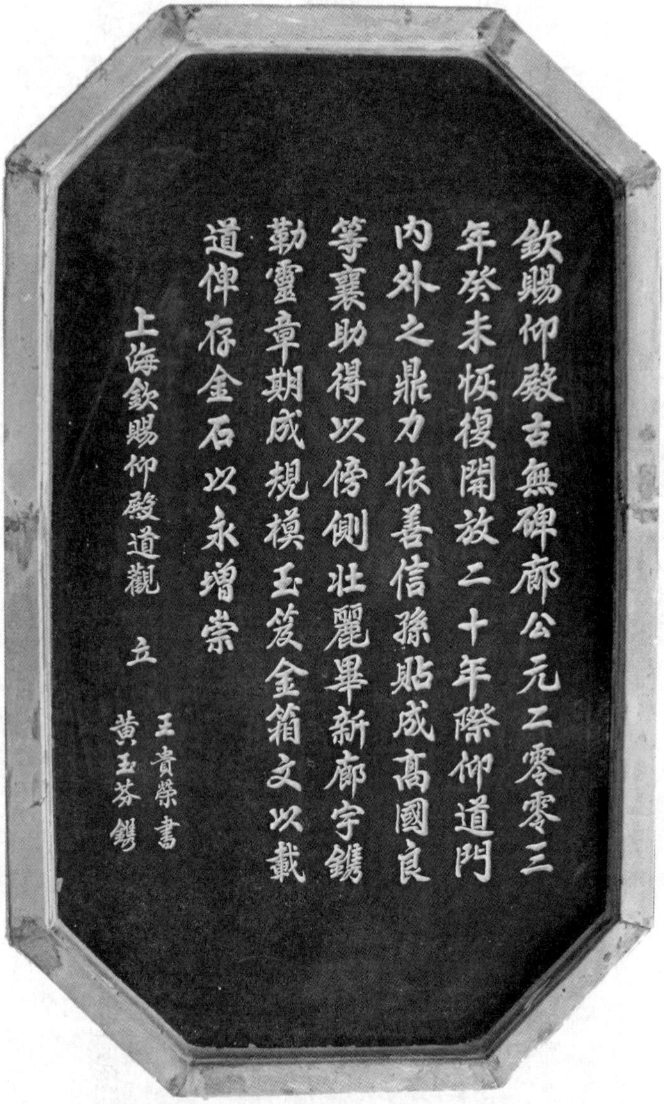
欽賜仰殿古無碑廊公元二零零三
年癸未恢復開放二十年際仰道門
内外之鼎力依善信孫貼成高國良
等襄助得以傍側壯麗畢新廊宇鐫
勒靈章期成規模玉笈金箱文以載
道俾存金石以永增崇
上海欽賜仰殿道觀　立
王貴榮書
黃玉芬鐫

浦東欽賜仰殿建碑廊記碑

欽賜仰殿圖及跋語刻石

（2003年　陳星平）

欽賜仰殿

欽賜仰殿道觀，又名東嶽行宮。地處上海浦東。相傳始建于三國，唐時太宗敕建，遂更名欽賜仰殿。宋代擴建，明崇禎時毀于兵燹，清乾隆庚寅年重建，主供東嶽。有東嶽殿、十王殿、三清殿、藏經樓等主體建築，占地二十餘畝，為當時申江勝景之一。近百年來，屢遭人禍，十年動亂，移作他用。二十世紀八十年代初，重新修復，千年古觀再現生機。殿堂宏敞，樓閣崔巍，香火鼎盛，為全國著名道觀。

今適欽賜仰殿修建並立碑廊，蒙丁常雲會長厚愛，委我根據清末申江勝景之一欽賜仰殿小幅木刻本放大作刻石稿。因原稿甚小，人物神像等尤其模糊不清，吾不得不搜尋資料，在吳氏小木版刻本稿基礎上重新放大創作而成此圖也。

二〇〇三年歲在癸未冬末時於上海黃浦江畔，陳星平題書並画。

按：碑文錄自原碑。石碑現存欽賜仰殿（浦東源深路476號）碑廊內。編者於2014年1月訪得此碑。石碑為人造石質，高150釐米，寬170.3釐米，碑文共33行，每行7—10字不等，下方有欽賜仰殿石刻图，此碑文為石刻圖跋語。

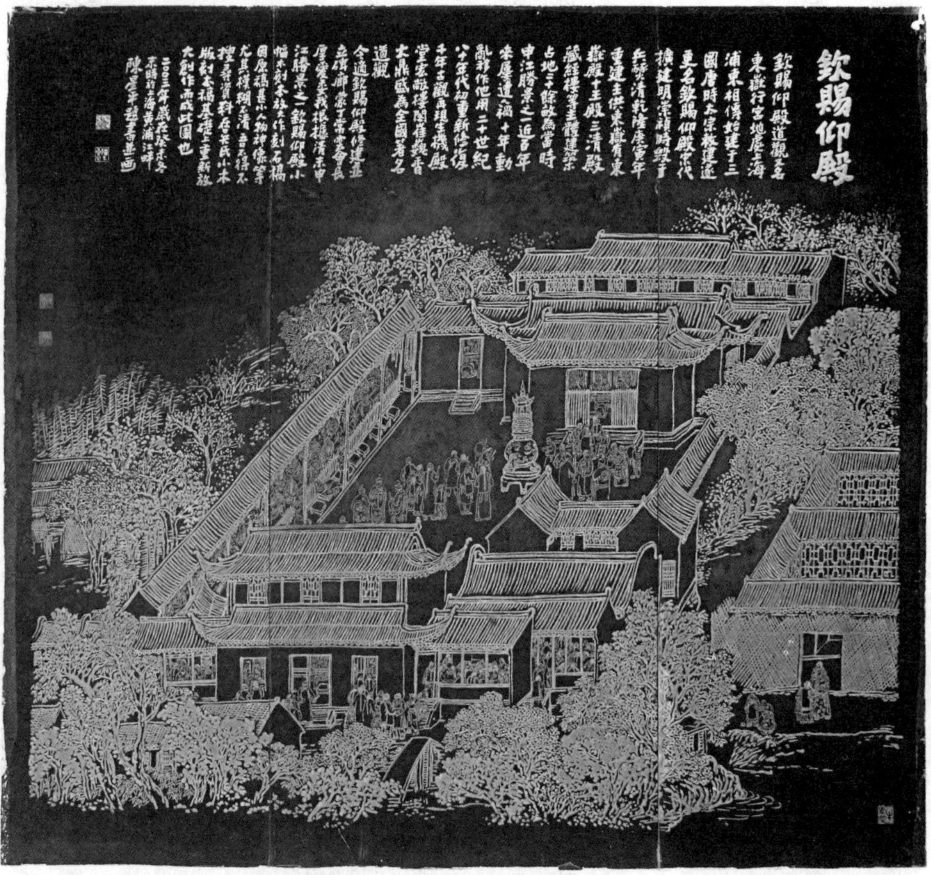
欽賜仰殿
欽賜仰殿道觀名
東嶽行宮地處上海
浦東相傳始建于三
國唐時太宗敕建遂
更名欽賜仰殿宋代
擴建明崇禎時毀于
兵燹清乾隆庚寅年
重建主供東嶽有東
嶽殿十王殿三清殿
藏經樓等主體建築
占地二十餘畝為當時
申江勝景之一近百年
來屢遭禍十年動
亂移作他用二十世紀
八十年代初重新修復
千年古觀再現生機殿
堂宏敞樓閣巍峨香
火鼎盛為全國著名
道觀
今逢欽賜仰殿修建並
立碑廊索丁常云會長
屢囑求我根據清末申
江勝景之一欽賜仰殿小
幅木刻本放大作刻石稿
因原稿甚小人物神像等
尤其模糊不清吾不得不
搜尋資料
版刻木稿基礎上重新放
大創作而成此圖也
二〇一三年歲在癸巳冬
陳墨平謹書並畫

欽賜仰殿圖及跋語刻石

賢生宅碑記

（2004年）

「贤生」宅记

贤生，姓张，又名阔嘴巴贤生。係原九团乡三甲张唐村人（现黎明村4队）。

张贤生解放前曾在上海滩开设「花苑同」赌场，发迹后于二十世纪初在龚路東街20号址购田盖房，建造了此处花园式住宅一栋。

该宅为砖木结构，三开间门面二层楼房，正房后建有厨房及三楼天坛。房屋建筑面积（二层）668平方米，房前有围墙、天井、小花园，花园内种有广玉兰两株，東南角打有水井一口。楼宇内木梁、门窗雕花镶玉，工艺精湛、古朴典雅，颇具风韵。

据传，张贤生于三十八岁即过世。有关该宅的房产资料也无档案记载，历来均作公管房屋使用。抗战期间，曾被日军占用。民国时期，曾作为伪乡政府、伪警察署、伪区公署等机构办公用房。解放后，人民政府接管此房，长期作为政府机关办公用房。

二十世纪七十年代，十年浩劫，该房遭红卫兵破四旧，部分雕花被用石膏遮盖起来，厅堂大门被移作他用，花园内因建造办公用房伐去了西侧广玉兰一株。部分结构遭破坏。

九十年代初政府机关迁出后，该房转为交运站、渔政站等事业单位使用，花园内平房交由龚路居委开设老年活动室，阅览室等活动场所。

二〇〇四年，为了加强社区建设，保护晚清优秀建筑，根据龚路广大居民的愿望，曹路镇党委、政府决定，将该房恢复原貌，并拨出专款由龚路建筑工程公司于九月开始动工修缮。配置了厅堂大门，拆除了搭建在花园的平房，木梁、门窗重新雕上彩色图案，内外油漆如新。

二〇〇四年十二月八日，龚路社区活动中心，龚路居委会正式迁入办公。内设办公室、活动室、阅览室、文档室、书场、乒乓厅、历史展览厅、书法美术厅及物业管理等部门。这幢典型的晚清老宅又焕发出新的青春和活力。

浦東新区曹路镇人民政府

二〇〇四年十二月

按：碑文錄自原碑。石碑現藏浦東新區曹路鎮龔路東街20號龔路居民委員會內，嵌於房屋外牆、大門東側下方。編者於2014年4月訪得此碑。石碑為黑色大理石質，碑文共23行，滿行39字。

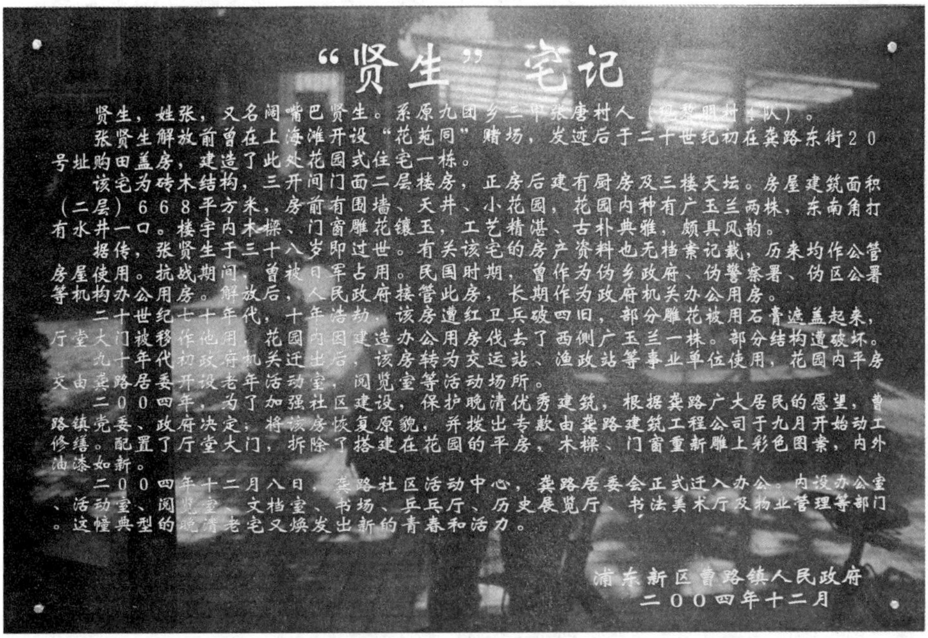
“贤生”宅记
贤生，姓张，又名阔嘴巴贤生。系原九团乡三甲张唐村人
张贤生解放前曾在上海滩开设“花苑同”赌场，发迹后于二十世纪初在龚路东街20号址购田盖房，建造了此处花园式住宅一栋。
该宅为砖木结构，三开间门面二层楼房，正房后建有厨房及三楼天坛。房屋建筑面积（二层）668平方米，房前有围墙、天井、小花园，花园内种有广玉兰两株，东南角打有水井一口。楼宇内木樑、门窗雕花镶玉，工艺精湛、古朴典雅，颇具风韵。
据传，张贤生于三十八岁即过世。有关该宅的房产资料也无档案记载，历来均作公管房屋使用。抗战期间，曾被日军占用。民国时期，曾作为伪乡政府、伪警察署、伪区公署等机构办公用房。解放后，人民政府接管此房，长期作为政府机关办公用房。
二十世纪七十年代，十年浩劫，该房遭红卫兵破四旧，部分雕花被用石膏遮盖起来，厅堂大门被移作他用，花园内因建造办公用房伐去了西侧广玉兰一株。部分结构遭破坏。
九十年代初政府机关迁出后，该房转为交运站、渔政站等事业单位使用，花园内平房交由龚路居委开设老年活动室，阅览室等活动场所。
二00四年，为了加强社区建设，保护晚清优秀建筑，根据龚路广大居民的愿望，曹路镇党委、政府决定，将该房恢复原貌，并拨出专款由龚路建筑工程公司于九月开始动工修缮。配置了厅堂大门，拆除了搭建在花园的平房，木樑、门窗重新雕上彩色图案，内外油漆如新。
二00四年十二月八日，龚路社区活动中心，龚路居委会正式迁入办公。内设办公室、活动室、阅览室、文档室、书场、乒乓厅、历史展览厅、书法美术厅及物业管理等部门。这幢典型的晚清老宅又焕发出新的青春和活力。
浦东新区曹路镇人民政府
二00四年十二月

賢生宅記碑

朱家店抗日之戰紀念碑記

（2004 年）

朱家店抗日之战纪念碑

朱亚民题

廿世纪卅年代，日寇入侵中华，大片国土被占，淞沪相继沦陷。富饶的浦東大地，惨遭敌军铁蹄之践踏。奸匪肆虐，痞盗为害；田园荒芜，生灵涂炭。为救国于危亡，解民于倒悬，中国共产党率领民众，开展敌后游击之战。一九四四年八月二十一日，日军亀田中队下乡为虐，新四军浙東纵队浦東支队支队长朱亚民率部设伏于朱家店，一举歼灭日军三十四人。敌酋饮泣，民众欢颜。斯役全仗六灶民众之支持，我军判断之准确，设伏巧妙，袭敌不备，以弱胜强，为伏击战之典范，编入我军之史册。星移斗转一甲子，社会变迁今非昔。国家日益强盛，民众欢奔小康。回忆往事，感慨係之。立碑纪念，昭示后人；居安思危，戒骄戒侈；自强不息，兴我中华！

南汇区六灶镇人民政府

公元二〇〇四年六月立

按：碑文錄自原碑，撰者不詳。該碑現立於浦東六灶鎮會龍村南六公路東側。編者於 2014 年 5 月訪得此碑。碑文 33 行，滿行 9 字。

廿世纪卅年代，日寇
入侵中华，大片国土
被占，淞沪相继沦陷。
富饶的浦东大地，惨
遭敌军铁蹄之践踏。
奸匪肆虐，寇盗为害，
田园荒芜，生灵涂炭。
为救国于危亡，解民
于倒悬，中国共产党
率领民众，开展敌后
游击之战。一九四四
年八月二十一日，日
军龟田中队下乡为虐，
新四军浙东纵队浦东
支队支队长朱亚民率
部设伏于朱家店，一
举歼灭日军三十四人。
敌酋饮泣，民众欢颜。
斯役全仗六灶民众之
支持，我军判断之准
确，设伏巧妙，袭敌
不备，以弱胜强，为
伏击战之典范，编入
我军之史册。星移
斗转一甲子，社会变
迁今非昔。国家日益
强盛，民众欢奔小康。
回忆往事，感慨系之。
立碑纪念，昭示后人，
居安思危，戒骄戒侈，
自强不息，兴我中华！
六灶镇人民政府
公元二〇〇四年六月立

朱家店抗日之戰紀念碑

朱家店抗日之戰紀念碑

泥城暴動紀念碑記

（2005 年）

泥城暴动纪念碑

上世纪初，神州激荡。我泥城仁人志士，迎马列而神往，举赤旗而奋身。一九二六年，工农运动已燃星火，真理曙光，映红南沙。

第二次国内革命战争时期，泥城举行千人暴动，宣布成立苏维埃临时政府与中国工农红军第二十二军第一师。剑锋所指，江浙撼动。

抗日战争前期，泥城成立抗日武装——南汇县保卫团第二中队，打响浦東抗日第一枪。汇角战斗，壮怀激烈，二十八壮士血洒疆场，英名不朽。

建党至今，共九十七位泥城儿女，生当豪杰，死亦鬼雄！览先驱血沃之大地，新城崛起而日新月異。叹碧血桃花，灼灼有情；思英魂早归，长依家乡。值此抗战胜利六十周年、泥城暴动七十五周年之际，勒碑铭史，永昭后人。

中共泥城镇委员会
泥城镇人民政府
二〇〇五年六月

按：碑文錄自原碑，撰者不詳。該碑現立於泥城暴動紀念館廣場。柴志光先生於 2010 年 3 月访得此碑，并拍摄照片。碑為花崗岩，文共 29 行，滿行 12 字。

泥城暴動紀念碑

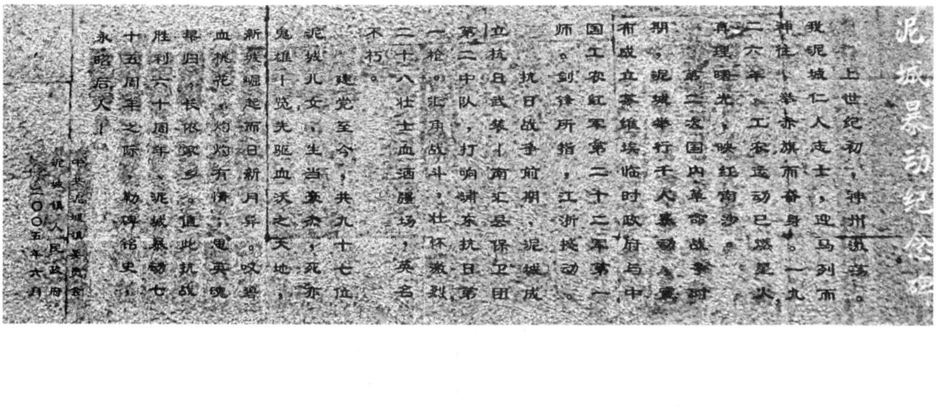
泥城暴动纪念碑
上世纪初，神州激荡。
我泥城仁人志士，迎马列而
神往，举赤旗而奋身。一九
二六年，工农运动已燃星火，
再现曙光，映红南沙。
第二次国内革命战争时
期，泥城举行千人暴动，宣
布成立苏维埃临时政府与中
国工农红军第二十二军第一
师。剑锋所指，江浙撼动。
抗日战争前期，泥城成
立抗日武装「南汇县保卫团
第二中队，打响浦东抗日第
一枪。汇角战斗，壮怀激烈，
二十八壮士血洒疆场，英名
不朽。
建党至今，共九十七位
泥城儿女，生当豪杰，死亦
鬼雄！览先驱血沃之天地，
新城崛起而日新月异。叹碧
血桃花，灼灼有情；思英魂
幂归，长依家乡。值此抗战
胜利六十周年、泥城暴动七
十五周年之际，勒碑铭史，
永昭后人！
中共泥城镇委员会
泥城镇人民政府
二〇〇五年六月

泥城爆動紀念碑碑文

重建西城隍廟碑記

（2005年　曹琪能）

重建西城隍庙记

直上海市中心南半舍许，有三林镇民殷士沃，百货流行，为浦東一重镇〔一〕，西有古银杏一株黛色参天如〔二〕华盖，下〔三〕为西城隍庙，创自大明〔四〕洪武十有八年。前后三进，金碧辉煌，宝像庄严，一时称焉。庙東有古庵曰：西昌，供养〔五〕观世音大士，昔城隍庙旧有大殿〔六〕，供奉威灵公，東侧有〔七〕三官殿。香火称〔八〕盛，为一方保障，灵应昭著〔九〕，历经兵燹是庙〔一〇〕岿然独存，何莫非神灵之呵护乎！至清末历年既久雨剥风摧，倾圮日甚〔一一〕，昔时戏台早归陨灭，威严大殿

〔一〕重镇：原稿作「重区镇」。

〔二〕如：作「若」。

〔三〕下：原稿作「者」。

〔四〕大明：原稿作「明」。

〔五〕供养：原稿作「供奉」。

〔六〕昔城隍庙旧有大殿：原稿作「城隍庙大殿」。

〔七〕有：原稿作「为」。

〔八〕称：原稿作「颇」。

〔九〕为一方保障，灵应昭著：原稿作「庙神灵应昭著，为一方保障」。

〔一〇〕是庙：原稿作「庙宇」。

〔一一〕倾圮日甚：原稿作「倾圮日甚，一片道场，鞠为茂草」一句。

久入空虚，光绪季年就其大殿创为学堂，民国初元，学堂扩展西侧庙宇〔一〕又改建成课室，解放以后〔二〕学堂東迁而庙宇岁久失修，败垣破瓦基址仅存，与〔三〕西昌庵同归劫土，一片道场，鞠为茂草〔四〕，仅留大殿后银杏破天〔五〕独傲，借为飞机航标。惜于「文革」期间以为〔六〕拖拉机场，残油渗土，大树其萎，近倾贯彻政策信仰自由，吾镇乡民庶首议，明修礼乐，幽敬鬼神，士绅向风，捐资乐助愿与众信重兴香火，于旧址東建宇〔七〕，虽规模不及于古，然雨炀祈求，殆与古之祈年方社之举，未始不吻合焉，常时香火不断，或可如〔八〕地永存，嗟乎善哉，里邑井疆，惟神之赐，何惜弹丸，不彰美报，愿与尺土，寿兹方寸，今之后盛扬兴起〔九〕，共兹不坏，永种福田，惟神有灵，惠福无疆，则众善信亦大有造于三林云，因乐为记之。

里人　曹琪能撰文　　2005 年正月〔一〇〕

2007 年，由善信陶岚、万卫芬、曹红伟、张秋宁、蔡祥、诸宵倩、钮桂芬、朱嗣生、朱苇萍、陈柏年、凌玉芳、曹爱珍、徐天罡、高恺雯、高伟军、陈蔚，捐人民币每人 200 元镌刻二碑，以存庙史，盖诸同人之为，乃功德无量流芳百世也。

按：碑文錄自原碑。石碑現存三林鎮西林街西昌庵（西城隍廟），貼於東側房屋左側外牆。編者於 2013 年 11 月訪得此碑。碑為黑色大理石材質，高 122 釐米，寬 67 釐米，碑文共 34 行，滿行 19 字。碑文原稿由曹琪能撰

〔一〕庙宇：原稿作「庙舍」。
〔二〕解放以后：原稿作「嗣至解放以后」。
〔三〕与：原稿作「概与」。
〔四〕一片道场，鞠为茂草：原稿无。
〔五〕天：原稿作「空」。
〔六〕以为：原稿作「假为」。
〔七〕建宇：原稿作「建新宇」。
〔八〕如：原稿作「与」。
〔九〕今之后盛扬兴起：原稿作「今之兴起，后之盛杨」。
〔一〇〕里人曹琪能撰文，2005 年正月：原稿作「二零零五年正月，里人曹琪能撰文，薛建康捐助镜框，朱士充书」。

於2005年，由朱士充書丹，為繁體字，右起豎排，裝裱鏡框懸掛於西昌庵房内，碑鐫刻於2007年，原稿與石碑部分表述有差異，見注釋。文後捐資善信一段為刻碑時補充。

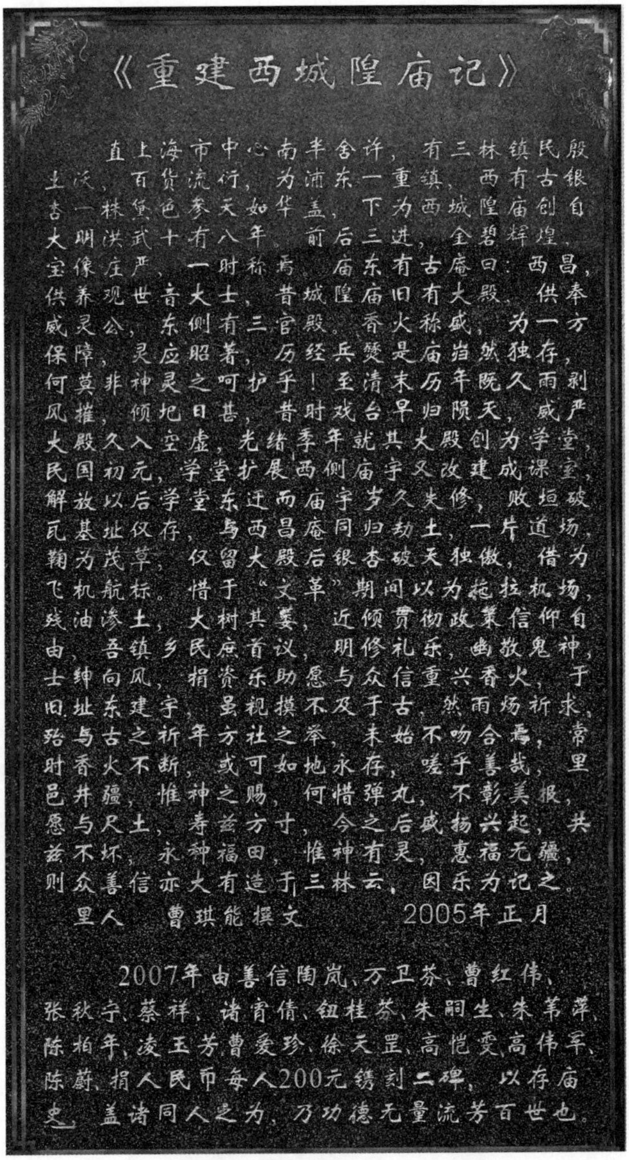
《重建西城隍庙记》

直上海市中心南半舍许，有三林镇民殷土沃，百货流行，为浦东一重镇。西有古银杏一株黛色参天如华盖，下为西城隍庙创自大明洪武十有八年，前后三进，金碧辉煌，宝像庄严，一时称焉。庙东有古庵曰：西昌，供养观世音大士，昔城隍庙旧有大殿，供奉威灵公，东侧有三官殿。香火称盛，为一方保障，灵应昭著，历经兵燹是庙岿然独存，何莫非神灵之呵护乎！至清末历年既久雨剥风摧，倾圮日甚，昔时戏台早归陨灭，威严大殿久入空虚，光绪季年就其大殿创为学堂，民国初元，学堂扩展西侧庙宇又改建成课室，解放以后学堂东迁而庙宇岁久失修，败垣破瓦基址仅存，与西昌庵同归劫土，一片道场，鞠为茂草，仅留大殿后银杏破天独傲，借为飞机航标。惜于“文革”期间以为拖拉机场，残油渗土，大树其萎，近倾贯彻政策信仰自由，吾镇乡民庶首议，明修礼乐，幽敬鬼神，士绅向风，捐资乐助愿与众信重兴香火，于旧址东建宇，虽规模不及于古，然雨旸祈求，殆与古之祈年方社之举，未始不吻合焉，常时香火不断，或可如地永存，嗟乎善哉，里邑井疆，惟神之赐，何惜弹丸，不彰美报，愿与尺土，寿兹方寸，今之后威扬兴起，共兹不坏，永种福田，惟神有灵，惠福无疆，则众善信亦大有造于三林云，因乐为记之。

里人　曹琪能撰文　　　2005年正月

2007年由善信陶岚、万卫芬、曹红伟、张秋宁、蔡祥、诸宵倩、钮桂芬、朱嗣生、朱苇萍、陈柏年、凌玉芳曹爱珍、徐天罡、高恺雯高伟军、陈蔚、捐人民币每人200元镌刻二碑，以存庙史，盖诸同人之力，乃功德无量流芳百世也。

重建西城隍廟記碑

孔廟大成殿碑記

（2006年）

孔庙大成殿

清雍正五年（1727年）建学宫，座落在惠南镇東南隅，占地20余亩，由孔庙、明伦堂、儒学署、惠南书院、芸香草堂、文昌宫、魁星阁等组成建筑群。

大成殿为孔庙的主体建筑，朱门乌瓦、飞簷翘角，气势不凡。孔庙自建成后，在乾隆、道光、咸丰年间曾多次修葺和扩建，至咸丰十一年（1861年）冬，太平天国时期，战争使得学宫尽毁，只有儒学署，惠南书院仅存。清同治五年（1866年）正月，兴工重建，历时三年完工。每年春秋两季在大成殿举行祭孔典礼，其礼仪程式繁复，赞辞、祝文都有详细规定，到民国34年抗战胜利时，除仅有躯壳的大成殿外，其余都已荡然无存。

昔日学宫，屡建屡毁，天灾人祸，历尽沧桑。1985年由南汇县政府拨款对大成殿进行整修，四周围以花墙，开月洞门于東南一侧。2006年，为了更好地继承和发展，在区委、区政府的关心下，南汇一中聘请专家精心设计，孔庙大成殿展馆一期工程于2006年7月18日开工，同年9月28日竣工，孔庙大成了殿成既集聚教育意义，又展示中华民族传统文化的重要活动场馆。

按：碑文錄自原碑，撰者不詳。碑現存上海市南匯第一中學（浦東惠南镇衛星東路16號），立於孔廟大成殿前。編者於2013年3月訪得此碑。碑為黑色大理石質，碑高55釐米，寬40釐米。碑文共21行，滿行23字不等。

孔庙大成殿
清雍正五年(1727年)建学宫，座落在惠南镇东南
隅，占地20余亩，由孔庙、明伦堂、儒学署、惠南书
院、芸香草堂、文昌宫、魁星阁等组成建筑群。
大成殿为孔庙的主体建筑，朱门乌瓦，飞檐翘
角，气势不凡。孔庙自建成后，在乾隆、道光、咸丰
年间曾多次修葺和扩建，至咸丰十一年(1861年)冬，
太平天国时期，战争使得学宫尽毁，只有儒学署、惠
南书院仅存。清同治五年(1866年)正月，兴工重建，
历时三年完工。每年春秋两季在大成殿举行祭孔典
礼，其礼仪程序繁复，赞辞、祝文都有详细规定。到
民国34年抗战胜利时，除仅有破损的大成殿外，其余
都已荡然无存。
昔日学宫，屡建屡毁，天灾人祸，历尽沧桑。
1985年由南汇县政府拨款对大成殿

孔廟大成殿碑

重修千秋橋記

（2006年）

千秋橋原名仗義橋，又名八字橋。清康熙年間錢建章倡建。乾隆丙午年重建。同治癸亥又修。一九八三年因橋欄桿損壞，用水泥制品替代石材修理。今依原樣用石块青磚再修，使之恢復傳統風貌。二零零六年元月。

按：記文錄自原碑，撰者不詳。千秋橋位於浦東新區新場洪東街東頭，橋記刻於橋北面欄杆内側。編者於2013年8月訪得此碑。碑文共12行，滿行8字。

重修千秋橋記
千秋橋原名仗義橋
又名八字橋清康熙
年間錢建章倡建乾
隆丙午年重建同治
癸亥又修一九八三
年因橋欄桿損壞用
水泥制品替代石材
修理今依原樣用石
块青磚再修使之恢
復傳統風貌二零零
六年元月

重修千秋橋記

新場千秋橋

浦東中學校友烈士紀念碑記

校友烈士紀念碑

郑作贤(1898—1928) 投身第一次国内革命，参加广州起义。
陈培仁(1902—1928) 中共广西贵县县委书记，从事农民运动。
廖左明(1902—1941) 左翼戏剧家联盟成员，戏剧艺术家。
胡也频(1903—1931) 左翼作家联盟执行委员，作家。
杨士颖(1903—1931) 参加北伐和广州起义，嗣后从事地下工作。
邓拔奇(1903—1932) 中共两广省委委员，中共两广省委秘书长。
杨善南(1904—1932) 共青团中央秘书长，東江特委书记。
何挺颖(1905—1929) 工农革命第一军第一师师委书记。
梅士芳(1905—1932) 中国共产主义青年团浙江省委书记。
陈昭礼(1907—1940) 新四军武汉办事处主任，七十军军部参议。
熊达人(1909—1941) 中共广德县县委委员，郎溪县县委书记。
殷　夫(1910—1931) 左翼作家联盟成立的发起人之一，诗人。
李　鼎(1910—1937) 教道总队骑兵连连长，参加南京保卫战。
张明生(1911—1939) 抗战时在重庆等地上空驾机痛击来犯之敌。

（2007年）

王长庚（1912—1941）　苏州石区自卫中队政治指导员。
王家让（1912—1944）　辎重兵团少将团长，抗战时参加中原会战。
彭德时（1913—1937）　空军轰炸机手，抗战时8次轰炸敌舰。
周达明（1914—1941）　抗战时任淞沪游击纵队参谋长。
王国祥（1952—1970）　回乡务农，为抢救集体财产英勇灭火。

浦東中学敬立

捐资立碑：
1966届校友，上海鑫丰房地产开发、鑫峰煤气设备、鑫锋铸造有限公司董事长谷海鑫。

二〇〇七年十月

按：碑文錄自原碑，撰者不詳。該碑現存浦東中學（浦東高科西路1105號），立於校園炎培樓前。編者於2014年2月訪得此碑。碑為黑色大理石材質，高324釐米，寬300釐米。其中碑身高224釐米，寬300釐米，厚15釐米；碑座高100釐米，寬325釐米，厚77釐米。部分人名前嵌有肖像照。

校友烈士纪念碑

浦東中學校友烈士紀念碑

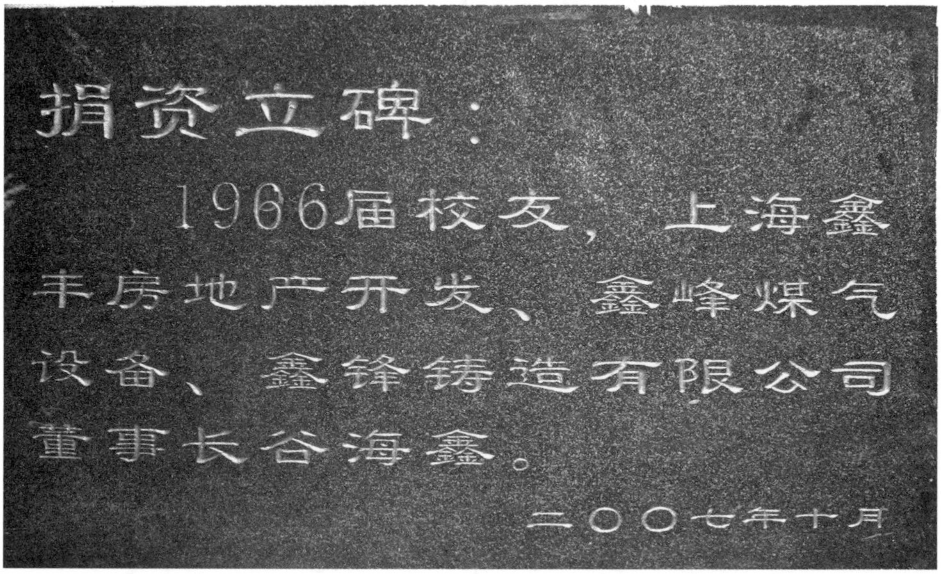
捐资立碑：
1966届校友、上海鑫
丰房地产开发、鑫峰煤气
设备、鑫锋铸造有限公司
董事长谷海鑫。
二〇〇七年十月

浦東中學校友烈士紀念碑落款

三王廟紀事碑記

（2007年　奚報國）

三王庙纪事

「三王庙」，位于浦东张江镇环东村三灶镇的万安桥东首，是浦东地区迄今所存的最古老佛教道场。此地域在唐天宝十年起属「松江府」华亭县；元代至元年设上海县，归上海县；清雍正四年（一七二六年）设南汇县，该地域行政区划为「南汇县长人乡十七保十二图」。据清代南汇县志记载：「该庙为元代至正年间（一三四一年—一三六七年）推官（元、明时典狱官名）『临淄郡侯』陈明之妻奚氏所建之家庙，别有一王庙、二王庙在西南汇县境，均未祥所祀何神。」在元代「至正年」时与附近的「普净禅院」（即大圣寺）共有僧尼近二十人，终日香火不断，乡里信佛民众甚广，每逢农历节日，四乡八里前往进香的善男信女络绎不绝，成为一方名刹。

延至二百多年后的明代嘉靖三十三年（一五五四年），倭寇侵扰江浙沿海，「三王庙」毁于兵火。幸有善人蔡士安的努力，保存了佛像、修缮佛殿，又筑一楹以供「观音大士」像。三王庙虽得以饬整，但难与昔日相比。明万历二十七年（一五九九年），道人康性敏渡海朝觐普陀山观音大士后，感慨不忍三王庙之萧索冷落，遂与士人张元珣、张延宪、奚君、蔡士安之孙等集议重修三王庙。在众信徒的资助下，在「性敏」的一手操持下，费尽心机，历尽万难，经二年辛苦努力，于万历二十九年（一六零一年）终于落成。重修后的三王庙共有三殿，「金碧辉煌、玄关肇启、梵音朗朗，达于丙夜。」可见当时庙宇的壮观、佛事勤从、信众至诚，香火旺盛。

又经二百多年后的清代同治年间，太平天国「东征军」进军浦东，由于太平军宗教信仰上的敌视，「三王庙」复遭劫难，毁坏夷遗。清光绪二十五年（一八九九年），里人顾荣蕊与「住持」重修庙之东半埭，顾泰山与郭文彪合资建造西庙。信众们又捐助耕田二十四亩作「庙田」，以供僧尼之「耕食」。三王庙得以延续。

解放后的一九五一年，政府为发展教育事业，借庙兴学，在三王庙内办起了「三灶小学」。一九五八年「大跃进」年代，尼姑还俗，宗教活动基本停止。一九六六年在文化大革命「破四旧」的热潮中，佛像全数被捣毁，庙产归学校所有，「三王庙」不复存。到了粉碎「四人帮」以后的年代，可叹「三王庙」，这六百多年的佛教文化古跡，只存下一栋破旧的后殿，还有那四只「石础」与一块残碑，淹没在荒草之中。

一九九九年，浦東新区宗教办落实宗教政策，开放三王庙作为宗教活动场所，并委派原上海慈修庵知客克莲法师主持三王庙的修复和日常工作。虽然旅美侨胞顾雪英女士捐助建造了「雪英小学」后，「三灶小学」得以迁出，但面对如此残存破陋不堪的庙舍，一无资金，二是人生地不熟，加上执迷之人的作难与毁谤，重修三王庙困难重重，克莲法师不畏艰难，本著「庄严国土、利乐有情、法轮常转、正法久住」的宗旨，白手起家，为「修殿安僧」四处奔波。她尊承「佛教法仪」进行宗教活动，深得八方「正信佛教」信众的拥护支持。当地的实业家瞿建国先生为抢救这六百多年的佛教文化古跡，不但他与他的「建国慈善基金会」乐助二十余万元人民币，还「劝募」其好友仰融先生乐助人民币二百万元。顾雪英女士也乐助五万元人民币。在「八方信众」的乐助下，开始了修复三王庙古寺的工程。二零零一年十二月二十三日，三王庙主体建筑「大雄宝殿」落成，两侧二层厢房也相继完工了一层。（西厢是原新康村「仁寿庵」俗称「徐家庙」的动迁款建造，内供「仁寿庵」移来的佛像）。二零零四年底，山门及天王殿在临海古建公司周金存先生垫资建造下落成。二零零五年两侧厢房的第二层建筑也告完工。所有佛像从二零零一年起至二零零五年陆续请装完善。

重修后的三王庙，巍巍壮观，彰显佛法庄严。这浦東地区最古老的佛教文化遗跡，如「凤凰涅盘」，重现新的活力。此乃是克莲法师与广大信众的无量功德。余有感而记之。

北海耕夫敦余堂奚报国撰

二零零七年四月十九日

按：碑文錄自原碑。三王廟現名「碧雲淨院」，座落於張江鎮環東中心村三灶東莊家宅2號，碑文刻於兩塊黑色大理石上，分別嵌在碧雲淨院正門外牆兩側。編者於2014年5月訪得此碑。碑文共30行，滿行63字。

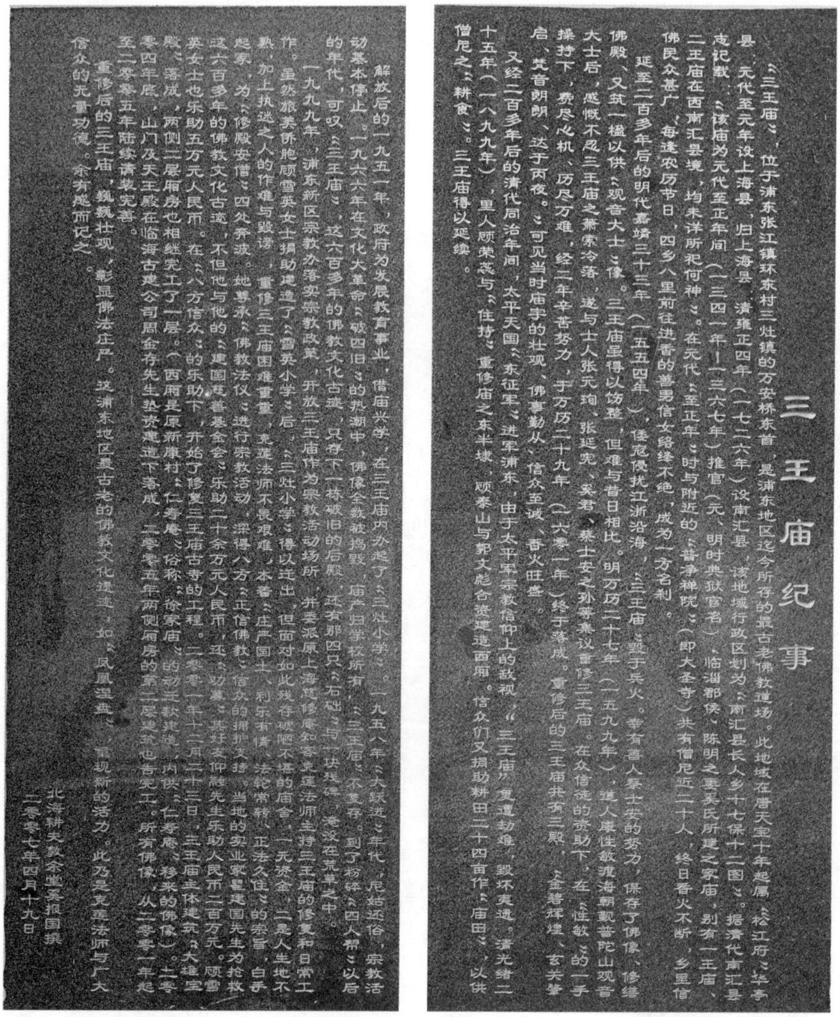
三王庙纪事

三王廟紀事碑

南渡抗日紀念碑記

（2008年）

南渡抗日纪念碑

一九四一年初，中共浦東工委根据对敌斗争的形势和中共中央的「南进方针」，做出南渡浙東进行抗日的正确决策。从一九四一年五月十日开始至一九四二年九月底，浦東武装部队分九批共千余人在南汇出海口马汹港等地南渡浙東，在浙江慈溪相公殿、段头湾、古窑浦等地登陆后，迅速开辟浙東敌后搞〔一〕抗日根据地，积极开展抗日游击战争，为抗日战争的最后胜利做出了不可磨灭的贡献。特立南渡抗日纪念碑。

中共上海市南汇区委员会

上海市南汇区人民政府

二〇〇八年十二月二日

按：碑文錄自原碑，撰者不詳。碑現立於泥城暴動紀念館廣場。編者於2014年5月訪得此碑。碑為花崗岩，正面為石雕圖案，下部刻有「南渡抗日紀念碑」名，碑文刻於碑阴，共11行，滿行24字。

〔一〕搞：此字疑衍。

南渡抗日纪念碑

南渡抗日紀念碑（正面）

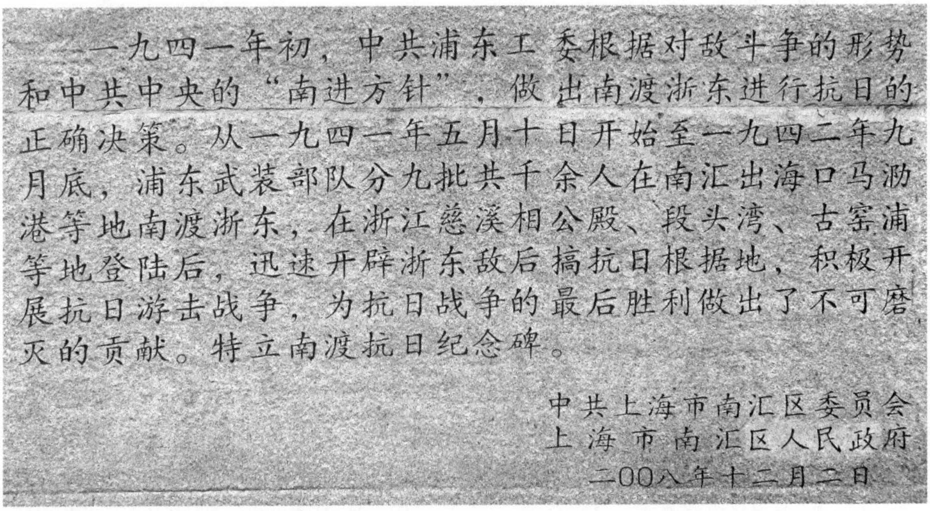

一九四一年初，中共浦东工委根据对敌斗争的形势和中共中央的“南进方针”，做出南渡浙东进行抗日的正确决策。从一九四一年五月十日开始至一九四二年九月底，浦东武装部队分九批共千余人在南汇出海口马沥港等地南渡浙东，在浙江慈溪相公殿、段头湾、古窑浦等地登陆后，迅速开辟浙东敌后搞抗日根据地，积极开展抗日游击战争，为抗日战争的最后胜利做出了不可磨灭的贡献。特立南渡抗日纪念碑。

中共上海市南汇区委员会
上海市南汇区人民政府
二〇〇八年十二月二日

南渡抗日紀念碑（背面）

屠傑先生功德碑記

（2008 年）

屠傑先生功德碑

中華文明，源遠流長。三教互補，共創輝煌。道家肇始，猶龍太上。函谷聖笈，文化寶藏。道教脈承，千古流芳。雕塑大師屠傑先生，上海人士，生於一九六一，畢業同濟大學，留學歐美，廣汲滋養。負藝術之盛名，歸騰飛之故里。任中國紫檀文化研究院院長、中國傳統工藝雕塑研究會會長。非凡智慧，創建中華木雕藝術之偉業，歷盡數載，成就太上玄元老君之巨像。丁亥之年，屠傑先生將萬年紫檀木雕老君神像捐贈上海太清宮，供奉於老君堂。為感謝屠傑先生至上功德，特泐此碑，永傳後世。

太上玄元，栩栩如生。慈眉善目，沐化黎民。敦厚巍峨，指點古今。渾然飄逸，飛降太清。氣勢磅礴，神鬼伏迎。屠傑大師，藝奪神功。融會道德，合一天人。功德傳世，萬代永存。

公元二零零八年十月吉日，上海太清宮管理委員會立碑，周玉恒書。

按：碑文錄自原碑。該碑現存欽賜仰殿西廡廊中（浦東源深路 476 號）。編者於 2014 年 1 月訪得此碑。碑為人造石材質，黑底灰字，高 150 釐米，寬 74 釐米。碑文 11 行，滿行 35 字。

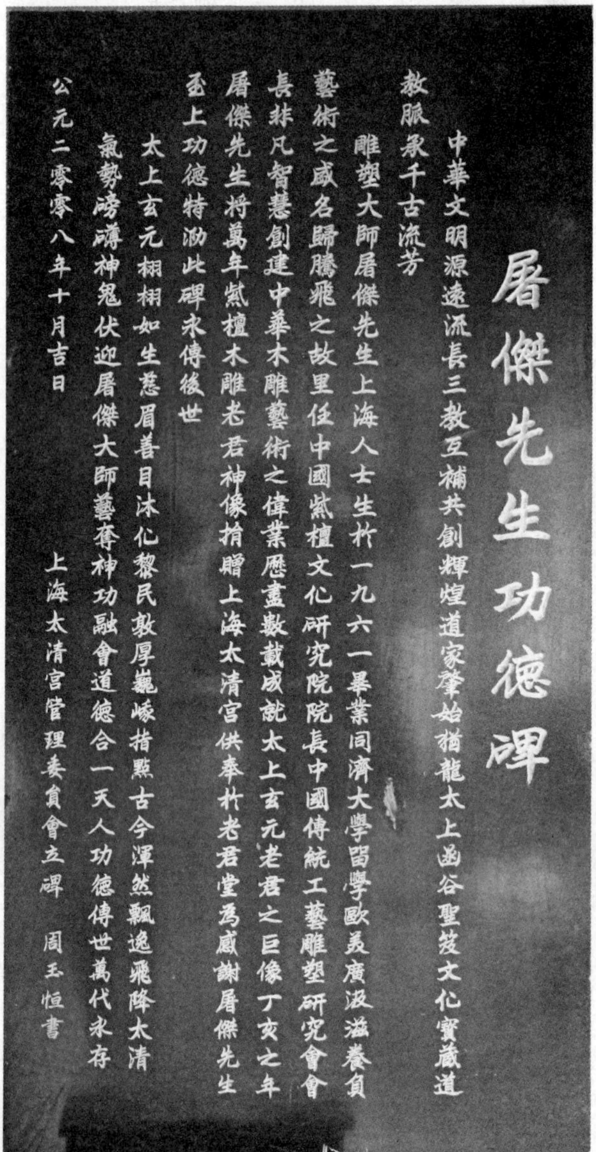
屠傑先生功德碑
中華文明源遠流長三教互補共創輝煌道家肇始猶龍太上函谷聖笈文化寶藏道
教脈承千古流芳
雕塑大師屠傑先生上海人士生於一九六一畢業同濟大學留學歐美廣汲滋養負
藝術之盛名歸騰飛之故里任中國紫檀文化研究院院長中國傳統工藝雕塑研究會會
長非凡智慧創建中華木雕藝術之偉業歷盡數載成就太上玄元老君之巨像丁亥之年
屠傑先生將萬年紫檀木雕老君神像捐贈上海太清宮供奉於老君堂為感謝屠傑先生
丞上功德特泐此碑永傳後世
太上玄元栩栩如生慈眉善目沐化黎民敦厚巍峨揩黙古今渾然飄逸飛降太清
氣勢磅礴神鬼伏迎屠傑大師藝奪神功融會道德合一天人功德傳世萬代永存
公元二零零八年十月吉日
上海太清宮管理委員會立碑　周玉恒書

屠杰先生功德碑

重脩上海太清宫碑記

（2008年　丁常雲）

重脩上海太清宫碑記

上海太清宫原名欽賜仰殿，又名東嶽行宫。志載初建于唐，明永樂年間重脩，清乾隆三十五年重建，占地三十余畝。係滬上主要道教宫觀。清末漸衰，其後頻遭侵吞，屢作他用。一九八二年，欽賜仰殿僅存東嶽殿一處歸還道教，脩葺後於一九八三年東嶽大帝聖誕之日重新開放。二零零一年起，在浦東新區人民政府領導下，得道教信衆捐助支持，全觀邊開放邊重建。二零零八年，全觀重建竣工，金身陸續開光。二零零八年八月，更名為上海太清宫。今之上海太清宫神像莊嚴，殿宇輝煌。門樓、東嶽殿、三清殿與藏經樓，三院三進氣勢軒昂，左右偏殿、上下樓廳、齋堂庫房，林林總總，錯落有致。宫之最高處有老君堂，供奉萬年紫檀木雕太上老君神像，慈祥雍容，皓髮霜鬢，指點天地，沐化衆生，巍巍乎總全宫之靈，為傳世之寶。

道之為物，惟恍惟惚。惚兮恍兮，其中有象。恍兮惚兮，其中有物。太上道祖，生於渦濱。函谷留笈，隱於西行。道德華章，五千春秋。清靜無為，脩身要訣。上善若水，人世精義。和光同塵，佑民權益。韜光養晦，護國飛騰。世代奉祀，無人不崇。太清名宫，為國為民。國富民強，千萬斯年。作此碑記，以代弦歌。

上海太清宫住持丁常雲撰文

上海太清宫管理委員會立碑周玉恒書

公元二〇〇八年十月吉日

按：碑文錄自原碑。該碑現存欽賜仰殿東廡廊中（浦東源深路476號）。編者於2014年1月訪得此碑。碑為人造石材質，高150釐米，寬74釐米。碑文共13行，滿行44字。

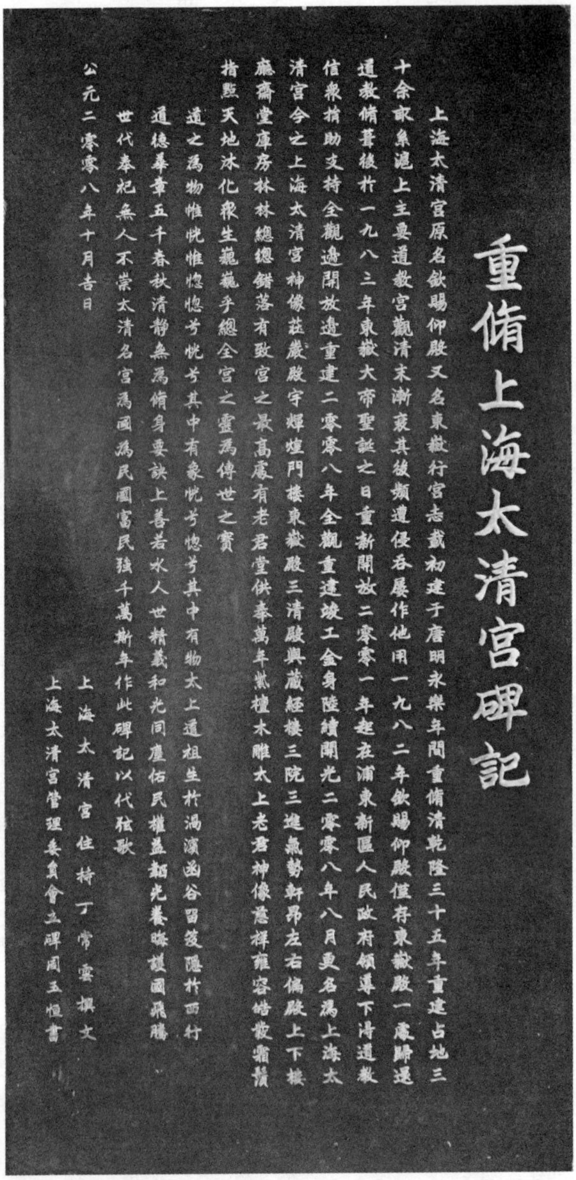
重脩上海太清宮碑記
上海太清宮原名欽賜仰殿又名東嶽行宮志載初建于唐明永樂年間重脩清乾隆三十五年重建占地三
十余畝系滬上主要道教宮觀清末漸衰其後頻遭侵吞屢作他用一九八二年欽賜仰殿僅存東嶽殿一處歸還
道教脩葺後於一九八三年東嶽大帝聖誕之日重新開放二零零一年起在浦東新區人民政府領導下得道教
信衆捐助支持全觀遷開放遷重建二零零八年全觀重建竣工金身陸續開光二零零八年八月更名為上海太
清宮今之上海太清宮神像莊嚴殿宇輝煌門樓東嶽殿三清殿與藏經樓三院三進氣勢軒昂左右偏殿上下樓
廳齋堂庫房林林總總錯落有致宮之最高處有老君堂供奉萬年紫檀木雕太上老君神像慈祥雍容皓髮霜鬚
指點天地沐化衆生巍巍乎總全宮之靈為傳世之寶
道之為物惟恍惟惚惚兮恍兮其中有象恍兮惚兮其中有物太上道祖生於渦濱函谷留箋隱於西行
道德華章五千春秋清靜無為脩身要訣上善若水人世精義和光同塵佑民權益韜光養晦護國飛騰
世代奉祀無人不崇太清名宮為國為民國富民強千萬斯年作此碑記以代弦歌
上海太清宮住持丁常雲撰文
公元二零零八年十月吉日
上海太清宮管理委員會立碑周玉恒書

重修上海太清宮碑

西城隍廟城隍出巡碑記

（2010 年）

西城隍庙城隍出巡碑记

三林塘为闻名遐迩的江南古镇之一，历史底蕴深厚，人文资源丰富，拥有大量的物质文化和非物质文化，其中宗教文化的城隍出巡，又称「出会」。它的渊源可以一直上溯到明朝初年，作为一种社会风俗，出会有其深刻的社会原因和历史原因，随着社会经济的发展，具有乡土文化的出会开始恢复其生命力，旧时三林地区最大的出会，当推西城隍庙，城隍老爷，宋时人，名李若水，随徽宗，钦宗二帝同被掳去金国，因拒绝投降被金国国主金兀术杀害。因其忠义被高宗赵构封为威灵公，祭祀松江府。后成为三林西城隍庙正堂。为弘扬民族文化，传承本土文化，保存非物质文化遗产，三林西城隍庙的善信们上应天意，下顺民心，于公元 2010 年 11 月 6 日农历十月初一恢复已中断了六十多年的城隍出巡活动，本次活动得到了上海伊洛物流有限公司李宝明先生、神鸟文化机构陈德明先生、上海合艺会展服务有限公司曾红彬先生等人的鼎力支持，庙主事沈凤娟、王丽华力挺其事，乡人士王宝雅、周明矾、曹琪能精心筹画。出巡队伍有头路旗，鸣路开道、风调雨顺、国泰民安立杆旗，三角杏黄旗、托香会、夜叉、无常鬼、绕龙灯、腰鼓队、打莲湘、荡湖船、蚌壳精、猪八戒背媳妇、海派秧歌、挑花篮、清音班、拜香、跟香、硬牌、城隍大老爷轿、二十八星宿旗护驾，是日秋高日丽，金风送爽，上午九时蜿蜒千米的出巡队伍秩序井然，不时表演各种动作，沿途百姓，欢迎至极，鸣炮迎接，队伍经过街上新造之梧桐桥、马家桥、塘坊桥均立案桌扎坛，颇有古风，出巡队伍自西林街、中林街、東林街过三新路桥走永泰路过长清路，穿洪家新宅、至洪家弄回庙，长路六里功德圆满，此活动消歇已久，今正当国家全盛之日，物产丰盈、百姓饶裕，上以德厚下、下以忠利上，始得众擎易举，和谐社会也，为激励后人维护国权，宣扬爱国主义民族之精神，特为之记而勒其石。

参与善信有：

吴坤林 殷新珍 闵桂琴 王林妹 王秋娟
张引娣 乔文英 沈雪娟 倪富南 瞿如珍
蒋雪娟 孙根娣 钱剑英 朱龙英 陆张妹
罗保新 陶金星 潘　红 王桂祥 王新南
孙小妹 朱惠芳 董宇明

参与表演团队负责人：

陈林芳 张翠萍 沈圩妹 金莲华 何明珍
汤玉萍 沈根娣 赵秀娣 傅永珍 孙翠英
张惠珍 周宝林 孙丽娟 姜培芳 宋雪妹
康惠琴 张月红 奚小毛 康一荣 张建华
周　力 张建勳 翁慧君

公元二〇一〇年十二月二十五号

西城隍庙立碑

按：碑文錄自原碑，撰者不詳。該碑現存三林鎮西林街西昌庵（西城隍廟），貼於南面圍牆上。編者於2013年11月訪得此碑。碑為黑色大理石材質，高138釐米，寬60釐米。碑文45行，滿行24字。此面牆上另有5碑，分別為二塊《功德流芳碑》，一塊《敬塑神像功德碑》，一塊《再塑神像功德記碑》，一塊《善信功德記碑》。

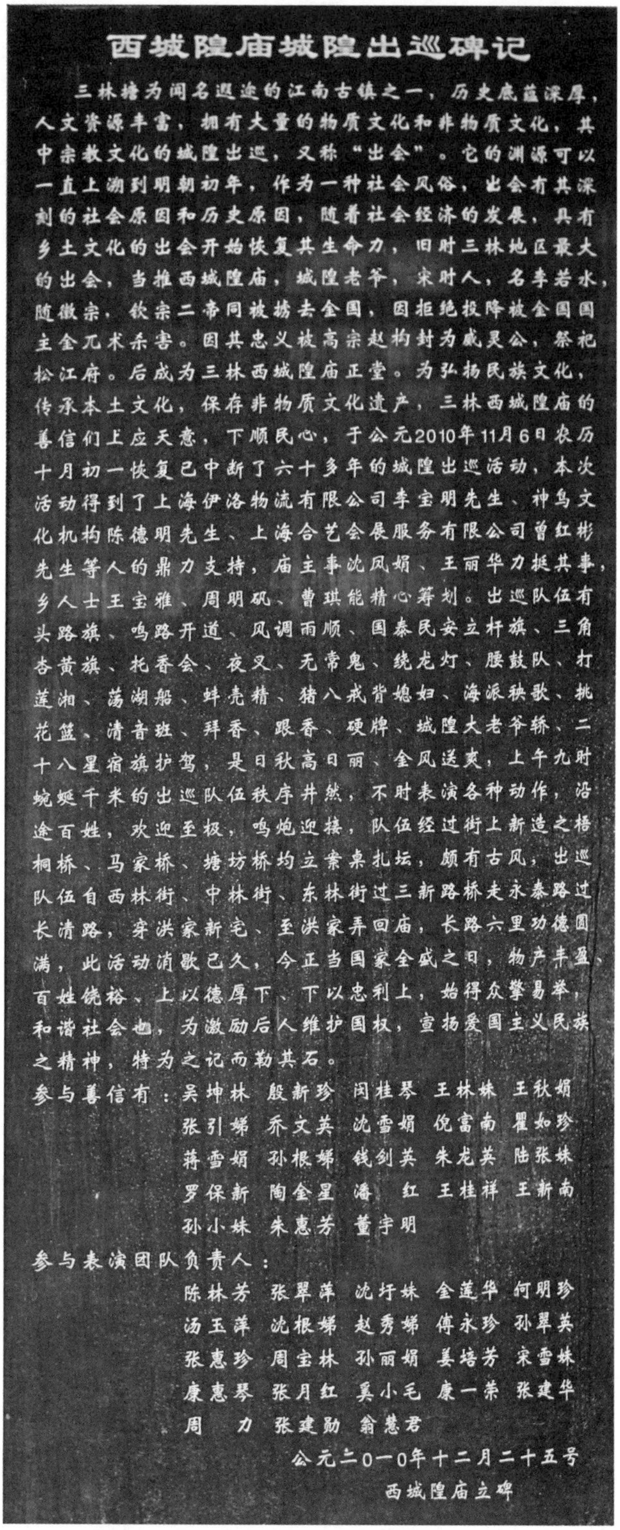

西城隍庙城隍出巡碑记

三林塘为闻名遐迩的江南古镇之一，历史底蕴深厚，人文资源丰富，拥有大量的物质文化和非物质文化，其中宗教文化的城隍出巡，又称“出会”。它的渊源可以一直上溯到明朝初年，作为一种社会风俗，出会有其深刻的社会原因和历史原因，随着社会经济的发展，具有乡土文化的出会开始恢复其生命力，旧时三林地区最大的出会，当推西城隍庙，城隍老爷，宋时人，名李若水，随徽宗、钦宗二帝同被掳去金国，因拒绝投降被金国国主金兀术杀害。因其忠义被高宗赵构封为威灵公，祭祀松江府。后成为三林西城隍庙正堂。为弘扬民族文化，传承本土文化，保存非物质文化遗产，三林西城隍庙的善信们上应天意，下顺民心，于公元2010年11月6日农历十月初一恢复已中断了六十多年的城隍出巡活动，本次活动得到了上海伊洛物流有限公司李宝明先生、神鸟文化机构陈德明先生、上海合艺会展服务有限公司曾红彬先生等人的鼎力支持，庙主事沈凤娟、王丽华力挺其事，乡人士王宝雅、周明砜、曹琪能精心筹划。出巡队伍有头路旗、鸣路开道、风调雨顺、国泰民安立杆旗、三角杏黄旗、托香会、夜叉、无常鬼、绕龙灯、腰鼓队、打莲湘、荡湖船、蚌壳精、猪八戒背媳妇、海派秧歌、挑花篮、清音班、拜香、跟香、硬牌、城隍大老爷轿、二十八星宿旗护驾，是日秋高日丽、金风送爽，上午九时蜿蜒千米的出巡队伍秩序井然，不时表演各种动作，沿途百姓，欢迎至极，鸣炮迎接，队伍经过街上新造之梧桐桥、马家桥、塘坊桥均立案桌扎坛，颇有古风，出巡队伍自西林街、中林街、东林街过三新路桥走永泰路过长清路，穿洪家新宅、至洪家弄回庙，长路六里功德圆满，此活动消歇已久，今正当国家全盛之日，物产丰盈、百姓饶裕、上以德厚下、下以忠利上，始得众擎易举，和谐社会也，为激励后人维护国权，宣扬爱国主义民族之精神，特为之记而勒其石。

参与善信有：吴坤林 殷新珍 闵桂琴 王林妹 王秋娟
张引娣 乔文英 沈雪娟 倪富南 瞿如珍
蒋雪娟 孙根娣 钱剑英 朱龙英 陆张妹
罗保新 陶金星 潘 红 王桂祥 王新南
孙小妹 朱惠芳 董宇明

参与表演团队负责人：
陈林芳 张翠萍 沈圩妹 金莲华 何明珍
汤玉萍 沈根娣 赵秀娣 傅永珍 孙翠英
张惠珍 周宝林 孙丽娟 姜培芳 宋雪妹
康惠琴 张月红 奚小毛 康一荣 张建华
周 力 张建勋 翁慧君

公元二0一0年十二月二十五号

西城隍庙立碑

西城隍廟城隍出巡碑

川沙古城牆公園碑記

（2010年　朱鴻伯）

川沙古城墙公园记

川沙古城始建于明嘉靖三十六年，是浦東新区境内历史上的四座古城之一。初建時，城周四里，高二・八丈，雉堞三七二垛，炮台四座，是為抗倭所建。民国十四年，获准拆除時留下毗邻观澜园的東南一角并延续至今。新区政府成立后，随着经济发展和社会需求的变化，加强了文化建设，对原有一些设施重新進行规划定位。二〇一〇年，决定把古城墙辟為公园并对外开放。于是拨出专款，清理墙体，调整布局，迁移设施，分隔校区，开辟通道，增建园门。其他岳碑亭、魁星阁、敬业堂等景点质朴庄重，意境依然。现公园即将建成开放，我们為古文物焕发青春而欢呼，為新景观得以面世而鼓舞，并賦诗以歌之曰：為防倭患得安宁，协力同心筑堡城。今日公园遊乐地，悠悠历史可追寻。

浦東新区人民政府立

二〇一〇年十月朱鸿伯撰并书

按：碑文錄自原碑。該碑現貼裝於川沙古城牆公園（川沙鎮新川路171號）大門右側牆壁上。編者於2013年11月訪得此碑。碑為黑色大理石，高81釐米，寬130釐米。碑文共21行，滿行16字。該碑右側有《重修川沙古城垣碑記》碑一塊。

川沙古城墙公园记

川沙古城始建于明嘉靖三十六年，是浦东新区境内历史上的四座古城之一。初建時城周四里，高二．八丈，雉堞三七二垛，砲台四座，是為抗倭所建。民国十四年获准拆除時留下毗邻观澜园的東南一角，并延续至今。

新区政府成立后，随着经济发展和社会需求的变化，加强了文化建设，对原有一些设施重新進行规划定位。二〇一〇年决定把古城墙辟為公园并对外开放，于是拨出专款，清理墙体，调整布局，迁移设施，分隔校区，开辟通道，增建园门。其他岳碑亭、魁星阁、敬业堂等景点，质朴庄重，意境依然。

现公园即将建成开放，我们為古文物焕发青春而欢呼，為新景观得以面世而鼓舞，并赋诗以歌之曰：為防倭患得安宁，协力同心筑堡城。今日公园遊乐地，悠悠历史可追寻。

浦東新区人民政府　立

二〇一〇年十月　朱鸿伯撰并书

川沙古城墻公園記碑

重建文昌閣碑記

（2012年　朱士充）

重建文昌阁记

元主遁荒，大明肇建，群雄扫尽，武备以饬，文治当修，梓潼应运。文昌主禄，士子是福，建阁崇祀，倘在此时。巍巍高阁，南对照墙，隔塘相瞩，角端巧塑，日行八万，欣逢文明，捧书来勖。三林书院，即此为址，赏奇析疑，会文课士，日久年深，像坏阁毁。吴君梅森，曹君丽明，伉俪情深，心心相印，目睹心痗，亟思振拨。眷顾盛世，莫忘先贤，亟铸金身，重光神相。金身沉沉，诫我以庄，神貌俨俨，勉我以思，庄以持身，思以导行，三林文运，昌明无央。新阁大开，辉光永灿，言浅意深，芜祠记庆，协力齐心，寸阴是竞。

文昌新阁由三林人民政府重建
自辛卯年嘉平迄壬辰二月落成
三林老镇民九十二岁朱士充撰文

按：碑文錄自原碑。碑現存三林塘老街（東林街）文昌閣，嵌於正門外牆一側下方。編者於2013年11月訪得此碑。碑為黑色大理石，高99.5釐米，寬59.5釐米。碑文共16行，滿行20字。

重建文昌閣記
元主遐荒，大明肇建，群雄扫尽，武备以饬，
文治当修，梓潼应运。文昌主禄，士子是福，
建阁崇祀，倘在此时。巍巍高阁，南对照墙，
隔塘相瞩，角端巧塑，日行八万，欣逢文明，
捧书来勖。三林书院，即此为址，赏奇析疑，
会文课士，日久年深，像坏阁毁。吴君梅森，
曹君丽明，伉俪情深，心心相印，目睹心痗，
亟思振拔。眷顾盛世，莫忘先贤，亟铸金身，
重光神相。金身沉沉，诫我以庄，神貌俨俨，
勉我以思，庄以持身，思以导行，三林文运，
昌明无央。新阁大开，辉光永灿，言浅意深，
芜祠记庆，协力齐心，寸阴是競。
文昌新阁由三林人民政府重建
自辛卯年嘉平迄壬辰二月落成
三林老镇民九十二岁朱士充撰文

重建文昌閣記碑

廣福橋記

（2012年）

广福桥，民国廿三（1934）年二月建。此处原係木桥，是沟通南、北奚宅之间的主要通道。因沈沙港水上交通繁忙，木桥易损，行人多有不便，经张庆平、奚芝田、奚畊荣发起改建为石桥。除由奚芝田经募零散户所捐一百馀元外，均由奚畊荣母谈氏与其子所捐，共费课工百之数，经办人张介娱。

唐镇小湾村

2012年12月31日

按：碑文錄自原碑，撰者不詳。該碑現立於唐鎮小灣村廣福橋旁。

參考文獻

《鶴灘稿》 (明)錢福撰，明萬曆三十六年刻本，《四庫存目叢書·集部》第 46 冊影印，齊魯書社 1997 年版

萬曆《嘉定縣志》 (明)韓浚修、張應武等纂，明萬曆三十三年刊本，《中國方志叢書·華中地方·第 421 號》影印，成文出版社有限公司 1983 年版

崇禎《松江府志》 (明)方岳貢修，陳繼儒纂，明崇禎三年刻本，《日本藏中國罕見地方志叢刊》影印，書目文獻出版社 1991 年版

《龍江集》 (明)唐錦撰，明隆慶三年唐氏聽雨山房刻本，《續修四庫全書·集部·別集類》影印，上海古籍出版社 2002 年版

《儼山文集》 (明)陸深撰，明嘉靖二十五年至三十年陸楫刻本

康熙《嘉定縣志》 (清)趙昕、蘇淵修纂，清康熙十二年刻本，《中國地方志集成·上海府縣志輯⑦》影印，上海書店 1991 年版

《空明子文集》 (清)張榮撰，清康熙五十七年刻本

雍正《分建南匯縣志》 (清)欽璉主修，顧成天、葉承、顧昺纂，清雍正十三年刻本

《白華前稿》 (清)吳省欽撰，清乾隆刻本

乾隆《南匯縣新志》 (清)胡志熊主修，吳省欽、吳省蘭、姚左垣總纂，清乾隆五十八年刻本

嘉慶《松江府志》 (清)宋如林修，孫星衍、莫晋纂，清嘉慶年間松江府學明倫堂刻本，《中國地方志

集成・上海府縣志輯②》影印，上海書店 1991 年版

道光《川沙撫民廳志》 (清)何士祁總纂，清道光十六年上海縣西第三家清華齋李京傳刻字店刊刷重印本

《寶奎堂文集》 (清)陸錫熊撰，清道光二十九年陸成沅重刻本

光緒《南匯縣志》 (清)金福曾、顧思賢、楊驤領修，張文虎總纂，清光緒五年刊本

光緒《川沙廳志》 (清)陳方瀛主修，俞樾總纂，清光緒五年刊成重印本

光緒《松江府續志》 (清)姚光發、張雲望、仇炳台總纂，博潤纂修，清光緒九年成稿，《中國地方志集成・上海府縣志輯③》影印，上海書店 1991 年版

《潛研堂文集》 (清)錢大昕撰，收錄於《嘉定錢大昕全集》，江蘇古籍出版社 1997 年版

《碑傳集》 (清)錢儀吉纂，清光緒十九年江蘇書局刊行

《香草文鈔》 (清)于鬯撰，清宣統元年印行

《紫薇堂集》 (明)陸明揚撰，清鈔本

清《江東志》 (清)佚名纂，鈔本，上海圖書館編《上海圖書館藏稀見方志叢刊》第 32 冊影印，國家圖書館出版社 2011 年版

《西林雜記》 清末秦榮光鈔本，上海市文物保管委員會編，1963 年印

《胡氏雜鈔(初編)》 胡祖德編，民國元年刊行

《胡氏家乘》 胡祖德等纂修，民國六年印本

《上海縣續志》 吳馨、洪錫範等修，民國七年上海文廟南園志局刻本

民國《陳行鄉土志》 沈頌平、秦錫田編纂，民國十年石印本

《忠誠趙氏支譜》 趙錫寶編，民國十一年鉛印本

《黃氏雪谷公支譜》 黃士煥等修，民國十二年鉛印本

《周浦朱氏家譜》　朱世傑編，民國十四年印行

民國《南匯縣續志》　嚴偉、劉芷芬修，秦錫田總纂，民國十八年刊印本

《享帚錄》　秦錫田撰，適庵藏版，民國十九年刊印本

《南匯王氏家譜》　王廣圻輯修，民國二十年鉛印本

《杜氏家祠落成紀念冊》　民國二十一年杜餘慶堂編印

民國《南匯二區舊五團鄉志》　儲學洙纂，民國二十五年鉛印本，《中國地方志集成鄉鎮志專輯①》影印，上海書店1992年版

民國《川沙縣志》　方鴻鎧、陸炳麟修，黃炎培主纂，民國二十六年上海國光書局鉛印本

《朱雨蒼先生遺稿輯存》　朱作霖撰，朱惟公輯，民國二十七年鉛印綫裝本

《上海李氏易園三代清芬集》　李右之輯，民國二十九年印

《上海陳行秦氏支譜初稿》　1983年9月上海縣陳行公社編志組轉錄民國三十五年《上海陳行秦氏支譜初稿》版

民國《三林鄉志殘稿》　佚名纂，稿本，殘存三卷藏上海圖書館，許洪新、胡志芬整理，《上海鄉鎮舊志叢書14》影印，上海社會科學院出版社2006年版

《沈信卿先生文集》　沈恩孚撰，民國三十八年鉛印本

《黃炎培日記》　黃炎培撰，中國社會科學院近代史研究所整理，中華職業教育社和華文出版社2008年共同出版

《上海碑刻資料選輯》　上海博物館圖書資料室編，上海人民出版社1980年版

《王港志》　《王港志》編寫組1988年編印

《川沙縣志》　朱鴻伯主編，上海市川沙縣縣志編修委員會編，上海人民出版社1990年版

《林達紀念文集》　金闌龍編，上海百家出版社 1997 年版

《川沙縣續志》　朱岳群、陳少能、張建明主編，上海市浦東新區史志編纂委員會編，上海社會科學院出版社 2004 年版

《儒藏·史部·儒林碑傳》　楊世文、舒大剛主編，四川大學出版社 2005 年版

《合慶鎮志》　《合慶鎮志》編纂委員會編著，漢語大詞典出版社 2006 年版

《北京大學圖書館藏徐國衛捐贈石刻拓本選編》　北京大學圖書館金石組、胡海帆、湯燕編，上海人民出版社 2007 年版

《浦東石建築踏訪記》　柴志光主編，上海遠東出版社 2007 年版

《上海明墓》　上海市文物管理委員會編，文物出版社 2009 年版

《秦裕伯研究》　張乃清撰，上海人民出版社 2010 年版

後　記

碑刻文獻是一個地方檔案文獻不可忽略的部分，是研究當地歷史非常重要的信息。浦東成陸於唐宋時期。明清時，隨著人口、經濟的發展，出於海防和抵禦外侵的需要，廳、縣建制先後建立。至2009年浦東新區行政區劃調整，歷經千餘年。在此期間，浦東從一方斥鹵之地成長為傲立東方的首善之區，經歷了社會、政治、經濟、文化發展的興盛、衰弱、再繁榮的過程。滄海桑田，浦東一隅也曾碑刻林立，然而世事變遷，至今留存下的石刻已然不多，因此收集、整理和研究這些石刻文獻有著非常重要的歷史意義。

1998年，浦東新區檔案館曾以內部資料形式出版過《浦東碑刻資料選輯》，收錄了宋以後至民國期間，浦東所處之地歷代碑文共198篇。這些碑文涉及浦東的經濟、城建、教育、宗教、公益、治安、宗族、人物等方方面面。閱讀這些碑記，雖不能拼湊出完整的浦東歷史面貌，但也可使我們從中品味浦東一千多年歷史發展的點滴。《選輯》出版後得到了上級領導、檔案同行和文史愛好者的大力肯定。轉眼十多年，今天的浦東發展日新月異，浦東檔案、史志部門致力於收集碑刻文獻的努力也一直在持續。十多年來，曾經被埋沒的石碑在有心人的努力下被重新發現，新的石碑又陸續豎起。為了能夠更全面地收集這些石碑文獻，也為了能夠向讀者提供完整的浦東石刻檔案資料，浦東新區檔案館、史志辦從2013年起啟動了《選輯》一書的修訂工作。

此次修訂期間，編者對浦東新區檔案館館藏的石碑檔案進行了一次梳理，對原《選輯》一書中未做收錄的，及時補充，對有錯訛之處的，加以更正。此外，為了能更好地完成此次修訂工作，編者還走訪了浦東多地，力求將散存各處的石碑文獻盡可能全面地收集起來。在兩年多的時間內，編者去過川沙老街、新場古鎮、三林老街，到過學校、農村、博物館、道院、寺廟、烈士陵園等各處，尋訪石碑蹤跡，比對文獻，測量尺寸，記錄數據，拓片並拍照留存。

在此次修訂版中,編者對收錄碑文的範圍進行了調整: 地域範圍上,以現有的浦東新區行政建制範圍為界,去除了老版本中屬於奉賢、金山兩區的碑記; 時間範圍上,將收錄碑記的年限擴展到現代; 另外在內容上,對描寫浦東和浦東人的碑刻也予適當收錄。為了體現碑刻資料的原始性,在收錄時,編者給予最大程度的還原,文字上保留原始版本的寫法和格式,繁簡不做調整,並對同一篇碑文的不同版本進行校勘說明。文字排列上採用豎排。有拓片或實體存世的石碑,文後附上拓片、實體照片。在碑文的排列順序上,放棄老版的內容分類,僅按碑文形成時間分為宋元、明代、清代、民國、現代五個部分。修訂版共計碑刻文獻 280 篇,與老版本相比,刪除了碑文 92 篇,新增碑文 106 篇。此次收錄的碑文中,宋元時期共 7 篇,明代 52 篇,清代 126 篇,民國 61 篇,現代 34 篇,內容涉及浦東人物、建置、宗教、教育、經濟、建設等多方面。

無論是將散落於各地的石碑文獻抄錄下來,還是將潛藏於各類典籍中的碑記文字挖掘出來,其發現和整理的過程都是一項浩瀚的工程。此次修訂版的整理和出版,亦非編者一己之力。在編修過程中,編者有幸得到了各界人士的熱心關注,在此特別感謝三林文化人士曹琪能先生的幫助。另外,編者在走訪上海市歷史博物館、南匯博物館、川沙中學、高橋中學、浦東中學、華師大張江實驗中學、楊思中學、南匯一中、太平天國烈士墓、川沙烈士陵園、凌空農藝大观園、欽賜仰殿、崇福道院、巽龍禪院、三元宮坤道院、碧雲淨院、陳王廟等處時,均得到了各位管理者的熱情支持,在此一併表示感謝。

由於編者能力所限,浦東一方土地未能全部踏遍,文獻典籍也未能全部窮盡,選編工作必有疏漏,文字辨識、撰者和成文日期考證等恐有訛誤。不盡之處,敬請讀者批評指正。

編者　2015 年 2 月